国平论天下

国家互联网信息办公室 主编

中央编译出版社
Central Compilation & Translation Press

目录
contents

序　言
国平是谁？／1

第一编　大国风范　外交风采

习近平着力塑造中国"醒狮"形象／3
当欧洲狮为中国龙"倾倒"／7
让欧洲梦与中国梦有更多交汇／11
树立新的外交典范／15
中韩梦交汇的历史性访问／17
向世界展示大国外交的风采／20
让太平洋"变窄"的历史性访问／23
构建新型大国关系是一种政治智慧／26
赋予中美新型大国关系新内涵／28
"中拉时间"悄然重塑世界格局／31
"金砖峰会"中国重要作用凸显／34
走得更远，行得更稳／36
习主席看重"中印一个声音"／38
为"金砖梦"贡献中国智慧／40

追求"未来之国"的美好愿景／43

拉美的"中国温度"何以持续走高／45

让世界看到闪耀中国梦／47

中阿跨洋握手心相印／50

积极构建中拉命运共同体／53

中委关系升级彰显务实"中国风"／56

中委友谊绝非无源之水／58

你好，古巴！／60

奏响中古友谊之歌／62

让党际交往成为中古友谊压舱石／64

出彩中国梦让亚洲陆海相连／66

习主席两亚行：
    佳话频传　"带""路"齐飞　龙象共舞／69

中印携手赢的不仅是亚洲／73

600年友好交往的伟大延续／75

共同逐梦的朋友最可靠／77

第二编　人格魅力　高尚情怀

平民情怀最动人／81

领袖的青春岁月为何这般打动你我／83

从梁家河读懂中国梦／86

习总书记平民风格的现实意义／89

10号球衣的丰富内涵／93

千山万水隔不断对土地的爱／95

习主席演讲缘何这般打动巴西／99

缅怀故人风范　传递友谊情怀／102

展示大国风采／104

习主席拉美行：心灵之约　魅力之旅　格局之变／106

习主席为何受到众星捧月般欢迎／110

第三编　依法治国　依法治网

向宪法宣誓，坐实法治责任 / 115
在法治的轨道上推进社会主义民主政治 / 118
以党的领导推进依法治国 / 121
让依法治国的步伐更加坚实 / 123
有什么样的价值观就有什么样的命运 / 125
四中全会诸多"第一次"标定法治中国新方位 / 128
以法治为保障实现伟大中国梦 / 130
发挥法治对引领和规范网络行为的主导性作用 / 132
让网络安全意识深入人心 / 134
每个人都应成为"网络防火墙" / 136

第四编　治国理政　大政方略

决不能在科技创新大赛场落伍 / 141
科技的竞争就是人才的竞争 / 143
营造良好从政环境　书写新的历史篇章 / 145
把政治生态整治得更清洁一些 / 147
捍卫用鲜血和生命写下的历史 / 149
铭记历史不忘过去 / 151
标本兼治彻底铲除邪教毒瘤 / 153
破除"全能神"的伪装 / 156
让和平发展的旗帜永远飘扬 / 159
决策咨询制度化体现新的执政风格 / 161
遵循规律，推动经济持续健康发展 / 163
为公车改革破冰喝彩 / 165
新一轮改革攻坚从公车之变开始 / 168
习近平八个"坚持"确立中国巨轮的新航标 / 170
中国土壤长出的政治制度最可靠 / 173
担当起为中国梦凝聚力量的崇高使命 / 175
勇闯深水区　重在抓落实 / 177

真刀实枪推进改革 / 179
在豪迈与清醒中更坚定走好自己的路 / 181
百年梦圆看今朝 / 183
从历史深处走来的自信 / 186
全球祭孔　追慕"和"的世界秩序 / 188
为人民放歌文艺才有旺盛生命力 / 190
界定新常态　谋求新发展 / 192
科学把握依宪执政的内涵与界限 / 194

第五编　反恐怒吼　万众同声

习总书记首访喀什体现对南疆问题的重视 / 199
恐怖袭击休想改变我们的生活方式 / 201
新疆：从"边疆"到"中心" / 203
习主席新疆考察展现"铁汉柔情" / 206
维吾尔大学生的声音也是全中国人的声音 / 209
向恐怖行为怒吼，对暴恐分子宣战 / 211
构筑反宗教极端化的防火墙 / 213
暴恐分子威胁着全体维吾尔人 / 216
习主席讲话昭示新疆在中亚战略中重要作用 / 218

第六编　爱国爱港　力反『占中』

没有人比全体中国人更关心香港的前途命运 / 223
香港不能乱，也不会乱 / 226
违法"占中"是对法治的蔑视与伤害 / 228
理性对话是推动香港普选唯一途径 / 230
爱国爱港就该为香港的前途着想 / 233
"乱"非港人之福也非港人之愿 / 235
"占中"让香港法治蒙羞 / 237
为香港特区政府守护法治点赞 / 239
受损的法治，让香港如此陌生 / 241

"占中"式"街头政治"玩不出好结果 / 243

抵制"占中",还香港一片净土 / 245

勿让民粹主义绑架香港 / 248

为香港主流民意喝彩 / 251

香港:人间正道是沧桑 / 254

回归法治和理性是正确方向 / 256

"东方之珠"的风采浪漫依然 / 258

谁该为"占中"买单 / 260

警惕香港有人又在"玩火" / 262

港版颜色革命注定要失败 / 264

"占中"闹剧该收场了! / 266

"街头政治"的火锅不好吃 / 269

"一国两制"不容"占中"挑战 / 272

为香港警方加油喝彩 / 275

今日香港岂容外人指手画脚? / 277

"占中"撕下"非暴力"伪装 / 280

"占中"多一天,香港法治少一分 / 282

"占中"一月:勿让闹剧成悲剧 / 284

中华大地主旋律与"占中"噪音 / 286

驱散"占中"阴霾香港明天更好 / 288

不打自招的"买卖说" / 291

第七编 网络空间 未来无限

揭开美"监听帝国"的画皮 / 295

美国的耳朵和鼻子太长了 / 298

撕掉网络世界霸权的伪善面纱 / 301

坚决反对网络霸权 建立国际网络新秩序 / 304

互联网全球共治的新机遇 / 307

信息领域决不该有双重标准 / 309

加强管理是为了更好的发展 / 311

"微信十条":发展尤须放眼量 / 314

为微信注入源源不断的正能量 / 316

澎湃是一个行业的探路者 / 319

让"澎湃"的新闻改革"多飞会儿" / 321

让互联网发展成果惠及13亿人民 / 323

让世界在互联互通中成为命运共同体 / 325

在共享共治中互联网必定更好造福世界 / 327

建设网络强国时不我待 / 330

新媒体拉近领导人与网民距离 / 333

在媒体融合新格局中讲好中国故事 / 335

"乌镇盛会"必将具有里程碑意义 / 337

第八编　党风政风　风清政明

重用实干家　贬责虚浮者 / 341

让潜规则失去土壤、通道和市场 / 343

让腐败分了没有藏身之地 / 345

清除腐败是深化改革的必然之举 / 347

对腐败零容忍绝非空话 / 350

周永康落马凸显中央从严治党决心 / 352

周永康落马是推进依法治党治国的一大步 / 354

领导干部决不可缺失精神之钙 / 356

让监督的"探照灯"全天候 / 358

反"四风"治好了党的"亚健康" / 360

"四风建设"从"不敢"到"不想" / 363

法治中国离不开党纪保驾护航 / 366

叹"当官不易"者不宜为官 / 368

风清则气正，气正则心齐 / 370

让制度成为硬约束而不是橡皮筋 / 372

刚性法纪给"四风"带上紧箍咒 / 374

作风建设是贯彻群众路线的重要突破口 / 376

"好的政治生态"为何重要 / 379

贯彻好群众路线是一个永恒课题 / 381

要的就是敬终如始这股劲 / 384
制度机制是贯彻群众路线的重要保障 / 386
群众路线教育实践活动未有穷期 / 388
"老虎苍蝇一起打" 反腐败深得党心民心 / 391

第九编　放眼世界　评点天下

美国"再平衡"举步维艰 / 395
奥巴马挺日实为不智 / 398
"泰式民主"不在乎血和泪 / 401
泰国乱局，让人倒抽一口冷气 / 405
日本谋"入常"，中国不答应 / 407
中国不点头，日本入不了常 / 409
泰国乱象折射"民主之殇" / 412
泰国政治难题与"中产阶级带来民主" / 414
西方民主在泰国的失效 / 417

第十编　盛会主场　魅力绽放

APEC 盛会给力中国梦 / 423
让中国智慧照耀太平洋美好明天 / 426
一样的 APEC，不一样的"中国时间" / 429
APEC"主场优势"将贡献中国智慧 / 432
北京 APEC 的特殊吸引力 / 434
激发亚太活力　实现亚太梦想 / 436
"互联互通"共建亚洲人民幸福家园 / 439
亚太梦想从北京启航 / 441

编　后 / 443

国平是谁?

你认识"国平"吗?

近期以来,党媒人民网、新华网中常常出现重要评论文章,署名皆是"国平"。

7月初,第六轮中美战略与经济对话,国平发文《构建新型大国关系是一种政治智慧》。国家主席习近平访问拉美,国平发文《信息领域决不该有双重标准》、《积极构建中拉命运共同体》。中央审查周永康,国平发文《清除腐败是深化改革的必然之举》,7月31日国平又发文《中国不点头,日本人不了常》……

纵观这些文章,"国平"关注的事件不单重要,而且评论与中央步调高度统一,受到了广泛关注、转载。

虽然,"国"姓也是中国传统姓氏之一,但这个"国平"很可能不是一个真人名字。近期出现的这些文章,大多为评论性质,且关注的事件涉及重大国计民生以及重要国际关系,更像代表国家的评论,而"国平"一词谐音也与"国评"一致。

在我国的新闻史中,长期存在以谐音笔名发表重要文章的传统,"李得胜"、"皇甫平"也在多个历史的关键节点中出现。

目前,官方还没有公开"国平"的身份,但从以往的案例看,"国平"显然来头较大,在以往的特殊意义署名中,很少出现"国"字头的作者。

其实,中央各部门以及高级领导也有过不同的笔名。你认识仲祖文吗？他的文章常常出现在《人民日报》的头版上。

在文章中，他向全国的党政干部喊话，《考核干部家庭道德绝非"小题大做"》、《领导干部要远离"小兄弟"》、《干部提拔先要来个"廉政体检"》、《人才培养不能搞近亲繁殖》和《不能让老实人吃亏》等文章都是他的大作。

照着他的话，很多领导干部得到提拔。你如果读过他的《抓住换届契机大力选拔配备优秀女干部》、《在完成重大任务、应对重大事件中识别和使用干部》、《为优秀年轻干部成长打开宽广之路》、《重视领导班子的经验结构》、《领导干部要重视学习外语》等论述，就会知道最近他认为什么样的干部可能会得到擢升。

他在《人民日报》上的第一篇文章是《用好的作风学习贯彻六中全会精神》，刊登在2001年9月29日头版。

他出了一本书《清风正气——十七大以来仲祖文汇编》，版权页上的作者是"中共中央组织部研究室"。

公开报道显示，仲祖文是"中共中央组织部文章"简称的谐音。

仲祖文只是众多金光闪闪的笔名之一。很多中央有关单位的文章并不直接署上该单位名，而是使用笔名。

除了仲祖文，在《人民日报》上还有任仲平、钟轩理和郑青原等。任仲平是"人民日报重要评论"简称的谐音，钟轩理是"中央宣传部理论局"简称的谐音。

此种署名文章代表的是官方机构权威的思想。类似的还有"钟政轩"指中央政法委；"卫民康"指卫生部。

至于郑青原，他的文章不多，但很有分量。2010年中共十七届五中全会后，《人民日报》和人民网连发三篇他的文章，题目分别是《在大有作为的时代更加奋发有为》、《靠加快转变经济发展方式赢得未来》、《沿着正确政治方向积极稳妥推进政治体制改革》。

关于政治体制改革的第三篇文章，在人民网以大字头条挂了24小时以上，前所未有。

郑青原是谁？

2010年10月31日，新华网在首页醒目位置挂出了《揭秘：人民日报发表署名文章的"郑青原"》,这是关于郑青原的唯一权威资料。

但是,这篇文章的权威来自新华网这个渠道,它对郑青原的身份也只是猜测。在网民的观点——"郑青原"意在"正本清源"——基础上,结合郑青原文章的观点和内容,认为"这个'郑青原'系列文章是政治局级别的舆论导向,他是中央政治局形成的观点"。

用笔名发表政见是中国共产党的政治传统。

1991年2月到4月,中共上海市委机关报《解放日报》刊登了《做改革开放的"带头羊"》、《改革开放要有新思路》、《扩大开放的意识要更强些》和《改革开放要有大批德才兼备的干部》四篇文章。作者是皇甫平。

在皇甫平的文章发表之后,全国不少省市区驻沪办事处人员都接到各自领导人电话,要求收集"全部文章",有的还派出专人到上海来了解"发表背景"。

为什么会这样?因为已经一年多没有那么高调地讲改革开放了。

皇甫平的文章激起了千层浪。

先是《当代思潮》、《真理的追求》和《高校理论战线》等小杂志发文批判皇甫平,然后《人民日报》、《光明日报》和《求是》相继投入战斗。批判一直持续到第二年邓小平南方讲话之后。

皇甫平是周瑞金、施芝鸿和凌河三个人的笔名。"皇甫平"可以解释为"黄浦江评论"简称的谐音。

根据周瑞金的解释,"皇"字与其家乡闽南话"奉"字谐音,"甫"读"辅","奉人民之命辅佐邓小平"是"皇甫平"的深层含义。

皇甫平的文章传达了邓小平的看法。

在皇甫平的文章发表之前,邓小平到上海过春节。在视察和参观过程中,邓小平发表了一系列深化改革的讲话,说"改革开放还要讲,我们的党还要讲几十年"。

周瑞金回忆说,1991年春节前一天,他在一位上海市委领导家里看了邓小平讲话的记录稿,觉得应该把谈话精神宣传出去,没有向领导请示汇报。

1993年,周瑞金调任《人民日报》副总编辑兼任华东分社社长。

在共和国成立之前,中共领导人都爱使用笔名。

毛泽东最有特色的笔名是"二十八画生",因为"毛泽东"三个字共28画。1915年,他在写《征友启事》时首先启用。1917年,在《新青年》上发表《体育之研究》也用了这个笔名。

周恩来的笔名叫"飞飞",多半是因为他字翔宇。1914年,他主编杂志《敬业》,发表诗文都用这个笔名。"壹"和"1"则是周恩来的妻子邓颖超用过的笔名。当时,参加觉悟社,所有人都拈一个数字号码作为化名,邓颖超拈到"1"号,化名"逸豪"进行革命活动,以"壹"和"1"为笔名发表文章。

刘少奇的笔名有很多,肇启、陶尚行、莫文华、刘光明、刘作黄、刘祥、尚陶、赵启……一大堆,还有一个字母笔名"K.V"。

此外,任弼时、张闻天、王稼祥、陈云、陈毅、叶剑英、彭真等中共领导人都有笔名。

| 澎湃新闻网 2014年8月1日 |

大国风范 外交风采

习近平着力塑造中国"醒狮"形象

作为中国国家元首，习近平出访已有多次。但今年的这次欧洲之行，通过高频率的会谈、演讲和发表署名文章，习近平不仅向欧洲展现了中国新一代领导人的风采和魅力，更向全世界展示了中国的新形象。最有代表性的，就是3月27日习近平在中法建交50周年纪念大会那段"中国这头狮子已经醒了"的精彩论述。有漫画家迅速画出了一幅酷似习近平的温厚有力的雄狮漫步图，"醒狮"无疑将成为中国的一个象征。

睡狮已醒

"拿破仑说过，中国是一头沉睡的狮子，当这头睡狮醒来时，世界都会为之发抖。中国这头狮子已经醒了，但这是一只和平的、可亲的、文明的狮子。"国家主席习近平在3月27日，法国巴黎召开的中法建交50周年纪念大会上如是说。

"醒狮说"甫出，引起众多媒体热议，国人无不振奋。可以猜想，习主席的这一说法，正是对两个世纪前拿破仑说辞的世纪回应。

用什么来判断曾经沉睡百年的中国狮子如今真正醒来？

海牙核安全峰会上，中国国家主席习近平第一个发言，提出了世界上第一个核安全观"四个并重"。不仅在国际瞩目下展现了一个负责任大国的担当，更凸显了现代中国极富前瞻性和建设性的"议程设置能力"。

习主席对联合国教科文组织的造访，是该组织成立近70年以来迎来的首位中国元首，习主席演讲时所提出的"中国版文明观"获得了各界高度评价。另外，习近平夫人彭丽媛受聘为该组织"促进女童和妇女教育特使",更是中国"夫人外交"和软实力的又一出彩亮相。

2014年3月31日,在国际媒体的高度关注下,习近平主席如约造访欧盟总部。先后会见欧洲理事会主席范龙佩、欧洲议会议长舒尔茨和欧盟委员会主席巴罗佐。会谈后,中欧双方发表了《关于深化互利共赢的中欧全面战略伙伴关系的联合声明》,该《声明》被外界称作是"为未来的中欧关系定调"。

在会谈期间,习近平创造性提出的"两大力量、市场、文明"说、"四大伙伴关系"说和演讲中对中欧经贸关系的良好期望也引人热议。可以看到,习主席的表态刚柔并济,既向欧盟释放了足够的善意,又向其真诚地表达了中方对相关问题的现实考量。

今天的中欧关系再已不是一百年前那种充满不平等和耻辱记忆的那样。

中国与欧洲,分别是最大的发展中国家和最大的发达国家联合体。此外,欧盟目前是中国第一大贸易伙伴和第一大进口市场,中国则是欧盟第一大进口市场、第二大贸易伙伴,双方利益已深度交织。2013年,中欧贸易额已达5591亿美元;欧盟对华直接投资65.2亿美元,同比增长21.9%,中国对欧盟直接投资36.2亿美元,增长6.2%。

让我们回顾一下,习主席此次访欧所受到的"礼遇清单":荷兰、比利时皇家空军战机护航;德国总统、总理双重名义邀请;很"宅"的德国"第一先生"罕见出席晚宴;巴黎荣军院广场的阅兵仪式;法国博古斯厨师学院名厨准备的丰盛晚宴;默克尔亲赠的"中国强盛图"……

来自习主席的中国最强音和欧洲的最高礼遇足以让"睡狮已醒"的结论不言自明。

文明的狮子

"文明因交流而多彩,文明因互鉴而丰富。文明交流互鉴,是推动人类文明进步和世界和平发展的重要动力",习主席在联合国教科文组织演讲时所提出的"中国版文明观"获得了国际舆论的高度评价。

作为首位到访该组织的中国元首,习主席用287个字表达了他从文明交流互鉴中得到的教益。其中,点出的法国著名思想家、艺术家及他们作品中人物的名字多达29个。相信所有听到、看到这些表述的人都会感受到：中国是一只充满善意的狮子，是一只愿意学习的狮子，是正在融入世界文明大家庭的雄狮。

曾经作为一名学者外交官在布鲁塞尔任职三年的察哈尔学会高级研究员、中国人民大学国际事务研究所所长王义桅教授将习主席此访的意义更是上升到了"东西方文明"握手、对话的层面。

王义桅认为，中国向来倡导文化多样化、文明间对话交流。此次通过加强跟欧盟的关系不仅是争取欧盟成员国，而且是争取欧盟所能够影响到的方方面面：不仅它的成员国，还有它的周边国家、它富有影响的非洲、拉丁美洲和中东地区。所以我们要发展跟欧盟的关系是超越了双边的，是具有全球意义的。这是东西方文明的一种平等的对话、一种友善的和解。

也就是说，习主席的讲话并没有停留在"睡狮已醒"的简单宣示上，习主席眼中的中国狮是和平、可爱、文明的。所以，从另一个角度上说，习主席的表态又强有力且极为巧妙地回应了"中国威胁论"。可谓是，一语双关、言有尽而意无穷，将中国的文化和智慧体现得淋漓尽致。

和平的狮子

"中国的国防预算是符合中国这样一个大国国防建设正当需要的。中国绝不走'国强必霸'的道路，但中国也再不能重复鸦片战争以后在列强坚船利炮下被奴役被殖民的历史悲剧。"在柏林发表中国外交政策和中国发展道路的演讲及答记者问中，习近平再次坚定地宣示了中国维护世界和平的信心和决心。

那么，中国这只和平的狮子是怎样践行着和平发展之路呢？

"当前法国在全球化中有些失意：一方面，其产业竞争力相对德国仍显不足；另一方面，相对于英国又没有金融上的比较优势，处境相当尴尬"，王义桅说。

为了摆脱上述尴尬，加强与中国的合作，法国此次对习近平主席的招待可谓"倾其所有"。当然，向来讲究礼尚往来的中国人也给法国带来了"大礼包"：习近平主席访问巴黎期间签署了50份经贸合同，价值约合人民币1539.78亿元。为此，心怀感激的奥朗德发表联合声明时强调，这一系列价值180亿欧元的合同不仅意味着给法国带来源源不断的就业、增长机会，还表明了未来几年中法关系的发展前景。

一直有媒体用"特殊"来形容中德关系：当前，中德关系进入"快车道"，中国是德国第三大贸易伙伴，中德贸易额一直占中欧贸易的近三分之一。2013年，针对中欧光伏贸易争端，德国一再表态反对"贸易战"，反对欧盟征收惩罚性关税，积极在欧盟内斡旋，为光伏争端的最终解决发挥了重要作用。此次习主席访德成功将双边关系升级为前所未有的"全方位战略伙伴关系"，意外引来欧洲其他国家的"羡慕嫉妒恨"。

早前，在欧债危机最为严重时，中国仍坚定支持欧洲一体化、力挺欧元；近日，商务部对欧葡萄酒"双反调查"的终止，这都可以看作是中方积极善意的表达。

可亲的狮子

在荷兰演讲时，习主席称赞荷兰足球是无冕之王，博得满堂彩。与夫人极富中国风的"外交情侣装"惊艳荷兰国王"白领结"盛装宴会。不同于此前大多数"第一夫人"以自己名字命名郁金香，习主席夫人彭丽媛命名新培育郁金香为"国泰"，被媒体解读为寓意"国泰民安"，大气非凡。

在德国看望少年足球队时，习主席对足球少年寄语"希望你们这一代出球星"，其对足球、对少年的喜爱之情溢于言表。夫人彭丽媛更是在德国中学深入浅出地讲述中国梦，一字一句地教中学生汉语学习方法。

在比利时，国家主席习近平和比利时国王菲利普共同出席比利时天堂公园大熊猫园开园仪式：为比利时儿童送上精心准备的大熊猫毛绒玩具，彭丽媛和玛蒂尔德王后一起将代表美好祝愿的红丝带系上树枝。随后，大家又一起品茶聊天，将中华文化传播于无形。

在布鲁日欧洲学院，习近平主席更是亲自担当和蔼可亲的"老师"角色，向欧洲朋友介绍中国是怎样的一个国家。在访欧行程结束之际，又进一步拉近了与欧洲朋友的距离。"中国狮"形象将从此在欧洲落地生根、广泛传播。

|2014年4月4日|

当欧洲狮为中国龙"倾倒"

这是一幅曾经广为流传的漫画:"一条金色的巨龙贴着地面挣扎着:它的头被'东洋人'压着,全副武装的'法兰西'和'德意志'正切割着它的四肢,'沙俄'和'英吉利'正为了龙尾争得怒目圆瞪、磨刀霍霍,'美利坚'在一旁剥着龙鳞。可悲的是,动弹不得的巨龙即使口吐鲜血也只能眼睁睁地看着自己被肢解。"这是一个多世纪前中欧关系的真实写照,积贫积弱的中国与不可一世的欧洲间的关系是简单而残酷的:瓜分与被瓜分、蹂躏与被蹂躏,不平等和丧权辱国是这一时期中欧关系的关键词。

斗转星移

一个多世纪后的 2014 年 3 月 22 日,习近平主席从北京出发,开启为期 11 天的访欧之旅,这是习近平就任主席以来的首次访欧。

"中国核安全观体现大国责任"、"法国倾其所有招待中国"、"德国'第一先生'为中国罕见出席外事活动"、"中国'夫人外交'闪亮欧洲",曾经惯于批判讽刺的欧洲舆论此次被对习主席出访的赞誉充满。

人们不禁感叹:世事变幻、沧海桑田,曾经不可一世的欧洲终于在新时期来临之际,真诚而平等地为今天的东方巨龙"倾倒"了。

超高礼遇前所未有

如果把此次习主席访欧所受到的空前礼遇,列成一个"礼遇清单"

的话，那么这个清单无疑是数年来世界各国元首礼遇清单里的第一名：

荷兰、比利时皇家空军战机护航；德国总统、总理双重名义邀请；很"宅"的德国"第一先生"罕见出席晚宴；巴黎荣军院广场的阅兵仪式；法国博古斯厨师学院名厨准备的丰盛晚宴；默克尔亲赠的"中国强盛图"……

此次习主席访欧所获得的礼遇不仅体现了中国当前的大国地位，更让那些唱衰中欧关系的人不得不重新审视今天的中欧关系。

诚然，世界上没有无缘无故的"最高礼遇"：当前，中德关系进入"快车道"，中国是德国第三大贸易伙伴，中德贸易额一直占中欧贸易的近三分之一。2013年，针对中欧光伏贸易争端，德国一再表态反对"贸易战"，反对欧盟征收惩罚性关税，积极在欧盟内斡旋，为光伏争端的最终解决发挥了重要作用。此次习主席访德成功将双边关系升级为前所未有的"全方位战略伙伴关系"，意外引来欧洲其他国家的"羡慕嫉妒恨"。

中法建交五十周年之际的习主席访法，恰逢中法关系经历萨科齐时期的起伏过渡到当前奥朗德时期的成熟稳定阶段。察哈尔学会高级研究员、中国人民大学国际事务研究所所长王义桅教授认为，当前法国在全球化中有些失意：一方面，其产业竞争力相对德国仍显不足；另一方面，相对于英国又没有金融上的比较优势，处境相当尴尬。

为了摆脱上述尴尬，加强与中国的合作，法国此次对习近平主席的招待可谓"倾其所有"。当然，向来讲究礼尚往来的中国人也给法国带来了"大礼包"：习近平主席访问巴黎期间签署了50份经贸合同，价值约合人民币1539.78亿元。为此，心怀感激的奥朗德发表联合声明时强调，这一系列价值180亿欧元的合同不仅意味着给法国带来的源源不断的就业、增长机会，还表明了未来几年中法关系的发展前景。

"三大机遇"给力"东西文明"和解

"中国现在对欧洲来讲更多意味着机遇而不是挑战，所以欧洲各大国纷纷抓住'中国三大机遇'。第一机遇就是中国目前全面深化改革的机遇。欧洲认为它在这方面有优势有经验，它看中了中国新一轮改革开放的大蛋糕。第二大机遇是中国经济转型发展的机遇，中国现在要从一种高消耗的 GDP 为主的发展转向一种低碳经济、新能源的可持续发展，欧洲在这方面有很大的优势，所以它要推广其节能技术、低碳技术和一些发展理念。第三大机遇就是中国是现在世界上最大的外汇储备国，在世界各国都缺钱的情况下，中国实际上有充足的资金，国内企业都急着对外投资。而目前的欧洲又亟需这些投资，改造他们过时的基础设施；另一个附加影响就是要带动中国企业走到欧洲，推动当地的就业。这就是三大机遇带给这个欧洲的，所以欧洲现在更多地看到的是中国的机遇，现在中欧之间的合作是主流，这个关系的升级是一个大势所趋。"王义桅说。

曾经作为一名学者外交官在布鲁塞尔任职三年的王义桅将习主席此访的意义更是上升到了"东西方文明"握手、对话的层面。

王义桅认为，中国通过加强跟欧盟的关系不仅是争取欧盟成员国，而且是争取欧盟所能够影响到的方方面面：不仅是它的成员国，还有它的周边国家、它富有影响的非洲、拉丁美洲和中东地区。所以我们要发展跟欧盟的关系是超越了双边的，是具有全球意义的。这是东西方文明的一种平等的对话、一种友善的和解。

"醒狮论"为中国正名

"拿破仑说过，中国是一头沉睡的狮子，当这头睡狮醒来时，世界都会为之发抖。中国这头狮子已经醒了，但这是一只和平的、可亲的、文明的狮子。"国家主席习近平在 3 月 27 日，法国巴黎召开的中法建交 50 周年纪念大会上如是说。

"醒狮说"甫出，引起众多媒体热议，国人无不振奋。可以猜想，习主席的这一说法，正是对两个世纪前拿破仑说辞的世纪回应。

不过，习主席的讲话并没有停留在"睡狮已醒"的简单宣示上，习主席所展示的中国狮是和平、可爱、文明的，所以，从另一个角度上说，习主席的表态又强有力且极为巧妙地回应了"中国威胁论"。可谓是，一语双关、言有尽而意无穷，将中国外交的文化和智慧体现得淋漓尽致。

海牙核安全峰会上，习主席第一个发言，提出了世界上第一个核安全观"四个并重"。不仅在国际瞩目下展现了一个负责任大国的担当，更突显了现代中国极富前瞻性和建设性的"议程设置能力"。

习主席对联合国教科文组织的造访，是该组织成立近70年以来迎来的首位中国元首，习主席演讲时所提出的"中国版文明观"获得了各界高度评价。另外，习近平夫人彭丽媛受聘为该组织"促进女童和妇女教育特使"，更是中国"夫人外交"和软实力的又一出彩亮相。

2014年3月31日，在国际媒体的高度关注下，习近平主席如约造访欧盟总部。先后会见欧洲理事会主席范龙佩、欧洲议会议长舒尔茨和欧盟委员会主席巴罗佐。会谈后，中欧双方发表了《关于深化互利共赢的中欧全面战略伙伴关系的联合声明》，该《声明》被外界称作是"为未来的中欧关系定调"。

在会谈期间，习近平创造性提出的"两大力量、市场、文明"说、"四大伙伴关系"说和演讲中对中欧经贸关系的良好期望也引人热议。可以看到，习主席的表态刚柔并济，既向欧盟释放了足够的善意，又向其真诚地表达了中方对相关问题的现实考量。

早前，在欧债危机最为严重时，中国仍坚定支持欧洲一体化、力挺欧元；近日，商务部对欧葡萄酒"双反调查"的终止，这都可以看作是中方积极善意的表达。

更令欧洲备觉友善的还在于，习主席每到一国，必在当地知名媒体发表署名文章，四篇文章都以通俗易懂的白话开头，极富亲切感，有效拉近了中国领导人和东道国普通民众之间的距离。

让我们把思绪再次回到本文开头的那副漫画，如果我们将今日的中欧关系描绘成一幅漫画，会是怎样呢？

"一条腾飞的中国巨龙，伴着高卢雄鸡、德国雄鹰们和谐行进。和平、文明、繁荣的甘霖遍洒欧罗巴与东方大地。"

| 2014年4月4日 |

让欧洲梦与中国梦有更多交汇

2014年4月21日,中央电视台播出习近平访问欧洲特别报道节目——《一桥飞架中欧》,详细讲述了习近平的欧洲之行,以及中国与欧洲的关系发展。网上一片好评。

用渊博深邃的文化魅力打动欧洲,用穿越时空的眼光折服欧洲,用务实高效的成果钦服欧洲——中国国家主席习近平欧洲之行展现出清新自信的外交风格,让欧洲、让世界津津乐道。

放眼环球,很少有国家领导人访欧能受到如此高规格的接待,赢得如此密集的媒体报道和国际舆论持续关注,有外媒称之为"一场对欧洲人民成功的公关活动"。

展示了东方文明的自信

个人的魅力和自信既来源于对欧洲文明文化的熟稔,亦来自于对东方文明的自信。

与中国一样,欧洲有着深厚的文化底蕴,自文艺复兴以来,欧洲文明一直是世界文明的领军者之一。因此,要打动欧洲,要让欧洲人心悦诚服首先要从文化入手。

习近平主席在诸多场合,历数欧洲文明史上一个个文化巨人,前后达40多位,一个个作品、典故和名言被信手拈来地引用。在法国,他引用雨果的名言,细数冉阿让、卡西莫多、羊脂球等许多艺术形象;在德国,历数莱布尼茨、康德、黑格尔等的哲学论和巴赫、贝多芬等的优美旋律……

文化的共鸣是相通的。习主席每一次引用都让台下听众激动不已，陪同的欧洲领导人们忍不住带头喝彩鼓掌。因为，那是挥之不去的文化渊源，那是醇厚的人文情怀，那是深邃的思想，轻而易举地就能触动人们的心灵，拉近东西方的距离。

欧洲之行，习主席和夫人彭丽媛身着中式服装，出席荷兰和比利时王室举行的盛大国宴，体现了中华文化风采，展现了民族文化自信，不同凡响。在比利时，习近平主席夫妇为"天堂公园"熊猫园揭幕，给当地孩子们送上熊猫玩具。

打动人的还有细节与真诚。在德国，他讲述了读《浮士德》的故事——"在上山下乡的日子里，我走了30华里去借这本书，书的主人走了30华里来取回这本书。"在欧洲，没有什么能比第一运动足球更能拉近距离。他观看中德足球小将们的比赛，给未来球星们打气；他与荷兰传奇球星范德萨的热聊……

"习近平在欧洲展开魅力攻势"——法国《世界报》对习主席欧洲之行作出如是评价。这种魅力攻势来自兼容并蓄、海纳百川之后的自信，也是尊重文明多样性基础上的自信。

体现了伴随着中国崛起的民族自信

习近平欧洲之行还体现了伴随着中国崛起而来的新自信。

新世纪以来，中国实现了经济实力的大赶超，先后超越欧洲的英、法、德和近邻日本而居世界第二。全球金融危机和欧债危机中，陷入困境的欧洲不得不把眼睛朝向东方。这是自工业革命以来的头一遭。

习主席此访，适逢欧洲经济走向复苏之时。访问期间，中国同四国累计签署110多项协议，700多亿美元，一个个大单引发呼声一片。

荷兰国宴，200多位各界精英表达了对深化中欧合作之强烈渴盼；在法国里昂市政厅，当地人临时搭起"法国食品超市"，盛情邀请习主席尝奶酪、品红酒，企望打开中国市场；在德国杜伊斯堡港，习主席见证了渝新欧铁路大动脉上满载货物的火车隆隆进站；在比利时，农业合作摆上重点日程……

因此，当习近平主席在巴黎宣称"中国这头狮子已经醒了"之时，世界舆论为之一振但很快欣然接受。毕竟，中国崛起是不争之事实。

表达了中国发展的道路自信

习近平主席访法的头一站选择在里昂，颇有深意。里昂是周恩来、邓小平等老一辈革命家的起身之地，是缔结共和国、孕育改革开放的圣地，中法大学更是为新中国建设和改革开放事业培养了诸多人才。

中国改革开放让欧洲人有着切身体会。过去中国到欧洲招商引资，现在是欧洲纷纷来中国招商引资。贸易流、人才流，短短几十年间发生沧海桑田之变。

一路上，习近平主席回答得最多的是领航中国改革的感悟："改革没有完成时，只有进行时"，"我们业已形成的符合中国国情的道路不能走偏了，要有道路自信、理论自信、制度自信"……

每一站、几乎每一次会谈，到访国领导人都会谈起他们阅读中共十八届三中全会文件的感受，对中国改革力度、广度、深度表示高度赞赏："这是开放的、务实的、面向未来的、高瞻远瞩的、令人钦佩的改革。"

与此同时，习近平主席强调中国崛起不是"威胁"。在巴黎，习近平指出中国是一头"和平的、可亲的、文明的狮子"；在柏林科尔伯基金会演讲时，他说中国不是可怕的"墨菲斯托"。

"欧洲梦"与"中国梦"有了更多的交汇

放在更大的历史背景下，习近平欧洲之行让"中国梦"与"欧洲梦"有了零距离交汇与对接的机会。

在古代，欧亚大陆东西两端的中国人民和欧洲人民都在彼此遥望，想从彼此独特而深邃的文明中汲取营养与智慧。从伏尔泰到歌德，从马可·波罗的游记到弗里德里希大帝的"中国茶亭"，无不折射出欧洲人对东方文明的向往。而今，中国的改革进程走进了第36个年头，欧洲的一体化进程已划过64个年轮。在新的历史起点上，"欧洲梦"与"中国梦"有了更多的交汇。

习主席对中欧的改革进程有深邃思考："我们要实现'两个一百年'

奋斗目标，欧洲要推进一体化进程，是互惠互利、相得益彰的。""尊重双方改革道路，借鉴双方改革经验，以自身改革带动世界发展进步。"

在历史的长河里，人们记住的往往是那些精彩的瞬间，而习近平此访展现出的个人魅力、民族自信与道路自信无与伦比，让经历了数世纪沉沦的东方在欧洲大陆上演了"王者归来"的新气象。若干年后再回想，此次欧洲之行必然是中国外交史册上那浓墨重彩、被广为铭记的篇章。

| 2014 年 4 月 24 日 |

树立新的外交典范

应韩国总统朴槿惠邀请,中国国家主席习近平 3 日起对韩国进行国事访问。当习主席和夫人彭丽媛走出机舱时,21 响礼炮声中,韩国外长尹炳世等韩方高级官员在舷梯旁迎接。韩方礼兵沿着红地毯两侧列队,向习近平行注目礼。当日,习主席同朴槿惠总统举行会谈。两国元首积极评价中韩合作,全面总结中韩关系发展经验,规划新形势下两国合作,达成许多新共识。

此访是习近平就任国家主席以来首次访问韩国,也是习主席首次专程出访一个国家。无论从这次访问的行程安排、中方陪同出访人员的规格和规模看,还是从韩方举国上下对习主席到访的高度重视和精心接待看,习主席此次对韩国的访问都具有非同寻常的意义。

中韩关系有相当的特殊性。历史上,中国与韩国曾经有过长期的友好交往,汉文、汉服、汉食,以及儒家文化、佛教文化在这种交往史中留下了深深的印记。在抵御同一个外来侵略者的斗争中,像安重根那样的志士仁人得到了两国人民共同的怀念和尊重。当然,由于特殊的历史原因,两国关系中也曾经出现过复杂因素。今天,在亚太地区尤其是东亚和朝鲜半岛,如何妥善处理中韩关系,如何努力发展中韩关系,既是解决中国当前所面临的全球性和地区性挑战的重要外交实践,同时反映出习近平主席全球布局、统筹安排的外交战略思路。

从近年来中韩关系发展的特点来观察,两国政治、经贸、文化等领域的合作发展将成为习近平主席此次访问的几大亮点。正如习近平主席在韩国媒体发表的文章中所表示的,中韩建交 22 年来,在双方共同努力下,中韩各领域合作取得巨大成就,两国成为名副其实的利益共同体,为国际社会树立了国家关系发展的典范。当前,中韩关系正站在新的起点上,面临大发展的机遇,给两国关系发展注入新动力是双方面临的共同课题。习近平主席表示,中韩双方要坚持睦邻友好,增强相互信任;坚持互利合作,强化利益融合;坚持和平稳定,守护共同家园;坚持人文交流,搭建友谊桥梁。相信双方将达成一系列新共识、为两国关系发展增添动力。期待这次访问成为叙友好、话合作、谋发展、维和平的访问,让中韩友好航船高扬风帆、破浪前进。

中韩两国的经济关系无疑是"传统优势项目"。有资料表明,自两国建交22年来,双方经贸合作一直保持强劲势头。2013年,中韩双边贸易额达到2742亿美元,与韩美、韩日贸易额总和相当。目前中国是韩国最大的贸易伙伴、最大的出口市场、最大的进口来源国和最大的海外投资对象国。韩国也是中国第三大贸易伙伴和第五大外资来源国,这四个"最大"和相关统计数字,充分显示出中韩经济关系不同一般的密切。

但是,经济往来绝非中韩关系的全部,甚至不是最重要的部分。在两个不同社会制度的国家之间根据和平共处五项原则建立新型的关系;在全面总结中韩关系发展的基本经验和重要成就的基础上,将两国战略合作伙伴关系提升为全面战略合作伙伴关系;在半岛无核化、巩固地区和平稳定的局势等方面展开进一步的积极合作,携手发挥好东亚地区"稳定器"的作用,这才是从战略全局高度规划两国未来关系的大思路、大格局、大智慧。

登高方能望远,破浪正可扬帆,随着习近平主席开始访韩之旅,中韩两国将迎来规划构建两国关系美好未来的重要契机,中国的新的外交典范将让世人瞩目。

|2014年7月3日|

中韩梦交汇的历史性访问

"肝胆两相照,冰壶映寒月。"中韩两国是隔海相望的友好邻邦,两国关系近年来日益密切,成为我们发展"亲、诚、惠、容"周边关系中的典范。

7月3日至4日,国家主席习近平对韩国进行为期两天的国事访问,"串门外交"让中国梦与韩国梦进一步交汇,拓展了中韩战略合作伙伴关系内涵,书写了中韩友谊的新篇章。

一篇轰动韩国的署名文章,一场赢得30多次掌声的演讲,与朴槿惠总统两度长时间会谈,"四个伙伴"的提出,12份重要合作协议的签署……习主席的访问历时虽只有两天,但在汉江两岸掀了阵阵"中国风","中国梦"、"韩国梦"成为当地舆论热词,中韩携手成为全球舆论关注的焦点。

当前,中国人民正致力于实现全面建成小康社会、实现中华民族伟大复兴的"中国梦",而隔海相望的韩国,也正在致力于开创"国民幸福时代"、创造"第二汉江奇迹"的韩国梦。

在中国,改革开放推动了社会经济长达数十年的高速发展,让中国摆脱贫穷落后成为世界第二大经济体;在韩国,"汉江奇迹"时代的高速发展,让韩国成为享誉世界的亚洲"四小龙"之一。而今,"中国梦"为改革开放注入新的源动力,成为13亿中华儿女众志成城的新追求、新目标;而在黄海东岸,创造"第二汉江奇迹"正成为新热潮、新驱动。

"邻望邻好,亲望亲好。"习主席的访问为"中国梦"与"韩国梦"带来了历史性交汇,擦出了璀璨夺目的火花。

"安宁哈西米嘎!"习主席在国立首尔大学的演讲,以一句韩语开场白引来欢呼一片，一下子拉近了与青年学生们的距离，也展现了亲民、自信的风采和魅力。习主席在署名文章和首尔大学演讲中，对中韩历史典故如数家珍。他不仅提到历史上的东渡济州岛的徐福、九华山坐化的新罗王子金乔觉、诗人许筠和作曲家郑律成，而且提到抗倭殉职的邓子龙将军和李舜臣将军，以及抗日的尹奉吉、安重根两位义士，更是讲述了汶川地震后韩国全南第一高中师生们踊跃募捐的故事。习近平主席话中韩友好，讲中国未来，谈两国合作，并寄语两国青年共当中韩友谊的忠实继承者，争做亚洲振兴的积极参与者。

访问期间，两国同意进一步扩大人文交流，将 2015 年和 2016 年分别确定为"中国旅游年"和"韩国旅游年"，致力于到 2016 年实现两国人员往来达到 1000 万人次的目标。2015 年起五年内中方每年增加邀请 100 名韩国青年精英访华。

从现实合作看，中国梦与韩国梦此次历史性交汇为中韩两国加强合作提供了历史性机遇，缔结了丰硕的成果。访问期间，中韩双方签署了 12 项重要协议。中韩发表的联合声明确定了 90 余项合作事项，涵盖了 23 个领域，展现了中韩全方位互利合作的广阔前景。

正如《韩国时报》社论所指出，无论是经济上还是政治上，韩中两国相互需要的程度都从未像今天这样高，中韩关系提升结出实质性的重大成果。

从全球视角看，"中国梦"与"韩国梦"此次历史性交汇推动了东北亚稳定与亚太地区的和平。

阿基米德说，"给我一个支点，我可以撬动地球"。当前东北亚局势复杂微妙，而中韩携手犹如阿基米德的"支点"，成为稳定东北亚和平与稳定大局的"定海神针"。

关于朝鲜半岛局势，中韩两国元首达成四点重要共识，一致强调实现半岛无核化、维护半岛和平稳定的目标，一致强调应遵守履行六方达成的"9·19"共同声明，一致强调坚持推进无核化进程，解决各方关切，一致强调为重启会谈凝聚共识创造条件。明年是世界反法西斯战争胜利 70 周年，也是中国抗日战争胜利和朝鲜半岛光复 70 周年，双方同意可以共同举行纪念活动，这也就一起面对亚洲的麻烦制造者——在右翼道路上狂奔的日本安倍政权。

"风好正扬帆。"连日来,"汉风"劲吹汉江两岸,"中国梦"深入韩国民心。韩国舆论认为,习近平主席这次访问是两国关系史上新的里程碑。我们深信,中韩合作不仅会成为两国自身发展的加速器,而且会成为地区乃至世界和平的稳定器。

| 2014 年 7 月 3 日 |

向世界展示大国外交的风采

习近平主席访问拉美四国，顺利归来。

习主席的这次访问，极富特色，不仅收获了对外经贸交往的重大成果，而且展示了中国的大国外交风采。

中国的大国崛起，已是举世公认的事实。作为世界第二大经济体，中国在世界经济事务中的地位和重要性，已经毋庸置疑。但由于中国长期专注于国内的经济发展，对国际事务的关注程度相对较低。如何因应大国崛起的国家实力变化，筹划中国的外交战略，并有力推进大国外交，已经成为中国外交的重要课题。

习主席此次拉美之行，可以说是凸显中国大国外交战略的标志性事件。现代外交，形式多种多样，国家元首代表国家从事外交活动，既是传统的外交活动，也是不可替代的反映国家综合实力的外交形式。习总书记对拉美四国的访问，正是在传统的外交主流形式基础上，着力建构中国外交新格局的一次国事活动。

习主席出访拉美四国，是以崛起后的中国领袖身份展示中国外交战略的创新之旅，也是一次以国家领袖魅力展示外交新面貌的开拓之旅。元首外交，以聚焦程度、公众关注、格局变化、影响长远而向为国际社会重视。元首外交，将个人魅力与国家实力水乳交融，既是表现国家硬实力的传统方式，也是呈现国家软实力的巧妙途径。习主席的拉美四国之行，将中国作为大国的硬实力和个人自身的软实力相融无间地展示给世人，是一次非常成功的大国外交活动。

习主席访问拉美，处处体现了中国的硬实力：出席金砖五国峰会，成立金砖银行，将总部设在上海，改写国际金融的一边倒结构；与巴西、阿根廷、委内瑞拉和古巴，签署重要的经济贸易协定，重构中国与拉丁美洲的经贸版图。在经济贸易协定之外，夯实中国与拉丁美洲的传统友谊，着力打造新的地缘政治格局。可以想见，习主席的拉美之行，必将展现出改变国际经济政治既定态势的历史性作用。

习主席拉美之行，充分展示了元首外交的独特魅力，极其成功地向全世界显示了崛起后的中国国家领袖，在外交场合的个人风格、清新面貌以及强大的个人亲和力。这是中国元首外交值得重视的典范案例，它的构成元素，必将成为中国元首外交的重要支撑点，成为中国的大国外交可圈可点的精彩之处。

一是纵横捭阖的国际战略意识。习主席的拉美之行，是中国国际战略调适期的重要外交活动。一个崛起的中国，正在改写国际政治版图。这不仅是中国的实力使然，也是国际社会对中国崛起必然作出的反应。中国自己如何适应新的国际政治处境，积极调整自己的国际战略，主动建构国际交往的新型局面，就成为一个敏锐意识到中国国际处境的国家元首，需要处理的重大国际关系问题。无疑，亚洲尤其是东亚事务，具有地缘政治的优先性。欧洲、北美的国际关系，构成中国新型国际关系格局建构的重心。但拉美之行尤其在巴西召开的金砖国家领导人第六次会晤，有着特殊的国际战略意义。中国需要平衡性的全球战略布局，这是避免中国限于倾向性国际依赖的必要举措。这是国家元首灵活适应、主动建构国际格局变化的战略意识的直接体现。

二是淡定自如的外交清新之风。相对于改革开放前，中国的国际处境发生了明显的变化。此次习主席的拉美之行，以从容不迫、淡定自如的崭新风气，充分展现出中国国家元首淡定自如的清新外交形象。表现了中国不再以怨恨的心态对待国际事务，而是致力自主筹划自己的国际格局。在与发展中国家打交道的时候，杜绝居高临下的做派，无论是寻求经济合作，还是寻求政治互动，都显得从容不迫，理性自信。

三是和善可亲的跨国交流能力。一般认为，亲民作风只是在一国之内国家领导人处理官民关系的方式。其实，在国际交往中，国家元首、政府首脑间的正式政治活动，极其严肃。但接触民间人士，是展开元首民间外交收效最大的形式。习总书记拉美之行，与农场主的亲切交谈，离开访问国家时专门下车与骑警的道别，展现了中国国家领袖的亲民风格，无疑会在访问国家的民众中留下极佳的印象。

四是新老朋友的情理交融照拂。中国的国家朋友甚众。这是中国一直认定"海内存知己、天涯若比邻"的睦邻友好政策的结果。朋友多，类型就复杂：革命时代的老朋友，建设时代的新朋友，都需要周到照拂，新老朋友，也就成为中国重要的国际资产。习主席访问拉美，金砖国家新老朋友相会，给中国经济社会的持续发展注入动力。在古巴访问时对老革命家的拜会，体现了中共总书记、中国国家元首对革命元老的礼敬，这是寻求严肃的国际合作之外的、致力保持的温存友谊。这是元首开展的特殊公共外交活动。

五是国家利益的合作共赢追求。一个现代国家，处在高度激烈的国际竞争环境，很容易为了维护自己国家的利益，牺牲别国的利益。一个国家元首，在利益之间的巧妙平衡，对合作各方互利共赢局面的追求，对相对落后国家的造血型经贸支持，是能够周全维护国家短期和长远利益，而又能获得国际社会支持和赞许的合作取向。习主席此次出访，纵横东西五国，一以贯之秉持互利共赢的合作理念，无疑为中国赢得了更为广阔的国际合作空间。

习主席的拉美之行，必将是一次载入史册的首脑外交、大国外交的经典实践。

| 2014 年 7 月 25 日 |

让太平洋"变窄"的历史性访问

统揽风云天地阔，纵横捭阖自从容——这是一场成果丰硕、意义深远、精彩纷呈的历史性访问。7月25日，国家主席习近平在出席福塔莱萨金砖峰会、巴西利亚中拉峰会，并对巴西、阿根廷、委内瑞拉、古巴四国进行成功的国事访问后，回到北京。

中国与拉美，一个在东半球的东边，一个在西半球的西南，隔着世界上最浩瀚的海洋。习近平主席此访拉近了相距遥远的两块大陆之间的距离，让太平洋"变窄"，铸就了南南合作的新丰碑。

推动让金砖机制"实心化"，让福塔莱萨金砖峰会实现历史性突破是此访的第一座丰碑。

法国思想家帕斯卡尔曾经说：人类的全部尊严就在于思想。2001年，当高盛前首席经济学家吉姆·奥尼尔首次提出"金砖国家"之时，"金砖"不过是一个学术概念。13年后，金砖在巴西福塔莱萨迎来了历史性突破——创立金砖国家开发银行与应急储备安排。

五年蓄势，一朝勃发。这两大实体机构正式出炉，是金砖机制性建设、实体化建设的关键一步，是金砖国家团结一致向前看的战略步骤，这不可逆转地推动金砖国家向"利益共同体"迈进。

在福塔莱萨峰会上，习近平主席发表题为《新起点 新愿景 新动力》的主旨讲话，提出了四个"坚定不移"，为金砖国家间的合作规划了新蓝图：

——坚定不移推动经济可持续增长；

——坚定不移开展全方位经济合作；

——坚定不移塑造有力外部发展环境，推动完善全球经济治理；

——坚定不移提高道义感召力,推动建立全球发展伙伴关系。

习近平主席提出的中国方案既高瞻远瞩,又具有可操作性,为"金砖梦"指明了道路与方向,赢得其他金砖国家领导人的积极响应。

"大鹏之动,非一羽之轻;骐骥之速,非一足之力。只要我们心往一处想、劲往一处使,金砖国家将展开腾飞的翅膀,飞得更快更远。"福塔莱萨是"金砖梦"的一个新起点,而不是终点。

构建、充实、提升中国—拉美命运共同体是此访的第二座丰碑。

7月17日是世界瞩目的"中拉时间"。在巴西利亚,习近平主席与拉美和加勒比国家领导人举行会晤,共同宣布成立中国—拉共体论坛。习近平主席在峰会上发表了题为《努力构建携手共进的命运共同体》主旨讲话,提出中拉携手追梦,打造中拉命运共同体。

中拉论坛腾空出世,与业已建立的中非合作论坛、中阿合作论坛一起,成为新时期中国与发展中世界构建命运共同体的三个"擎天柱"。

这一重大突破是新时期我国外交方略的新拓展。13个月之内,习近平主席两度访问拉美,凸显出拉美国家在中国外交格局中的重要地位。

中拉论坛这一制度性安排,把中国与拉美这两个远隔重洋的大陆连接到一起,犹如在这个蓝色星球上勾画出最悠长合作弧线——从焕发青春的东方大陆出发,跨过世界上最浩瀚的海洋,直至多姿多彩的拉美大地。

"同呼吸,共命运。"打造中拉命运共同体不是空架子,而是有着厚实的实质内容。中方倡议的"1+3+6"合作新框架,打造中拉务实合作的升级版。

取得一系列务实合作的成果是此访的第三座丰碑。

习近平此次进一步密切了与四国的政治外交关系,中国与巴西宣布进一步深化中巴全面战略伙伴关系,中国与阿根廷宣布建立全面战略伙伴关系,中国与委内瑞拉宣布中委关系提升为全面战略伙伴关系,中国与古巴巩固了"好朋友、好同志、好兄弟"的"三好关系"。

一个合作大单更是震动全球。中巴双方就签署了56项合作协议,包括采购60架巴西飞机,中国、秘鲁、巴西发表两洋铁路合作声明。中国将在阿根廷建重水堆核电站,两国央行还签署了3年期110亿美元的货币互换协议。委内瑞拉将增加对中国的石油出口,中方则愿加大对委方卫星技术转让，中古经贸合作再上新台阶……

对此，外媒的惊叹声一片。美国《华尔街日报》称，这"反映了中国影响力的上升"；英国《金融时报》说，对于整个拉美地区来说，中国已经成为一个金融和贸易的重要替代来源。

魅力外交、抒写外交新佳话是此访的第四座丰碑。

习近平主席带着辣木和桑树种子亲切看望古巴革命领袖菲德尔·卡斯特罗，"辣木缘"成为中古关系的新见证。习近平与阿根廷骑警主动握手表谢意，到共和国庄园与主人拉家常……一个个令人回味的瞬间定格为中拉交往史上的佳话。

大气从容、自信坦诚、人文情怀——习近平主席此访展示的"中国魅力"再度打动了拉美民众。

7月16日在巴西国会的演讲最为典型。习近平主席讲述中国茶农、中国国画大师张大千和巴西作家卡洛斯·塔瓦雷斯等一个个"有缘人"的故事，引述拉美解放者玻利瓦尔、巴西利亚缔造者库比契克的名言，还有巴西国歌、足球、歌舞……习近平主席对拉美历史、文化的熟稔程度让巴西人惊叹不已，自然而然成为在巴西国会赢得掌声最多的外国领导人。

国之交在于民相亲。习近平用当地人听得懂的语言，以润物细无声的方式，增进了拉美人民对中国的了解。习近平主席展现的"中国魅力"，贯穿拉美之行始末，成为十多天来拉美媒体津津乐道的篇章。

世界大潮，浩浩荡荡。早在1988年，邓小平就指出，21世纪将是亚太的时代，也是拉美的时代。中国新一届政府从战略高度出发，强调拉美在中国外交全局中的重要地位。习近平主席此次访问拉美，清晰体现出中国在南南合作框架下加强与发展中国家关系的外交布局。

阿基米德说："给我一个支点，我可以撬动地球。"提升金砖、成立中拉论坛、密切中拉友谊——这次历史性访问实际上在打造中国外交布局的新"支点"。多年以后，人们会发现：太平洋"变窄"了。

| 2014年7月25日 |

构建新型大国关系是一种政治智慧

7月9日，第六轮中美战略与经济对话、第五轮中美人文交流高层磋商的联合开幕式在北京举行。中国国家主席习近平出席开幕式并致辞。习近平主席的重要讲话，为这次对话注入了新的内容，令中美两国的年度战略与经济对话、人文交流高层磋商备受世人瞩目。

习主席指出："中美合作可以办成有利于两国和世界的大事，中美对抗对两国和世界肯定是灾难。"如何正确认识、妥善处理，并维护发展大国之间的关系，是对大国领导人战略眼光、政治智慧、外交手法的挑战和检验。构建中美新型大国关系更是一项前无古人、后启来者的事业，没有现成经验和模式可以照搬，需要大国领导人去开拓创新。全世界所有爱好和平的人们，都期望大国领导人有足够的政治智慧，导引大国关系不偏离合作多赢的大道。

中美两国是当今世界上最重要的两个国家。两国经济总量占世界三分之一、人口占世界四分之一、贸易总量占世界五分之一。近年来中美两国关系的发展，喜忧参半。一方面，中美高层会晤往来持续不断，各层次对话交流不断加强，在应对气候变化、新能源开发等方面的合作进一步推进。双方经贸关系持续稳步发展，双边投资保护协定谈判进入实质性阶段。在叙利亚化武危机、伊朗核谈判、朝核等国际问题中双方也进行了良好合作。尤其值得一提的是，作为中美关系薄弱环节的两军关系得到显著改善。两国防长和总参谋长实现互访；去年、今年中美两军多次举行联演联训，中美军事关系的改善，促进了双方的理解与信任。

而另一方面，中美关系也出现一些波折。自去年年底以来，美国在涉及中国与一些邻国的领土争端问题上，无视历史与事实，对挑起事端的某些国家一味偏袒。此外，美国司法部以所谓网络窃密罪名起诉中国军人，贸易监管部门对中国产品实施密集的"双反"调查和制裁，一些议员政客和军方人士在公开场合对中方进行无理攻击等等，为中美关系增添了种种不和谐的声音。事实上，正如有评论所说的那样：有些国家正是因为把宝压在相信中美终将摊牌上，才会使出一些利令智昏的招术。

习近平主席极为重视中美关系，一再指出中美两国利益深度交融，两国合则两利，斗则俱伤，中美合作可以办成有利于两国和世界的大事，中美对抗对两国和世界肯定是灾难的基本事实；一再提出中美两国需要在"不冲突不对抗、相互尊重和合作共赢"基础上构建新型大国关系的共识；一再主张中美两国应该登高望远，加强合作，坚持合作，避免对抗，既造福两国，又兼济天下。

这一次在出席中美战略与经济对话开幕式的致辞中，习近平主席九次提到"新型大国关系"，进一步明确提出了"增进互信，把握方向"、"相互尊重，聚同化异"、"平等互利，深化合作"、"着眼民众，加深友谊"等四个方面的具体看法和主张，宣示出中国领导人从历史和现实出发作出的重大战略抉择；体现出中国领导人决心打破大国冲突对抗的传统规律、开创大国关系发展新模式的政治担当。

一年前的此时，习近平主席与美国总统奥巴马在美国加州风景秀丽的安纳伯格庄园举行"不打领带"的历史性会晤，达成"不冲突不对抗、相互尊重、合作共赢"的共识，共同致力于构建中美新型大国关系，为中美新型大国关系确立基调。今天，习主席再次重申他曾被广泛解读的名言：宽广的太平洋有足够的空间容纳中美两个大国。展现出中华文化仁、和的精髓；展现出博大的胸怀、格局与深远的视野。

中美关系尽管不时出现一些困难甚至波折，但只要按习主席所说：中美双方"加强对话，增信释疑，促进合作，确保中美关系始终不偏离构建新型大国关系的轨道"。在坚守两国元首达成的重要共识的基础上，排除干扰，加强磨合，妥处分歧，中美关系一定能不断向前发展，而这将使全世界获利。

|2014年7月10日|

赋予中美新型大国关系新内涵

中国国家主席习近平10日会见来华出席第六轮中美战略与经济对话和第五轮中美人文交流高层磋商的美国国务卿克里、财政部长雅各布·卢等美方代表团主要成员，并欢迎奥巴马总统今年11月来北京出席亚太经合组织领导人非正式会议并访华。

习主席在会晤时提出推进中美关系的三大重点：一是加强沟通交流，二是促进合作，三是减少麻烦。习主席指出，凡是有利于为两国关系注入正能量的，都要做"加法"；反之，都要做"减法"。他指出，中美建交35年来，两国关系走过了不平凡的历程，经验教训弥足珍贵、值得记取，中美双方应该坚持构建不冲突不对抗、相互尊重、合作共赢的新型大国关系的大方向，增进互信，扩大利益契合点，管控分歧，推动中美关系沿着正确轨道持续向前发展。

克里和雅各布·卢表示，奥巴马总统欢迎并希望看到一个强大、繁荣、稳定的中国，美方绝对无意遏制中国，无意同中国对抗、冲突。美方支持中国全面深化改革，中国经济保持发展对美国有利。

"不冲突不对抗、相互尊重、合作共赢"——这是一年前中美两国元首确定的新型大国关系的核心内容。7月9日，习近平主席在钓鱼台致辞中提出中美双方要"坚持合作，避免对抗，既造福两国，又兼济天下"的新主张，为中美新型大国关系增添了新内涵，注入了正能量。

当前，国际形势纷繁复杂，正在发生深刻的变化。在欧洲，乌克兰危机引发的地缘政治格局正在发生冷战后最剧烈的嬗变，其外溢效应已经传递到亚太地区；在亚洲，一些国家出于觊觎之心与狭隘的民族主义情绪,在岛屿争端和海洋权益问题上狂飙突进,让西太平洋风急浪高;在中东,"伊黎国"、"基地"等极端恐怖势力的异军突起正悄然改变中东政治版图与国际反恐格局。

在此背景下,中美共同构建新型大国关系的必要性和紧迫性尤显突出。"来而不可失者,时也;蹈而不可失者,机也。"——习近平主席在致辞中引用苏轼的话说明,发展中美关系要顺时应势、与时俱进。

中美互动,有牵一发而动全球的意义。如何看待中美关系?中美关系该如何发展?一段时间以来,中美关系遭遇"逆风",国际舆论"唱衰"声音不断。自去年年底以来,围绕亚太地区领土争端、网络安全等问题,中美双方关系一度出现紧张迹象。美国在涉及中国与一些邻国的领土争端问题上,出于短视的战略考量,无视历史与事实,对挑起事端的日本、菲律宾和越南一味偏袒,对东京解禁集体自卫权点头。此外,美军方领导人多次在公开场合对中方进行无理攻击,美司法部以所谓网络窃密罪名起诉中国军人,美贸易监管部门对中国产品实施密集的"双反"调查和制裁。

正因为如此,国际舆论中的悲观主义者甚至认为,中美关系似乎出现了"螺旋式恶化",正处于正常化以来"最糟糕的时刻"。

中美关系向世界展现出一幅复杂多样的图景,既有进展,亦有"逆风"。"逆风"的出现有其深刻的根源。连一些西方学者都看出,中美之间出现"逆风"的主要原因之一在于美国不愿倾听中国的想法,美国及西方国家应该承认中国崛起的"合法性",并在定义现有国际法则以及在网络空间等新领域制定新法则时,真正把中国当作一个"平等伙伴"来接纳。

发展中美关系的根本在于增进战略互信,华盛顿需要少谈一些"亚太再平衡",放下遏制中国的冷战思维;华盛顿更需要明白,"国强必霸"的逻辑不适用于中国,中国是伙伴而不是对手,正如习近平主席指出:"宽广的太平洋有足够的空间容纳中美两个大国。"

中美两国和平相处与共同合作,不仅惠及两国,亦泽被全球。俄新社报道说,尽管为期两天的对话难以彻底消除中美之间的分歧和不信任,但是对话可以让两国增进理解,毕竟中美关系是世界上最重要的一组双边关系,双方肩负着共同的责任。

从庄园会晤到人民大会堂会晤，习近平主席给中美新型大国关系的发展指出了新方向，提供了新动力。只要中美两国秉持合作的理念，坚持"积土成山"的精神，不断拓展新型大国关系的内涵，中美合作的巨轮必将不断驶向光明彼岸！

|2014 年 7 月 10 日|

"中拉时间"悄然重塑世界格局

1988年,邓小平同志在会见阿根廷时任总统阿方辛时曾经断言,"将来也会出现拉美世纪"。

26年后的今天,中国国家主席习近平对拉美进行历史性访问,中国与拉美实现世纪携手,开启了聚焦世界目光的"中拉时间"。

——这是一个悄然重塑世界政经版图的"中拉时间"。

此访中,中国与巴西,东西半球两个最大的发展中国家,进一步深化全面战略伙伴关系;中国与阿根廷、中国与委内瑞拉把双边关系都提升为全面战略伙伴关系;中国与古巴宣布"三个坚定不移",标注了新时期的坐标。

此访的重头戏,是习近平主席与拉美诸多领导人实现历史性集体会晤,双方一致决定建立平等互利、共同发展的中拉全面合作伙伴关系,共同宣布成立中国—拉共体论坛。

从双边拓展深化关系,到多边实现历史性突破,中国与拉美把手伸过世界上最浩瀚的海洋紧握在一起。这战略性的握手,体现了发展中世界的力量在整合、在崛起,全球格局与秩序为之一变。

——这是一场精彩纷呈、亮点频出的"中拉时间"。

格局之变需要时间的沉淀方才显现。而在当下,人们对"中拉时间"的记忆,是一幕幕让人难忘的经典时刻,是横扫拉美大地的"中国潮"。

从习近平主席踏上拉美大地起,时时是特殊礼遇,处处是热情接待,讲述着一段段中国情。

在巴西,人们很快从"世界杯时间"切换到"中国时间",大街小巷布满了中国红。从威武飒爽的骑兵马队护卫到巴西国会演讲的全国直播,中国声音传遍亚马逊大地。

在"马背上的国家"阿根廷,东道主精心挑选了两匹骏马作为国礼,恭贺农历马年。在共和国庄园,好客的人们把所有的美好一一捧上:高乔人的马术、印第安人的歌舞、阿根廷的探戈……

在委内瑞拉,习主席的专机一进其领空,两架战机升空护航,马杜罗总统亲临机场迎接。一路是闻讯而来的民众,一路是五星红旗飘扬。

在古巴,习近平与古巴革命领袖菲德尔·卡斯特罗叙旧谈新,抒写"辣木缘"佳话。从哈瓦那飞往圣地亚哥,古巴国务委员会主席兼部长会议主席劳尔登上中方专机,高空煮茶论英雄。

为表达敬意,委内瑞拉、古巴,分别把国家最高荣誉勋章"解放者"、"何塞·马蒂"勋章郑重授予习近平主席。阿根廷参众议长专门通过国会决定,新设了"阿根廷国会荣誉贵宾"称号授予习近平主席。

——这是让"中国梦"与"拉美梦"交汇对接的"中拉时间"。

"中拉时间"意味着"中国梦"与"拉美梦"全方位战略对接,开创历史新机遇。

与"中国梦"相平行的是,巴西正实施"壮大巴西"等一系列发展规划,阿根廷展开"2020年发展战略",委内瑞拉继续推进21世纪社会主义建设,古巴进行经济模式更新。

"中国梦和拉美梦息息相通。中拉双方要勇于追梦、共同圆梦。"这是习近平主席在巴西国会演讲时发出的携手发展强音。

"中国梦"与"拉美梦"的对接有着深厚的物质基础,中拉合作范围之广、程度之深、领域之宽,从一个个合作协议的签署可见一斑:中巴签署30多项协议,累计金额350多亿美元;中国、巴西、秘鲁决定合作探讨建设横贯南美大陆的两洋铁路;中阿合作建设水电站、改造铁路;中巴探索铁矿石贸易人民币结算试点;中阿签署双边本币互换协议;中委融资合作机制继续深化,双边经济合作注入了新动力……

——"中拉时间"体现了对发展道路的坚定自信,对发展模式的互鉴共进。

巴西国会演讲,习近平主席再提"鞋子论":"世界上没有包治百病的灵丹妙药,也没有放之四海而皆准的发展模式。我们应该继续坚定支持对方走符合自身国情的发展道路。"

此访中，拉美国家领导人往往会提出一个请求：请讲一讲中国的治国理政思路和经验。罗塞夫总统读了市面上很多关于中国的著作，却仍然"不解渴"，向习近平主席询问从干部培养到城镇化进程的诸多问题。克里斯蒂娜总统称要"借鉴中国成功经验"，尤其赞赏中国的"坚持"和"规划"。

委内瑞拉有着浓重的"中国情结"，马杜罗总统在同习近平主席共见记者时，对中国的赞赏之情溢于言表。访古期间，习近平主席对劳尔主席说，不论国际形势怎么变，坚持中古长期友好是中方的既定方针。

——"中拉时间"体现了中国与拉美的命运与共、志合意聚的责任担当。

"在这个世界上，不同阶级、种族、肤色、信仰的人怎样才能和平共处？这是每个国家、每个团体都不得不面对的迫切问题。"1941年，斯蒂芬·茨威格在《巴西：未来之国》一书中发出这样的疑问。

70多年后，中拉领导人首次会晤在巴西利亚举行，给出了答案：成立中拉论坛，打造中拉命运共同体。

对于中国，这是外交布局的"全覆盖"。

对于拉美，这是外交舞台的"再登台"。

对于世界，这是对国际格局和秩序的"再塑造"。

中拉构建命运共同体，顺时应势，推动潮流。在和平、发展、合作、共赢的时代潮流中，构建你中有我、我中有你的命运共同体，以实现"各美其美，美人之美，美美与共，天下大同"的人类愿景。

回顾拉美之行，习近平主席用魅力打动人，用思想感化人，用合作行动信服人，在拉美大地掀起一波波"中国风"。在尼加拉瓜人民广播电台台长威廉姆·格里斯比看来，此访不但推动了中拉关系发展，更对维护当今世界和平繁荣具有积极意义。

格局之变，往往在不经意间悄然而来；蓦然回首，已是地老天荒。中国与拉美，因璀璨文明彼此吸引，因梦想交汇而理解，因互利合作而携手。习近平主席的拉美之行犹如一个"点睛之旅"，让"亚太世纪"与"拉美世纪"的历史性携手，推动了发展中世界的联合自强，带动了世界政经版图的嬗变，给世界和平发展大业带来正能量。

| 2014 年 7 月 30 日 |

"金砖峰会"中国重要作用凸显

7月13日,中国国家主席习近平乘专机离开北京,开启就任国家元首后的第二次拉美之行。14日至15日,习近平主席将出席在巴西福塔莱萨和巴西利亚两地举行的金砖国家领导人第六次会晤,将同巴西总统罗塞夫、俄罗斯总统普京、印度总理莫迪、南非总统祖马一道,围绕"实现包容性增长的可持续解决方案"这一峰会主题阐述主张、交流意见,并就国际和地区热点问题交换看法。

在接受数家拉美主流媒体的联合采访时,习主席说:过去五年里,金砖国家形成了以领导人会晤为引领,多层次、宽领域的合作架构。各成员国政治互信不断增强,在经济、金融、贸易、发展等诸多领域务实合作不断深化,在重大国际事务中的沟通和协调不断加强。事实证明,占世界人口42.6%的金砖国家经济发展、社会稳定、协调合作、共同成长,顺应和平、发展、合作、共赢的时代潮流,有利于世界经济更加平衡、全球治理更加有效、国际关系更加民主。

2001年,高盛集团前首席经济学家吉姆·奥尼尔首次提出"金砖国家"这一概念。十余年来,巴西、俄罗斯、印度、中国、南非这五个金砖国家间政治互信不断增强,在经济、金融、贸易、发展等诸多领域的务实合作不断深化。根据2010年世界银行和国际货币基金组织改革方案,金砖国家在世界银行的投票权大幅增加至13.1%,在国际货币基金组织的份额将达到14.81%。按购买力平价计算,金砖国家对世界经济增长的贡献率已超过50%。金砖国家已经成为带动全球经济增长、推动国际关系民主化的重要力量。

近一段时间,世界上有一些人不断渲染金砖国家经济增速放缓,炒作所谓"金砖褪色"的话题，试图为金砖国家之间的合作浇冷水。而金砖国家领导人第六次会晤如约举行这一事实表明，以金砖国家为代表的新兴力量的发展和壮大是大势所趋，一个合作架构不断完善、合作成果更加丰富的金砖机制，必将为世界的和平、稳定、繁荣作出贡献。

当今世界国际经济关系的一大特点是，以西方"七国集团"主导的国际经济秩序正在发生变化，那种带有西方利益色彩的合作机制的影响力正在减弱，风光不再。与此相应，金砖国家的出现和发展带来的世界经济增长点多元化，正在成为国际经济关系民主化的自然推动力。并非政治同盟的金砖国家走到一起，反映了国际经济关系发展的客观要求。金砖国家在改革和完善全球经济治理方面表达相同的关切和主张；作为发展伙伴开展彼此协调、携手合作亦是大势所趋。金砖国家是全球发展伙伴关系的积极倡导者和实践者，是南北对话与合作的一座新桥梁。金砖国家所关注和讨论的经济、金融和发展的其他领域的问题，值得发达国家和发展中国家普遍关心。

随着金砖国家工商理事会、智库理事会的相继成立，金砖国家开发银行、应急储备安排等机构的设立有望在此次会晤中落到实处。

成立金砖国家开发银行，有助于解决发展中国家在基础设施等领域的资金短缺，并提高金砖国家在国际金融体系中的谈判地位；应急储备安排能够起到促进金融稳定的作用，并逐渐发展成为一个多边金融稳定机构。可以说，"金砖国家"逐渐形成的以领导人会晤为引领，多层次、宽领域的合作架构，在国际舞台上正发挥着越来越重要的作用。

中国是金砖国家的成员国之一，始终是金砖国家事务积极的、重要的参与者。此次习近平主席出席峰会，将使"包容性增长"理念更加深入人心，让更多国家及其民众都能享受到经济发展和经济全球化的益处，在可持续发展中实现经济社会协调发展。在此过程中，中国将为规划金砖机制新一轮的发展起到重要推动作用。

| 2014年7月15日 |

走得更远,行得更稳

习近平主席开始的拉美之行,是今年中国外交的又一个重要事件,备受国内外舆论关注,相关国家也高度重视。普遍认为,习主席的拉美之行,是合作之旅、友谊之旅,定能取得丰硕成果。

在接受巴西《经济价值报》、阿根廷《国民报》、委内瑞拉国家通讯社、古巴拉丁美洲通讯社的联合采访时,习主席说:"相知无远近,万里尚为邻。"这句中国古诗是中国同拉美和加勒比国家关系的真实写照。中拉都是发展中国家和地区,处在相似的发展阶段,肩负着相同的发展任务。我们支持对方走符合本国国情的发展道路,致力于推动国际秩序朝着更加公正合理的方向发展。这些是我们能够求同存异、携手共进的根本动因。

中国与拉美国家相距万里。这些年来,中国与拉美国家的关系迅速升温,经贸联系和民间交往达到前所未有的水平。从这个侧面我们可以清楚地看到,中国的国际影响力迅速扩大,对外交往和经贸合作遍及世界的各个地方。中国的发展已经成为一道蔚为壮观的风景。

中国是拉美的真诚朋友,其友谊可以追溯到数百年前。在拉美一些国家,都曾有中国先民的足迹,直到今天仍然可以看到很多华裔侨民在那里辛勤工作、幸福生活。特别是双方共同的历史遭遇和反抗殖民统治的斗争,使中国人民和拉美人民有一种特殊的亲切感。在历史上,中国和拉美国家从没有过纷争,而中国人民的善良勤劳智慧,深得拉美人民的赞赏。尽管语言不通,文化各异,但真诚换来了真诚。在阿根廷、巴西、委内瑞拉和古巴,有很多"中国通",更有许多中国人民尊敬的老朋友。而中国人对拉美文化、拉美风光同样十分向往。习主席此访,不仅带去中国人民对拉美人民的友谊和善意，也必将大幅度提升中国和拉美国家互利合作的整体水平。

今天，中国人民正在朝着伟大复兴的宏伟目标而奋斗。我们需要良好的外部环境，需要与世界各国多方面合作。中国将继续奉行独立自主的和平外交政策，把中国人民的利益同各国人民的共同利益结合起来，继续同各国加强宏观经济政策协调，改善全球经济治理，共同促进世界经济增长。相信，我们同金砖国家和拉美国家的合作，一定会走得更远，行得更稳！

| 2014年7月15日 |

习主席看重"中印一个声音"

当地时间7月14日,中国国家主席习近平在巴西福塔莱萨会见了印度总理莫迪。

无论是在金砖国家架构内,还是在另外的双边或多边交往中,中印两国关系都有其特殊性。正如习主席所指出的那样,中印作为两个最大发展中国家和新兴市场国家,都处在实现民族复兴的伟大历史进程中,最珍惜的就是和平与发展,两国的理想和目标息息相通。印中都是世界重要一极,拥有许多战略契合点。中印用一个声音说话,全世界都会倾听。中印携手合作,全世界都会关注。

全世界都注意到了,在金砖国家峰会这样的场合,习主席与印度新一任领导人会晤的意义非同一般,印度新总理莫迪是当选后首次访问美洲,按照国外媒体及印度国内媒体的评述,印度新领导人特别希望借助金砖国家峰会这一平台,与国际风云人物握手言欢,尤其是与中国的领导人会晤,并借印中峰层交往,让中国领导人见到一位"非常友好热情、急于要与他建立私人友谊的印度新领袖"。

中印两国是近邻,有传统的友谊。两国的人口、市场,经济规模和经济发展潜力都不可低估。因此,双方应对接各自发展战略,建立更加紧密的发展伙伴关系,扩大文化、教育、宗教、青年等领域友好交流,在铁路等基础设施建设、产业投资等领域打造一批示范性项目,扩大服务贸易、投资、旅游等领域合作,逐步实现双边贸易总体平衡和可持续发展,推进孟中印缅经济走廊建设,引领区域经济一体化进程。中印应加强多边领域合作,共同参与国际规则制定,增强发展中国家的话语权。在金砖国家峰会之际,中方欢迎印方作为创始成员加入亚洲基础设施投资银行。习近平主席指出，无论双方曾经有过什么问题，现在双方要以积极和向前看的态度管控和处理分歧，通过友好协商，尽早找到公平合理、双方都能接受的边界问题解决办法。在最终解决前，共同维护好边境地区和平安宁。

在莫迪先生就任新一届总理时，习近平主席特使王毅曾亲自去新德里传达中国领导人对印度新政府的热情祝贺。此后，印度副总统安萨里等陆续访华，中国、印度、缅甸三方共同举办和平共处五项原则发表60周年纪念活动，令中印关系沿着"重要战略合作伙伴"的方向坚定前行。"将中印关系置于中国外交的优先位置"，绝不是什么外交辞令，而是基于双方最大共同利益所在而明确的外交方针。

如果从传统的所谓"地缘政治"角度去看待问题，中国与印度之间积累的包括历史问题在内的诸多问题相当复杂，解决起来很有难度。然而，知难而进恰恰是当下中国外交的鲜明特色，中国不惹事，不怕事，且善于处理各种外交事务。明确提出中印是长久战略合作伙伴，而非竞争对手；明确主张中印携手实现和平发展、合作发展、包容发展，让两国25亿人民过上更好的生活，为地区乃至世界增加和平与发展的力量等一系列提议，展现出中国领导人的远见卓识。将中印战略合作伙伴关系不断提高到更高水平，共同维护我们的战略机遇期，维护亚洲乃至世界和平稳定——习主席这番话，言辞恳切，掷地有声。

中国国家主席习近平与印度总理莫迪第一次在国际大场合亮相，并举行两人之间的首次会晤，无论从双边、地区还是全球层面看，其包含的特殊含义值得关注。

| 2014年7月16日 |

为"金砖梦"贡献中国智慧

"志合者,不以山海为远。"来自四大洲的金砖国家领导人当地时间15日齐聚巴西福塔莱萨,为金砖国家间的实质合作掀开了崭新一页——成立金砖国家开发银行、建立金砖国家应急储备基金。

世界有目共睹,金砖机制如今喜结硕果,中国贡献作用重大。

"中国对于2014年世界杯来说也许无足轻重,然而在巴西福塔莱萨举行的金砖国家领导人第六次会晤上,所有人的目光都将落在中国国家主席习近平身上。"——这是美国《国家利益》双月刊网站在福塔莱萨会晤前夕发出的论断。

《国际利益》可谓眼光独到。

一年前的德班,习近平作为中国国家主席首次在多边国际舞台亮相,宣示主张,积极作为,提出金砖国家要朝着"一体化大市场、多层次大流通、陆海空大联通、文化大交流"的目标迈进。

一年后的福塔莱萨,习近平主席在题为《新起点 新愿景 新动力》的主旨讲话中全面总结金砖国家的合作经验,指出了今后的合作方向,为"金砖梦"提出中国方案,贡献中国智慧。

这是坚定不移的信心——"大鹏之动,非一羽之轻;骐骥之速,非一足之力。只要我们心往一处想、劲往一处使,金砖国家将展开腾飞的翅膀,飞得更快更远。"习近平主席的开场白打动了世界。

这是高屋建瓴的眼光——习近平主席指出,金砖国家要实现国泰民安,必须两条腿走路,既要重视经济领域合作,也要加强政治领域协调,"既做世界经济稳定之锚,又做国际和平之盾"。

这是深化合作的号角——习近平主席在总结过去五年的合作经验的

基础上，规划新的合作蓝图，提出发展更紧密、更全面、更牢固的伙伴关系。

这是旗帜鲜明的态度——习近平主席指出，中国外交有原则、重情谊、讲道义、谋公正，走和平发展道路。中国尤其珍视金砖国家合作，列为外交优先领域，坚持同金砖国家做好朋友、好兄弟、好伙伴。

从德班到福塔莱萨，习近平主席的讲话向世界阐明了对"金砖梦"的中国理念与中国主张，为金砖体制走实走远作出了重要贡献。

什么是"金砖梦"？

2001年，当高盛前首席经济学家吉姆·奥尼尔首次提出"金砖国家"之时，"金砖"不过是一个学术概念。而今，因为有着共同的发展梦、图强梦，四大洲的新兴力量代表国家聚合在一起，"金砖梦"成为这些国家的求和平、谋发展、促合作、图共赢的共同梦想。

放眼全球，多边框架林立，金砖机制如何有其独到之处，如何有其勃发的生命力，如何从虚走实？这是诸多国际战略家们在深思的问题。

金砖国家人口总量占全球人口总量42.6%，经济规模超过全球经济的20%，是国际舞台上正在崛起的新兴力量。正如习近平主席在接受拉美四国媒体联合书面采访时指出，金砖国家经济发展、社会稳定、协调合作、共同成长，顺应和平、发展、合作、共赢的时代潮流，有利于世界经济更加平衡、全球治理更加有效、国际关系更加民主。

伴随合作框架和机制的不断完善，各成员国政治互信不断增强，在经济、金融、贸易、发展等诸多领域务实合作不断深化，"金砖"已经成为带动全球经济增长、推动国际关系民主化的重要力量。

"兄弟之道是团结同心。"——习主席在接受拉美四国媒体联合书面采访时引用了阿根廷史诗《马丁·菲耶罗》中的这句话，含义深邃。"金砖梦"的进一步推进，更需要金砖国家的团结一致，秉持开放、包容、合作、共赢的精神，不要为一些分化力量的干扰。

五年蓄势，一朝迸发！而今，金砖国家在福塔莱萨用一系列实质性成果证明，金砖的"唱衰论"可以休矣。当金砖国家开发银行落户上海、建立金砖国家应急储备基金等重磅消息传来，国际舆论为之震动。印度媒体评述说，金砖今天的选择"不仅塑造金砖诸国的未来，而且影响世界"。

展望未来，金砖国家如何进一步深化合作，如何进一步挖掘金砖机制潜力？

为此，习近平主席在福塔莱萨提出了四个"坚定不移"，为金砖国家间的合作规划了新蓝图：

——坚定不移推动经济可持续增长，通过必要的经济改革，增强内生增长动力；

——坚定不移开展全方位经济合作；

——坚定不移塑造有力外部发展环境，推动完善全球经济治理；

——坚定不移提高金砖国家道义感召力，在国际事务中共同提出方案，伸张正义，践行平等，共同维护国际公理，推动建立全球发展伙伴关系。

习近平主席提出的中国方案既高瞻远瞩，又具有可操作性，为"金砖梦"指明了道路与方向，赢得其他金砖国家领导人的积极响应。

福塔莱萨是"金砖梦"的一个新起点，而不是终点。习近平主席指出，期待金砖国家共同成为繁荣、富强、民主、文明的未来之国，开创世界经济增长更加多远、国际关系更加民主的美好未来。

我们相信，中国智慧必将为"金砖梦"的升华贡献新的动力，为新兴力量携手参与改良全球治理谱写新的篇章。

| 2014 年 7 月 17 日 |

追求"未来之国"的美好愿景

中国国家主席习近平 15 日在金砖国家领导人第六次会晤上发表了题为《新起点　新愿景　新动力》的讲话。在讲话中，习主席提到一本叫做《巴西：未来之国》的畅销书。习近平表示，期待着金砖国家能够像书中憧憬的那样，共同成为繁荣、富强、民主、文明的未来之国，开创世界经济增长更加多元、国际关系更加民主的美好未来。

由奥地利作家斯蒂芬·茨威格撰写的《巴西：未来之国》出版于 1941 年。该书从经济、文化、历史等各方面介绍了巴西，在对自然风光的描述和历史事件的回顾中，穿插议论。作者于贫苦中看见美好，于哀伤中看到富饶，在苦痛中望见快乐，使这本书被誉为"一位可敬学者的感性观察"。即使在今天，读来依然饶有兴味。

习近平主席特意提到这本书，寄托着他对金砖国家合作的珍视，表达了中国坚持同金砖国家做好朋友、好兄弟、好伙伴的良好意愿，进一步强调了中国对金砖国家合作发展、并使金砖国家发挥重要国际影响力的信心。

自金砖国家领导人首次举行会晤五年来，国际形势已经发生了很多变化。一个明显的变化是，随着金砖国家在许多重大国际和地区问题上共同发声、贡献力量，致力于推动世界经济增长、完善全球经济治理、推动国际关系民主化，金砖国家正在成为国际关系中的重要力量和国际体系的积极建设者。本次峰会，中国、巴西、俄罗斯、印度和南非签署协议，成立金砖国家开发银行，取得了金砖国家合作进程中具有重要和深远意义的成果。金砖国家开发银行的设立，体现了金砖国家团结合作、共同发展的政治意愿，不但有助于提高金砖国家在国际金融事务中的话语权，更重要的是能够造福金砖国家，造福更多的发展中国家人民。

人类历史总是在不断发展，世界不应该有什么一成不变的发展模式，不应该有什么墨守成规的发展秩序。金砖国家的出现，让全世界看到，金砖国家独特的"开放、包容、合作、共赢"的合作伙伴精神所展现的全新国与国关系。大力发扬金砖国家独特的合作伙伴精神，坚持做开放型世界经济的建设者，坚持做国际关系民主化的实践者，坚持照顾彼此关切，深化务实合作，携手为各国经济谋求增长，为完善全球治理提供动力。同时，要坚持共赢精神，努力推动走出一条大国合作共赢、良性互动的路子，让世界变得更公平、更美好。

值得一提的是，茨威格在《巴西：未来之国》一书中明确指出欧洲已是"昨日的世界"，而巴西才是"明日的世界"。他的"未来之国"并非指单纯的经济发展，甚至不是指科技、艺术等文化形式，也不是特指某个国家，而是阐述一种人道主义精神，是一种自由、平等、博爱的理想，是对人类文明的全部希望，是整个世界的明日蓝图。这样一个"未来之国"的美好愿景，金砖国家正在努力实践，不懈追求。

|2014年7月17日|

拉美的"中国温度"何以持续走高

在拉美,"中国温度"持续走高。

伴随着习主席拉美之行,拉美的主要媒体均在黄金时段和显著版面报道习主席的重要活动。"中国风"劲吹拉美大地。

7月17日,习主席出席中国—拉美和加勒比国家领导人会晤,并发表重要讲话;还会见了拉共体"四驾马车"领导人。相关国家的国家元首或政府领导人出席会议,堪称是顶级的中拉峰会。

拉美的"中国温度"持续走高,绝非偶然。这是因为:在经济上,中拉经贸合作水平持续快速攀升,贸易、投资、金融"三驾马车"同时发力。2000年以来,中拉经贸实现了惊人的"三级跳"——2000年突破100亿美元,2007年突破1000亿美元,2012年突破2000亿美元。十余年时间,可谓日新月异,5000亿美元的新高度在不远的将来也可预见。中国作为当今世界经济增长的强大引擎,使拉美受益巨大;而中国也在与拉美合作中促进了自己的发展。

在政治上,拉美绝大多数国家一向对华友好,在许多国际问题上,与中国有着相同或相似的观点。中国同主要拉美国家在政治上没有分歧,且相互支持。正如拉美领导人说,中国与拉美国家的合作从不附加任何政治条件。中国对拉美国家无论大小,一视同仁,平等相待,从不干涉别国内政,从不以势压人,从不谋求一己私利。中国在拉美享有良好声誉由来已久。

在文化和历史上,中国与拉美有着特殊的亲近感。拉美大地上,曾有为数众多的中国先民在此生活,今天更有越来越多的中国人在此学习工作、投资兴业。可谓"路途虽遥远,感情很亲密"。

更重要的是，中国改革开放的巨大成就，像磁石一样吸引着那里的人们。拉美大都是发展中国家，中拉面临的发展问题很多是相同的。拉美国家希望从中国的成功经验中学习有益的东西，促进当地经济社会发展；中国也从拉美国家发展经历中，汲取丰富经验。

历史友谊、现实合作、未来愿景，这一切，都使习主席拉美之行，备受关注、备受欢迎，也备受期待。

拉美的"中国温度"持续走高，还说明中国人爱交朋友，能交朋友，善交朋友，而绝非西方媒体渲染的那样没有朋友。中国一贯奉行不结盟政策，对所有与我友好的国家都以诚相待。中国绝不嫌贫爱富，以大欺小，倚强凌弱；也绝不会为一己之私，拉帮结伙，制造事端；更没有霸权野心，对别的国家发展进步如骨鲠在喉，必欲抹黑、遏制甚至围堵而后快。

习主席的多次拉美之行，让人们看到，国与国交犹如人与人往，相知不以万里远。播下友谊的种子，必将收获友谊的果实。正如拉美和加勒比国家领导人所共同期望的那样，中拉关系必将掀开新篇章。

|2014年7月19日|

让世界看到闪耀中国梦

2014年7月15日,中国国家主席习近平的到访,把拉美一度沉浸在世界杯欢笑与泪水中的热闹气氛,推向新的高潮。

正如习主席说过的那样,自2009年以来,他已经四次访问拉美和加勒比地区,足迹踏遍十多个国家,与拉美农户品咖啡、唠家常,与古巴百姓合唱《东方红》。可以说,五年来习主席给拉美人民留下的和蔼可亲形象已深深扎根。今天,当习主席访拉行程过半,中国已成功让全世界都看到了一个更加清晰、更加真实的中国梦,一个和拉美梦、世界梦相通相联的中国梦。

联通拉美梦和世界梦的中国梦,是同舟共济、荣辱与共的中国梦。谈及拉美,习近平主席说,"相知无远近,万里犹比邻"。在新近成立的金砖国家应急储备基金中,中国出资最多,高达410亿美元,占总数的四成多。金砖国家一旦出现金融应急情况,就增加了一道可靠的坚实保障。可以说,中国的作为切实体现了"能力越强,责任也越大"。新成立的金砖国家开发银行落户上海,而首个区域办公室设在南非约翰内斯堡,首任行长将由印度提名,首任理事会主席由俄罗斯提名,首任董事会主席由巴西提名。由此可见,金砖国家各成员国的角色在其中都有体现,充分体现了那句拉美名言"兄弟之道是团结同心"。此外,习主席在中国—拉美和加勒比国家领导人会晤上宣布,中方将正式实施100亿美元中拉基础设施专项贷款,并在这一基础上将专项贷款额度增至200亿美元。中方还将向拉美和加勒比国家提供100亿美元的优惠性质贷款,全面启动中拉合作基金并承诺出资50亿美元,主要用于农业、高新技术、可持续发展等领域合作。可以说,中国的行动是务实的,是真真切切要让同为发展中国家的金砖国家、拉美国家共同受益于中国的发展。

联通拉美梦和世界梦的中国梦是互利共赢、共同发展的中国梦。此次习主席的访拉之行,淋漓尽致地诠释了这句话。7月17日,中国和巴西发布的联合声明中提到,中方有关企业与巴西航空工业公司签署了60架E190飞机采购的相关协议。中方宣布解除巴西牛肉输华禁令,巴方则承诺修订进口牛羊肠衣卫生要求。另外,中方还将正式实施5000万美元的中拉农业合作专项资金,设立"中拉科技伙伴计划"和"中拉青年科学家交流计划",并适时举办首届中拉科技创新论坛。最近几天,更大的亮点还在于中国、巴西、秘鲁开展两洋铁路合作的决定。也就是说,就扩大南美洲交通基础设施建设,推动南美洲和亚洲市场相互连接,实现巴西同秘鲁铁路线贯通,三国已经达成了重大共识。毫无疑问,这一共识是史无前例的——相隔万里、文化迥异的中华文明和拉美文明即将开展重大合作。可以预见,巴西和秘鲁人民同中国人民并肩修筑铁路的场景将很快出现。

联通拉美梦和世界梦的中国梦是追求公正、面向未来的中国梦。中国和拉美国家在历史上从未有过纠葛,有的只是文化交流、经贸往来的佳话。更加使双方人民心灵相通、感同身受的是,各自都曾经历殖民主义和强权政治的欺凌,对一个公平、正义而平等的国际秩序的期盼和向往是高度一致的。在中国大力推动下,金砖国家与非洲、拉美地区都建立了长期合作框架。与借助抬高门槛、贸易壁垒等追求零和博弈的国家不同,金砖国家一直保持了开放性和包容性。新成立的"中拉论坛"更是把此前中非论坛的经验成功运用到中拉合作之中。如此,中国与拉美国家的合作从以往的双边层次一跃成为双边多边复合的新机制。中国与拉美国家的合作是面向世界、面向未来的。双方共同反对不公正、不平等的落后于时代的国际秩序,共同追求一个公正、平等的不断进步的全球治理新时代。习主席说的"大道之行也,天下为公"讲的就是这个道理。

未来五年内,中方将向拉美和加勒比国家提供6000个政府奖学金名额、6000个赴华培训名额以及400个在职硕士名额,邀请1000名拉美和加勒比国家政党领导人赴华访问交流,2015年启动"未来之桥"中拉青年领导人千人培训计划。中方倡议2016年举行"中拉文化交流年"。这一系列举措，正是中拉正发展面向未来的伙伴关系的现实明证。青年是每个国家和地区的未来，而青年之间的友好交往无疑会在未来的中拉关系中发挥举足轻重的积极作用。

虽然，中国与金砖国家其他成员、拉美地区国家山海阻隔、国情迥异，但正如习主席说的那样，"同声相应、同气相求，志之所趋，穷山距海不能限"。如果说，"开放、包容、合作、共赢"的合作伙伴精神是联通中国梦与拉美梦、世界梦的理想信念，那么，习主席在金砖峰会上提到的"四个坚定不移"就是联通中国梦与拉美梦、世界梦的现实抓手。

100多天前，习近平主席的访欧之行，成功地让中国的"醒狮"形象为世界所认知、所接受，那么今天，习近平主席的访拉之行，也必将使全世界看到闪耀在魅力拉美的中国梦！

|2014年7月19日|

中阿跨洋握手心相印

"阿根廷和我国在地球的经纬度上相对，位于地球的两端。如果从我们能从脚下穿过地心到达地球的那边，就到达了阿根廷。"在中国人的地理课上，说到阿根廷，老师都会如是告诉学生。以至于地球另一端的阿根廷人民是什么样子的、是如何生活的，很早就成为许多中国学子童年时众多的遐想之一。

7月19日，习主席对阿根廷的访问，成功地实现了一次跨越半个地球的中阿握手。不仅让那些长期对阿根廷心存好奇与好感的中国人，还让地球另一端的阿根廷人全面感知愈加热络的中阿关系，感受到前所未有的中阿友谊。

"坚定支持阿方对马尔维纳斯群岛的主权要求，支持根据联合国相关决议，重启有关谈判和平解决这一问题。"习近平主席对这一原则立场的重申，无疑让阿根廷上至总统克里斯蒂娜，下至普通百姓的阿根廷人感到兄弟般的支持和鼓舞。同样，阿方也重申坚定奉行一个中国政策，支持两岸关系和平发展和中国政府为实现国家和平统一所作的一切努力。"中国外交有原则、重情谊、讲道义、谋公正。"习主席的这番话，或许是最好地注解了中阿在领土主权与和平发展问题上的坚定合作与互信支持。

此次习主席访阿，两国元首一致决定，将中阿关系提升为全面战略伙伴关系。今年是中阿建立战略伙伴关系十周年，正如习主席提到的那样，十年前栽下的中阿友谊这棵小树如今已经茁长成长，枝繁叶茂了。在这十年里，随着中阿关系日益密切，阿根廷在中国设立四个常驻外交和领事机构，中国成为阿根廷在亚太地区常设外交和领事机构最多的国家。阿根廷还是第一个和中国签署货币互换协议的拉美国家。中国人民银行和阿根廷中央银行2009年签署了700亿元等值人民币的货币互换框架协议，这是迄今中国和拉美国家最大规模的金融交易，加强了中阿在金融领域的战略合作。自2004年两国构建战略伙伴关系以来，中阿贸易规模突飞猛进，从2004年的41.07亿美元飙升至2013年的148.4亿美元。目前，中国已成为阿根廷第二大贸易伙伴、第一大农产品出口目的地和第三大投资来源地。7月18日，中阿合作的最大水电站项目顺利完成融资协议的签署，被视作此次习主席访阿所带的最大礼物：项目建成后，将使阿根廷电力装机总容量提升约6.5%，进一步改善该国能源结构。这不仅将助力当地经济发展，甚至可以扩大阿根廷对周边国家的电力出口。可以说，中阿友谊中不仅有政治上的坚定互信，更有经济上实实在在的合作，这种全方位多领域的合作，正是刚刚"升级"的中阿全面战略伙伴关系的应有之义。

国之交，在于民相亲；民相亲，在于心相通。中国与阿根廷跨越地球的握手绝不仅仅只停留于传统的政治和经贸领域，还将能使两国民众之间心灵相通。目前，20多家中国企业在阿投资的项目已经为阿根廷创造了上万个就业岗位，帮助不少当地雇员挺过经济危机的难关。如今，在阿根廷拥有3000多名注册学生的孔子学院，已经成为传播和分享中华文化的一个重要平台。今年3月，南美洲第一所全日制中西双语公立学校在布宜诺斯艾利斯正式启动，中华文化正为越来越多的阿根廷人所喜爱。

长期以来，阿根廷的铁路系统因设备老旧广受诟病。随着阿根廷大力推进城市铁路系统改造，中国生产的机车和铁路设备因其难有匹敌的超高性价比赢得阿根廷政府的青睐。这些来自中国的列车一到阿根廷就受到了来自政府和民间的普遍欢迎，人们普遍认为，是中国列车帮助阿根廷实现了铁路复兴。而阿根廷引以为傲的足球，也给中国足球的未来带来希望：16日，一支由60名中国青少年组成的足球培训队到达阿根廷，将由著名的博卡青年俱乐部负责培训，为中国足球培养后备力量。除此之外，中国民众对阿根廷的热爱还可以从上海世博会可见一斑：世博会期间，阿根廷国家馆接待的参观者人数超过了400万人次，是人气最旺的拉美国家馆，充分展现了中国人民对阿根廷文化的向往和喜爱。

"我们将更多提出中国方案、贡献中国智慧,为国际社会提供更多公共产品",习近平主席早前如是说。实际上,中国与阿根廷这十年来的交流合作就体现了中国外交的知行合一:两国在政治上相互支持,在经济上互利共赢,在人文交流中实现心与心的沟通。

"大鹏之动,非一羽之轻;骐骥之速,非一足之力",中阿友谊能有今天的局面,靠的正是两国政府的真诚合作;"人之相识,贵在相知;人之相知,贵在知心",中阿全面战略伙伴关系的提升,靠的正是两国人民的心心相印。中阿关系过去的十年是友好交往不断加深的十年;下一个十年,中阿关系也一定会在两国领导人和人民的齐心协力下迎来更高水平和更新局面。

|2014 年 7 月 20 日|

积极构建中拉命运共同体

"相知者,不以万里为远"——一年前,当国家主席习近平首访拉美时,提出推进中拉全面合作伙伴关系,希望早日建成中拉合作论坛。

"相知无远近,万里尚为邻"——一年后的今天,习近平主席再访拉美,17日在巴西利亚与拉美和加勒比国家领导人举行会晤,决定建立平等互利、共同发展的中拉全面合作伙伴关系,共同宣布成立中国—拉共体论坛。

中国与拉美,虽然远隔重洋,但习近平此次拉美四国之行无疑掀开了中拉关系的新篇章。

这是世界瞩目的"中拉时间"——习近平主席在17日的峰会上发表了题为《努力构建携手共进的命运共同体》主旨讲话,提出中拉携手追梦,打造中拉命运共同体。

这是中国向世界发出的重要信号。打造"命运共同体"是新时期我国外交方略的新拓展。

十八大以来,以习近平同志为总书记的党中央积极倡导人类命运共同体意识,深化合作共赢、构建人类命运共同体成为我国对外交往中一直践行的重要主张。

这是一个与时俱进的外交新理念。

21世纪,经济全球化空前拉近了国与国的距离,互联网则进一步拉平了这个世界,人类命运日益休戚与共,国际社会日益成为一个你中有我、我中有你的命运共同体。打造命运共同体是中国对人类文明走向作出的战略思考,是中国对世界各国如何相处这个宏大课题制定出的中国方略。

去年 3 月，习近平当选国家主席后首次出访，在坦桑尼亚发表演讲时三次强调命运共同体的重要性；

去年 9 月在二十国集团峰会上，习近平指出，各国要树立命运共同体意识，真正认清"一荣俱荣、一损俱损"的连带效应；

今年访欧，习近平主席在联合国教科文组织总部演讲时指出："各国人民形成了你中有我、我中有你的命运共同体。"

从历史来看，成立中拉论坛是构建中拉命运共同体的支柱，这与业已建立的中非合作论坛、中阿合作论坛一起，成为新时期中国与发展中世界构建命运共同体的三根"擎天柱"。

中拉论坛这一制度性安排，把中国与拉美这两个远隔重洋的大陆连接到一起，犹如在这个蓝色星球上勾画出最悠长的合作弧线——从焕发青春的东方大陆出发，跨过世界上最浩瀚的海洋，直至多姿多彩的拉美大地。

这是一个具有里程碑意义的弧线——中拉论坛是覆盖中国和拉美数十个国家的整体合作平台，在中拉关系发展史上亘古未有；

这是一个彰显战略眼光的弧线——这是中拉关系机制化建设的重要一步，推动中拉关系向更高层次发展，显示出双方领导人的顶层设计和战略眼光；

这是一个改写世界政经版图的弧线——这是西半球以外的一个大国与整个拉美地区建立的合作平台。中拉人口加起来近 20 亿，两者 GDP 规模相加接近美国，预示着国际新秩序的嬗变。

"同呼吸，共命运。"打造中拉命运共同体不是空架子，而是有着丰富的实质内容。

战略上，习近平主席提出构建政治上真诚互信、经贸上合作共赢、人文上互学互鉴、国际事务中密切协作、整体合作和双边关系相互促进的中拉关系五位一体新格局，得到拉美各国领导人的热烈响应。

在合作规划上，中方倡议的"1+3+6"合作新框架，打造中拉务实合作的升级版："一个规划"《中国与拉美和加勒比国家合作规划（2015—2019）》，实现发展战略对接；发动贸易、投资、金融合作"三大引擎"，为中拉务实合作倍添动力；以能源资源、基础设施建设、农业、制造业、科技创新、信息技术这"六大领域"合作为重点，推进中拉产业对接。

国际社会注意到,"中国承诺"为构建中拉命运共同体拉开了序幕,夯实了基础。中国用自己的诚意与实实在在的行动证明,中拉携手充分考虑到了拉美国家的需求,结果只会是双赢。

中国是世界上最大的发展中国家,拉美是发展中国家最集中的地区之一。构建命运共同体,意味着一荣俱荣、一损俱损,你中有我、我中有你,有望成为南南合作的新典范。

打造中拉命运共同体将有力提升双方的国际地位,提高在全球事务中的发言权,有利于推动世界多极化、国际关系民主化和公正合理的国际政治经济新秩序的形成。

"中国梦和拉美梦息息相通。中拉双方要勇于追梦、共同圆梦。"——这是习近平主席此访中在多个场合不断强调的话语。中拉有着共同的梦想和共同的追求,勇于追梦,携手打造中拉命运共同体,中拉必将迎来共同圆梦的美好明天。

| 2014 年 7 月 20 日 |

中委关系升级彰显务实"中国风"

访问专机进入领空后战机升空护航,总统亲自到机场迎接,授予代表最高荣誉的"解放者"勋章,授予象征自由、主权、独立的玻利瓦尔剑……习近平主席拉美之行刮起的"中国风",在委内瑞拉受到了一系列顶级外交礼仪的呼应。盛大的欢迎场面,隆重的仪式,体现的是两国的深情厚谊,也深深折射出中国在国际舞台上举足轻重的分量。

从今年春天习近平主席的欧洲之旅,到这个盛夏的拉美之行,外交礼仪的细节变化,折射出今日之中国早已步入国际舞台的中央,举手投足都分外引人关注。从19世纪《纽约时报》载文称"大清国是一个既污秽又丑恶的国度,它的存在是一种时代错误",到20世纪初参加巴黎和会的中国代表仰天长叹"弱国无外交",再到21世纪中国重回世界聚光灯下向世界宣示中国这头和平的、可亲的、文明的狮子已经醒来,有着五千年文明史的当代中国,仿佛凤凰涅槃般重生,不光葆有着中华文明自强不息的精神内质,当代中国的发展进步更彰显出其独特价值。

事实上,让国人平生自豪感和自信心的,不仅在于国际社会的态度和评价,以及国家领导人所到之处受到的顶级礼仪待遇,更在于中国改革开放30多年所累积的实力、底气,以及在此基础上形成的诚恳务实的中国风格外交。尤其是习近平主席出访的务实"中国风",让世人充分领略到中国人信奉的价值和处世交往的原则。从访俄时表示"邻居办喜事,当面来贺喜",到访韩时强调"好邻居金不换",再到这次指出中委是"相互信任的好朋友和互利共赢的好伙伴",习近平主席的一系列魅力话语,展示出中国亲和的、友善的形象,更折射出当代中国的从容淡定与深沉自信。而此次中委关系的提升,更让世人感受到务实"中国风"拂面而来。

今年是中委两国建交 40 周年,从 2001 年建立共同发展的战略伙伴关系,到今年将两国关系提升为全面战略伙伴关系,双方关系步入新天地。而这种关系的越走越近,其实质上就是基于合作共赢理念双方共同努力的结果。在这个世界上,国与国之间,有太多比对抗更有价值、更有魅力的蓝海值得探索。这些年,中国一直致力于去探寻这样的蓝海,并通过自己的实践,让国际社会看到了中国的价值和态度,更让所交往的各国得到了实惠、看到了远景。

正如中委全面战略伙伴关系的内涵所揭示的,"战略互信、全面合作、互利共赢、共同发展",在更宽领域加强合作,符合各国人民的利益,合乎各国发展的需要。国与国之间,本着和平、合作、共赢的理念,互通有无、发展自己、惠及对方,这样的共赢只会让世界更加和平、和谐,让人民生活更加美好、幸福。无论是中国的外交实践,还是各国在实践中的选择与探索,最终都必将证明:和平、合作是更崇高的价值理念和国际关系境界。

| 2014 年 7 月 21 日 |

中委友谊绝非无源之水

7月20日,在委内瑞拉空军战机护航下,刚刚抵达委内瑞拉首都加拉加斯的习近平主席不辞旅途劳顿,径直赶往委内瑞拉国家公墓。在南美解放者玻利瓦尔墓前,习近平主席同马杜罗总统一同上前,整理花圈缎带,向这位南美独立运动领袖致以崇高敬意,并在贵宾簿上题词:"民族先烈,光辉永驻。"为了表达对中国在维护世界和平、主持国际正义的事业上作出的重大贡献,表彰习近平为促进中委关系、维护世界和平与发展作出的杰出贡献,委内瑞拉总统马杜罗向习近平授予象征自由、主权、独立的玻利瓦尔剑和"解放者"勋章。玻利瓦尔剑和"解放者"勋章所喻意的中委友谊,也一定会像长城一样牢不可破、坚不可摧。

中委友谊绝不是无源之水。40年来中委两国互相理解、互相支持的持续浇灌,才有今天如参天大树般的中委友谊。目前,中国是委内瑞拉的第二大贸易伙伴,委内瑞拉则是中国在拉美的第三大贸易伙伴、最大能源供应地、最大劳务承包市场和重要投资对象国。40年前两国建交时,双边贸易额只有不到200万美元,但到2013年,这一数字已急速攀升至近200亿美元。

这些年来,中国帮助委内瑞拉成功发射了两颗人造卫星,运行良好。通过两个卫星项目,中国向委方140多名技术人员提供了专业培训,为委方高科技人才的储备作出了重大贡献。另外,不少中国公司在当地承包社会住房建设,为当地低收入人群解决住房问题。中方还曾帮助委内瑞拉修建输水管道,解决居民缺水和工业用水的问题,在当地非常受欢迎。正如委内瑞拉总统马杜罗曾经说过的那样,中国的影响早已深入到委内瑞拉社会生活的方方面面:当一名委内瑞拉学生打开政府向他们提供的电脑时，他就已经享受到了两国合作的成果。委内瑞拉民众能够每天坐在电视机前收看其讲话，也是通过与中国合作的卫星传送实现的。

7月20日，习近平主席在与马杜罗总统会谈后共同宣布，决定将两国关系提升为全面战略伙伴关系。中委友谊能够有今天的高度和广度，委内瑞拉已故前总统查韦斯功不可没。众所周知，查韦斯生前从未掩饰过他对中国的热爱：查韦斯对华友好，任内曾先后六次访问中国，是访华次数最多的拉美地区领导人。查韦斯曾多次高呼："中国是发展的榜样，伟大的中国万岁！""我爱中国！"可以说，在查韦斯和很多委内瑞拉民众眼中，中国一直都是委内瑞拉当之无愧的"好兄长、好朋友"。可喜的是，委内瑞拉现任总统马杜罗顺利接过了中委友谊的接力棒，把中委友谊继续推向前进。

近两年来，"中委联合融资基金"和"长期大额融资贷款"已经成为两国在各领域合作的基石，不仅为"走出去"的中国企业分担了资金风险，也为委方部分解决了财政预算的限制。现在，中委在工程承包领域的合作发展迅速，平均每年完成营业额数十亿美元，在拉美地区名列第一，不仅明显改善了当地基础设施，也缓解了当地人的就业问题。截至目前，中国向委内瑞拉提供了总额超过300亿美元的融资，推动了近300个涉及能源、农业、技术、基础建设的双边合作项目建设。除此之外，众多来自中国的名牌也走进了委内瑞拉的千家万户：海尔、华为、中兴等中国企业因为产品质量好、性价比高，符合当地人民的需要而拥有了很高的市场占有率。

中委友谊的特殊性不仅在于以能源合作为主轴的广阔领域里存在着广泛的合作空间和乐观的发展前景。虽然国际形势风云变幻，两国领导集体也先后更替，但不变的是中委领导人及民众间牢不可破的伟大友谊。正所谓"同门为朋，志同为友"。委内瑞拉人民对中国特色社会主义道路的认同与赞赏，委内瑞拉领导集体对中国社会主义制度的学习与借鉴，共同构成了中委友谊不可动摇的基石。对中委友谊，委内瑞拉人民用勋章与宝剑做了一次形象而寓意深刻的总结。

|2014年7月22日|

你好，古巴！

习近平主席对古巴的国事访问，是此次拉美之行的最后一站，同样受到国际舆论的广泛关注。

古巴，是拉美和加勒比地区率先同新中国建交的国家。中古关系经受住半个多世纪国际风云变幻考验，两国人民建立了深厚感情。

古巴是拉美小国，却赢得了远远超出其人口和幅员规模的国际知名度。菲德尔·卡斯特罗是一位跨世纪的传奇政治家，尽管许多次遭遇外国敌对势力的暗算，但他依然乐观健康地生活，赢得无数人的钦佩。

笔者2011年曾经访问古巴，时间虽短，却留下许多深刻而难忘的印象。

古巴人民对中国非常友好。这不仅是因为毛泽东等老一辈革命家与古巴领导人建立的友谊代代相传，历久弥深；更因为中古都有与霸权主义、强权政治斗争的经历。共同的命运，共同的理想，使中古虽然相距遥远，却始终心心相印。只要听说是来自中国的朋友，古巴老百姓一定会给予最热情的接待。这不是客套，而是发自内心的感情。

古巴人民热爱自己的国家。一位在中国留过学的年轻的古巴翻译告诉我们，他非常钦佩中国改革开放取得的成就，也羡慕中国人生活的逐步改善。当我们问及是不是愿意留在中国工作时，他说："我热爱中国，但还是要回到自己的国家。越是在国家困难的时候，越要和祖国站在一起。"因为，古巴能够实现民族独立和解放，是和菲德尔·卡斯特罗分不开的。对这些，外国人是看不懂的，但古巴人民永远不会忘记。

古巴致力于经济发展，日子一天一天好起来。古巴国土面积和人口规模都比较小，资源、技术能力有限，又长期遭受禁运和封锁。在经济面临极其困难的情况下,古巴自力更生,发展经济,老百姓生活的平安和谐。古巴实行全民公费医疗和国家养老,老百姓文明友善,具有较高的道德水平。有很多地方值得我们学习。

正如习主席所指出的:"当前,两国都处在各自发展关键时期,中古关系面临新的重要发展机遇。我期待在访问期间同劳尔主席等古巴领导同志就双边关系和共同关心的问题深入交换意见,全面总结两国关系发展经验,对两国关系未来发展作出长远规划,共同开创中古互利友好合作新时代。"

相信习主席此次访问古巴,定会写下中古友谊的新篇章!

| 2014年7月23日 |

奏响中古友谊之歌

7月21日晚,时隔三年,习近平主席再度踏上这个世界上"最甜的国度",历经半个多世纪却依然感人肺腑、美妙动听的中古友谊之歌再次奏响。

中古友谊之歌是志同道合者之歌。1959年元旦,古巴人民革命胜利,1月25日,北京各界1万多人不顾冬日严寒举行了隆重集会,热烈庆祝和欢呼古巴人民革命斗争的伟大胜利。1960年9月2日,哈瓦那举行了古巴人民全国大会,在全场上百万民众的欢呼之下,菲德尔·卡斯特罗当场拉住中国代表的手宣布要与新中国建交。在古巴受到重重封锁时,是中国人民伸出了友谊之手:中国向古巴提供无息贷款6000万美元,用于帮助古巴建设24个工农业项目;中国购买古巴原糖100万吨,向古巴出口各种紧缺商品;中国负责培训200名古巴技术人员。1963年,古巴遭受了特大的飓风灾害,一位中国领导人得知中国有一船出口大米正在公海运输途中,立即命令这条商船改变航线,直驶古巴,以解古巴人民之急需。同样的,古巴始终坚持一个中国原则,在历届联大上都投票赞成恢复新中国的合法席位。古巴还向中国提供了石油、制糖、纺织、建筑等方面的尖端技术资料,中国初期的大型炼油设备就是参照古方提供的技术资料建成的。古巴还向中国提供了奶牛、牛蛙的良种和饲养技术。古巴为中国培养了100多名西班牙语干部。周恩来总理就曾用一句古代格言来形容中古之间的友谊:"易求无价宝,难得有心人。"

中古友谊是不分彼此的手足之歌。近些年来,中古之间几乎每年都有高层互访,劳尔主席、卡内尔第一副主席相继访华,中古友谊发展到新阶段。"四川就是哈瓦那,只要中国四川灾区的人民需要我们,我们就在这里坚持工作。"这句感人肺腑的话,正是出自汶川地震期间不远万里奔赴灾区的古巴医疗队队长口中。2008年,汶川地震刚发生,素以医疗水平享誉世界的古巴当即从全国抽调了35名最优秀的医生前往中国展开救援。同时,古巴还是接受中国留学生最早、最多的拉美国家。仅最近几年就有3000多名中国公派留学生来古巴学习,成为中国在拉丁美洲最大的留学生群体。双方的旅游合作也蓄势待发,中国赴古旅游人数逐年增长。除此以外,中国的传统文化还通过一年一届的"中国文化节"走进了古巴的千家万户,至今已有14个年头。

中古友谊是互利共赢的伙伴之歌。早在上个世纪末,中国的永久牌、飞鸽牌和凤凰牌三大名牌自行就开始遍布古巴首都哈瓦那的大街小巷。中国已成为古巴交通设备的重要供应商。2001年,百万台中国产彩电从南京港启运至古巴。2005年,首批出口古巴机车完工仪式在京举行,古巴内政部长、驻华大使均出席仪式。当前,古巴是中国在加勒比地区第一大贸易伙伴。2008年,中国进口古巴糖40.8万吨,占全国食糖进口总量的一半以上。随着中国和古巴各自改革开放的进一步推进,中古经贸合作也必将进入一个大发展、大进步的新时期。

中国有"铁榔头"带领下的"五连冠"女子排球队,古巴女排也曾以"八连冠"一举开启世界女排"黑色橡胶"时代;中国有改革开放之初的"深圳速度",古巴现在也有代表改革开放的首个经济特区马列尔港。中古两国有着众多的共同点,以至于两国领导人多次这样形容两国友谊:"中古是好朋友、好同志、好兄弟,有相同的理想和信念。"

截止到今天,习近平主席已经行程数万里、会见十多位国家元首,取得了多项重大双边和多边外交成果,可谓在拉美地区再度刮起"中国旋风"。习主席此行,为拉美带去的真挚友谊与实在利益,无疑会让这里的土地和人民倍感友谊的可贵和温暖。而作为习主席此次访拉最后一站的古巴,藉着半个多世纪以来积淀的好同志、好兄弟、好朋友的深厚情谊,中国外交的真诚与友爱,必将会在拉美舞台上绽放出更为耀眼的光芒!

| 2014年7月23日 |

让党际交往成为中古友谊压舱石

7月23日,中国国家主席习近平拉美之行最后一站访问古巴,密集的访问行程和安排,再次让世界见证历经半个多世纪的中古两国传统友谊绽放新光彩。而中国共产党与古巴共产党之间的坚实友谊,则是中古两国友谊的动力之源与坚实保障。

中国共产党与古巴共产党长达半个世纪党际交往的历史积淀,是中古两国关系发展的源动力。1960年,当美国通过污蔑中共等各国社会主义政党的《圣约瑟宣言》后,古巴革命群众随即举行百万人集会,声援中国共产党并感谢中国给予的援助。另外,两党领导人之间超越国度的友谊更是两党交往中的佳话。1993年,时任中共中央总书记的江泽民对古巴的访问被视作"雪中送炭的同志友谊"。当时,古巴革命正处于生死存亡时刻,很多人都在唱衰古巴共产党,江泽民是当年访问古巴的唯一外国最高领导人。这无疑向整个世界宣示,古巴并不孤独,古巴的好朋友来了!2004年访问古巴的中共中央总书记胡锦涛会见菲德尔·卡斯特罗时,将双方关系定义为"好朋友、好兄弟"。2014年7月22日,习近平总书记专程探望菲德尔·卡斯特罗,更是表态要坚定不移深化肝胆相照的中古友谊。临别之际,满怀深情地祝福卡斯特罗健康长寿。

中国共产党与古巴共产党在多年来党际交往中积累的经验与友谊,是中古两国关系发展的坚实保障。"古巴在关键时刻迎来了中国领导人",古巴贸易委员会主席奥尔兰多如是说。当前古巴处于经济模式更新阶段,近期出台多项经济改革举措,比如取消货币双轨制、建设自贸区以及通过新的外国投资法等,充分显示古巴政府希望扩大对外贸易、充分吸引外资的意愿。而作为古巴第二大贸易伙伴,中国的重要性非同凡响。毫无疑问，在不少人看来，正因为中国共产党近30多年来锐意创新、积极进取，取得了改革开放的伟大成就，古巴共产党开始结合本国国情积极地学习、借鉴，才有了这一系列可喜的积极变化。2011年古巴共产党召开的推进改革的"六大"，因提出多项大刀阔斧的改革举措，就曾被不少学者称作古巴共产党的"十一届三中全会"，中国共产党的成功实践对古巴共产党的积极作用由此可见。值得一提的是，2014年1月，古巴首个经济特区马列尔港一期码头工程竣工并启用，该经济特区被人比喻为"古巴的深圳特区"，会给中国资本的进入提供更多的便利。而4月通过的外商投资法案也表明古巴通过引进外资拉动经济发展的决心。不少拉美国家领袖如马杜罗、莫拉莱斯等人都视古巴共产党领袖菲德尔·卡斯特罗为领路人；视坚忍不拔与锐意进取的古巴共产党人为榜样。

7月22日，习近平总书记在接受古巴授予的"何塞·马蒂"勋章时说，"何塞·马蒂"勋章体现了劳尔主席及古巴党、政府、人民对中国党、政府、人民的友好情谊。中古同为社会主义国家，共同的理想信念和奋斗目标将两国人民紧紧团结在一起。

中国共产党与古巴共产党作为拥有共同理想信念、共同携手走过半个世纪的伙伴政党，也必将在新时期谱写出新的美好篇章。中古两党间深厚的历史友谊与面向未来的现实合作，也必然成为中古友谊巨轮破浪前行的可靠压舱石！

| 2014年7月24日 |

出彩中国梦让亚洲陆海相连

金色九月，从雪山下的杜尚别到"印度洋上的珍珠"马尔代夫，从"东方十字路口"科伦坡再到莫迪故乡古吉拉特邦，国家主席习近平的一言一行，春风化雨般地将中国梦的理念传递给了亚洲邻邦人民。在"一带一路"构想的引领下，塔吉克斯坦、马尔代夫、斯里兰卡、印度等越来越多的亚洲国家被巧妙地连接起来，组成了一条美丽的"亚洲弧线"，共同向亚洲更美好的未来迈进。

满载正能量的中国梦如何翻越喜马拉雅的重峦叠嶂，横跨太平、印度两大浩瀚汪洋，将中国的发展红利真正惠及友好邻邦？这是立足华夏，心怀友邻的中国人一直在思考的宏大命题。在"一带一路"重大构想提出届满一年之际，习主席的出访进一步向亚洲、向世界阐明和解读了这一伟大命题的深刻内涵与现实意义。

在中亚腹地杜尚别，此次上合峰会在安全、交通便利化、扩员机制等三大领域成果的基础上，打下了欧亚大陆各国谋合作、求发展的新里程碑，为上合组织的可持续发展指明了方向。"丝绸之路经济带"也同时借助上合组织近些年与日俱增的地区影响力，焕发出蓬勃生机和活力。

在椰林树影、水清沙幼的印度洋岛国马尔代夫，习主席循着当年郑和下西洋足迹的造访，将中马长达600年的友好交往继续推向前进。热情好客的马尔代夫青少年们用一曲"大大，您好！夫人，您好！"超越语言、超越国界地将中马友谊淋漓尽致地展现在世人面前。亲密如此，习近平更是幽默且语重心长地叮嘱中国游客，不要破坏珊瑚礁、少吃方便面、多吃当地海鲜！在这看似随意、看似寻常的沟通背后，是中国连续四年成为马尔代夫第一大游客来源国的深厚基础。近些年，中国对马尔代夫基础设施和民生工程的无私援助,则将"21世纪海上丝绸之路"的美好愿景化作了扎根于当地民众身边的实实在在的一砖一瓦、一草一木。

在"狮子国"斯里兰卡,中国醒狮与南亚雄狮共舞了一出大国与小国之间和谐共赢的好戏。从高僧法显到郑和船队的文明互鉴,从"米胶协定"的历史友谊到汶川地震和印度洋海啸的守望相助,中斯友谊可谓历久弥新。习近平主席在斯里兰卡媒体撰文,将中国梦与"马欣达愿景"摆在了同一高度,并用"人之相知,贵相知心"作比。在中国成为斯里兰卡最大的投资来源国一年后的今天,"中斯自由贸易区"也正蓄势待发。

在南亚大国印度,习近平主席对印度总理莫迪家乡的造访,巧妙地用具有鲜明"习氏风格"的"首脑外交"和"生日外交"把中印关系推到了一个崭新高度。习近平主席对印度的造访,是真诚地邀请印度人民与中国人民一道携手追寻共同的强国富民梦,做共同逐梦的好伙伴。当前,中国是印度第一大贸易伙伴,双方在气候变化、粮食安全、能源安全等全球性问题上密切协调和配合,有效维护了两国及发展中国家共同利益。在习主席和莫迪总理共同规划的愿景之下,"世界工厂"与"世界办公室"强强联合,"中国能量"和"印度智慧"释放巨大潜能,"一个精神,两个身体"的"中国龙"与"印度象"和谐共舞,孟中印缅经济走廊的打造也正稳步推进,真正的"亚洲世纪"指日可待。

"求木之长者,必固其根本,欲流之远者,必浚其泉源。"中国与亚洲各国的友好合作绝非无本之木、无源之水。中国与亚洲各国的政治互信、经济互利、人文互通,全方位、宽领域的务实交往构成了中国与亚洲、中国与世界并肩偕行的现实基础。

"有梦想,有机会,有奋斗,一切美好的东西都能够创造出来。"新时期背景下,"一带一路"构想的提出为西起欧亚大陆,南抵印度洋的广大地区和人民设置了值得共同追求的美好愿景。习主席此访涉及的塔吉克斯坦、马尔代夫、斯里兰卡和印度等国都是"丝绸之路经济带"和"21世纪海上丝绸之路"上的重要节点。习主席通过一步一步扎实而又稳重的步伐,为沿途国家理解和参与"一带一路"建设助力打气。

众所周知,"一带一路"的建设既承载着中国自身攻坚克难,奋进改革的重任,也担负着惠及周边国家、实现共同发展的希冀。虽然当前亚洲是全球瞩目的世界经济增长引擎,但各国之间的合作仍有待深化和加强,区域一体化水平也亟待提高。"一带一路"构想的建设,有助于推进亚洲内部的区域合作,有利于加强欧亚大陆之间的跨区域合作。

在当前纷繁复杂的国际形势下,中国可以自信且自豪地说,"一带一路"的宏大构想打破了传统区域、制度、文化等观念的束缚,史无前例地将来自欧亚大陆,太平洋、印度洋诸岛国情迥异的众多国家团结聚拢到了同一美好愿景之下。大道之行,始于足下。梦之未来,源于今朝。习近平主席此访,对于打破困扰地区和平发展的"亚洲困境",推动"一带一路"的落地生根、枝繁叶茂的伟大事业,必将留下浓墨重彩的一笔!

|2014 年 9 月 19 日|

习主席两亚行：
佳话频传 "带""路"齐飞 龙象共舞

在人们心目中，国家主席习近平的出访一直以精彩纷呈著称，这次"一会两亚行"也格外引人注目。国际舆论认为，这是一次经略周边的历史性访问。总结起来，可以用12个字形容：佳话频传，"带""路"齐飞，龙象共舞。

佳话频传是指，习近平主席这一行一直亮点不断，创造了诸多佳话，连日来成为网络、微博、微信广泛转发的焦点。

其一，往访四国对习近平主席来访的热烈欢迎各具匠心，惊喜不断。在塔吉克斯坦的欢迎仪式上，东道主出人意料地安排各国驻塔使节集体到机场欢迎习近平主席，这在国际外交场合不多见；在马尔代夫，成百上千的盛装儿童在机场集体高喊"习大大"，连日来成为朋友圈里热传的场面；斯里兰卡的欢迎场面更是热情奔放，东道主动用40头大象摆出罕见的"大象方阵"欢迎习近平一行的到来；在印度，习近平主席第一站是到印度总理莫迪的家乡古吉拉特邦进行访问，莫迪亲往下榻宾馆表示欢迎，当地民众表演传统歌舞，欢迎中国贵宾。

其二，家宴、各国领导人促膝长谈、亲密互动成为另一道亮丽的风景线，温馨画面不断。

在杜尚别，拉赫蒙总统在总统府摆下家宴款待习近平主席夫妇，精心在庭院里临时摆起了当地风味的大巴扎。参观闲聊间，拉赫蒙亲手摘下一颗果实递给习近平，盛一碗羊肉汤给习近平主席夫人彭丽媛。

在印度，习近平特意在莫迪生日这天访问其家乡，而莫迪则全程陪同参观甘地故居和河岸公园发展项目。习近平身穿莫迪赠送的印度传统夹克，与莫迪坐在甘地使用过的纺车前闲聊，成为经典一幕。

在马尔代夫，亚明总统在与习近平主席共同会见记者时，忍不住秀中文："很高兴我们再次见面"，"习主席您好，欢迎您"……

此外，在上合峰会期间，习近平主席与一些国家元首举行了双边会晤，老朋友相见气氛更是热烈。有媒体统计，与俄罗斯总统普京的会晤是去年以来的第九次，与哈萨克斯坦总统纳扎尔巴耶夫是第六次，与吉尔吉斯斯坦总统阿坦巴耶夫和土库曼斯坦总统别尔德穆哈梅多夫是第三次……

其三，精彩的演讲为访问增色。习主席每一次出访，演讲都是亮点。此次习主席在印度新德里泰姬宫饭店杰汉吉尔报告厅发表题为《携手追寻民族复兴之梦》的重要演讲。"纳玛斯代（Namaste）！大家好！"一开场，习主席就用南亚流行的问候语同大家打招呼。他引经据典，信手拈来地多次引用泰戈尔的诗句，从大约 2000 年前的佛教东传，到郑和七次远航六抵印度，从中印在民族解放斗争中的相互支持，到中、印、缅共同倡导和平共处五项原则，再到展望中国与南亚合作前景。约 30 分钟的演讲，阵阵掌声在大厅回响。

"带""路"齐飞是指，习近平此访为"丝绸之路经济带"和"21 世纪海上丝绸之路"建设增添新动力，"一带一路"实现两翼齐飞。

一年前的金秋时节，习近平主席访问中亚和东南亚时先后提出了共建"丝绸之路经济带"和"21 世纪海上丝绸之路"的战略构想，"一带一路"成为中国经略周边的双引擎。

一年后的今天，习近平主席二访中亚，首访南亚，"一带一路"战略获得了新的动力，谱写了新篇章。

首先，"一带一路"的战略构想进一步得到往访国的认同，日益深入人心，并被载入有关文件。上合组织杜尚别峰会签署了《上海合作组织成员国政府间国际道路运输便利化协定》，在互联互通这一困扰多时的问题上实现重大突破，从基础设施上为建设"丝绸之路经济带"打下基础。

在杜尚别，中塔两国元首见证了《关于共同推进丝绸之路经济带的谅解备忘录》等一系列文件的签署。

访问马尔代夫期间，习近平主席同亚明总统一致决定，构建中马面向未来的全面友好合作伙伴关系，携手共建"21 世纪海上丝绸之路"。

访斯里兰卡，在两国元首见证下，双方签署《中斯关于深化战略合作伙伴关系的行动计划》，这些"行动"包括启动自贸协定谈判、推进科伦坡港口城建设等，为建设"21世纪海上丝绸之路"添砖加瓦。

其次，"一带一路"的构想并非空中楼阁，而是体现在务实合作中。

此次访问塔吉克斯坦，中塔双方签署的协议达到17项之多，涉及政治、经济、文化诸多方面，其他合作项目还有哈特隆州农业科技示范园，协助塔方积极利用太阳能解决农村地区缺电问题。中国—中亚天然气管道D线塔境内段奠基是亮点，竣工后，中亚地区每年输向中国的天然气将达800亿立方米。中塔双方满怀信心，未来五年可以把双边贸易额提升至30亿美元。

在马尔代夫，中马双方签署九项合作协议，包括马累—机场岛跨海大桥项目、医疗卫生等。此外，马尔代夫住房二期项目和拉穆环礁连接公路项目，分别让马尔代夫约3%和和4%的人口直接受益。

在斯里兰卡，东道主拉贾帕克萨总统更是借习主席出席中斯重要合作项目——普特拉姆燃煤电站视频连线启用仪式的东风，"豪气"地宣布，全国用电价格将削减25%，同时下调油价，让全国老百姓欢欣鼓舞。

龙象共舞则更好理解，习近平主席对印度的访问是此行国际舆论最为关注的一段旅程，世界在瞪大眼睛注视，"中国龙"与"印度象"互动共舞给世界政治版图带来什么样的嬗变。

从古吉拉特邦到新德里，习主席与莫迪既聊治国方略，亦谈双边关系与国际形势，双方一致同意携手构建更加紧密的发展伙伴关系。诚如习近平主席所说，"中国龙"和"印度象"和谐共处、和平发展、合作发展，将惠及两国25亿人口，惠及广大发展中国家，将对地区和世界产生深远影响。

更具有实质意义的是，双方共签署15项合作文件，涉及经贸、金融、文化等诸多领域，其中加强铁路合作与兴建2个产业园区项目最为引人注目。中印双方更是信心十足，未来五年中国将对印投资200亿美元。

习主席访印"或将创造一个独特的契机，有望决定性地改变双边关系态势"。彭博社在报道中分析。

归根结底，习主席此访佳话频传，"带""路"齐飞，龙象共舞，体现了"亲、诚、惠、容"周边外交政策日益深入人心，与邻为善、以邻为伴的理念受到绝大多数邻邦的高度肯定与欢迎。在此背景下，对接、搭乘中国发展列车正日益成为周边邻国的潮流，新的硕果正在缔结。

"博观而约取，厚积而薄发"、"己欲立而立人，己欲达而达人"。中华民族历来注重敦亲睦邻，讲信修睦、协和万邦是中国一以贯之的外交理念。

去年以来，从首访俄罗斯到一访中亚四国，再到秋访东南亚，从今年先后"点穴式"访问韩国和蒙古国，再到如今二访中亚，首访南亚，习近平主席的周边外交之旅几乎在中国周边画上了一个硕大的圆弧。而这，正体现着"中国视周边为安身立命之所、发展繁荣之基"的理念。正如习主席在印度演讲中所说，中国诚心诚意同邻居相处，一心一意共谋发展，携手把合作的蛋糕做大，共享发展成果。

| 2014 年 9 月 20 日 |

中印携手赢的不仅是亚洲

习近平主席 9 月 17 日开启印度访问之旅,受到热情欢迎。访问期间,两国领导人将对中印战略合作伙伴关系发展进行战略规划,并就一系列重大议题交换意见,在气候变化、反恐、粮食安全、全球治理等问题上凝聚共识,加强在联合国、二十国集团、金砖国家等机制内的合作,增进相互理解、交流互鉴、互利合作与和平共处。

显然,这不是一般性的访问,而是一次"友谊之旅、合作之旅",在两国关系发展史上具有里程碑式的意义,对于把两国"战略合作伙伴关系"带入新的境界,对于亚洲乃至世界的和平、稳定和繁荣都具有深远的影响。

也许,把中印携手放在两国漫长的文明史中,放在世界多极化新格局中,放在两国未来的梦想中,才能让我们更清晰地掂出它的分量。

毋庸讳言,一段时间以来,亚洲一些国家包括中国周边一些国家,与中国在一些问题上产生分歧。一度合作共赢的好态势被打破。然而,有识之士都逐渐看清,矛盾产生的背后,是有人在一些问题上频频暗中插手,其目的就是搞乱关系、停滞这种好态势,只有这样才能符合他们自己的利益。因而,有识之士也开始认识到,中国同亚洲各国、亚洲各国同中国携手互利合作,是一个共赢多赢的结局。唯一不利的,是使那些喜欢乱伸手、有非分诉求的国家失去了不正当利益,使他们难以上下其手、难以趁浑水摸鱼。

中印携手正是在这样的认知背景下。的确,尽管两国间存在一些分歧与问题,但是两国太多的共同利益、共同追求促使两国必须携手。"作为各具优势的新兴市场国家,我们应该做更加紧密的发展伙伴,取长补短，携手发展；作为亚洲经济两大引擎，我们应该做引领增长的合作伙伴；作为世界多极化进程中的两支重要力量，我们应该做战略协作的全球伙伴。"习近平在印度《印度教徒报》和《觉醒日报》同时发表题为《携手共创繁荣振兴的亚洲世纪》的署名文章，道出了中印应当携手的内在肌理。

而从文化与文明的角度看，中印更有天然的亲近。中国唐代高僧玄奘西行取经，这个西天就在印度。佛教文化传入中土，丰富了中华文化的内涵。两国都是文明古国，勤劳智慧的两国人民都创造了博大精深的文明。从这个意义上来说，中印携手是一次文明的携手，必将为两国发展注入更多的文化力量。

而在历史的波折中，这两大文明古国都开始了民族复兴的艰辛历程，现在都处于关键期，都是发展中大国，都致力于发展振兴。相互取长补短、相互尊重、互学互鉴、睦邻友好、携手并进，对于两国发展是最有利、最无害的方法，也是实现共赢的最短最有效的路径。

更关键的是，中印互为重要邻国。中国有句古话叫"远亲不如近邻"。中国作为好邻居，向来是和平、友好的，向来是以文明赢得尊重的，那种国强必霸的逻辑，只是西方文明发展进程的烙印，与中华文明无缘。尽管邻居之间有时难免会有拌嘴等现象，但友好相处是历史大势，携手合作对双方最有利。

"中印用一个声音说话，全世界都会倾听。中印携手合作，全世界都会关注。"印度被称为世界上和中国国情最相近的发展中国家，中印地缘相邻、发展阶段相同、国际主张相近，"中国龙"和"印度象"都崇尚和平、公平、正义，"中国能量"和"印度智慧"将因合作而释放出巨大潜能。太多的相近性，使中印这两个亚洲大国必须走近。走近则必将呈现多赢的局面，使亚洲和平、繁荣呈现更好态势，使世界历史进程中真正出现"亚洲世纪"，为世界的和平、繁荣和发展注入更多"亚洲力量"。在这个意义上，中印携手，赢的不仅是亚洲，还有世界。

| 2014 年 9 月 18 日 |

600 年友好交往的伟大延续

1200 余个小珊瑚岛屿，300 平方公里的面积，约 40 万人口。这就是被称为"上帝洒落人间的一串珍珠"、"印度洋上人间最后的乐园"的马尔代夫共和国。9 月 14 日至 16 日，国家主席习近平对马尔代夫进行了国事访问。

中国与马尔代夫的友好交往源远流长。据史料记载，从明朝永乐三年（1405）到宣德八年（1433），郑和曾率庞大的船队七下西洋，先后到过亚洲、非洲 30 多个国家和地区。其中在永乐十年（1412）和宣德五年（1430），郑和率领商船队两度访问溜山国（即现在的马尔代夫）。习近平主席此次出访期间，在马尔代夫《今晚报》和太阳在线网同时发表题为《真诚的朋友，发展的伙伴》的署名文章，指出郑和率领船队两度到过马尔代夫，马尔代夫国王优素福也三次派遣使者来华的史实。习近平主席还特别提到，马累国家博物馆中陈列着的当地出土的中国古代瓷器和钱币，成为两国友好往来的历史见证。

在 600 多年前交通工具极其落后的条件下，跨过波涛万里的大海，中马两国人民相互结识，建立起友谊。今天，历史又一次见证了中马友谊延续和新的发展。习近平主席的到访，带去了中国人民的友好情谊，赢得了马尔代夫人民的由衷欢迎。那高擎华盖、高举长矛的古老传统的仪仗队护送礼仪，那鲜花簇拥笑容洋溢的迎宾人群，那高呼"感谢中国"的动人话语，无不表达着马尔代夫人民对来自中国的尊贵客人的真实情感。

在习近平主席出访期间，双方领导人决定，将中马关系提升为面向未来的全面友好合作伙伴关系，并就两国务实合作达成许多共识。在诸多的合作意向中，支持中国企业参与马方经济发展计划和青年城等项目建设，投资马尔代夫旅游服务业，鼓励更多中国公民来马旅游等内容，对于以旅游业为主的马尔代夫无疑是锦上添花。加强海洋经济、海上安全、海洋科研和环保、灾害防控等领域合作，加强经贸合作等等，则是目光长远、影响深远。而习主席表示中方将积极研究支持马方提出的马累—机场岛跨海大桥项目，几乎是出乎意料的一份厚礼。到过马尔代夫的人都知道，建一座跨海大桥，将机场岛与首都马累连接起来，是马国人民的一个梦想。如果真的有一天，一座大桥在浩瀚的印度洋一片珊瑚礁岛间凌空飞架，那座将命名为"中马友谊大桥"的桥梁将成为两国友谊的永久象征。

马尔代夫是亚洲最小的国家，中国是世界大国。习近平主席对马尔代夫的访问，以及亲手推动发展的马中关系，堪称大小国家平等相待、相互尊重、友好相处、互利合作的典范。邦交不分大小，朋友不计贫富，友谊无远弗届。中国领导人的外交风格，让世界看到了新型大国形象的正能量。

|2014 年 9 月 17 日|

共同逐梦的朋友最可靠

数十头身披彩装的大象排列整齐，善解人意地组成迎宾队伍——这种即使在斯里兰卡也难得一见的场景，与数千载歌载舞沿途欢迎的人群共同组成了最隆重的仪式，为中国贵宾的到访送上吉祥。

在结束对马尔代夫的访问之后，国家主席习近平16日抵达科伦坡，开始对斯里兰卡进行国事访问。从斯里兰卡的政要和民众所表达出的真挚感情可以领略到，东道主对于中国客人的来访是多么的期待，多么的重视。

的确，正如习近平主席在当地媒体发表的署名文章所指出的那样，中斯两国虽然相隔遥远，却有着高僧法显开启的千年佛缘，有郑和七次远洋航海的历史纽带。在当今世界上，国与国之间的关系能够追溯上千年的并不罕见，但在千年交往中始终相亲相近，患难与共，始终保持着深厚传统友谊的国家却极为难得。中国与斯里兰卡就是这样两个国家。尤其让斯里兰卡人民感动的是，习近平主席特别提到了"米胶协定"。那是指新中国成立后，在中斯尚未建交的情况下，两国冲破重重阻力，于1952年签署了历史性的《关于大米和橡胶的贸易协定》。当年的"米胶协定"，书写了中斯友好的篇章。今天习近平主席重提往事，体现了中国领导人念旧情，重故交，续新谊，待人以诚的交友之道。

传统友谊，历久弥新。目前，中斯两国关系已经提升为真诚互助、世代友好的战略合作伙伴关系。截至2013年，中国已成为斯里兰卡第二大贸易伙伴和第二大进口来源国，双边贸易额为36.21亿美元。站在新的起点，中斯两国友好关系面临广阔发展机遇，有极大的提升空间。习近平主席说，斯里兰卡成为最具活力的发展中国家之一，发展前景被国际社会普遍看好。斯里兰卡要建设海事、航空、商业、能源、贸易五大中心，同中国提出的建设"21世纪海上丝绸之路"的倡议不谋而合。因此，中国加大了在斯里兰卡投资的力度，仅此次习近平主席访问期间，双方即签订了20项大型投资协议。其中，一些项目的协议投资额达数十亿美元。

某些国外的战略分析人士对于中国与很多国家的友好合作总是充满疑虑，总是试图谈论什么"地缘政治"，担心中国的"威胁"。其实，这些人士真应该听一听习近平主席对斯里兰卡一定会实现"马欣达愿景"的真诚祝愿。"马欣达愿景"就是斯里兰卡之梦，是斯里兰卡政府和人民为发展经济、改善人民生活水平提出的奋斗目标。习近平主席引用中国"人之相知，贵相知心"这样一句古语，表达了中国在强大起来之后，在实现中国梦的过程中，愿意与其他国家成为"同舟共济的逐梦伙伴"的美好心愿。这样的心愿，是许多友好国家将中国视为最可靠、最可信赖伙伴的根本原因，是中国外交自信的强大基础。

"投我以桃，报之以李。"中斯两国真诚互助，世代友好的种子，将随着习近平主席的访问结出更丰硕的成果。

|2014年9月17日|

人格魅力　高尚情怀

平民情怀最动人

"我是延安人——2004年习近平专访",在网络视频播出后,好评如潮,点赞无数。

十年前,时任浙江省委书记的习近平接受媒体采访,深情回顾了年轻时代在延安梁家河插队时的难忘岁月。如今,习近平同志已经成为继往开来的新一代领导人,人们可以看到,正是那段在基层艰苦奋斗的经历,培育了他视人民为父母的深厚感情,锻铸了他艰苦朴素、求真务实的优秀品格,造就了他治国理政的卓越才能。正像网友所说,在习主席领导下,我们的党大有希望,我们的国家有美好未来。

亲民爱民为民,这是老百姓对习近平总书记执政理念和风格的概括。看过这段视频,听到许多口口传诵的故事,不禁想到习近平所反复强调的,要以人民利益作为我们工作的出发点和落脚点,这是始终一贯的。在总书记心中,人民利益永远是至高无上的。而这些,无不与他年轻时代就与老百姓建立的深厚感情,有密不可分的关系。十几岁到延安插队,20多岁当村支书,吃粗茶淡饭,扛百斤大包,住简陋窑洞,挣几毛钱工分。习近平从这样的历练中,了解了人民的疾苦;从这样的实践中,研读国情这本大书;从这样的奋斗中,树立全心全意为人民服务的坚定信念。为官从政者应该从中得到很多教益:一个领导干部需要具备多方面素质,但最基本的还是要有群众观点、人民情怀,把自己的从政生涯同实现党的根本宗旨统一起来、结合起来。这样,为官才是好官,施政才有良政。

"艰难困苦,玉汝于成。"习近平的插队岁月,对今天的年轻人来说,也是一个极有说服力的励志故事。"到基层去,到困难的地方去,到祖国最需要的地方去",是那个时代青年的志向。时代变了,条件好了,但有一个朴素的道理永远不会变:一个人成长成才,离不开大地,离不开人民。生活虽然贫困,但奋斗、创业,使年轻的习近平懂得了劳动的艰辛,生活的不易,体会到老百姓的勤劳智慧和善良纯朴。这奠定了他世界观、人生观、价值观的坚实基础。没有人可以轻轻松松取得成功。不因困顿而坠青云之志,不因挑战而彷徨不前,不因成绩而沾沾自喜,不因顺利而妄自尊大。从基层干起,脚踏实地,吃苦耐劳,一步一个脚印前进,这正是青年建功立业的必由之路。

"我是延安人",是发自内心的深情表白。延安是战争年代我们党的根据地,条件之艰苦难以想象,但正是从那里走出无数优秀中华儿女。可以说,延安哺育了中国共产党人,为中国革命的胜利贡献巨大。习近平总书记一句"我是延安人"寓意很深,既是对老一辈共产党人惊天动地、艰苦创业的缅怀和景仰,更是告诉今天的人们,延安传统、延安精神,依然是伴随我们实现中华民族伟大复兴中国梦的最可宝贵的财富。

平民情怀最动人,动人之处也许正在这里。

| 2014 年 6 月 13 日 |

领袖的青春岁月为何这般打动你我

连日来,世界杯的热潮挡不住一段旧日视频被网民们热捧——十年前习近平担任浙江省省委书记时接受延安电视台《我是延安人》节目的专访。在专访中,习近平回忆在延安的插队岁月,畅谈自己的生活、工作和家庭。视频经一些主流新闻微博转载后,转发量动辄数万条,网民跟帖留言无数,点赞如潮。

一段十年前的视频,一段40年前的乡村岁月,为何至今依然能打动你我?

一是真。真就是真诚、坦率、朴实,不回避缺点和走弯路。在专访中,习近平无所不谈,谈16岁刚到陕北时的"自由散漫"、"不太听招呼",讲"面包喂狗"、"见了生肉直接吃"的故事,细说初见艰险劳动时的"震撼",甚至不回避干了"三个月"跑回北京的"囧事"。

一个已经身居高位的人,能如此把青春岁月的糗事在镜头前娓娓道来,这种坦率与真诚殊为罕见。用真心才能换来真情,而这,恰恰是最为打动万千网民的一点。于是,"实在"、"不说大话"、"朴实如邻家大哥"、"语言真诚,性格率直,不浮夸",满屏都是网民们的点赞语。

其实,谁都经历过青春岁月的幼稚、茫然与曲折,说出来反而说明一个人对自己成长道路的坦然自信。难怪,网民"王兴珂 Leo"说自己看过此片对习主席"刮目相看",因为这说明"主席也是普通人,年轻时也茫然、会偷懒,正因看似平凡之不完美,才显得那么完美"。

二是义。义就是正义、正气,与老百姓打成一片,情同一家。习近平在专访中谈到,在陕北梁家河,从初期"炕不让人坐"到后期"打成一片",与村民在劳动中建立感情,在窑洞讲天说地有默契,用自己的质朴与勤劳换得民众的真心。最终，习近平与这方土地、这里的老乡建立了深厚的感情，当他被推荐上大学时，全村男女老少都去为他送行。

一幕幕，一次次，七年的青春时光献给了黄土地。难怪，习近平回忆，在陕北总共只哭过两次，一次是突闻大姐去世，另一次就是老乡送行。习近平深情地说："这是我人生的一个启承点，这也是我人生逆境中的，是我人生中最需要各方面帮助的时候，延安人民向我伸出了无私的帮助之手……"

是不是真情付出，群众的心是雪亮的，习近平一句"理所当然把自己看作是延安人"触动了无数人的心灵。难怪，网民"Beyond"看出，"群众路线的源头在陕北岁月里"，而网民"潍坊小哥"干脆直呼："人民的好儿子，国家的好主席。"

三是实。实就是实干、有担当，为民众干实事，不玩虚的。在陕北的七年，习近平经历了"五关"的历练——跳蚤关、饮食关、生活关、劳动关、思想关。他能挑200多斤一口气走上十里地，他带领村民打井取水，打坝造田，改变了梁家河的面貌，他还千里迢迢赴四川取经，在陕北首创引进沼气，第一次通气时甚至被"喷了满脸粪"。离开后，习近平还不忘梁家河，联系帮助改善了当地校舍。

习近平自己总结说："我总感觉到了插队以后，是获得了一个升华和净化。个人确实是一种脱胎换骨的感觉。之后我们如果说有什么真知灼见，如果说我们是走向成熟、获得成功，如果说我们谙熟民情或者说贴近实际，那么都是感觉源于此、获于此。"

正因为如此，几十年来，习近平一直在工作中求真务实，当选党和国家最高领导人后提出"空谈误国，实干兴邦"。网民"海燕"说："同是下乡，有人把它视为苦难，有人把它看做历练，看做升华，这就是人与人之间的差别。"网民"混沌"认为："打铁还需自己硬，这一身的浩然正气便是锻造出来的。"

四是信。信就是信念、信心与信仰。回顾历史，纵观世界，一位位伟人，总是经历一番磨难磨砺后才一路成长，直至迸发。大好青春岁月，黄金时光，经过陕北农村的艰苦磨炼，经过内心彻底沉淀思索，经过苦心志劳筋骨建立起来的信仰、信心与信念才会坚韧不拔。

诚如习近平自己所说："陕北高原给了我一个信念，也可以说是注定了我人生过后的轨迹。经过了陕北这一堂人生课堂,就注定了我今后要做什么,它教了我做什么。""我现在所形成的很多基本观念,形成的很多的基本特点,也是在延安形成的……"

难怪,不少网民指出,陕北高原是习近平主席"中国梦开始的地方"。网民"土石"更是祝愿:"艰苦的环境磨砺了伟人的意志,愿国家在您的领导下更加富强。"

青春无悔,中国有梦。谁都曾是青葱少年,谁都有峥嵘的青春岁月,时光的磨砺决定了一个人的理想、信念与人生轨迹。习近平主席的"真"、"义"、"实"、"信"启迪着世人:平凡之中见不平凡。亲百姓,知疾苦,接地气;说真话,有卓识,做实事——习主席就是这般打动你我。一个时刻把人民放在心中,一个经历过苦难、逆境磨砺,一个信念坚定的领导人,必定会大有作为。诸多网民深信,"咱们有这样的领导人是中国之福,百姓之福!""习近平主席将带领人民群众走得更远,中国会更强大。"

| 2014 年 6 月 13 日 |

从梁家河读懂中国梦

习近平 2004 年接受专访讲述插队经历的视频,近日在互联网上热传。尽管人们对总书记从陕北黄土地一路走来的经历耳熟能详,总书记的许多故事也广为流传,通过十年前的视频,听习近平动情回忆刻骨铭心的青春岁月,听梁家河父老朴实还原他们眼中"吃苦耐劳的好后生",那些鲜为人知的细节,仍然令人震撼,深深拨动众多网友的心弦。

习近平魂牵梦绕的梁家河,是他挥洒了七年青春的第二故乡,是他脱胎换骨之地,是他读懂人生、读懂中国的起承点。与梁家河乡亲们同甘共苦,人在一起、心在一起、吃苦流汗在一起的青春岁月,习近平经受了磨难,锻造了意志,砥砺出坚强。在这里,他零距离体察了民生疾苦,在这里,他锤炼出大气自信和清醒务实的品格。

没有哪一代人的青春是容易的,人生路漫漫,弹指一挥间,习近平留存在心底的灼人记忆,让人更加真实全面地感受到正能量的热度。"人的一生只有一次青春。现在,青春是用来奋斗的;将来,青春是用来回忆的……青年时代,选择吃苦也就选择了收获,选择奉献也就选择了高尚。青年时期多经历一点摔打、挫折、考验,有利于走好一生的路……只有进行了激情奋斗的青春,只有进行了顽强拼搏的青春,只有为人民作出了奉献的青春,才会留下充实、温暖、持久、无悔的青春回忆。"当选总书记第一年的习近平,对广大青年的"五四讲话",也是自己的"青春总结"。毫无疑问,这段视频是一部最好的励志教科书,必将激励无数的年轻人自强不息、激情报国。

习近平的梁家河记忆,之于广大青年固然是最好的励志教科书,之于中国,其意义则远远超越"励志"。多年以后,人们深切感受到,中国共产党的执政品格，与领航人青年时代在"梁家河学校"锤炼而成的意志品格交相辉映。革故鼎新，体察民情；重塑执政伦理，整饬官风；吹响改革号角，夙夜在公；永远目光坚毅，时刻笑容可掬；讲话胸有成竹，思考深邃磅礴……正给共和国打开一片更加灿烂的天空。

这片灿烂的天空，就是中华民族伟大复兴的中国梦。"国家好，民族好，大家才会好。"习近平总书记深情描绘的中国梦，是国家民族的梦，归根到底又是人民的梦。"我们的人民热爱生活，期盼有更好的教育、更稳定的工作、更满意的收入、更可靠的社会保障、更高水平的医疗衞生服务、更舒适的居住条件"，总书记"用大白话，谈大问题"，对人民梦想感同身受；"人民对美好生活的向往，就是我们的奋斗目标"，如此有温度的"执政宣言"，没有空洞的说教，情真意切令人怦然心动，倍感温暖。正是因为梁家河记忆刻骨铭心，总书记对基层有着清晰、准确的认识和把握，知民情、体民忧、解民怨、想民愿，与人民群众有着天然的情感联系。中国梦激荡中华儿女的心，回望梁家河，我们更能读懂中国梦。

"政之所兴，在顺民心；政之所废，在逆民心"，这道理，亘古不变。从梁家河读懂中国梦，读出民心是我心。"上山下乡的经历，使我增进了对基层群众的感情。对于我们共产党人来说，老百姓是我们的衣食父母，我们必须牢记全心全意为人民服务的宗旨。要时刻牢记自己是人民的公仆，时刻将人民群众的衣食冷暖放在心上……像爱自己的父母那样爱老百姓，为老百姓谋利益，带着老百姓奔好日子，绝不能高高在上，鱼肉百姓……"重温习近平的梁家河记忆，帮助我们铭记中国梦的出发点，更深刻地认识到"勿忘人民"始终是执政党须臾不可忘记的立党之本，更加自觉地践行群众路线，坚决彻底转作风、扫"四风"。如果说，梁家河体现了"从群众中来"，教育实践活动则是落实"到群众中去"。

人们不会忘记，总书记顶风踏雪到太行，在村民家察看有无电灯电视电话，揭开锅盖察看吃什么，脱鞋上炕盘腿坐下，鼓励村民"只要有信心，黄土变成金"。总书记在甘肃贫困地区考察时向全党发出号召："多到群众最需要的地方去解决问题，多到发展最困难的地方去打开局面。"习近平曾说过："当县委书记一定要跑遍所有的村，当市委书记一定要跑遍所有的乡镇，当省委书记一定要跑遍所有的县市区。"如今作为总书记，他更是牵挂共和国土地上的每一个"梁家河"。中国梦不会遗忘每个人，梁家河作证。

从梁家河读懂中国梦，读出苦干实干才能圆梦。"人世间的一切幸福都是要靠辛勤的劳动来创造的。"习近平当年在梁家河，经历跳蚤关、饮食关、生活关、劳动关、思想关这"五关"的考验，带领村民冰水里打坝、建沼气池点亮穷山。多年以后，成为总书记的习近平指出："实现中华民族伟大复兴是一项光荣而艰巨的事业，需要一代又一代中国人共同为之努力。空谈误国，实干兴邦。"当前的实干，除了在各行各业恪尽职守、诚实劳动，当务之急是落实三中全会全面深化改革的各项部署，以过"五关"的精神气概，敢于涉险滩，敢啃硬骨头，坚决推进改革大业，才能实现中国梦。

回望梁家河，为中国梦做注脚。紧紧依靠人民群众，满足人民的美好愿望，解决人民反映强烈的问题，让人民的日子越过越好，中华民族伟大复兴的中国梦就会成真。

| 2014 年 6 月 13 日 |

习总书记平民风格的现实意义

党的十八大以来,习近平总书记在中国政坛和干部队伍中大力倡导新风,走平民路线、抒平民情怀、展平民风格,让广大老百姓感到"离自己很近、和自己很亲",也为广大干部克服和纠正身上的官僚主义习气,立了标杆、作了示范。习总书记的平民风格,从他的工作作风、生活态度、兴趣爱好、人情交往甚至衣着穿戴中,都自然而然地流露出来。

说"大白话",入耳入心、直接地气。习总书记经常用一些普通群众听得进、记得住的话来表达思想,用"大白话"来讲大道理,充满浓郁的生活气息。比如,他用"鞋子合不合适,自己穿了才知道",讲一个国家发展道路的选择;用"同样一桌饭,即使再丰盛,8个人吃和80个人吃、800个人吃是完全不一样的",来阐明对中国发展现状的清醒认识;用"萝卜青菜各有所爱"比喻文明的多样性;用"碗与勺子难免相碰"来形容与周边国家的关系;他将青年时期价值观的养成比喻成"穿衣服扣扣子","如果第一粒扣子扣错了,剩余的扣子都会扣错,人生的扣子从一开始就要扣好";他讲树典型不能用"开小灶"、"吃偏饭"的方式来催生;他视察军营时说的"能打仗、打胜仗"这句实实在在的大白话,成了部队各项训练和军事演习"硬梆梆"的基本标准;等等。这样的"大白话"在习总书记的讲话中比比皆是。许多普通群众都说,"习总书记没有架子,他像咱老百姓一样说话,很亲切,像拉家常"。说大白话,就是说"平常人的话"、"普通人的话",讲的是"群众语言",习总书记这些"大白话",通俗易懂、简单明了、直白质朴,入耳入脑入心。

住"普通房",严于律己、率先垂范。习总书记反对特权享受,他在住的问题上从不讲究,总是放下身段,严于律己。他外出考察调研,经常住的就是普通房,从不提任何额外要求。2012年底,他到河北阜平考察时,住的就是县招待所的一个小套间,只有16平米大小,家具陈旧,卫生间瓷砖开裂。当地人员歉意地说,本来是可以安排在附近一家条件好一些的旅馆,他笑着说,这样就挺好,不必讲究。他还说:"小房子优越性很大,走两步上厕所,打电话都很方便。"他到河南兰考,也是住在焦裕禄干部学院一个普通的学员宿舍里,按照他的要求,不放鲜花、不摆水果,和其他宿舍并无二致。住"普通房"不只是一个简单的住宿问题,它折射出来的是一种平等意识和严于律己的精神。

吃"家常菜",勤俭节约、反对浪费。提倡勤俭节约,反对"舌尖上"的浪费是习总书记平民风格的一个重要缩影。当年在正定县,他就总是在机关食堂与大家一起吃"大锅饭",在生活上不搞特殊,上级来人,也是用正定的传统饭菜来招待,如扒糕、猪头肉、馄饨、缸炉烧饼、荞麦面饸饹,这就是他常说的"正定宴"。他常常提醒和告诫党员干部"少出去应酬,多回家吃饭"。特别是,他身体力行,到各地考察时,都吃简简单单的家常菜,食堂自助餐、大盘菜更是屡见不鲜。2012年12月,习总书记来到广州军区,在部队吃了两顿午饭,都是在士兵餐厅同战士们一道吃的自助餐。2012年12月,他在河北阜平县看望慰问困难群众,一顿晚餐,菜单只有四个热菜。他两次到兰考,也都是在焦裕禄干部学院职工餐厅用餐,每餐都是大锅饭菜。吃的几顿饭,从"内容"到"形式",都跟老百姓在家吃的没有两样,基本上是有着浓郁"河南味"的烩面、胡辣汤、大烩菜。他还上庆丰包子铺品尝"平民美食",二两大葱猪肉馅包子、一份炒肝和一份芥菜,成了大家传颂的"主席套餐"。

穿"平常衣",轻松自然、朴素无华。习总书记在衣着穿戴上经常展现出简约随意、朴素大方的风格,他在兰考考察期间穿的深蓝色外套,样式和质地都很普通。在个人着装上,他常常不墨守成规,不那么刻板,在考察调研甚至一些会议上也都全程不系领带,从造型上让人感受到了新的气象。特别是,他冒雨在武汉新港阳逻集装箱港区考察时,挽起裤腿、撑着雨伞、雨水打湿衬衫的场景,温暖了万千江城市民的心。今年3月,他在抵达荷兰的当晚,身穿改良版的中山装出席国王举行的盛大国宴,精干稳重、大气端庄,又轻松自然,让人耳目一新。

交"草根友",眼睛向下、有情有义。和群众交朋友,和那些普普通通的人深交、久交，这是习总书记平民风格的又一重要特征。他不忘有"一饭之恩"的农民朋友吕侯生，寄路费、花钱给他治病；他和"草根作家"贾大山的"神交"，情真意切、感人至深，深厚情谊是那么地纯粹，一个平凡的"草根作家"成了他的"好朋友、好兄长"；他在福建工作期间，还曾亲自下厨炒酸菜猪肉款待当年在梁家河当知青时的两位陕北汉子石治山和石春阳；他不忘师恩，每逢过年都会给老师送上问候和祝福；在福州时，他长期资助家庭困难的孩子读书，直到他们走上工作岗位；他调中央任职后，依旧与浙江下姜村的农民频繁书信往来，尽显一个领袖的平民情怀。交什么友、怎么交友，体现了一个人的立场与态度，反映出一个人内心深处的思想感情。

抒"真性情"，真切真挚、动容动人。习总书记的"真性情"突出体现在他浓浓的亲情、友情、乡情和厚重的家国情上。他常念亲情友情，常抒家国情怀。在他的话语体系中，经常出现孩子、老人、家庭、生活，感情细腻而真挚。他与家人推着坐轮椅的父亲、与母亲牵手散步、早年骑着自行车载女儿等照片，温馨又温暖，流淌着柔情似水的孝与爱。他作为亲属参加纪念习仲勋同志诞辰100周年座谈会，让人倍感亲切、倍受教育和倍加感动。他在福州任职时，夫妻两地分居，每天都会给妻子打个电话问候；出访时，他在飞机舷梯上为夫人撑伞、手挽着手走出舷梯，一幕幕"举案齐眉"的情景，动容动心动人。

晒"大众趣"，还原本色、回归本真。爱好折射出一个人的情操、品味和修养，也是一个人生活情趣的反映。习总书记在他的话语中，常常会谈及个人的兴趣爱好，以此与广大民众找到更多的"共同语言"、更多的"共同话题"，融入、融合、融洽。他曾谈到，自己爱好挺多，最大的爱好是读书，他说，"我经常能做到的是读书，读书已成了我的一种生活方式"；他还说，"我也是体育爱好者，喜欢游泳、爬山等运动，年轻时喜欢足球和排球"，自己也是一个足球迷；他还曾经表示，"有时间我看一些NBA比赛，甚至还看一点美国棒球赛"；他甚至会谈论流行音乐，说"歌手梁静茹在中国广为人知，被许多中国歌迷认为是中国人"。这些兴趣爱好带有浓郁生活气息，具有浓厚的大众色彩，都是普普通通人的喜好。习总书记与大众兴趣相投，进一步拉近了距离，还原了做人的本色与本真，传递出伟人首先也是个真人，是一个有着自己个人喜好的有血有肉、真真切切的人，打破了"不食人间烟火"的神秘感。习总书记这些平实的本真，让领导人的形象更加立体、饱满和生动、鲜活起来，更加可亲可爱，可以"触摸"。他积极健康的兴趣爱好，是一种导向、一种助力，在广大干部中会形成一种蓬勃向上的好风气。

走"亲民路"，同行同向、灵动善融。亲民乐民爱民，是习总书记平民风格中最显著的特征。无论在地方还是到中央，他都以最大努力与广大群众保持密切联系，尽最大可能与普通群众保持亲密接触。他喜欢深入到群众当中去，拉家常、问冷暖；喜欢融入到百姓当中去，与民相亲、与民同乐，在与民众的"零距离"交流中，听民声、解民意、知民情，"老吾老以及人之老，幼吾幼以及人之幼"。无论是庆丰包子铺里与市民一起排队就餐，还是南锣鼓巷与老街坊"拉家常"；无论是深圳莲花山公园与市民相伴而行，还是深圳罗湖区渔民村里与居民亲切交谈；无论是在甘肃兰州养老餐厅给老人端菜送饭，还是到河北阜平访贫时在炕上盘腿而坐、雪地上与乡亲搀扶而行，等等。用老百姓的话说"总书记没有一点架子，到家里就跟走亲戚一样"。走"亲民路"，就是走为民爱民乐民之路，就是走一切为了群众、一切依靠群众的群众路线，从根本上说就是走执政为民之路。

习总书记的"吃穿住用行"特别是言与行，彰显"平民色"和"平民情"，展示"平民样"和"平民趣"，这不是个简单的姿态和形象问题，更是一种昭示和导向，表明作为人民公仆，就应该有这样一种立场、态度和感情。习总书记身上有浓厚的"平民情怀"，"这或许与他的经历有关"，因为"实际上他要比一般平民子弟更早地经受生活的磨砺"。他是以自己的努力，得到基层干部群众的信任、爱护与支持，也因此很早形成了他的平民情怀。然而，他身上凸显出来的这种平民风格说到底更是共产党人公仆情怀、公仆意识的表现，是全心全意为人民服务宗旨的体现，是马克思主义群众观和群众路线的具体实践，所以，也是一种示范、一个标杆，是克服官僚主义的一面镜子和一部教材。这是习总书记平民风格的现实指导意义。

| 2014年7月7日 |

10号球衣的丰富内涵

当地时间7月20日，中国国家主席习近平圆满结束了对阿根廷的访问。访问期间，习主席与阿根廷总统克里斯蒂娜举行了工作会谈，就中阿关系和共同关心的国际和地区问题深入交换意见。两国元首共同签署并发表了中阿关于建立全面战略伙伴关系的联合声明，共同见证了两国多项政府间、部门间和商业协议的签署，涉及投资、基础设施建设、通信网络、能源、金融等多个合作领域。

访阿期间，习近平主席会见了阿根廷副总统兼参议长布杜和众议长多明格斯，并接受了布杜赠送的阿根廷国家足球队10号球衣。

热情的拉美人总是愿意用不同的方式向尊贵的客人表达敬意。此次习近平主席访阿，阿根廷国会专门作出决定，设立"阿根廷国会荣誉贵宾"称号并授予习近平主席。这是一种特别的礼遇，是阿根廷人民给予中国人民以及中国国家领导人的特别敬意。阿根廷首都布宜诺斯艾利斯专门向习主席授予城市钥匙，则是用古老的传统礼节向中国贵宾致敬。国家足球队在刚刚结束的世界杯赛中荣膺亚军、将足球引以为傲的阿根廷人，向习近平主席赠送国家队球衣，同样是在表达独特的感情。

如中国老百姓所知，习近平主席热爱体育，喜欢足球。几年前他访问美国时，曾现场观看NBA比赛，高兴地接受了一件湖人队球星科比的球衣。作为足球迷，习主席还曾先后收到英国球星贝克汉姆签名的球衣、德甲勒沃库森队球衣、2006年世界杯专用足球。阿根廷国家队的10号球衣，是老一代球王马拉多纳曾经披过的战袍，是如今阿根廷足球偶像梅西穿过的荣耀之服。毫无疑问，当许许多多中国的、阿根廷的和全世界的年轻球迷得知习近平主席与他们有着共同的爱好时，这位中国国家领导人更加令人感到亲切，更加充满魅力。

敬人者人恒敬之。习近平主席欣然接受一件球衣，充分表达了他对阿根廷人民的深厚感情。习主席在此次访问中曾经提到，中阿建交已经42年，上个世纪由两国老一代人栽下的中阿友谊之树如今已经茁壮成长，枝繁叶茂。让中阿友谊之树长成参天大树，需要精心呵护、精心培育。中阿友谊的发展，不仅需要双方在政治上相互支持，在经济上互利共赢，同时也需要双方扩大人文交流。

人文交流，是不同文化、不同制度的国家之间密切相互交流、增加了解与信任的重要方式。人文交流能够促进不同国家人民之间心与心的沟通，缩短地理上的距离，成为真正的战略合作伙伴。在中国与阿根廷这样两个发展中国家之间，充分而广泛的人文交流，将使双方在曾经相似的历史中找到更多的共鸣，进而在探索各自新的发展道路时彼此给予对方更多的关切和支持。

如何开展和推动国家之间的人文交流，是提高外交工作新水平的重要课题，是展现大国外交软实力的重要组成部分。人文交流包括文化、体育、艺术等等多个方面，我们需要通过开办孔子学院等方式对外传播中国文化，也需要通过向阿根廷人、巴西人学习足球等渠道加强与他国人民的往来。在很多时候，国家领导人直接推动的人文交流，更具有典范作用。习近平主席此次出访阿根廷，从参观阿根廷共和国庄园，走进农家，到观看高乔人的马术、印第安人的歌舞、阿根廷探戈，再到接受阿根廷国家足球队的球衣，邀请阿根廷帮助中国足球发展，以多种多样的方式接近阿根廷的文化，接近阿根廷的普通家庭、平凡百姓，亲切自然地表示出对其他国家文化的尊重，生动地诠释了人文交流的丰富性，赢得了阿根廷人民以及世界各国人民的喝彩，取得了重大的外交成功。

那件珍贵的 10 号球衣，将会作为中阿友谊的见证被国家收藏。一件球衣的佳话，将在中阿两国人民之间传颂。

| 2014 年 7 月 21 日 |

千山万水隔不断对土地的爱

两场峰会，四个国家，数十场会谈会见——正在拉美访问的国家主席习近平日程密集、活动繁忙，到阿根廷共和国庄园的参观考察成为其中别具一格、让人印象深刻的一幕。当地时间19日，阿根廷共和国庄园阳光明媚，草木葱茏，习近平主席在主人的陪同下，满脸笑容地端详着一头头牛羊，还饶有兴致地拉拉牵牲口的绳头，重现"老把式"的风范。

纵观习近平主席近年来的出国访问，抽空访问农场农庄，与农场主、农户拉拉家常颇为常见。

去年访问拉美时，习近平主席和夫人彭丽媛走访哥斯达黎加的农户，与咖啡种植户萨莫拉一家品咖啡，唠家常；今年访欧时，习近平主席和夫人彭丽媛参观了中荷农业合作和荷兰郁金香花展，彭丽媛应邀将新培育的郁金香命名为"国泰"，成为一段外交佳话。

更早时候，四年前习近平访问澳大利亚，曾冒雨驱车一个多小时参观墨尔本郊外的卡尔德米德牧场，对世界先进水平的自动转盘挤奶设备赞叹不已；两年前访美时，习近平走访金伯利农场，与农场主瑞克同坐拖拉机的一幕，至今依然为当地民众津津乐道；两年前访问爱尔兰，习近平深入詹姆斯·林奇农场考察，微笑着抚摸小牛犊的一幕定格为中爱友谊的经典瞬间。

为什么习主席乐于在繁忙的日程中抽空到异国农村去走一走，看一看？我们不妨略加解读。

他虽身居高位，依然眷恋泥土的芬芳

年轻时，习近平曾在陕北农村插队，种地、拉煤、打坝、挑粪……

什么农活都干过。他能挑一二百斤麦子走 10 里山路却长时间不换肩,是乡亲们眼里"吃苦耐劳的好后生"。

七年的农村生活、七年的甘苦与共,与黄土高原纯朴乡亲们摸爬滚打的岁月,不仅让习近平和当地老百姓结下了深厚情谊,也使他深切了解到什么是中国的农村,什么是中国的基本国情,什么叫"接地气"。而今,几十年过去了,习近平健步踏上田埂、牧场,亲切感油然而生,人们透过镜头都可以看得出来。

他虽身在国外,依然心系"三农"

发展农业、造福农村、富裕农民,这是 13 亿人口大国元首治国安邦的头等大事。在陕北插队之时,身为一村之长的习近平就思考如何让乡亲们过上好日子。后来,习近平又在多个省市领导或分管过农业,对农业、农村、农民一直保有深厚的感情。当选党的总书记后不久,习近平就冒着严寒驱车 300 多公里,到太行山深处的阜平县看望慰问困难群众,考察扶贫开发工作。

在国外农场考察之时,习近平经常说的话语是:"我当过农民","我了解他们的温饱冷暖和喜怒哀乐","做好农村工作,特别是集中力量帮助农村贫困人口脱贫致富,让农民们都过上幸福生活,是我们很重要的任务。"

他考察国外农村,目的是为国内农业、农村发展探求新思路、新方法

早在陕北插队之时,习近平就曾远赴四川学习引进沼气。几十年后与瑞典国王卡尔十六世·古斯塔夫会晤时,"沼气"依然是宾主双方津津乐道的交谈话题。在河北正定任职时,习近平就曾到素有"美国粮仓"之称的艾奥瓦州考察访问,引进良种。而今,习近平出国走访农家,总是询问农业新技术、新动向,思索着国内农业发展如何借鉴。

中国是农业大国,中国要发展,必须首先解决好 13 多亿人口吃饭、发展问题。中国已进入加快改造传统农业、走中国特色农业现代化道路

的关键时期。国外的专业化、现代化、特色化、集约化水平,对国内有着重要的借鉴意义。

他也在拓展中外民间友谊,搭建心灵之桥

每一次走访农场农庄,本身就是一场绝佳的公共外交、文化交流。通过走访农户,习近平主席能与外国民众近距离交流,拉近中国与不同国家间的文化和情感距离。

此次走访阿根廷共和国庄园,好客的主人展示了高乔人的马术、印第安人的歌舞、阿根廷的探戈,生动展现了这个"马背上的国家"独特而多元的文化。习近平与农场主莫内塔一家促膝交谈,亲切互动,这温馨的一幕让当地人备受感动。正如习主席所说:通过参观,我对阿根廷有了更多了解,我会把阿根廷人民对中国人民的深情厚谊带回去。

他在拓展中外农业贸易交流,共话农业合作发展

时代车轮在转动,如今的中国是世界首屈一指的农产品消费市场,各国都争相向中国推销自己的农副产品。今年习近平访法时,法国人在里昂市政厅临时搭起"法国食品超市",盛情邀请习主席尝奶酪、品红酒,企望打开中国市场。相对应的是,如何坚持立足国内、在确保粮食自给自足的同时,积极利用国际市场、参与国际合作亦是中国政府思索的大课题。

习近平在国外考察时多次强调,通过实地考察了解,有利于探讨加强中外农牧业合作的有效途径和方式。中外农业合作不仅对双方有利,而且也可以对维护世界粮食安全作出贡献。此次在阿根廷,习近平亦指出,中方愿意同阿方加强农业领域合作,扩大农产品贸易。

在习近平历次出访中,农业合作与农产品贸易协议都是众多合作文件中的重要组成部分。去年考察哥斯达黎加农场后,中哥双方签署了多项农产品贸易协议,让更多哥斯达黎加优质农产品出口到中国。此次访问阿根廷,中阿签署质检议定书,有助于阿根廷农产品更为便捷地进入中国市场。

土地是"万物之母",是"立足之根",是"希望之源"。放眼全球,

对土地的热爱是许多国家民族的共性，重返故土亲吻土地是许多民族的习俗，讴歌土地的诗篇层出不穷。美国名著《飘》里有句名言："世界上惟有土地与明天同在"；中国诗人艾青也曾写道："为什么我的眼里常含泪水？因为我对这土地爱得深沉……"

漫步农场，察农情、问农事、谈发展，千山万水隔不断对土地的爱。习近平主席走访国外农庄农户的一幕幕，不仅是中国外交的多姿多彩的画面，还将因其深刻的内涵、深远的意义而永久为人铭记。

| 2014 年 7 月 23 日 |

习主席演讲缘何这般打动巴西

"奥布里嘎多！谢谢！"随着中国国家主席习近平用葡萄牙语问候结束演讲，人们不约而同站立起来，雷鸣般掌声在宽敞宏大的巴西国会大厅内响起，经久不息。

这是铭刻在巴西国会的历史印记。当地时间7月16日下午，习近平主席在巴西国会大厦发表题为《弘扬传统友好　共谱合作新篇》的演讲，通过实况直播，传遍了850多万平方公里的巴西大地，引起巴西民众的强烈共鸣。用巴西国会领导人的话说，习近平主席是在巴西国会赢得掌声最多的外国领导人。

习近平主席的演讲缘何这般打动"未来之国"的亿万民众？

最触动人们心灵的是真情与真诚

"有缘千里来相会"——中国与拉美虽然远隔浩瀚大洋，但习近平主席讲述一个个"有缘人"的故事拉近了彼此的距离。习近平主席谈到鲜为人知的中国茶农故事：200年前，首批中国茶农就跨越千山万水来到巴西种茶授艺，使得1873年维也纳世界博览会上，巴西出产的茶叶赢得了广泛赞誉；他提到曾旅居巴西17年、画出《长江万里图》、《黄山图》、《思乡图》等传世珍品的中国国画大师张大千；他还谈及"一个有颗中国心的巴西人"卡洛斯·塔瓦雷斯，40多年来孜孜不倦关注、研究、书写中国……

最让人倍感亲切的是文化

与世界其他地区相比，拉美或许是中国人最为陌生的地方之一。然而，习近平主席对拉美历史、文化的熟稔程度让巴西人惊叹不已。他引述巴西利亚缔造者、巴西前总统库比契克的名言赞扬巴西人民开拓进取、勇于担当的民族精神，引用巴西国歌歌词祝愿巴西"前程更壮丽"，借用拉美解放者玻利瓦尔的名言说明团结一致的重要性。习近平主席甚至引用巴西国会大厦的设计者尼迈尔先生的话语来陈述外交理念，提及曾风靡中国的巴西电视剧《女奴》，还有巴西足球、歌舞……

一个个感人故事诉说中巴、中拉友谊之诚、之深，直抵人们心底。习主席在演讲中流露出真挚的情感和醇厚的人文情怀，犹如亚马逊河水，滔滔不绝。这自然而然地让听众产生共鸣，引发"海内存知己，天涯若比邻"的感慨。他对深化中巴、中拉关系的满腔豪情，对"追梦"与"圆梦"的热切期盼更是一种励志，让听众们热血沸腾。

习近平主席在演讲中阐述了"中国梦"与"拉美梦"之间的息息相通，他引述巴西作家保罗·科埃略的话语说明，中拉双方要"勇于追梦、共同圆梦"。他说，中方愿意同巴西及其他拉美和加勒比国家一道努力，建设好中国—拉共体论坛，推动建立平等互利、共同发展的中拉全面合作伙伴关系，使双方成为志同道合的好朋友、携手共进的好伙伴。

习近平主席还回顾了中巴关系的发展历程，称其为"南南合作的典范"，提出推进中巴全面战略伙伴关系的三点建议：

——要把握战略协作方向，不断深化战略互信；

——要做好共同发展文章，加强宏观经济政策协调，扩大双方发展战略契合点；

——要肩负国际责任担当，一起来维护和弘扬国际公平正义。

"公平正义"是习近平主席演讲的另一个关键词，他呼吁中巴携手维护和弘扬国际公平正义引来议员们掌声阵阵。

习近平主席指出，公平正义是世界各国人民在国际关系领域追求的崇高目标。历史昭示我们，弱肉强食不是人类共存之道，穷兵黩武无法带来美好世界。世界各国都要遵循平等互信、包容互鉴、合作共赢的原

则,一起来维护和弘扬国际公平正义,推动建设持久和平、共同繁荣的和谐世界。为此,习近平主席提出两大主张:

——维护和弘扬国际公平正义,必须坚持《联合国宪章》宗旨和原则;

——维护和弘扬国际公平正义,必须坚持主权平等。

值得一提的是,习近平主席还阐述了国际互联网治理的中国主张。这是习近平主席首次在海外演讲中深入论述这一问题,引发现场听众们广泛共鸣。

习近平主席指出,在信息领域没有双重标准,各国都有权维护自己的信息安全,不能一个国家安全而其他国家不安全,一部分国家安全而另一部分国家不安全,更不能牺牲别国安全谋求自身所谓绝对安全。

对此,巴西议员们的掌声内涵丰富。众所周知,去年以来,巴西总统罗塞夫的电话与电邮被美国国家安全局监听轰动全球,引发了巴西人的强烈愤慨与美巴外交危机。因此,习近平主席提出建立多边、民主、透明的国际互联网治理体系,无疑说出了巴西人的心声。

习近平主席的演讲尽管只有半个小时左右,但什么话语能赢得经久不息的掌声?什么力量最能打动心弦?

是无与伦比的亲和力,是醇厚的人文情怀,是对拉美历史文化的信手拈来,是对深化中巴、中拉关系的万丈豪情,是对维护和弘扬公平、公正国际秩序的满腔正义……习近平主席演讲亮点频频,精彩不断,直抵人心,给巴西人民留下深刻印象。

历史的长河绵绵不绝,但人们记住的往往是那些精彩的瞬间。习近平主席此次在巴西国会大厦的演讲,无疑是定格在中巴、中拉关系史上最闪光的瞬间之一。在这光耀之下,友谊的源泉开始汇聚成为中巴、中拉友谊世代传承的洪流,生生不息,一往无前。

| 2014年7月18日 |

缅怀故人风范　传递友谊情怀

20日，中国国家主席习近平在委内瑞拉总统马杜罗陪同下抵达加拉加斯的委内瑞拉国家公墓，向委内瑞拉民族英雄、南美解放者西蒙·玻利瓦尔墓献花圈，向这位南美独立运动领袖致以崇高敬意。同时，习近平在贵宾簿上题词："民族先烈，光辉永驻。"

21日，国家主席习近平前往委内瑞拉前总统查韦斯陵墓参谒。在查韦斯陵墓安放的庭院内，习近平默哀致意，缓缓绕陵一周，表达缅怀。西蒙·玻利瓦尔是拉丁美洲著名的革命家、思想家和军事家。在他所领导的独立解放斗争中，委内瑞拉、秘鲁、哥伦比亚、厄瓜多尔、玻利维亚和巴拿马这六个拉美国家摆脱了西班牙殖民统治获得独立。因此，西蒙·玻利瓦尔被称为"南美的解放者"、"南美的乔治·华盛顿"，至今受到拉丁美洲人民的由衷敬仰。

由西蒙·玻利瓦尔提出并被后人归纳的玻利瓦尔主义，产生于拉丁美洲人民反抗西班牙殖民统治的历史背景中。委内瑞拉驻中国大使奥古斯托·米哈雷斯曾说过："用当代政治术语来说，玻利瓦尔主义就是鼓舞各国人民团结反殖反霸反帝的那种不断斗争的精神"，"玻利瓦尔主义认为，赢得主权的新生国家进行合作，结成紧密的友谊，实行一体化"，"它维护和平，也推动人类进行那种必不可少的相互声援。"在今天看来，那种坚持不懈地反抗殖民侵略和殖民统治，坚贞不屈地维护民族生存和尊严的精神，的确当得起"民族先烈，光辉永驻"的评价。

习近平主席在离开委内瑞拉之前专程参谒前总统查韦斯的陵墓，更有不一样的含义。乌戈·拉斐尔·查韦斯·弗里亚斯在其执政期间，成功地降低了委内瑞拉长期居高不下的通货膨胀，将国有石油公司所得利润用于改善民生；在对外关系方面，他强调参与全球化和各国平等，尊重主权和不干涉他国内政，主张在相互合作的基础上建立国际经济新秩序。他拥有千百万支持者和追随者，也有为数众多的反对者。但无论是朋友还是敌人，谁都无法否认他在委内瑞拉政坛和国际政治中创造的一个又一个传奇，谁都无法否认他在与癌症搏斗中体现出的坚强和勇气。

查韦斯生前曾四次对中国进行国事访问，三次进行工作访问，对中国人民怀着真挚深厚的情谊，对发展委中友好关系不遗余力。正如习近平主席所说的那样："查韦斯是富有魅力的领导人，是中国人民的伟大朋友，也是我的好朋友。他喜爱中国文化，对中国共产党的历史和执政理念了解很深，为发展中委关系作出了杰出贡献。我曾同查韦斯两次见面，当时的情景至今历历在目。故人已去，风范永存。中国人民怀念他。我很高兴看到委内瑞拉政府和人民继承了他的事业，相信你们将在国家建设道路上不断取得新成就。"

习近平主席对西蒙·玻利瓦尔表达的敬意，对查韦斯前总统表达的缅怀，是对拉丁美洲人民反抗殖民主义、坚持独立自主伟大精神的尊重，体现出他对各民族为争取解放而牺牲的先烈英雄的敬佩，体现出他对世界各国老朋友的浓浓情怀。重情重义的习近平主席将中国人民对委内瑞拉人民的友谊传递出去，并将收获委内瑞拉人民和拉丁美洲各国人民的友谊回报。

| 2014 年 7 月 22 日 |

展示大国风采

过去的一天，出席金砖国家领导人第六次会晤的习近平主席，连续会见了俄罗斯总统普京、印度总理莫迪、南非总统祖马，还与美国总统奥巴马通电话，分别就双边和多边共同关心的问题交换意见。中国领导人如此密集地与大国领导人会见和通话，从一个侧面，展示了中国作为一个大国所具有的魅力，显示了习主席运筹大国外交的风采，各国媒体纷纷给予高度赞誉。

中、美、俄、印、南非以及巴西，都是具有世界影响力的大国。可以说，处理好大国的关系，增进了解，扩大共识，加强合作，对于解决好当今世界面临的各种难题，促进共同发展，维护世界和平，具有非同一般的意义。

作为世界上人口最多和最大的发展中国家，中国的和平崛起，无疑是世界政治经济格局变化发展的重要事件。对中国的快速发展怎么看，不仅大国关注，其他国家也很关心。正如习主席接受拉美四国主流媒体联合采访时所说："中国坚持走和平发展道路，既积极争取和平的国际环境发展自己，又以自身发展促进世界和平；既让中国更好利用世界的机遇，又让世界更好分享中国的机遇，促进中国和世界各国良性互动、互利共赢。"这番话，中肯直率，语重心长，显示了大国的战略定力和大国领导人的成熟自信。

当今世界，和平发展依然是主流。但我们也看到，对于中国的发展，有些人总怀有敌意，甚至不断制造麻烦。有的散布"中国崩溃论"，有的鼓吹"中国威胁论"，其目的就是要迟滞甚至阻断中国的发展。面对复杂多变的国际形势，中国外交也面临种种考验。对此，中央是坚定和清醒的。这就是,坚持"两个一百年"的奋斗目标不动摇,把发展作为执政兴国的第一要务,不为风险所惧,不为干扰所惑,集中精力发展经济,提升综合国力,通过自身的发展为世界和平与发展作出更大的贡献。

大国要有大眼界、大胸怀、大气度。正如国际国内所看到的那样,今年以来,中国外交空前活跃。外国领导人接连到访中国,习主席出访的足迹遍及各大洲——中欧合作更加紧密,中非友谊更上层楼,中国与亚洲邻国交往频繁,中国和拉美国家各方面关系不断拓展。特别是,中国与各大国领导人之间保持良好沟通。尽管有的国家搬弄是非,挑拨离间,但"形势比人强",中国走向世界的步伐是无法阻挡的。相信习主席此次拉美之行,一定会展现更加亮丽的中国风采,赢得更多的尊重、更多的理解和支持,同时也会交上更多的朋友,建立更多的友谊。

| 2014 年 7 月 25 日 |

习主席拉美行：心灵之约　魅力之旅　格局之变

这是跨越重洋万里的心灵之约，这是展现领袖风采的魅力之旅，这是改变世界格局的世纪之行——国家主席习近平拉美之行虽然已经过去多时，但习近平主席在拉美大地上留下的一段段外交佳话、展示的魅力风采、缔结的友好合作成果、对国际格局之影响，依然为拉美人民所津津乐道。

心灵之约，架起跨越太平洋的桥梁

人世间最能打动人心的是真诚，心与心的交流能跨越千重山、万重洋。习主席的拉美之行，留下一幕幕温馨感怀的交流画面，犹如一次次跨越重洋的心灵之约，让友好情谊在拉美大陆生根发芽。

习近平主席在阿根廷共和国"抚摸小牛犊"的一幕给世界留下深刻印象，而庄园主人莫内塔一家至今对接待习主席的访问记忆犹新："这是一位让人感觉特别温暖的领导人……习主席是个非常热情的人，让我们感到特别亲切。"莫内塔在接受媒体回访时感慨不已。

"建住房，筑友谊"——这是习主席在委内瑞拉总统马杜罗陪同下参观蒂乌娜社会住房项目时人们高呼的口号。中国承建单位以"看得见的速度"和明显的质量优势赢得了委内瑞拉人民的赞誉。难怪，参与该项目的委内瑞拉工程师爱德华多洛佩斯对回访的记者感慨："作为委内瑞拉人我感到很幸运。"

得民心者得天下。拉美之行，见证了习近平主席与当地民众的友好互动，这进一步培养了拉美民众对中国的亲近感。这互动，可以是一段共同回忆,从200年前赴巴西的中国茶农,到风靡中国的巴西电视剧《女奴》;这互动,可以是津津乐道的"共同语言",习近平主席获赠阿根廷国家足球队和博卡青年队的10号球衣,还有那心领神会的一句调侃:"转会费多少",一切都让当地民众倍感亲切……

魅力之旅,打动亿万拉美人民

此次拉美之行,习近平主席深入到各界人士中间,用亲和的魅力、生动的话语、务实的作风在拉美人民心目中树立了自信、友善、包容、负责任的形象,在拉美大地掀起了阵阵"中国风"。

习近平主席对拉美历史文化信手拈来的熟稔,对各国国歌、名人的如数家珍,令当地人惊讶、惊喜。如尼加拉瓜著名法学专家毛里西奥·迪亚兹所说,习主席访问期间的精彩讲话和释放出的积极信号,令拉美国家备受鼓舞。

习近平主席在巴西国会发表演讲最为典型。他讲述一个个中拉关系"有缘人",援引玻利瓦尔和巴西前总统库比契克的名言,旁征博引,折服了无数当地民众,成为巴西国会"赢得掌声最多的外国领导人"。

巴西著名作家保罗·科埃略可能是对习主席这场演讲感受最为独特的人,当他得知自己一句关于梦想的话语被中国国家主席引用后连称"荣幸"、"欣喜万分"。为此,科埃略特意上网查阅了习主席的演讲全文,并表示要将其著作签名送习主席,"借此表达巴西人民对中国人民的友谊"。

拉美之行,习近平主席表达了中国不忘老友、结交新朋的真诚意愿。

在委内瑞拉,他亲自前往南美解放者西蒙·玻利瓦尔的墓前敬献花圈,到前总统查韦斯墓前默哀致意,表达缅怀;在阿根廷,媒体称习近平主席赠送的影视作品光盘为中国的"时尚名片";在古巴,习主席与古巴革命领袖菲德尔·卡斯特罗共叹中古辣木之缘,畅想未来农业合作……

阿根廷《民族报》感慨说,习近平主席可能是世界上唯一既能跟奥巴马拥抱,又能访问古巴和委内瑞拉的国家领导人。

合作之丰，给拉美带来新机遇

当前，巴西等国经济上都面临一些困难，急需外力"拉一把"，习主席此访签署的一个个大单可谓是"雪中送炭"。

此次拉美之行，中国和四国累计签署各类合同和框架协议150多项，涉及金额约700亿美元。拉美国家深切感受到习主席访问给中拉关系带来的新机遇。

在巴西，面对巨额的飞机采购项目与两洋铁路，巴西总统罗塞夫兴奋地表示："没有比这次会谈更令人振奋的成果了，""来自中国的不断增长中的多元化投资会为巴西和其他拉丁美洲国家带来充满希望的未来……"

在阿根廷，水电与铁路改造协议的签署轰动世界，阿《金融界报》指出：这两大项目不仅可以缓解阿根廷融资问题，而且对未来阿根廷调整经济结构具有战略意义。

在委内瑞拉，总统马杜罗称，多项合作协议的签署为两国交往打开了历史新阶段的大门。委内瑞拉《宇宙报》撰文说，这对委内瑞拉经济实现可持续发展至关重要。

在古巴，古巴《起义青年报》指出，中古签署一系列合作文件，显示了双方加强合作的共同意愿。

作为全球最具活力和潜力的市场之一，拉美坐拥近6亿人口和5.16万亿美元的经济规模。诚如诸多拉美媒体指出，习近平拉美之行为这片大陆带来了前所未有的发展机遇，中国元素未来将成为推动拉美经济发展的重要力量。拉美国家应该抓住这一千载难逢的好机会，与中国一道，开创中拉深度合作的新篇章。

格局之变，三层提升重塑世界格局与秩序

此次拉美之行，从三个层面重塑了世界格局与秩序。

其一，金砖峰会宣布成立金砖国家开发银行与应急储备机制，标志着金砖体制的"实心化"；

其二，习近平主席与拉美诸多领导人实现历史性集体会晤，共同宣布成立中国—拉共体论坛；

其三，提升了与往访四国的双边关系：中国与巴西进一步深化全面战略伙伴关系，中国与阿根廷、中国与委内瑞拉把双边关系都提升为全面战略伙伴关系；中国与古巴宣布"三个坚定不移"，标注了新时期的坐标。

从双边拓展深化关系，到多边实现历史性突破。这战略性的握手，跨越世界最浩瀚的海洋，全球格局与秩序为之一变。

一石激起千层浪，金砖"实心化"有利于推动国际经济治理体系的嬗变。英国《金融时报》认为："（金砖银行是）全球金融体系的新参与者……IMF 和世行可能会因此提高效率。"

中拉论坛的成立，是对拉美国际地位的再提升。诚如墨西哥蒙特雷科技大学国际问题专家阿道夫·拉博德所说，此访在一定程度上有利于打破某些传统霸权国家对整个区域各种形式的控制。而在巴西中国和亚太研究所所长卡布拉尔看来，中拉领导人此次在会晤中达成的共识将有助于协调各方力量创建一个民主的多极化的全球政治、经济新秩序。

心灵之约，魅力之旅，合作之丰，格局之变。在历史的长河里，习近平主席十天的拉美之行不过是短短的一瞬，但由于其精彩纷呈、亮点不断、意义深远，而永远为拉美人民所铭记。

| 2014 年 8 月 5 日 |

习主席为何受到众星捧月般欢迎

一年前的9月,国家主席习近平在哈萨克斯坦纳扎尔巴耶夫大学作重要演讲,提出共同建设"丝绸之路经济带"的战略构想,举世瞩目。

一年后的今天,当习近平主席再次踏上中亚的土地,"习旋风"再次席卷中亚,"丝绸之路经济带"的倡议已为各方广泛欢迎,对接、共赢成为各方的心声。

习近平主席此次赴塔吉克斯坦访问,一是出席上海合作组织杜尚别峰会,二是对这个"高山之国"进行国事访问。习近平主席所到之处受到超规格欢迎。

在塔吉克斯坦访问期间,习近平主席和塔吉克斯坦总统拉赫蒙肩并肩、手拉着手、边走边谈的情景,不时在人们眼前闪现:在观看仪仗队分列式时,在共见记者后即将分别时……

拉赫蒙总统在总统官邸设下家宴,在庭院中摆下大巴扎,他亲手摘下一颗李子递给习近平,盛了一碗羊汤给习近平主席夫人彭丽媛。"我十分珍惜同习近平主席的友谊……"拉赫蒙在家宴上如此说。

拉赫蒙总统以自己的"待客之道"展现了和中国"携手前行、世代友好"的美好愿望,寄托了"高山之国"对中国的深情厚谊。

在上合峰会上,各国元首与习近平主席进行双边会晤已成为例规。此次,习近平主席第九次会晤俄罗斯总统普京,第六次会晤哈萨克斯坦总统纳扎尔巴耶夫,第三次分别会晤塔吉克斯坦总统拉赫蒙、吉尔吉斯斯坦总统阿坦巴耶夫和东道主客人土库曼斯坦总统别尔德穆哈梅多夫,并与8月访华的乌兹别克斯坦总统卡里莫夫在峰会会场第四次聚首……

为何习近平主席在杜尚别受到众星捧月般欢迎?

是因为习近平主席诚挚友好的个人魅力，与这些领导人们建立了良好的工作关系，也结下了深厚的个人友谊。在上合乃至国际领导人俱乐部里，与习近平主席"称兄道弟"已成时尚。

是因为习近平主席提出的"亲、诚、惠、容"的周边外交理念得到各国的广泛认同，中国是好邻居、好伙伴、好朋友已经深入人心。

是因为共建"丝绸之路经济带"的战略构想得到广泛认同，搭中国发展的"列车"实现共同发展、共同繁荣，已经成为中亚乃至世界各国的共识。

上合组织成员国大都分布在古丝绸之路沿线，中国和中亚国家比邻而居，唇齿相依。古丝绸之路，见证了中国和中亚各国之间的"千年友谊"。众所周知，近年来中国与上合组织其他成员国经济互补性凸显，在能源、基础设施、金融、投资、产业承接转移等诸多领域存在重大利益交集。在此基础上，中国与地区相关国家的发展战略日益融汇、契合。可以说，各方完善共同发展战略的顶层设计，实现战略对接、整合的时机已经成熟。而共建"丝绸之路经济带"既是将这些战略构想连接起来的"主轴"，亦是深化中国与中亚国家合作的"催化剂"。

什么是新时期的"丝路精神"？那就是中国不仅追求自身发展，同时注重与他国共同发展，中国欢迎各国"搭车"。共同建设"丝绸之路经济带"，这是一项造福沿途各国人民的大事业。

"为国者以富民为本"。此次杜尚别峰会期间，习近平主席重点介绍建设"丝绸之路经济带"的共赢规划和务实举措，提出全方位深化上合组织务实合作与人文交流的建议：

——我们将在本地区合作建设三大走廊，即中国—中亚—西亚经济走廊、新亚欧大陆桥经济走廊、中蒙俄经济走廊。

——当前应该重点推动各国在道路运输便利化、贸易投资一体化、建立融资保障机制等问题上扩大共识，取得突破。

……

在此次峰会上，提出发展理念的同时，中方也为上合组织和地区国家带来利好发展的切实支持。中方决定向上合组织成员国提供 50 亿美元贷款，用于合作项目融资；将中国—欧亚经济合作基金最终规模扩大至 50 亿美元；并在 2015 年中国西部国际博览会期间举办上合组织国家商品展，为各国优势产品进入中国市场提供更多便利……

习近平主席提出的倡议得到各方积极响应。俄罗斯总统普京表示，中方共建"丝绸之路经济带"的倡议为中俄蒙三国合作提供了新的重要机遇；拉赫蒙总统说，塔吉克斯坦欢迎和支持这一非常明智的倡议，因为它回应了塔吉克斯坦的需要，为那些与中国接壤的国家提供发展机会。

作为对新丝路建设的呼应，杜尚别峰会上签署了《上合组织成员国政府间国际道路运输便利化协定》。这是上合组织内部实现互联互通、推动多边合作的一个突破，有利于"丝绸之路经济带"的建设，对于带动区域经济发展具有重要意义。

习近平主席对塔吉克斯坦的访问具有辐射作用和示范效应，中塔合作更是撬动中国与中亚地区合作的杠杆。此次，习近平专门出席了杜尚别2号热电厂二期和中国—中亚天然气管道D线塔吉克斯坦境内段开工仪式，四里八乡的人们从四面八方赶来，为一睹盛事，现场人潮汹涌。

用魅力打动人，用理念感化人，用倡议吸引人，这是"习旋风"在中亚劲吹的原因所在。帕米尔高原，雄鹰展翅翱翔。习近平主席在杜尚别不过短短三天时间，但留下的一幕幕为世人久久铭记。

| 2014 年 9 月 15 日 |

依法治国　依法治网

向宪法宣誓，坐实法治责任

刚刚公布的《中共中央关于全面推进依法治国若干重大问题的决定》中有一项引人注目的规定："建立宪法宣誓制度，凡经人大及其常委会选举或者决定任命的国家工作人员正式就职时公开向宪法宣誓。"这是一项落实依宪执政、依宪治国的重要举措，需要从依法治国的基本制度安排高度加以深刻认识。

向宪法宣誓，不仅是一项象征性的程序行为，它有着重要的实质意义和作用。要从现代法治的全面制度安排着眼加以理解。

一个真正有序的现代国家基本上都制定有一部宪法。但宪法在国家政治生活中的地位与作用大为不同。差别就在于，有宪可依是一回事，行宪不严是另一回事。有宪可依，必须走向依宪治国与依宪行政，才能保证宪法真正成为国家的根本大法，促使国家迈进在依法治国的轨道上。

中国共产党领导中国人民建立中华人民共和国以后，制定了宪法这一旨在保障国家政治法律秩序的根本大法。中国共产党努力率领人民制定并遵守宪法。但毋庸讳言，由于过去相应的行宪制度安排并不周密，一度出现过治国过程中宪法权威流失的情况。改革开放以来，党和国家领导人都特别强调宪法权威，并将之视为中国超越人治、走向法治的强大动力。相应的制度建设，逐渐提上日程。习总书记在接任国家领导人之际，就曾庄严宣誓"我将忠实履行宪法赋予的职责"。到此次四中全会，将依宪治国提到前所未有的新高度。

《决定》强调全面推进依法治国，重申依宪治国、依宪行政的极端重要性。这次将人大任命的公职人员向宪法宣誓写进全面推进依法治国决定之中，目的就在于强化行宪的制度安排。从党和国家领导人的率先垂范,到中央文件的制度重申,呈现了人们必须高度重视的公职人员向宪法宣誓的重大制度建设意义。

公职人员向宪法宣誓,首先是向人民宣誓,旨在凸显公职人员对权力来源的清醒认识。习总书记强调,"权为民所赋"。一切公职人员权力的最终来源,不是来自上级的任命,也不是来自同僚的推举,更不是来自个人的踊跃担当。"中华人民共和国一切权力属于人民。"唯有人民的授权,公职人员才具有可以行使的权力;一旦人民不予授权,公职人员最终必将丧失权力。向宪法宣誓,就此意味着向人民公开宣誓:捍卫他们的利益,秉承他们的意志,忠诚为他们服务,竭力为他们工作。这有助于公职人员建立起与人民之间的政治信任关系,也是他们依法行使人民托付的权力必须作出的庄严承诺。

公职人员向宪法宣誓,同时是向自己所担负的政治法律责任宣誓,也是对自己已经理性而清醒地认识到这些责任的公开表达。对中国的公职人员来讲,依宪治国、依宪行政,必须对中国法治精神有一个深刻的领悟——法治,乃是一个将党的领导、人民当家作主与依法治国统一起来的治国过程。因此,如何将党交付的政治责任、人民委托的公共使命、依法治国的程序安排有机结合起来,是人大任命的公职人员必须具备的履职能力。一旦作出相关宣誓,公职人员就不能以其他任何理由规避自己承担的责任,甚至是以权谋私、贪污腐败。否则,就必须接受法律严惩。

公职人员向宪法宣誓,是一个具有仪式与实质双重含义的、作出承诺与履行承诺的严肃活动。现代国家几乎无一例外地重视向宪法宣誓的仪式。不同仅仅在于,宣誓者的层级高低、范围大小、庄严程度与追惩机制。宗旨都是依宪治国,更重要的是凸显领承人民赋权,庄重向人民公开承诺公权公用的政治制度约束含义。宣誓并非儿戏,一旦宣誓,那就是对人民作出了极其庄严的政治承诺。向宪法宣誓的背后,存在着一套制约公职人员履职的制度机制。

公职人员向宪法宣誓,也是一个现代国家是不是能够举国崇尚法治、形成浓厚的法治氛围的重要影响因素。对一个法治国家来讲,公职人员是否守法,涉及到他们的政治品质问题,向宪法宣誓,意味着向依照宪法精神制定出来的所有部门法宣誓,这是法律忠诚的要求。公职人员是否守法，也与人民是不是具有法治精神和捍卫法治程序的习性，具有密切关系。人民在公职人员向宪法宣誓的活动中，不仅对自己进行了法治教育，也等于承接了监督公职人员公权功用的责任。人民的参与，是其利益得到捍卫，并有效监督公职人员公权功用的社会条件。公职人员向宪法宣誓，就此成为坐实依法治国责任的、一个不可小觑的重要制度环节。

| 2014 年 10 月 29 日 |

在法治的轨道上推进社会主义民主政治

中共十八届四中全会作出的全面推进依法治国决定,并不只是一种按照法定程序治国理政的决定。这样的理解,没有触及依法治国背后的深层目的。

依法治国,旨在落实中国国体与政体的大目标。中国现行宪法明确规定,"中华人民共和国一切权力属于人民"。代表人民意志的执政党——中国共产党,就此注定了带领人民行使民主权利的执政使命。法治的基本宗旨,也就被社会主义民主政治所规定。而社会主义民主政治,也就在法治化的国家治理体系与治理过程中,得到全面地落实。

全面推进依法治国,其宗旨就是全面落实人民当家作主的社会主义民主政治目标。中国作为一个社会主义国家,是一个人民当家作主的国家。诚如习近平总书记明确指出的:"人民当家作主是社会主义民主政治的本质和核心。人民民主是社会主义的生命。没有民主就没有社会主义,就没有社会主义的现代化,就没有中华民族伟大复兴。"可见,社会主义政治本质上就是民主政治。一切以非民主的政治理念理解社会主义的尝试,都是不得要领的。

建设社会主义民主政治,需要有强大的现代观念、制度机制和运行体系共同推动。正如习总书记强调的,"中国共产党领导人民实行人民民主,就是保证和支持人民当家作主。保证和支持人民当家作主不是一句口号、不是一句空话,必须落实到国家政治生活和社会生活之中,保证人民依法有效行使管理国家事务、管理经济和文化事业、管理社会事务的权权利"。换言之,落实人民民主,必须坐实在法治化的平台上,才能实现。

长期以来，由于人们习惯于将社会主义民主理解为人民群众的直接民主、街头民主、大众民主，因此在思考社会主义民主问题的时候，常常脱离法治的轨道，展开非规则的遐想。这是一种误导。中国共产党要领导人民实行民主，缺乏严格的法治观念，没有可靠的制度机制，放逐有效的奖惩规则，人民当家作主的社会主义民主就很难真正实现。

社会主义民主政治，是一种在法治化轨道上才能有效推进的民主形式。社会主义民主政治，不是一种沿用既有的民主经验就水到渠成的自然进程，而是通过依法治国加以落实的政治发展。诚然，中国社会主义民主，作为中国共产党领导、人民当家作主与依法治国统一起来的民主形式，缺少强有力的制度领导，就缺少强有力的政治核心；缺少人民当家作主，就缺少民主政治的行动主体；缺少依法治国，就缺少必需的法律规章。三者齐备，三者统一，方有社会主义民主的实现契机。

中国的社会主义民主政治，从依法治国的基本制度来理解，首先是由宪法规定的人民主权确定下来的国家根本法规定的。这是社会主义民主只能在法治轨道上推进最重要的根据和理由。其次，社会主义民主也是法治化的国家基本制度框架所确立起来的民主形式。全国各级人民代表大会的代表权，以及行使代表权时发挥的、监督一府两院的功能，体现了社会主义民主的基本法精神。各级人民政治协商会议，则以协商民主的形式，将民主协商的法律条规、行政目标，融入法律法规、政府施政目标之中，从而落实人民的民主权利。

不论是立法民主、还是协商民主，抑或是其他社会民主的形式，都不可能运行在无视法规保障的机制中。推进社会主义民主政治建设进程，除开法治化路径，别无其他途径。犹如习总书记引用古语所言："法者，天下之准绳也。"唯有依法治国，人们才能遵守宪法所规定的国家基本制度，才有望形成法治共识，并由此杜绝法外特权、违法冲动、犯罪意念。依法治国，为人们划出一条在什么范围行动属于行使民主权利、在什么范围行动属于违法违规的分界线。缺少这条法治界限，人们就会陷入手足无措的混乱状态。在这种状态中的所谓民主，就只会引发政治动荡、民族悲剧和国家灾难。

中国的一切权力属于人民，这是中国宪法明确规定清楚了的。但人们缺少相关的法治理念、缺少制度安排与行动规范，一切权力就会陷入滥用的危机。社会主义民主，是法治之下的民主。这既有利于杜绝滥用民主权利导致的社会政治动荡，也有利于真正且有序落实人民民主权力。这是中国人民现当代政治经验的耳提面命，不能不真诚信从。

| 2014年11月4日 |

以党的领导推进依法治国

全面推进依法治国,是一个由中共十八届四中全会庄严承诺的治国理政目标。

目标既定,关键在于落实;落实之要,重点在于行动;行动有效,依赖有效动力。依法治国的动力,当然包括所有国人。人民,总是社会主义法治事业发展的决定力量。但人民如何真切认知法治、认同法治、投入法治、推进法治,本身也有一个进步过程,也需要更强有力的政治组织来加以推进。正是这样的剥茧抽丝,凸显一个中国实现以法治国目标的重要命题:以党的领导推进依法治国。

党的领导是基于人民自身的愿望历史地建立的,因此,在推进以法治国的进程中,两者并不矛盾。正式提出依法治国的17年来,中共三任总书记江泽民、胡锦涛和习近平共同强调,党的领导、人民当家作主和依法治国是高度统一的。对此,不能从政治刚性规定上来理解这种统一,而需要从人民当家作主这个社会主义国家的本质特性,如何落实为政治实践的实际状态上,来加以了解。

人民当家作主,不是一个非政治状态下就可以实现的目标。人民当家作主,需要人民有序组织起来实行民主权利。分散的民众无从实现民主权利,因为他们无法形成自觉的政治理念,提出强有力的政治纲领,组织实现自身权利的政治行动。人民需要反映自己政治意志的领导者。中国共产党正是努力反映人民民主意志的政党组织。它对人民民主的领导权力,是其政党组织特性与人民民主结构的一致性决定的。

党的领导权是人民授予的。因此,"权为民所赋、权为民所用、心为民所系、利为民所谋",就成为党行使领导权的基本宗旨。这种授权的有效性，端赖于中国共产党是不是真心诚意、勤勤恳恳为人民服务。人民对党的授权不是永久的，党的领导必须忠实于人民利益。只要党的领导宗旨不变，党的领导权也就不变。这个时候，党的领导权就是中国实现人民当家作主的重要条件。

正是由于人民的授权，使党的领导权的决定性作用，全面体现出来。诚如中共十八届四中全会公报指出的："我国宪法确立了中国共产党的领导地位。坚持党的领导，是社会主义法治的根本要求，是党和国家的根本所在、命脉所在，是全国各族人民的利益所系、幸福所系，是全面推进依法治国的题中应有之义。"

依法治国的目标，只有在党的领导下才能实现。这是中国确定不移的政治现实。党行使这样的领导权，不可避免会有一个选择什么样的方式领导人民实行依法治国的问题。中国共产党曾经是一个革命政党，以群众动员、战争手段和运动方式，推翻了旧政权。在成功执掌国家权力之后，逐渐凸显出一个从革命党转变为执政党的重大课题。而这次全会，是中国共产党从政治地领导国家，转变为法治地领导国家的标志。

这意味着，中国共产党行使国家的领导权，在基本方式上有了重大转变，真正成为使党的领导、人民当家作主与依法治国统一起来的现代政党。这样的转变，为党的领导推进依法治国，提供了现实理由，也指出了有效的领导方式。

党的领导权不是法外权力，执政必须依法。中国共产党各级领导干部要"带头遵守法律，带头依法办事，不得违法行使权力，更不能以言代法、以权压法、徇私枉法"。

此外，需要健全党领导依法治国的制度和工作机制。统一领导、统一部署、统筹协调依法治国进程，促使党的领导与国家各权力部门模范遵守宪法法律，促成举国上下重法、守法。依法治党、依法治国、依法理政、依法治军、依法管理社会、依法激励公众，形成一个崇尚法治的现代国家氛围。

| 2014年10月25日

让依法治国的步伐更加坚实

党的十八届四中全会在提出全面推进依法治国的总目标以及全面推进依法治国的重大任务中，明确提出"公正司法"、"保证公正司法，提高司法公信力"，强调公正司法是中国特色社会主义法律体系不可或缺的重要环节。

四中全会公报指出，"公正是法治的生命线"，"司法公正对社会公正具有重要引领作用，司法不公对社会公正具有致命破坏作用"。"生命线"和"引领作用"的表述，一语中的地点明了公正司法在法治中的重要性。法律是治理国家、调节社会、促进发展的重器，公正司法是确保法律有效实施的前提。在一个完整的法律体制中，立法、执法、司法各司其职、各有其用。但如果没有公正的"引领"，再好的法律也会因为缺乏必要的基础支撑而失去效力、失去权威，法治将成为空话。

习近平总书记曾指出，公平是来自社会最响亮的呼声之一，公正是凝聚民心的向心力之源。他还说，改革不是目的，让社会变得更加公平正义才是主题。总书记点破的主题，正是老百姓关心的大问题。

改革开放30多年来，中国经济发展成果显著，人民生活水平大幅提高。但同时，区域发展和城乡发展的不平衡、利益多元化、社会分层、贫富差距拉开等等矛盾凸显。在这样的背景下，让不同利益主体，特别是让弱势群体能够通过法律表达自己的意愿，由公正的司法维护社会不同群体和每一个人的权益，对于各类矛盾的化解、相关问题的逐步解决，进而对国家稳定、社会和谐的重要意义是不言而喻的。然而，现实中那些有法不依、滥用法律，乃至徇私舞弊、贪赃枉法、刑讯逼供等等现象时有耳闻，程序不公正或者结果不公平导致的冤假错案屡屡发生。司法不公正让法律难以发挥应当发挥的作用，让政府失去公信力，让社会矛盾激化，让人民群众很不满意。党体察民情，倾听民声，以公正司法作为法治建设的切入点和突破口，顺乎民意，深得民心。

以往实践表明，长期存在的地方保护主义、部门分割、某些利益集团作祟，以及长官意志、行政干预等等是司法不公的渊薮。因此，四中全会指出，要"完善确保依法独立公正行使审判权和检察权的制度，建立领导干部干预司法活动、插手具体案件处理的记录、通报和责任追究制度"；"推动实行审判权和执行权相分离的体制改革试点"。在坚持党对国家事务、司法制度领导的宪法原则框架内，在人民代表大会制度规定、监督与授权下，随着司法改革的不断深化，随着司法人员素质的不断提高，中国特色法律体系中的司法公正完全可以得到充分体现。

习近平总书记多次强调，"努力让人民群众在每一个司法案件中感受到公平正义"。如今，公正司法目标的提出及其实践，必将使依法治国的步伐迈得更加坚实，让人们对中国特色社会主义法律体系的建设充满信心，对法治中国的前景充满希望。

| 2014 年 10 月 31 日 |

有什么样的价值观就有什么样的命运

一个人，如果没有明确的价值观，就无法获得自信的人生。一个社会，如果没有共同的价值观，就无法拧成一股绳。一个国家，如果没有共同的核心价值观，就无法掌握自己的命运。在9月中旬召开的"培育和践行社会主义核心价值观工作经验交流会"上，中共中央政治局常委、中央书记处书记刘云山指出："推进核心价值观建设，贵在增强自觉、重在落地生根、难在持久深入。"贵在自觉，实在是说到了根本。

在中国进入经济转轨期、社会转型期后，一些人或许会出现种种犹疑心态。正如美国大作家马克·吐温所说，"对于一个手中只有榔头的人，他所看到的问题都是钉子"，有的人用西方价值观这把榔头来观察"敲打"中国，认为现在中国的问题丛生，什么也不是、怎么都不对。有的人则很迷茫和悲观，面对发展中存在的问题，不懂得怎么看、不知道怎么办。有的人则自诩"躲进小楼成一统，管他冬夏与春秋"，一切身外事与己无关。凡此种种，都是价值观不自信的表现。而自觉才能自信。从根本上来说，没有对中华民族的历史剖析，没有对当代中国的现实思考，就不可能觉悟，就必然去除不了"外国的月亮比中国的圆"的心理残余，就必然在遭遇一些具体矛盾问题时上纲上线乃至滋生极端思维和情绪。

在相当意义上说，只有清醒理性地认知当代中国，科学准确地把握当代中国的历史方位，人们才会有深沉的自信。如刘云山同志所说："五千年厚重历史文化是我们民族的根和魂，要坚持不忘本来、固本培元，深入阐发中华文化的历史渊源、独特创造和思想精髓，大力弘扬党带领人民创造的革命文化和革命传统，更好用优秀历史文化涵养社会主义核心价值观。"如何认知？怎样把握？显然不能孤立地看当代中国，而是至少有两个维度，一是中国的历史进程，二是世界现代化进程。上溯至1840年，这170多年来的上下求索、筚路蓝缕，90多年、60多年、30多年的接续奋斗，才有今日中国的万千气象；无论与历史上的任何一个时期相比，今日中国都可谓沧海桑田。中国加速追赶现代化，用几十年时间走过了西方发达国家两三百年的路。同时有别于西方现代化路径的是，中国不是像他们那样通过武力建立殖民地、转移国内矛盾、输出战争等方式，而是自己消化现代化进程中所有的成长烦恼、承受困难风险中开辟前进道路的诸多阵痛。这都是不言而喻的事实。

可以说，只要我们客观地把视野扩诸中国与世界的历史，我们就懂得今天探索出来的道路、理论、制度，是多么不容易，凝聚着多少先贤的鲜血、汗水与智慧。今天的中国当然也存在诸多矛盾问题，但都是发展起来之后的问题。尽管它不比不发展的时候少，但中国正在全力解决。从十八届三中全会吹响全面深化改革的号角，到十八届四中全会即将奏响依法治国的旋律，从全党反"四风"到一批"老虎"落马，不仅展示当代中国解决自己问题的胸襟、智慧和能力，也折射出我们前所未有的战略定力与从容自信。这个自信，就是对我们的道路自信、理论自信、制度自信，归根到底是文化自信，核心就是价值观自信。

有人说，现在那么多腐败分子落马，有一些裸官当得自在，这不正表明共产党的干部没有自信吗？诚然，在这些腐败分子身上，在不少裸官那里，已经丧失了理想信念，根本没有共同的核心价值观，只有自己的金钱观、享乐观。但他们代表不了干部队伍的主流，代表不了中国社会的主流，他们恰恰已经由事实证明被时代的洪流淘汰了，那些潜藏的腐败分子今后的日子也不会好过了。有什么样的价值观，就有什么样的命运。于个人如此，于国家亦如此。中国的未来，只有掌握在价值观自信的人手里，才能走得稳、走得好。只有拥有充分的道路自信、理论自信、制度自信，拥有深沉的文化自信和价值观自信，中国才有属于自己的前途和命运。

在今年5月4日同北京大学师生的座谈会上，习近平总书记强调：实现我们的发展目标，实现中国梦，必须增强道路自信、理论自信、制度自信，"千磨万击还坚劲，任尔东南西北风"。而这"三个自信"需要我们对核心价值观的认定作支撑。如刘云山同志指出的那样：价值观自信是保持民族精神独立性的重要支撑，自信才有执着的坚守和自觉的践行。今天的中国，已经看得见梦想的未来。唯有保持坚定的价值观自信，清醒而执着地前行，我们就能抵达梦想的彼岸，更将开辟未来中国新的蓝海。

| 2014 年 9 月 17 日 |

四中全会诸多"第一次"标定法治中国新方位

多少年之后,我们回望十八届四中全会,必将深感它的决定高瞻远瞩。当中国行进到一个崭新的历史时段,我们更将为四中全会先行确立法治中国新方位、为中国发展注入法治新动力而备感欣慰。

就在几个月前确立十八届四中全会"全面推进依法治国"的主题时,社会舆论敏锐地捕捉到,这是四中全会历史上的第一次。以往多届四中全会的主题,大多聚焦经济或党建。这一次确定依法治国,不仅体现我们党对法治的信仰和对法治建设的高度重视,更体现我们党对新时代条件下的时代问题的敏锐把握。当代中国进入社会转型期,发展步入新阶段,法治成为时代提出的重大问题和人民群众的深切呼唤。打破常规,在四中全会确立依法治国的主题,体现的正是党中央因势而谋的战略决断。

党的领导、人民当家作主和依法治国相统一,这是我们党一贯宣示的理念原则。此次四中全会则在此基础上作了进一步的阐释和深化。"党的领导是社会主义法治最根本的保证"、"党的领导和社会主义法治是一致的,社会主义法治必须坚持党的领导,党的领导必须依靠社会主义法治"……这是第一次以全会文件的形式阐明了党的领导和依法治国的关系,第一次明确了党在依法治国中的地位,即领导立法、保证执法、支持司法、带头守法四大职责。这种明确,就把"党的领导"在理念层面与依法治国的关系进行了清晰界定,从理念宣示层面具体到了职责担当层面。这种明确,本身就是对依法执政理念的恪守。

在新的时代条件下,我们强调全面推进依法治国,目的是什么?四中全会阐明,"总目标是建设中国特色社会主义法治体系,建设社会主法治国家",为的就是"促进国家治理体系和治理能力现代化"。更引人关注的是,四中全会第一次明确提出依法治国是实现国家治理体系和治理能力现代化的必然要求。这不仅表明我们党对国家治理体系的深刻认知,更标志着我们党对治国理政规律的把握上升到新的高度。

事实上,此次四中全会,还有诸多"第一次"。比如,第一次提出了建设中国特色社会主义法治体系,从原来的法律体系到现在的法治体系,一字之差体现的正是认识的飞跃、理念的飞跃、实践的飞跃。第一次将守法提高到与立法、执法、司法在依法治国中同等重要的地位,深刻表明在法治这个"木桶"中,只有补齐短板才能使法治涵养更多"水源"。第一次强调党内法规要同国家法律相衔接与协调,指出"依法执政,既要求党依据宪法法律治国理政,也要求党依据党内法规管党治党",表明我们党对法治不能有"断头路"、不能有两条轨道的深刻认知,更表明我们党的法治理念是涵盖治国、治党、治军的神圣信仰。

"法律必须被信仰,否则它将形同虚设。"四中全会的诸多"第一次",是对我们党的法治信仰的全面展现,彰显我们党以法治为引领和规范的迫切实践追求,共同标定了法治中国的新方位。在法治的旗帜下全方位前进,13亿人民的伟大梦想必将更美绽放。

| 2014 年 10 月 24 日 |

以法治为保障实现伟大中国梦

当代中国迎来一个法治的新航标。党的十八届四中全会作出的《关于全面推进依法治国若干重大问题的决定》全文，以及习近平总书记就决定的起草情况向全会所作的说明，于10月28日晚间公布。这意味着凝聚全党心血和智慧的决定，已经上升为党的意志，开始对当代中国的发展产生决定性作用和影响。

四中全会胜利闭幕的这几天里，法治成为全社会的热词和高频词，强烈吸引了全国人民关切的目光。而今天这份洋洋一万六千余言的决定全文，字里行间闪耀着法治信仰的真挚光芒，彰显着靠法治为实现中国梦提供保障的伟大设计，诚如习近平总书记所言"对科学立法、严格执法、公正司法、全民守法、法治队伍建设、加强和改进党对全面推进依法治国的领导作出了全面部署"。这样一份法治中国的顶层设计和战略构想，已经为实现中国梦指明了清晰的法治路径。可以期待的是，这份法治中国的纲领性文献，必将为实现中国梦提供有力保障。

今天的中国，已经步入新的历史方位。以法治为引领和规范，成为发展的迫切需求。同时，我们的法律体系已经形成，迫切需要在新的法治高度和境界释放法治的力量。踩准时代的节奏，切准人民脉搏，我们党及时开启了法治的明灯。这显然不是一般意义上的法治，而是合乎法治文明，代表法治方向，能够为当代中国发展提供强劲动力，为未来中国引领和规范出一条可持续的制度规则轨道。在相当意义上说，以法治中国建设为标志，当代中国的改革发展步入了一条更加科学、规范的法治化轨道。

在这篇内涵极为丰富的决定里，我们党对法治的信仰是一条精神的主线。这条精神主线的贯穿，表明我们党对法治的认识已经有了质的飞跃。从决定可以看出，我们党的治国理政，不仅是坚持全面推进依法治国，还在坚持依规治党、依法治军。这表明，法治信仰、法治精神已经贯穿于党治国理政的全部活动中，成为我们党一切工作的重大理念。这样的飞跃，意味着我们党的治理能力已经有了一个重大的提升，体现着这个大国的大党引领当代中国走向现代化的信心与决心。

这篇充满智慧的决定，历史性地回答了党的领导与依法治国的关系这一重大理论和实践问题。从"党的领导是中国特色社会主义最本质的特征，是社会主义法治最根本的保证"，到"坚持党的领导，是社会主义法治的根本要求，是党和国家的根本所在、命脉所在，是全国各族人民的利益所系、幸福所系，是全面推进依法治国的题中应有之义"，再到"坚持党领导立法、保证执法、支持司法、带头守法"，这些重要论断，为我们在实践中把依法治国同依法执政相统一、把党的领导与推进法治相统一提供了理念指引，实现了无缝对接。

正如习近平总书记在说明中所指出的，各方面一致认为，全会决定"直面我国法治建设领域的突出问题，立足我国社会主义法治建设实际"、"有针对性地回应了人民群众呼声和社会关切"。在相当意义上说，这正是这份决定吸引全国人民目光的一个重要基点。因为全国人民从这种针对性的回应中，读到了自己的法治期待。有"在每一个司法案件中感受到公平正义"的承诺，亦有"绝不允许办关系案、人情案、金钱案"的宣示，更有"建立重大决策终身责任追究制度及责任倒查机制"的诸多制度设计。顺民之愿者，民必乐从之。从这些有力的回应中，我们看到了法治的生命力和宏景。

"一分部署，九分落实。"把思想和行动统一到四中全会精神上来，把这个贯穿着法治信仰、法治文明、法治精神的全面推进依法治国的重大决策部署落细、落小、落实，我们就一定能激荡出当代中国的雄奇伟力，实现亿万人的幸福梦想就必定有坚强的法治支撑。

| 2014 年 10 月 28 日 |

发挥法治对引领和规范网络行为的主导性作用

金秋十月,以依法治国为主题的十八届四中全会为法治中国的新华章定下了一个明朗的基调。而由中央网信办举办的"学习宣传党的十八届四中全会精神,全面推进网络空间法治化"系列座谈会,则与时俱进地将法治化作为了中国互联网今后发展的方向。

中央网信办提出,推进网络空间法治化的要义是发挥法治对引领和规范网络行为的主导性作用,重点是按照科学立法要求加强互联网领域的立法,关键是严格执法,基础是按照全民守法要求,引导网民尊法守法,做"中国好网民"。这不仅准确号到了当前互联网发展的"命脉",更为具体推进互联网法治化提供了现实举措。

"法者,天下之程式也,万事之仪表也。"网络空间法治化的建设不仅仅在于为网络空间设规立矩,更长远的是为了引领和规范网络行为。2014年,在中国接入互联网20周年之际,为保证互联网健康有序发展,中央网信办动作频频、成效显著。先是从完善立法入手,多次召开学习座谈会,与院士专家、网站负责人、网民代表等一道围绕如何更好地建章立制,维护我国网络有序发展、信息安全等议题展开学习研讨。后是与多部门联合行动重拳出击、维护法治权威,利用"打击涉恐音视频"、"扫黄打非·净网2014"和"整治网络弹窗"等专项行动对网络空间涉黄、诈骗等违法犯罪行为进行严厉打击。可以说,避免互联网空间成为法外之地,消除互联网空间的灰色地带,确保互联网空间长治久安、健康发展一直都是管理部门努力的方向和社会各界关心的焦点,未曾懈怠也未曾停止思考。

"自由是做法律所许可的一切事情的权利"。不能忘记的是,网络空间的自由活动是为了互联网积极健康发展,广大民众畅享其便。而非某些利欲熏心者背离法治、为所欲为的绝对自由。信息社会下，法治中国的建设更是离不开互联网空间法治化的同步推进，这一点无例外可言。

要全面推进网络空间法治化，就要统筹国内国际两个大局，统筹网上网下两种资源。我们必须按照这个思路加快网络空间立法工作，尽可能快、尽可能多地缩小乃至消弭网络空间所存在的法外之地。同时严格执法、不"走后门"、不"开天窗"。无论是网络大V还是普通草根，无论是知名社区还是小众论坛，只要敢于触犯法律的边界，都要受到法律的严惩。前段时间，有关部门对传谣造谣的网络"大V"的打击和对利用网络新闻敲诈勒索等违法行为的惩治就说明了互联网绝不是法外之地，互联网法治化不是纸上谈兵，而是实实在在、随时随地的监督与惩治。

"徒善不足以为政，徒法不能以自行。"网络空间的法治化，是一项立体化、网络化、多样化的建设。网络空间里的主角，归根到底还是6亿多网民。没有全体网民自觉地尊法守法，网络空间的法治化也将不可避免地寸步难行、难以落到实处。

"求木之长者，必固其根本，欲流之远者，必浚其泉源。"为数众多的中国网民正是网络空间法治化不可或缺的建设者和参与者，是互联网法治建设落地生根、保持活力的根本所在和力量源泉。按照管理部门的思路，一方面，要积极立法、严格执法，逐步建立网民和网上组织信用记录来完善守法诚信的褒奖机制和违法失信行为的惩戒机制，使尊法守法成为全体网民共同追求和自觉行为。另一方面，广大网民也应当将法治精神内化于心、外化于行，在网络空间有所为、有所不为，自觉争当尊法守法的"中国好网民"。

不同于某些西方国家所标榜的双重标准下"一条腿走路"的"网络自由"，法治化能够尽可能保证网络信息畅通流动的同时，以正确的法治精神为导向，以具体的法律体系为抓手，确保我国互联网发展的健康向上和可持续性。网络空间法治化的推进不仅具有服务中国的价值，更具有启发世界的意义。只要我们坚持不懈地构建"立法、执法、守法"三位一体的立体机制，全面推进网络空间法治化，就一定能够使网络空间风朗气清、健康有序的局面永久持续。

| 2014年10月27日 |

让网络安全意识深入人心

首届国家网络安全宣传周于11月24日启动。这个以"共建网络安全,共享网络文明"为主题的活动,由中央网信办会同中央机构编制委员会办公室、教育部、科技部、工信部、公安部、中国人民银行、新闻出版广电总局等部门举办,是我国第一次举办全国范围的国家级网络安全主题宣传活动,是事关我国网络空间安全的一件大事。

重视并强调网络安全,是国家互联网发展战略的需要,是保障网络安全、维护国家利益、推动信息化发展的需要。习近平总书记在中央网络安全和信息化领导小组第一次会议上强调,网络安全和信息化是事关国家安全和国家发展、事关广大人民群众工作生活的重大战略问题,要从国际国内大势出发,总体布局,统筹各方,创新发展,努力把我国建设成为网络强国。毫无疑问,有关网络安全问题必须大讲特讲,网络安全的宣传工作必须成为互联网发展战略的重要组成部分,丝毫不可懈怠,时刻不可放松。

大张旗鼓地宣传网络安全,与每一个网络使用者息息相关,与社会公众的利益息息相关。统计数据显示,截至2014年6月底,我国网民数已达6.32亿,普及率46.9%,手机网民数达5.27亿。在今天的中国,互联网正深刻地影响和改变着人们的工作生活方式,不断推出的各种网络接入更加便捷,应用更加多样,内容极大丰富,网络已经变得"无处不在、无时不在、无所不包"。但正如人们所注意到的那样,互联网绝非一方净土。在人们充分享受互联网带来的种种便利的同时,网络攻击、网络诈骗、网络侵权时有发生,网络造谣传谣、网上涉黄涉赌涉毒乃至利用网络传播暴力恐怖有害信息等等的恶劣行为令人触目惊心。大量案例表明，网络上那些屡禁不止的有害信息，严重危害国家安全，严重损害人民利益。因此，国家有关方面加强网络安全宣传，有助于公众更好地了解、感知身边的网络安全风险，增强网络安全意识，提高网络安全防护技能，有助于维护和保障广大互联网用户的合法权益。

大张旗鼓地宣传网络安全，是国际通行的做法。美国作为世界第一的网络强国，对网络安全问题极其重视，由国土安全部负责实施的"国家网络安全意识月"强化宣传效果，可谓用意深远。在欧盟，由欧盟网络与信息安全局与欧盟委员会组织共同主导的"欧盟网络安全月"居然由欧洲刑警组织、欧洲经济和社会委员会等其他机构支撑，重视程度可见一斑。在新加坡，政府不仅加大对网络安全的投资，不仅努力为公众、企业提供优秀的网络安全工具和资源，同时每年开展"网络安全意识日"，常抓不懈。这些事实表明，网络安全对任何一个国家而言无不属于国家安全层面的要务，而网络安全意识的重要性必须通过广泛深入的宣传充分展现。

中共中央政治局常委、中央网络安全和信息化领导小组副组长刘云山同志在首届国家网络安全宣传周启动仪式上指出："网络安全与网络发展相辅相成，离开了安全堤坝，网络就不可能健康发展、持续发展。"互联网的一个特性是其开放性。开放性既意味着每个人的有权享用互联网的便利，同时意味着每个人都有义务自觉维护网络安全，这正是"共建网络安全，共享网络文明"的题中应有之义。通过首届国家网络安全宣传周活动，可以相信，我国数以亿计的网民将接受一次网络安全的普及教育，网络安全意识将进一步深入人心。

| 2014 年 11 月 24 日 |

每个人都应成为"网络防火墙"

在很多人的潜意识里,一说到网络安全,就认为这是高精尖、高大上,仿佛与自己无关。然而,当互联网如此深刻地改变着我们的生产生活,融入到社会生活的方方面面时,在网络安全问题上没有人能够置身事外。

11月24日启动的首届国家网络安全宣传周活动,不仅展示出我国网络安全工作的新成果,还把网络钓鱼、电信诈骗、网上谣言等关系公众切身利益的常见网络安全风险,第一次真切地推到人们面前,让不少人触目惊心、恍然大悟,原来网络安全问题离自己如此之近。

一位高学历的资深网友,在谈起自己差点上当的经历后,感叹网络安全问题可谓如影随形、无孔不入,让人防不胜防,必须擦亮眼睛、时刻警惕。他说那次是在浏览微博时,突然弹出一个窗口,说是微博三周年回馈网友活动他中了大奖,而且准确地说出了他的微博名。他将信将疑地点进去,一步一步地看,都煞有介事,让人不能不信。直到输入银行卡账号被提醒可能是诈骗网站时,才有所警觉。

事实上,这种网络诈骗仅仅只是常见的网络安全问题。借助互联网这一平台,很多日常生活中的安全风险越来越趋于复杂、严重且隐秘。比如,有的人在网站留下自己的手机号、身份证等信息后,接下来就发生诸如"孩子遇车祸"等欺诈事件。有的人在使用网上银行后,某天银行账户上的钱突然不翼而飞。有的人在连通互联网的电脑上处理涉密信息,导致泄密。还有更多的人不小心跌入网络陷阱,轻信网络谣言,给自己和家庭的生活带来不便甚至不幸。因此,我们在充分享受互联网种种便利的同时,也要清醒看到网络攻击、网络诈骗、网络侵权,网上黄赌毒、暴力恐怖以及网络谣言等,对国家安全和人民利益带来的危害。

全力维护网络安全、规范网络秩序、净化网络环境，已成为当务之急。

许多人的遭遇表明，网络安全问题非常突出而严重地存在于我们的网络生活中。然而，更严重的在于，很多人的网络安全防范意识几近空白，缺乏基本的网络安全知识和网络安全防护技能。面对已知风险尚有一点警觉，而一旦遇到新的未知安全风险，则难免中招。一方面是网络安全问题层出不穷，一方面则是网友毫无经验，如同待宰的"肉鸡"。这提醒我们，在网络成为我们生活的一部分后，网络安全意识也必须及时跟上，必须明确维护网络安全就是维护每个网民、每个公民自身的安全。在我们这样一个拥有超过6亿网民、手机上网使用率超过八成的网络大国，网络安全问题也只有提到战略层面，作为关系人民群众切身利益的大事来慎重应对，我们才可能迈向网络强国。

正如习近平总书记所指出的，"没有网络安全就没有国家安全"。今天的互联网，已经被国际社会确立为继陆海空天之后的第五空间，网络安全治理就成为国家安全治理的一个重要领域。正因如此，国家主席习近平向首届世界互联网大会致的贺词中突出强调要"维护网络安全"，"共同构建和平、安全、开放、合作的网络空间，建立多边、民主、透明的国际互联网治理体系"。与此同时，中国正在积极推进网络建设，让互联网发展成果惠及13亿中国人民。要实现这一目标，就必须加强网络安全建设，构筑网络安全防线。

必须认识到，尽管从国家层面，我们已加强顶层设计，构筑起网络安全的坚实屏障，但在网络如此深入地融入每个人的生活之后，我们也必须打一场维护网络安全的人民战争。正如刘云山同志所言："网络信息人人共享、网络安全人人有责，要不断增强全民网络安全意识"，从最基本的防范做起，一点一滴维护网络安全，那么我们每个人就是一道网络安全的"防火墙"。否则，每个人就可能成为网络安全的"漏斗"、"肉鸡"。在这个意义上，只有全社会共同强化网络安全风险意识，共同维护国家网络安全，我们才能共同享受网络文明，让网络更好地造福于我们每个人。

|2014年11月26日|

治国理政　大政方略

决不能在科技创新大赛场落伍

今年两院院士大会的召开，恰逢甲午百年之际，具有很特殊的意义，也引发颇多思考。习近平总书记在两院院士大会发表的重要讲话，阐明科技发展对于国家兴衰的规律性认识，提出必须坚定不移贯彻科教兴国和创新驱动的战略目标，表明决不能在这场科技创新的大赛场落伍的坚定决心，令人鼓舞，催人奋进。

不能在科技创新大赛场落伍，是近代中国历史的深刻教训。正如习总书记所说："一个国家是否强大不能单就经济总量大小而定，一个民族是否强盛也不能单凭人口规模、领土幅员多寡而定。"这一论断振聋发聩，让人警醒。前不久，一家权威国际机构称，中国经济总量按人民币平价购买力计算，已经和美国持平或不久将超过美国。对此，中国政府和老百姓反应平静。因为我们深知，从经济社会发展各方面看，我国仍是发展中国家。中国经济发展确取得巨大成就，这是毫无疑问的，但我们也很清醒，制造业比较发达，科技含量却不高；技术进步成绩不小，但原创性、关键性技术还不多。"斯诺登事件"使我们惊醒：尽管我们已是信息产业大国，人们每天受惠于互联网，核心技术却掌握在别人手里，国家安全甚至会受到威胁。在高新技术，如生物技术、新材料新能源方面，我们与美国等西方发达国家仍有不小差距。我们不能满足经济总量，不能陶醉经济规模。大不等于强，强也不取决于量。经过几十年的努力，中国变得又大又强，才是现代化建设目标。

不能在科技创新大赛场落伍，是可持续发展的重大课题。经济大国，通常也是科技大国。如果没有强有力的科技支撑，发展是不可持续的。改革开放之初，邓小平就指出"科学技术是第一生产力"，并提出科教兴国战略。如今我国经济社会发展水平已"今非昔比",但阶段性特征明显,目前还是主要依靠资源等要素投入推动经济增长和规模扩张,这样的发展方式是不行的。以中国之大,人口之多,必须走一条向科技要生产力,向科技要财富的可持续发展的路子。党中央明确提出,我们比任何时候都更加需要强大的科技创新力量,必须实施创新驱动的发展战略,这是综合分析国内外大势,立足我国发展全局作出的重大决策。这也充分表明,中国的现代化建设正朝着更高层次更大目标前进。

不能在科技创新大赛场落伍,更是实现"两个百年"奋斗目标的必然选择。中国和平崛起已成为现实,不可逆转。由于结构性矛盾突出和地缘政治形势复杂,未来中国的发展必然会有更多阻力。竞争在广阔的国际舞台展开,尤其突出的就是科技领域角力,这不可回避。一方面,有的国家出于遏制战略考虑,必对我实施更严苛的技术封锁;另一方面,科技自身的飞速发展也是严峻挑战,不容懈怠。能不能占据科技发展的制高点,从某种意义上说,决定了中华民族的前途和命运。正如习总书记所说,自力更生是中华民族自立于民族之林的奋斗基点,自主创新是我们攀登科技高峰的必由之路。我们当然不应排斥外国的先进科技成果,也应该积极推进国际间的科技合作,但永远不要指望别人把关键技术和核心技术卖给我们。一个不能拥有自主创新技术的国家,不会受人尊重,也永远受制于人。我们深知,要在科技大赛场中,从"跟跑"到"并行",再到"领跑",需要坚韧不拔、持之以恒的努力,但也坚信,勤劳智慧的中国人完全可以在发展壮大自己的同时,为世界科技发展作出更大的贡献。

|2014年6月10日|

科技的竞争就是人才的竞争

在日前召开的中国科学院第十七次院士大会、中国工程院第十二次院士大会上，习近平主席发表了重要讲话。习近平主席明确提出，为实现中华民族伟大复兴的目标，必须坚定不移贯彻科教兴国战略和创新驱动发展战略，坚定不移走科技强国之路，必须坚持创新、创新、再创新的科学发展方向。同时，他强调了人是科技创新最关键的因素，创新的事业呼唤创新的人才。如此突出科技人才的作用，无疑抓住了我国科技发展战略的关键与基础。

科技人才是一个特殊的群体。他们是一些在科学技术劳动中，以自己较高的创造力、科学的探索精神，为科学技术发展和人类进步作出贡献的人。这样一些人，在任何国家都是不可多得的稀缺资源，是难以计量其价值的宝贵财富。人们还记得美国的"曼哈顿计划"，正是借助那些顶尖科技人才，美国人率先掌握了核武器，从而取得了第二次世界大战的战略主动。战后至今，同样是因为高度重视科技人才的作用，美国得以在从军事到医学，从制造业到互联网等不同的领域中长期保持领先优势。从某种意义上说，"美国价值观"形成及其影响力，不完全来自于国会中那些政客的种种巧妙算计，更是来自于麻省理工或斯坦福等大学实验室中的深奥计算。在中国，科技人才同样是国家的财富、人民的骄傲、民族的光荣。在"两弹一星"、载人航天、探月工程、载人深潜、北斗导航、高温超导、纳米科技、人类基因组测序，以及超级杂交水稻、汉字激光照排、高性能计算机等基础科学和工程技术科学方面的成果背后，是钱学森、邓稼先、袁隆平、王选等等一代又一代科技人才的贡献。科技人才的巨大作用，为我国经济社会发展提供了坚强支撑，为国防安全作出了历史性贡献，也为我国作为一个有世界影响的大国奠定了重要基础。

但必须看到，我国的科技人才无论在队伍的壮大、作用的发挥、突破和掌握重大科技成果的能力等"硬指标"、"软指标"诸方面，与美国等发达国家相比仍然存在较大差距，与创新科技的发展战略要求相比，与实现"中国梦"的战略需求相比，极其不相称。有个数字或许可以说明现状：尽管近十年来我国的发明专利申请数量年年增加，总数量已达世界第一。但是，据2012年国外权威机构评价，在"创新专利"、"专利影响力"等关键指标方面，美国以47家企业位居榜首，日本以25家企业排名第二，中国企业排在100名之外。虽然专利数量领先，但专利质量和影响力不足，这是中国科技水平的尴尬。换句话说，许多核心技术、关键技术，我们仍无法掌握，仍不得不继续艰苦地摸索。

关于科技人才队伍的培养建设面临的种种制约因素，应该说，既有缺少对知识和人才的尊重，缺少资金投入，缺少对知识产权的有力保护等老问题；也有学术风气不正，甚至学术腐败、科研腐败等一些新问题。显然，所有这些问题已经到了必须予以解决的时候了。我们必须一再强调，科技的竞争就是人才的竞争。谁能够想方设法发现人才、培养人才，努力创造环境和条件吸引人才、留住人才、用好人才，谁就能够通过人才之源流浇灌科研之园地，并收获丰硕成果，抢占竞争高地。

人类对自身的认识还远远不够。中国数千年文化蕴藏的知识宝藏和中国人被压抑着的聪明才智还远远没有发掘出来。今天，伴随着大数据、云计算、中文检索、3D打印、人工智能等等新技术的迅猛发展，随着我国科技人才战略的坚定实施，可以预见，将有一批批科技领军人才、尖子人才如雨后春笋般出现，一些世界级科技大师将脱颖而出。那时，中国人必将迎来一个百花争艳的科技春天。

|2014年6月10日|

营造良好从政环境　书写新的历史篇章

"七一"前夕，中共中央政治局就加强改进作风制度建设进行了第十六次集体学习。习近平总书记在主持学习时强调，把作风建设要求融入党的思想建设、组织建设、反腐倡廉建设、制度建设之中，全面提高党的建设工作水平。他强调，加强党的建设，必须营造一个良好从政环境，也就是要有一个好的政治生态。

"营造一个良好从政环境"，这是一个新颖的提法。这使人们从一个崭新的角度去思考怎样才能管好党、建好党。

良好的从政环境，首先与中国共产党所处的时代大环境密切相关。作为全世界最大的执政党，中国共产党领导十几亿中国人民走在国家崛起、民族复兴的光荣之路上。在外部环境错综复杂、国际关系扑朔迷离的大背景下，来自外部的赞美和肯定、嘲讽与贬斥、善意的批评或恶意的攻击，将我们团团包围。这个时候，党能不能保持坚定的自信心和旺盛的斗志，能不能坚持理想信仰承担起历史使命，当然是一种考验。

在国内，随着改革开放不断推进，市场经济不断深入，社会经济文化事业的不断发展，人民群众对"中国梦"越来越怀有期望，同时也对执政党提出了新的要求。新的要求，新的问题，新的矛盾，新的挑战，交织于一起，形成了党必须置身其中、且必须从中有所作为的"生存环境"，使党面临着复杂的执政考验。

在客观大环境下营造良好的从政环境，需要解决的一个重要问题是，面对外部环境错综复杂、变化万端的客观事实，每一个党员，特别是党的各级领导干部能否坚守正道、弘扬正气，坚持以信念、人格、实干立身？能否做到襟怀坦荡、光明磊落，对上对下讲真话、实话？能否坚持原则、恪守规矩，严格按党纪国法办事？能否严肃纲纪、疾恶如仇，对一切不正之风敢于亮剑？能否艰苦奋斗、清正廉洁，正确行使权力，在各种诱惑面前经得起考验？

一些贪腐分子在罪恶败露后，常常忏悔自己"经不起外界的种种诱惑"。一些在思想作风、工作作风等方面有毛病的人，也每每抱怨"社会风气不好"，什么"礼节要讲，人情难却"，什么"吃吃喝喝，不算过错"，什么"不吹不拍，难以进步"等等乌七八糟的东西，似乎有"客观正确性"，"常在河边走，难免湿下鞋"成为一些人为自己的错误粉饰开脱的理由。这种"客观环境影响决定"论，是腐败现象滋生、作风问题成堆等顽瘴痼疾难以扫除的重要原因之一，是对"两个务必"宗旨的严重背离，是对共产党人自觉保持先进性、纯洁性崇高要求的背叛，因而是营造良好从政环境的重要突破口。

在中国共产党93年的历史上，从井冈山到瑞金再到延安，直至"进京赶考"，革命根据地红色政权的从政环境和人民政府的从政环境，经历过这样那样的考验，有教训，有经验。今天，习近平总书记提出营造良好从政环境的新课题，注重作风建设制度建设的长效机制，将为党的长远建设，为国家的长治久安书写新的篇章。

|2014年7月1日|

把政治生态整治得更清洁一些

把从政环境整治得更健康一些,把政治生态打扫得更清洁一些,这是许多党员干部的真诚愿望,也是社会各界的强烈呼吁。习近平同志在中央政治局第十六次集体学习时强调,要营造一个良好的从政环境,并对领导干部提出四条要求:"要坚守正道、弘扬正气,坚持以信念、人格、实干立身;要襟怀坦白、光明磊落,对上对下讲真话、实话;要坚持原则、恪守规矩,严格按党纪国法办事;要严肃纲纪、疾恶如仇,对一切不正之风敢于亮剑;要艰苦奋斗、清正廉洁,正确行使权力,在各种诱惑面前经得起考验。"这四条要求,概括了领导干部应在信念、品德、纪律和作风方面所应具备的基本素质,也是加强党的建设,创造良好政治生态的重要遵循。

营造良好从政环境具有双重意义。一方面,从政环境反映了执政作风、干部素质和精神状态。不仅关乎党的形象,还关乎工作大局。没有良好的从政环境,各项工作难以有效推进,还会助长庸俗乃至病态的官场文化,甚至为腐败滋生提供土壤。另一方面,政治生态也必然强烈地影响社会风气。不良的从政文化,污染社会生态,难以构建起和谐、健康、向上的社会氛围,还会积聚不满和怨气,诱发种种矛盾冲突。从这个意义上说,从政环境,绝非小事。

应该正视这样的现实:一个时期以来,我们的从政环境或政治生态问题不少,形式主义、官僚主义、享乐主义、奢靡之风盛行,就是突出的表现。同时大家也看到,通过开展第一批教育实践活动和正在开展的第二批教育实践活动,党的作风建设取得了可喜的成果,从政环境吹来一股清新健康之风。当然,这离党员干部和老百姓的期待还有不小的差距。说明，重视不重视从政环境，治理不治理政治生态，效果是完全不一样的。只要高度重视并采取强有力措施，从政环境可以得到有效改善。

正如习近平同志所强调的，领导干部的表率作用至关重要。一个地方和单位，工作搞得好不好，当然和领导干部的能力和水平有关，但更重要的是，领导干部自身要有良好的道德品格和个人形象。领导干部立身正、讲原则、拒腐蚀、守纪律，那个地方和单位就会有比较好的从政环境，正气可以压倒邪气，党员干部和老百姓也会心情舒畅，士气高涨，工作能够很快打开局面。反之，庸俗的官场文化炽烈，潜规则大行其道，必然是美丑不分，乌烟瘴气。"上梁不正下梁歪，中梁不正倒下来"，这是自古以来的经验教训。

从政环境与选人用人关系密切。用一贤能之人，可以树立一个好干部的标杆，民心折服，提振士气；用以宵小之徒，则伤害一大片人的积极性，甚至伤害许多党员干部的感情。更可怕的是，这样会扭曲干部队伍的政治信念和价值取向，以非为是，以丑为荣，使政治生态更加恶化。应该从制度和机制上努力做到，"决不让老实人吃亏，决不让投机钻营者得利"。

每个人都要在特定的环境下生活，而自己也是环境构成的一个组成部分。当我们抱怨汽车尾气太重的时候，往往忽略了自己也开着一辆汽车。换言之，营造良好的从政环境，离不开每个党员干部的共同努力。大家多输出一些正能量，就能汇聚起更大的力量，为政治生态不断改善，为社会风气不断向好，作出应有的贡献。

| 2014 年 7 月 1 日 |

捍卫用鲜血和生命写下的历史

今天首都各界隆重集会，纪念全民族抗战爆发 77 周年。中共中央总书记、国家主席、中央军委主席习近平出席纪念活动并发表重要讲话。习主席的重要讲话，着眼于世界和平发展的潮流和中国现代化建设的宏伟目标，全面回顾了中国人民抗日战争艰苦卓绝的伟大斗争，深情缅怀了为中华民族奋斗牺牲的英雄先烈，明确提出了走和平发展道路、维护世界和平的坚定信心，代表和反映了亿万中国人民的共同愿望。

77 年前的今天，蓄谋已久的日军在北平卢沟桥偷袭中国军队，发动了全面侵华战争。此后，日寇铁蹄践踏了大半个中国。中国军民奋起抗战，以血肉之躯筑起了抵御外侮的长城。经过八年艰苦卓绝的殊死抗争，中国人民把鬼子打回了日本。这是近代史上，中国抗击外来侵略第一次取得完全的胜利。

77 年过去了，卢沟桥的硝烟早已散去，英勇悲壮的抗战已经成为渐行渐远的历史。然而，这一切能够化作烟云被人们忘记吗？没有！一天也没有。我们不会忘记，不可能忘记。

我们不能忘记，在民族危难的关头，中国共产党秉持民族大义，担负起民族救亡的历史重任，呼吁建立以国共合作为基础的抗日民族统一战线，以抵抗日寇侵略、驱逐日寇出中国。大江南北、长城内外，无数抗战军民与鬼子血拼到底。在正面战场，中国军人枪炮对决，刺刀见血，拼至最后一兵一卒，流尽最后一滴鲜血，勇气和胆魄决不输于日军。在敌后战场，老百姓使用最原始的武器甚至赤手空拳与鬼子搏命，视死如归，决不投降。日本侵略者陷入人民战争汪洋大海。八年抗战，中华民族表现出得英勇无畏，堪称伟大的民族史诗，值得后来的人们景仰和崇敬。今天，当我们沐浴和平的阳光、享受着安逸生活的时候，永远都不要忘记，我们脚下的每一寸土地，都渗透着无数抗战烈士的鲜血。抗战英雄永垂不朽。

历史就是历史，事实就是事实，任何人都不可能改变历史和事实。令人遗憾的是，日本右翼势力至今对侵略罪行不想正视，对日本战败耿耿于怀。虽然在相当长的时间内，国际社会对日本高度戒备，日本也不敢公开挑战战后秩序，但从未停止过各种小动作。从偷偷修改教科书、极力掩盖慰安妇罪行，到公开为"神风敢死队"申遗、内阁成员大规模"参靖"，以致最近日本政府解禁集体自卫权，背弃和平宪法，这一切不难看出，昔日日本侵略者的亡灵依然游荡，日本军国主义复活，已经成为现实的危险，我们必须提高警惕。中国人民不可欺，中华民族不可辱。付出了巨大牺牲的中国人民，将坚定不移捍卫用鲜血和生命写下的历史。任何人想要否定、歪曲甚至美化侵略历史，中国人民和各国人民决不答应！

"落后就会挨打"这是一百多年来历史给予我们的深刻教训。30多年改革开放，中国取得巨大成就，已经成为世界第二大经济体。中国有今天的国际地位，中国人有今天这样的尊严，说到底，是国家发展壮大起来了；日本右翼势力扩张，说到底，也是对中国快速发展不愿承认，不能容忍。历史的经验告诉我们，维护国家的主权和尊严，维护世界和平，需要国家的强大，我们必须抓住战略机遇期，进一步深化改革，加快发展，提高经济实力和综合国力。只要我们坚持走中国特色社会主义道路，一心一意搞建设，专心致志谋发展，再经过几十年努力，人们会看到一个富强民主文明的中国屹立在世界的东方。中国的崛起，必将成为世界和平的强有力保障。

让我们大力弘扬伟大抗战精神，不断增强团结一心的精神纽带、自强不息的精神动力，在以习近平为总书记的党中央坚强领导下，继续朝着中华民族伟大复兴的中国梦奋勇前进，不断取得中国特色社会主义的新胜利。

| 2014年7月7日 |

铭记历史不忘过去

7月7日是全民族抗战爆发77周年纪念日。党和国家领导人将到中国人民抗日战争纪念馆，同首都各界代表一起，隆重纪念全民族抗战爆发77周年。

77年并不是一个特别需要强调的日期。我们以如此高的规格纪念中国全民族抗战爆发77周年纪念日，重要的目的之一，就是不忘过去，铭记历史。国家主席习近平2013年9月5日曾当面向日本首相安倍晋三强调，日方应本着正视历史、面向未来的精神，正确处理钓鱼岛、历史等敏感问题，寻求妥善管控分歧和解决问题的办法。但如今，安倍内阁不顾国际和日本爱好和平人士的强烈反对，以"解禁自卫队"等危险举动予以回应，这不能不使人们高度警惕。

我们需要铭记，爆发于77年前的那场由日本军国主义者发动的侵略战争，给中国，给中国人民带来的沉重灾难。现有的中方史料表明，抗日战争对中国造成了巨大的人员和财产损失，保守估计中国军民在抗日战争中伤亡共3500多万人，损失财产及战争消耗达5600余亿美元。据第二次世界大战结束后远东国际军事法庭和南京军事法庭的有关判决和调查，在举世闻名的"南京大屠杀"中，有20万以上乃至30万以上中国平民和战俘被日军杀害，南京城被日军大肆纵火和抢劫，致使南京城被毁三分之一，财产损失不计其数。日前，中央档案馆首次在其官网陆续全文公布45名受审日本侵华战犯的亲笔供词。从这批战犯笔供中，公众可以清楚地看到侵华日军犯下的累累罪行，包括策划推行"三光政策"、制造和使用细菌武器、施放毒气、进行人体活体试验、屠杀及掠夺资财、毁灭城镇、强征慰安妇、强奸妇女、驱逐和平居民，甚至用中国人作为提高士兵士气的活靶子。一个日军指挥官或一支部队，就可以杀害成千上万的中国人。这些违反了国际准则和人道主义原则的残暴罪行，令人发指，令人无法忘记。

我们需要铭记，日本侵略者具有什么样的战争基因。从120年前的"甲午战争"，到1931年的"九一八事变"，再到"七七事变"全面侵华，在近半个世纪的时间中，日本人处心积虑地侵略中国，奴役中国人民。在此期间，日本人还先后霸占朝鲜半岛和琉球，挑起日俄战争，发动太平洋战争，成为亚洲乃至整个太平洋地区最凶狠的战争猛兽。铁蹄所至，生灵涂炭；刺刀指处，满目疮痍。日本侵略者给中国和亚洲各国以及美、俄、英、法等国家造成的战争记忆，决不会轻易被忘却。

我们需要铭记，中国人民在抗日战争中所表现出来的浴血奋战、奋勇牺牲的大无畏精神，以及那种让任何侵略者不可小视的民族精神。正是从77年前卢沟桥头的枪声开始，在中国共产党倡导建立的抗日民族统一战线旗帜下，中国人民抗日救亡，用血肉之躯筑起新的长城，率先担负起全面抵抗日本法西斯在亚洲侵略扩张的历史重任，率先投入到同人类文明的敌人进行的殊死战斗中。在极为艰苦的条件下，中国人民同仇敌忾，前赴后继，与世界反法西斯力量并肩战斗，为彻底战胜法西斯、夺取第二次世界大战全面胜利作出了不可磨灭的伟大贡献。

77年过去，历史掀开了新的一页。今天的中国早已不是那个贫穷落后、"人为刀俎，我为鱼肉"的中国，而是一个强大起来的、正在为实现民族复兴的伟大目标不懈努力的中国，是在为维护世界和平正义自觉承担责任和使命的中国。但另一方面，当今世界风云变幻，当年的日本虽然战败投降，以安培政权为代表的日本某种势力不仅始终不肯承认曾经犯下的战争罪行，反而通过不断挑起与邻国的领土争端，"解禁自卫队"，试图修改宪法等等措施，触碰中国人民和世界爱好和平人民的底线。日本一些人的举动，越来越显示出挑衅性、危险性，再一次勾起人们的战争回忆，不能不引起人们的担忧和警惕。

一个忘记苦难过去的民族，将不会有光明美好的未来。我们今天隆重纪念全民族抗战爆发77周年这个日子，就是要时刻提醒我们自己，铭记历史，铭记先辈们的牺牲，铭记今天和平生活的来之不易。通过历史更加深切地体会国家和民族命运变迁的深刻启示，时刻准备着迎接新的挑战，捍卫以往的胜利，弘扬光大中华民族的荣耀与尊严。

| 2014年7月7日

标本兼治彻底铲除邪教毒瘤

"自作孽，不可逭。"震惊神州的山东招远"5·28"惨案，一个如花生命无端被残忍虐杀，一个幸福家庭瞬间家破人亡，骇人听闻，激起公众对"全能神"邪教的强烈愤慨。善有善报，恶有恶报，"全能神"制造的又一起血腥惨剧，令人发指，进一步暴露了其反人类的邪恶本性和狰狞面目，天怒人怨，也宣告这一散布宣扬"世界末日"等谣言邪说蛊惑人心的邪教组织，正在迎来自己的末日。公安部宣布严打邪教违法犯罪决不手软，呼吁公众果断举报；互联网上，网民同仇敌忾，预示着"全能神"邪教将成过街之鼠，被连根拔除只待时日。

两高《关于办理组织和利用邪教组织犯罪案件具体应用法律若干问题的解释》中明确，"邪教组织"是指"冒用宗教、气功或者其他名义建立，神化首要分子，利用制造、散布迷信邪说等手段蛊惑、蒙骗他人，发展、控制成员，危害社会的非法组织"。邪教之邪，邪在走火入魔，邪在挑战文明底线。一个无辜生命的遽然消失让人悲痛，更警示我们必须对邪教坚决说"不"，彻底铲除邪教毒瘤。当务之急，是在全国范围内立即重拳开展打击"全能神"专项行动，除恶务尽。

严打"全能神"邪教，要吸取过去打击活动的经验，总结成败得失，绝不让其死灰复燃。早在1995年，"全能神"就被明确为邪教，各地开始进行取缔打击。20年来，应该说打击行动是卓有成效的，比如，"全能神"的所谓"教主"赵维山逃往美国，一批违法犯罪的"全能神"邪教人员落网。但是我们也必须看到，严打虽有成效，却未能斩草除根，"全能神"转入地下发展之后，一方面，其非法聚集、非法拘禁、故意伤害、诈骗钱财等犯罪活动时有所闻，另一方面，该邪教组织通过建立严密的内部组织体系加强反侦查能力，给警方打击带来不小的难度。

这次招远"5·28"惨案之后，警方在破案中才发现犯罪暴徒是"全能神"成员，就表明该邪教组织的地下性和隐蔽性已经达到相当程度，因而，严打过程中一定要贯彻群众路线，广泛动员公众揭露、举报"全能神"违法犯罪线索。要像反恐一样加强情报搜集工作，密切跟踪掌握邪教的犯罪动向。事实上，"5·28"惨案也表明"全能神"邪教已与恐怖组织无异。丧心病狂的邪教徒"相信神，不怕法律"，在所谓"教义"驱使下，在麦当劳餐厅公然施暴，其突发、暴虐、凶残，同有预谋的暴恐案并无二致。因而，防范邪教、肃清邪教，也必须像反恐一样坚决。

打击"全能神"的复杂性还在于，邪教组织者、传播者张口闭口"救世"、"治病"，宣扬超自然力量以及所谓"神的旨意"，蛊惑人们只要信奉"全能神"即可躲过"世界末日"的劫难，一点一滴给人"洗脑"，实现对信徒的精神控制，最终让人不能自拔，任其摆布。被洗脑的涉案人员，即使被捕，也拒不交代邪教的内部组织和骨干人物，为警方侦讯调查带来很大阻力。"全能神"通过"洗脑"实现成员绝对服从上级头目，通过设立"护法队"，对脱教者施以残忍的肉体折磨，甚至杀死其亲属，使得误入邪教的人欲罢不能。这些，在严打行动中都必须充分估计，并对症施策。

即便如此，严打"全能神"邪教，也要严格区分组织者与被其欺骗、裹挟的一般参与者，严格区分实施过各种犯罪活动的首恶分子与一般成员，对前者严惩不贷，对后者着重感化教育，帮助他们回归正常生活，那些在邪教蛊惑之下误入歧途跟随其中的人，说到底也是受害者。

因为，"全能神"邪教惑人心智，瞄准的对象往往是偏远农村、城乡接合部的农民和外来务工人员，他们大多生活贫困，长期以来是公共服务特别是公共文化服务的死角。邪教组织精心算计，乘虚而入，除了精神蛊惑，还常常以各种小恩小惠诱人上钩。因而，标本兼治铲除邪教，除了打击组织者，揭露其邪恶本质，宣传普及科学知识，各级政府尤其是基层政府还必须切实转变作风，通过正在进行的群众路线教育实践活动，打通为民服务的"最后一公里"，不仅让底层民众学有所教、劳有所得、病有所医、老有所养、住有所居，还要丰富他们的精神文化生活，免除他们的无助感、焦虑感与恐惧感，进而避免他们误入歧途。如此，邪教将失去存在的空间。

标本兼治彻底铲除邪教毒瘤，还必须加紧培育和弘扬社会主义核心价值观。价值观的迷失，会让人心浮气躁，心烦意乱，是非难分，荣辱莫辨。失落信仰，就易被邪教的歪理邪说侵入。而避免精神世界的荒芜空虚，解决信仰迷茫和精神焦虑，都离不开主流价值观的引导。习近平总书记强调，社会主义核心价值观必须融入生活，在落细、落小、落实上下功夫。因而，要注重从小事做起弘扬真善美、传播正能量，坚守正道，播撒爱与善，让核心价值观变成社会主流，接地气覆盖城乡每一个人群。导人向善的正气上升，欲望就不会吞噬理想，信仰就不会被物化，鼓吹仇恨、不尊重生命、以虚妄的死后天堂代替对现世幸福追求的歪理邪说就不会大行其道，邪教就难以蛊惑人心。

| 2014 年 6 月 3 日 |

破除"全能神"的伪装

2014年5月28日,山东招远发生了一起离奇且凶残至极的故意杀人案。事情的起因,仅仅是因为被害者拒绝向邪教徒们提供手机号码。案情一出,全国哗然,邪教组织"全能神"的恶行引发各界群众一致愤慨。

邪教的字眼时隔多年再次引发舆论大规模关注,邪教头目们通过精心的伪装,巧妙地迷惑了民众。要扫清邪教毒瘤,涤荡歪风邪气,正本清源的当务之急就在于破除邪教组织虚假的伪装。

如"全能神"邪教组织这般乌合之众,配得上"宗教"二字吗?众所周知,佛教引导人们向善、不杀生,"救人一命胜造七级浮屠";基督教主张要爱人如己,劝导人们包容、博爱;伊斯兰教倡导人们勤劳、诚实,即使知识远在中国也要前去求知。正是因为促使人类主动向善、为一个和谐幸福的美好未来而努力,佛教、基督教、伊斯兰教才成为世界公认的三大宗教。我们看到,三大宗教在自身传播的同时,也在一定程度上促进了人类文明的发展与进步。

反观邪教却是大相径庭。它往往披着传统宗教的外衣,却行着控制信徒、大肆敛财、残害生灵的卑劣行径。为了控制教徒,施暴是其最常用的手段;为了大肆敛财,"全能神"声称"信教,就要把财产交给教主";为了制造恐怖,"全能神"甚至直接残害企图脱离魔窟的无辜信徒。近几年来,发生在中部地区的多起惨案均出自"全能神"邪教教徒之手,有的案件中甚至连懵懂的小学生也难以幸免。"全能神"邪教组织的劣迹斑斑,早已充分说明了其邪教本质。

"全能神"邪教组织真的如其自身所宣称的那样"全能"吗?实际

上,该邪教组织头目赵维山当年是一名铁路工人,却利用邪教组织摇身一变成了所谓的"大祭司"。当那些被迷惑的邪教教徒们在国内或是为非作歹或是苦不堪言的时候,"大祭司"赵维山却以"政治避难"的名义在大洋彼岸的美国过起了逍遥的生活。殊不知,"全能神"邪教组织的头目们在海外花天酒地的资金正是国内可怜信徒们企图免于所谓"末世灾难"的毕生血汗钱。

试问,在现实生活中就迫不及待地鱼肉教徒以自肥的头目们,怎么可能给教徒兑现一个幸福的未来?当违法犯罪的邪教信徒们被公安机关绳之以法,接受教育、改造与惩戒的时候,所谓"全能"的头目们又身在何处呢?当前,司法机关对该邪教组织的铁拳治理,就是对"全能神"邪教组织自诩"全能"假象最有力的揭穿。

"全能神"邪教组织看似不可小觑的能量,在团结一致的全国人民面前实则不堪一击。据此前媒体报道,"全能神"邪教组织目前自称信徒数百万,在海外多个城市设有据点。其组织也堪称严密,宣称只有信教才能保平安。但是,虚张声势的"强大"难掩其虚弱的实质。世界各国都不得不面对或多或少的邪教组织,但强力打击、绝不手软的立场和态度都是一致的。奥姆真理教、人民圣殿教等这样劣迹斑斑的邪教组织,虽然自称强大无比,但终归难逃各国政府的强力扫除。

所以说,诸如"全能神"这样的邪教组织,从其创生之日起就注定难以长久、注定会遭到毁灭性的打击。

"全能神"邪教组织其实并无新意,所用手段也无非是精神控制、压制思考、人身限制、威逼利诱等一些低劣方式。多个邪教组织的头目甚至是文盲,毫无技术含量,却也蛊惑不少无辜群众。因此,要从根本上消灭如"全能神"这样的邪教组织,必须坚决铲除其赖以滋生的土壤。

目前,从相关部门业已了解到的情况可以发现:"全能神"邪教组织所瞄准的大部分是文化水平较低、生活比较困顿的中老年群体。其头目赵维山当年也正是瞄准了那些效益不好、濒临破产的企业职工群体和文化水平较低、精神文明欠缺的欠发达地区的农业人口,才得以借机蛊惑人心、悄然变大。

因此,铲除邪教组织赖以滋生的土壤,必须两手抓、两手都要硬。

一方面，各级政府必须重点关注上述那些特定群体的物质和精神生活。尤其是党和政府的基层组织要深入特定群体，扶危济困、移风易俗。另一方面，对待敢于露头的邪教组织，必须强力打击，从严处理。在处理的方式方法上，既要治病救人，更要惩前毖后。

全国人民满怀希望共筑中国梦的当下，决不允许邪教组织沉渣泛起，荼毒社会。"全能神"邪教组织的斑斑劣迹和累累罪行再次给全国乃至全世界的民众敲响了警钟。只有全社会齐心协力破除"全能神"邪教组织的精心伪装，彻底铲除其赖以滋生的土壤，持续不断地对其施以不留情面的强力打击与全方位立体化的社会治理，我们才能在最短的时间内赢得这场"正邪不两立"的反邪教斗争。

|2014年6月2日|

让和平发展的旗帜永远飘扬

60年前,中印、中缅领导人发表联合声明,倡导并确认了著名的"和平共处五项原则",顺应了时代的潮流,得到各国进步和正义力量的支持,为推动建立公正、合理的新型国际关系作出了历史性贡献。

为了纪念"五项原则"发表60周年,中、印、缅三国领导人聚会北京。习近平主席发表的重要讲话,深情回顾了老一代领导人为"五项原则"的提出作出的贡献,全面阐述了中方关于"五项原则"的看法以及新形势下如何承继与发扬"五项原则"的历史责任,明确表达了中国走和平发展道路的坚定决心。

历史证明,"五项原则"意义重大,影响深远。"二战"结束后,在全世界兴起的非殖民化运动中,亚非拉民族解放事业蓬勃发展,新生国家渴望建立起平等关系。在这样的背景下,中印缅三国提出"和平共处五项原则",即:相互尊重主权和领土完整、互不侵犯、互不干涉内政、平等互利、和平共处。"五项原则"一经提出,就得到了国际社会高度赞扬。因为,它体现了进步人类的崇高理想,反映了各国人民的共同诉求,代表了绝大多数中小国家和发展中国家的切身利益。也正是从那时起,在国际大家庭中,"五项原则"成为处理国与国之间关系,处理各种矛盾和纠纷,处理共同面对的挑战的基本遵循。尽管60年来世界发生了巨大变化,但"五项原则"的精神依然熠熠生辉。正如习主席所说,"五项原则"历久弥新、历久弥深、历久弥坚。坚持"五项原则",我们就能够妥善解决各种矛盾和争端,友好相处,共同发展;反之,则无法真正建立公正、合理的国际新秩序,处理好、解决好各种矛盾和问题。

实践证明,"五项原则"随着时代发展而发展,内容更加丰富,实践更具活力。和平与发展是当今世界的主题，全球化进程日益把世界联系在一起。如何赋予"五项原则"新的内涵？习主席提出了"六个坚持"，即坚持主权平等、共同安全、共同发展、合作共赢、包容互鉴、公平正义。这六个坚持，着眼于当今世界发展的大趋势，着眼于21世纪新的时代特征，着眼于建立更加公正合理的国际政治经济新秩序，论述了各国所共同面临的政治经济文化等多方面问题，具有前瞻性、战略性和务实性。人们有理由相信，朝着这个方向前进，我们就能够直面挑战，增进共识，克服困难，处理好复杂的国际关系，解决好和平发展的重大课题，创造一个更加安宁、更加美好的世界，造福于我们的子孙后代。

中国是"五项原则"的积极倡导者，也是忠诚践行者。改革开放30多年，中国经济持续快速发展。中国的和平崛起，成为当今世界最为重要的大事件，也必然对国际政治经济产生持久而深远的影响。

习主席基于"五项原则"提出了中国要坚持和平发展的重要理念。中国是一个曾经饱受欺侮的国家，深知主权平等的重要；中国也是曾经饱受战乱之苦的国家，深知安全稳定的可贵；中国是一个发展中大国，深知加快发展的紧迫；中国是一个负责任的大国，深知公平正义来之不易。中国过去不曾称霸，今后发展起来也绝不会称霸。因为中国始终把发展经济、改善民生作为第一要务，始终把营造和平发展的外部环境作为基本的外交政策。蓄意渲染"中国威胁论"，是没有任何根据的，把中国的发展视为零和游戏，也不是实事求是的态度。一个繁荣稳定的中国，对于世界的和平与发展，是不可或缺的促进力量。

维护世界和平，促进共同发展，依然任重道远，但我们深信，高举和平发展的旗帜，秉持"五项原则"精神，以足够的勇气和智慧，直面挑战和困难，坚韧不拔地奋斗，我们生活的这个世界就一定会有更加光明的未来。

|2014年6月29日|

决策咨询制度化体现新的执政风格

7月8日,中共中央总书记、国家主席、中央军委主席习近平主持召开经济形势专家座谈会,听取专家学者对当前经济形势和做好经济工作的意见和建议。

在认真听取了与会专家发言,并同他们进行讨论交流后,习近平总书记发表了重要讲话,并在讲话中强调指出,广泛听取各方面专家学者意见并使之制度化,对提高党的执政能力、提高国家治理能力具有重要意义。

古人有言:"所贵圣人之治,不贵其独治,贵其能与众共治。"(语出《尹文子》)中国共产党在长期的执政历程中,始终重视与全社会各阶层各方面的有识之士肝胆相照,为民族大业共同奋斗。党的十八大和十八届三中全会要求加强中国特色新型智库建设,建立健全决策咨询制度,是以习近平为总书记的党中央确定的执政思路之一。在事关经济社会发展等重要决策方面,广泛听取各方面专家学者意见并使之制度化,是习近平总书记带头倡导的崭新的执政方式。这一执政风格在提高党的执政能力、提高国家治理能力方面产生的变化,已经让人耳目一新,并且将越来越显示出其重要意义。

智库建设,建立健全决策咨询制度,是习近平总书记极为重视的密切联系群众作风在领导决策过程中的重要体现,是党重视和推进决策科学化、民主化建设的重要一环。它要求各级领导、各级政府部门在分析问题,研判形势,谋划工作,作出决策时,一切从人民群众的利益出发,一刻也不脱离群众,一定要从群众中来,到群众中去,问计于民,充分听取上上下下方方面面的意见和建议,兼听兼顾,统筹协调,集思广益,汇聚众智。由此而自觉认识和更好遵循经济规律、自然规律，准确把握改革发展稳定的平衡点，准确把握近期目标和长期发展的平衡点，准确把握改革发展的着力点，准确把握经济社会发展和改善人民生活的结合点，不断提高推进改革开放、领导经济社会发展、提高经济社会发展质量和效益的能力和水平。

智库建设，建立健全决策咨询制度，对参与其中的各方面专家学者们既是尊重和信任，同时也是严肃的考验。专家学者们在决策咨询制度化建设过程中，需要充分展示其专业造诣、责任意识，需要具备对国家对人民高度负责的精神，需要敢于直言，更需要拿出真知灼见，为党中央科学决策建言献策。因此，广大专家学者必须深入实际、深入群众、深入基层，倾听群众呼声，掌握真实情况，广泛调研，潜心研究。中国人有足够的智慧，中华民族人才辈出。在实现中华民族伟大复兴中国梦的征途上，必将会有一批批忧国忧民的、高素质的爱国精英贡献才智，与党同心同德，为推进决策科学化、民主化建设实现他们的人生价值和光荣使命。

"九层之台，起于累土。"随着智库建设的不断加强，决策咨询制度化的建立、完善和不断发挥作用，党的执政理念的变化进步和新执政风格的确立，将体现在不同的领域；党的执政能力、国家治理能力将呈现全新的面貌。

| 2014 年 7 月 9 日 |

遵循规律，推动经济持续健康发展

2014年时间过半，我国的经济形势如何？目前改革发展存在哪些突出问题？对经济发展应有怎样的预期？对此，国内外舆论十分关注，老百姓十分关心。

7月8日，习近平总书记主持召开经济形势专家座谈会，听取专家学者意见和建议。习总书记强调，要更好地认识和遵循经济发展规律，推动我国经济持续健康发展，牢牢把握着发展的主动权。这些重要论点，对于我们正确分析当前经济形势，做好各项工作，具有重要指导意义。

一、发展必须是遵循经济规律的科学发展，必须是遵循自然规律的可持续发展。我国经济总量巨大，较长时期高速增长，要保持发展势头，积蓄发展后劲，必须突破自身发展瓶颈，解决好深层次问题。党的十八大以来，我国的全面改革迈出了坚实步伐，在各方面各领域已经释放出强大活力。同时，以结构调整为主攻方向，加快转变发展方式也取得明显进展。从产业结构升级，到创新驱动发展；从化解过剩产能，到进一步扩大内需；从促进城乡协调，到生态建设推进，表明：我们对经济发展的规律性认识和把握更加自觉，解决问题的办法也更加科学有效。

二、牢牢把握着发展的主动权。我国经济形势为世界瞩目。可以说，中国经济的任何微小变化，都会引来各种议论。确有外国媒体对中国经济持有消极看法，甚至"唱衰"；但绝大多数外国舆论认为，和世界上任何国家相比，中国都是全球经济中最具活力和最具潜力的经济体。这是因为，我国具备持续健康发展的诸多有利条件，更因为我们制定的发展规划是务实稳妥的，应对各种矛盾和困难的方案是有效而坚决的。正如新出炉的一系列经济数据所显示的那样，经济运行在合理区间，基本面向好，发展前景乐观。我们有理由对我国经济发展的总趋势抱有充分的信心。

习总书记强调：必须坚持以经济建设为中心。我国的社会主义现代化建设正处在关键时期，内政外交国防，经济政治文化等，有许多紧迫问题需要解决。面对复杂多变的形势和更加繁重的任务，我们要牢记，发展是党执政兴国的第一位要务。这既是我们多年来一贯坚持的方针，也是我们破解难题、加快发展的根本所在。

居安思危，有备无患，是中国人特有的智慧。多年以来，我们始终坚持立足国情，实事求是，重视发展中出现的新情况新问题，正视面临的各种风险和困难，积极稳妥地解决各种问题。我们要按照习总书记的要求，学好用好政治经济学，自觉认识和更好遵循经济发展规律，不断提高推进改革开放、领导经济社会发展、提高经济社会发展质量和效益的能力和水平。

实现"两个一百年"奋斗目标，时间紧迫，任务艰巨。要求我们必须专心致志，兢兢业业，做好当前工作，在转方式、调结构、促发展、惠民生方面取得更多成果。相信：扎扎实实地干下去，民族复兴的中国梦一定会在不远的未来成为现实。

| 2014 年 7 月 9 日 |

为公车改革破冰喝彩

7月16日下午，期待已久的公车改革方案在公众的久久期盼中揭开面纱。这场"改革甘霖"再一次浸润了每一个普通民众的心田。不少学者为此次改革高调喝彩，评价此次公车改革堪称"历史性巨大进步"和"近20年来的破冰之举"。

按照新方案，我国取消副部级以下领导干部用车，取消一般公务用车。普通公务出行社会化，适度发放公务交通补贴。方案还要求中央国家机关今年内完成改革，并对地方公车改革也做出部署，提出明确要求。

力度、准度、效度，是该方案最突出的亮点：此次改革一扫近20年来阻碍公车改革的积弊，明确要求副部级以下领导干部取消公务用车；针对此前"上有政策，下有对策"的情况，明确规定不同级别领导干部的补贴标准，用同一个准绳扎紧了严防变通的制度口袋；明确公开方案落实时间，把方案落实的情况晒在阳光下。仅不到半年的落实时间再次展现出新一届领导集体壮士断腕的决心和勇气。

此次公车改革，之所以能够获得社会舆论的广泛关注与大声喝彩，究其原因，在于公车改革多年来迟迟难以有效推动，雷声大而雨点小，人民群众意见较大。诸如中国经济发展水平有限、车改补贴易走形、监督惩戒力度不足等，都被不少人视作公车改革难以有效推进的障碍和痼疾。

据此前媒体报道，一辆公车每年的运行成本至少在6万元以上，有的甚至超过10万元。目前，公车消费占全国"三公"消费的三分之二，中央国家机关每年的公车消费就在60亿元左右。

公务用车所存在的问题，不仅仅在于给国家和人民造成了巨大负担和浪费，公车私用、滥用还给党和国家形象抹黑。普通群众未必全面了解公车使用的真实情况，但那些堂而皇之出现在娱乐场所、度假胜地的公务用车一次又一次刺痛了民众的眼睛，寒了老百姓的心，党和政府的公信力也由此受损。

可喜的是，自十八大以来，公车改革的种种障碍似乎都不再是问题："老虎""苍蝇"一起打的反腐组合拳、简政放权促改革的动真格、对中央"八项规定"的坚持巩固深化，让人民群众对新一届领导集体改革的决心和勇气有了深切的认知和认同。

此次公车改革，首先有助于进一步转变党的工作作风，压缩腐败滋生的空间；其次，可以较大幅度地节省行政开支，有利于促进"三公"经费规模进一步缩减和社会资源优化配置；第三，此次公车改革先从中央国家机关开始，地方随后跟上，上行下效，有助于改革的强力推行。

诚然，一切改革都不可能一帆风顺。如何避免按规定取消的公车被贱卖，如何防止"既拿补贴又坐公车"，如何安置失岗司机，如何保证此次改革层层落实到位，这都是当前社会舆论和政策执行者极为关心的。实际上，经过长期酝酿的此次方案也力求做到有的放矢、不留漏洞。此次公车改革指导意见明确提出"六个不得"的纪律要求。这"六个不得"分别从挪用、借用、滥用车辆，补贴变福利等方面严把制度关，并明确将对违反规定者予以严肃处理。

为了确保此次公车改革的顺利落实，除了严格遵守"六个不得"的纪律要求，更要采取全方位的措施予以确保，要把此次改革上升到政治和作风问题的高度。要扎紧绑牢制度框架，因地制宜，制定配套的落实方案。要让此次公车改革工作摆在阳光下，接受全社会的监督。既要有各级纪检监察部门的制度性监督，更要有常态化立体化的社会监督。充分发挥新媒体的监督作用，积极调动各界群众监督的主动性和积极性，形成上级督促、自我落实、社会监督的立体网络。如此以来，公车改革方案何愁不落实？

近段时间以来，"大老虎"的接连落马，证明了中央铁腕反腐无禁区，不止步；各级机关单位廉洁节约的新风劲吹，证明了"八项规定"的高效落实。而此次一扫多年积弊的公车改革方案，也再次有力证明了新一届领导集体敢于啃硬骨头的改革魄力。

今年年初，习近平总书记曾表示，"八项规定"带有徙木立信的作用。而此次公车改革作为一项社会舆论长期关注和期待的重大改革，更具有一种面向公众乃至世界，树立和宣示改革信心和决心的作用。它让那些对改革心存侥幸或持怀疑态度的人们正视改革的锋芒所向；让那些对改革抱有期待和希冀的人们更加坚定信念而投身其中。

|2014 年 7 月 18 日|

新一轮改革攻坚从公车之变开始

中办、国办发文启动改革开放以来最大力度的公车改革，取消副部级以下领导干部用车和一般公务用车，改为发放公务交通补贴。公车改革从上至下，中央机关率先垂范，引来一片叫好声。

公车改革又成热点并不偶然，在所有权"公有"、使用权"私有"的诸多物件中，"公车"是老百姓视野中最常见的一种，滋生腐败、浪费资源、不公象征、拥堵祸首、雾霾主力……老百姓早给它们定下了五宗罪、十宗罪。

公车制度并非带着原罪而生。按照列宁90年前的想法，为了推翻"人人为自己，上帝为大家"这个可诅咒的准则，给那些一心"为大家"的人配备一些服务人民的便利工具，无可厚非。只是时光流逝，随着经济增长，公车越来越奢华，有些人习惯了"屁股底下坐栋楼"去"为大家"，忘了列宁当年是站在装甲车的踏板上赶到斯莫尔尼宫出席工农兵苏维埃的。

从一个良好的愿望出发，到今天全国公车采购费用支出占政府采购的四分之一，中央国家机关公车购置营维占中央本级"三公"经费支出的六成，每年消耗巨款究竟什么原因？说到底，还是因为"为大家"和"为自己"之间少了一道隔离墙，车虽姓"公"，但口不能言，轮不自主，无法拒绝被人私用。

这次公车改革，祭出的"取消、补贴、拍卖"组合拳可操作性很强，但也毋庸讳言公众存在不少疑虑，比如担心取消专车后，领导干部的交通补助过高，有变相加薪之嫌；害怕公车拍卖价格太低，公务员得利。总而言之，是担心个人得到了好处。

为什么可以听任每年花费数万、数十万元养一台公车,有一些网民却难以忍受把这个费用的十分之一补贴给个人?说到底,还是那个"为大家,为自己"情结在作怪,在一些人的潜意识里,只要是"为大家",花费再多,浪费再惊人也不为过。今天我们站在深化改革的又一道关口前,最迫切的需要是为市场经济立规,让"公"、"私"的权利界限不再模糊。有国际舆论质疑中国反腐败会影响经济增长,如果经济增长意义真的仅止于此,那就不会是大多数民众所要的增长。

　　公车改革毅然起步,发出了改革再度攻坚的号令。多少年后回首,我们可能会发现,公车改革最值得珍视的成果,并不是省下来的若干亿元行政费用,而是它确立的一个原则:即便"为大家",也要明算账。

|2014年7月18日|

习近平八个"坚持"确立中国巨轮的新航标

65年磨砺前行,65年春华秋实。

金秋十月,鲜花簇拥,我们伟大的共和国迎来了65岁生日。在65岁华诞前夜,国务院在人民大会堂举行国庆招待会,热烈庆祝中华人民共和国成立65周年。习近平主席发表讲话。纵观新中国历史,这是新世纪以来首次由国家元首在国庆招待会上发表讲话,内涵丰富,意义重大。

习近平主席在回顾共和国65年走过的历程后,展望未来,提出八个"坚持",舆论认为,习主席讲话为破浪前行的中国航船确立了新航标。这引发舆论热议,网民们纷纷发出"祖国万岁!"、"中国加油!"之类的点赞。

这八个"坚持"是:坚持同人民在一起;坚持走自己的路;坚持抓好发展这个第一要务;坚持改革创新;坚持走和平发展道路;坚持把中国共产党建设好;坚持谦虚谨慎、戒骄戒躁;坚持高举团结的旗帜。

究其实质,这个八个"坚持"全面总结了中国发展事业的目的、道路、原则、方式方法、对外政策、党建与作风。与以往历年历次国庆招待会讲话相比,更为全面,分量不言而喻。

我们事业的根本目的是什么?习近平提出"以百姓心为心"的新提法,再次强调,"始终把实现好、维护好、发展好最广大人民根本利益作为一切工作的出发点和落脚点,让发展成果更多更公平惠及全体人民"。

习主席心中永远装着百姓。众所周知,习近平曾在陕北插队七年,与老百姓结下不解之缘。自十八大以来,从太行山深处的河北阜平到"瘠苦甲天下"的甘肃定西,从湘西特困农村到沂蒙革命老区,习主席深入老少边穷地区,关心百姓疾苦,关注社会公平。

我们的事业走什么道路？道路决定命运，这是一个大是大非问题。习主席指出："我们自己的路，就是中国特色社会主义道路。"

且不谈中国历史上封建王朝无数次治乱交替，在近代以来百年历程中，无数志士仁人在探索中华民族复兴之道路，但依然走不出积贫积弱、饱受欺凌的怪圈。然而，在短短65年特别是改革开放30多年里，中国的面貌发生了天翻地覆的变化。如此鲜明的历史反差，奥秘何在？答案是我们走出了一条中国特色社会主义道路。

人们记得，十八大后仅十几天，习近平带领中共最高领导层参观"复兴之路"展览现场，引人注目地定义"中国梦"，提出实现梦想的"三个牢记"，其中就包括坚定不移地走中国特色社会主义道路。此后，习近平又在不同场合提出，要不断增强中国特色社会主义的道路自信、理论自信、制度自信。

我们的事业如何发展？习近平主席说："除了深化改革，别无他途。"

人们记得，十八大后，习近平首次离京考察，选择的是我国改革开放中得风气之先的广东，寓意深刻，意味深长。"改革不停顿，开放不止步"——这是习近平在考察过程中铿锵有力的宣示。此后，习近平亲自兼任中央全面深化改革领导小组组长，迄今已主持五次小组会议，对深化各领域的改革进行战略部署。而今，习近平再度强调："我们要适应历史前进的要求，坚定不移全面深化改革，敢于下深水、涉险滩，勇于破藩篱、扫障碍，推动中国始终走在时代前列。"

我们的事业需要什么对外政策？习近平说，我们要始终不渝走和平发展道路，始终不渝奉行互利共赢的开放战略。

去年以来，习近平在外交政策上提出了一系列新理念和新战略，赢得了广泛的国际共鸣。比如，打造"命运共同体"，提出新型安全观，构建新型大国关系，提出"亲诚惠容"的周边外交理念，倡议打造"丝绸之路经济带"和"21世纪海上丝绸之路"，最近有针对性地表示欢迎各国搭乘中国发展的列车。用习近平的话说就是"世界好，中国才好"。

我们的事业办好的关键是什么？那就是中国共产党。在国庆招待会上提出党建问题，这是头一次。

十八大以来，习近平对从严管党治党提出一系列新要求，反"四风"、落实"八项规定",党风廉政建设和反腐败日益深入人心,习近平提出的"老虎苍蝇一起打"成为流行语。十八大以来,已有50名省部级以上贪腐高官落马。反腐成绩单不断刷新,老百姓对此拍手称快。如今,习近平再现"铁汉"本色,提出:凡是影响党的创造力、凝聚力、战斗力的问题都要全力克服,凡是损害党的先进性和纯洁性的病症都要彻底医治,凡是滋生在党的健康肌体上的毒瘤都要坚决祛除。

我们的事业需要什么样的作风?那就是谦虚谨慎、慎终追远、团结一致。

习近平主席的提醒具有现实针对性。新世纪以来,中国经济连上几个台阶,目前中国经济总量跃居世界第二,也是世界第一大货物贸易国,中国经济增长对世界经济增长的贡献率接近30%,每年有超过1亿人次出境旅游。在此情况下,骄傲自满的情绪在全社会弥漫,一些人头脑有些发热。

其实,中国的经济总量蛋糕再大,一旦面对13亿人这个大分母,在全球范围内仅排在百名左右。此外,发展不平衡问题、贫富差距问题、环境问题依然凸显。正因为如此,习近平此次有针对性提出,"中国仍处于并将长期处于社会主义初级阶段的基本国情没有变","党不能骄傲自满,国家不能骄傲自满,领导层不能骄傲自满,人民不能骄傲自满"。

新航标已确立,信心已爆棚。只要中国这艘巨轮沿着习主席确立的航标破浪前行,中华民族伟大复兴的光辉彼岸就在前头。

| 2014年10月2日 |

中国土壤长出的政治制度最可靠

对于一个国家来说，什么样的政治制度才是有生命力的？这不仅是一个重要理论课题，也是一个重大实践命题。

世界上不少政治学者都在给一些国家的政治制度开药方，不少国家也因此而尝试引入全新的政治制度模式。然而，一些国家在引入西方民主制度后，却被实践证明进入了"民主陷阱"，经济出现停滞、社会出现动荡甚至政治危机。这些西式政治制度普遍性地水土不服，这些国家用教训证明了政治制度"橘生淮南则为橘，生于淮北则为枳"的道理。

9月5日，在庆祝全国人民代表大会成立60周年大会上，习近平总书记纵论中国政治制度，引起广泛关注和反响。"只有扎根本国土壤、汲取充沛养分的制度，才最可靠、也最管用。""中国特色社会主义政治制度之所以行得通、有生命力、有效率，就是因为它是从中国的社会土壤中生长起来的。"这些重要论断，不仅深刻回答了政治制度发展的理论问题，也科学把握了中国政治制度的历史与现实，对中国政治制度的完善与发展方向保持了战略清醒。

去年3月，习近平在莫斯科发表演讲说：鞋子合不合脚，自己穿着才知道。一个国家的发展道路合不合适，只有这个国家的人民才最有发言权。对于中国来说，这样的结论乃是源于深刻的历史教训和无数先贤的上下求索。对于中国人来说，历尽艰辛、付出代价后的认知更是刻骨铭心。

自鸦片战争后，中国滑入苦难深重之地，寻找适合自己的道路是无数先贤的夙愿。进入20世纪，中国尝试过君主立宪制、帝制复辟、议会制、多党制、总统制等各种形式，但最终都被证明行不通。在中国共产党作为一种全新社会力量登上历史舞台后，才带领人民最终找到了适合自己的道路、制度。这也就是为什么习近平同志在讲话中如此强调：在中国实行人民代表大会制度，是深刻总结近代以后中国政治生活惨痛教训得出的基本结论，是中国社会100多年激越变革、激荡发展的历史结果。

事实上，从始终高举人民民主的旗帜，到保证人民当家作主，中国共产党在实践中始终履行自己对人民的承诺、坚持人民的制度选择。从确立人民民主专政的国体、人民代表大会制度的政体，到实行中国共产党领导的多党合作和政治协商制度等基本政治制度一系列具有鲜明中国特色的制度安排，都是在实践中摸索出来的，也都是经过实践证明行之有效的，被历史证明是有优势的。比如有效保证人民享有更加广泛、更加充实的权利和自由，集中力量办大事，为经济发展提供制度保障，以及民主集中制原则的务实、有效等等。这些优势，连不少西方学者都评价认为，中国政治制度成为西方民主的一个有力竞争者，为人类政治文明提供了一个有效的范本。

中国特色社会主义政治制度是最适合中国自己的制度，根本原因就在于它是从中国土壤里长出来。它有什么优点、有什么不足，中国人自己最清楚。如习近平总书记所说："设计和发展国家政治制度，必须注重历史和现实、理论和实践、形式和内容有机统一。要坚持从国情出发、从实际出发，既要把握长期形成的历史传承，又要把握走过的发展道路、积累的政治经验、形成的政治原则，还要把握现实要求、着眼解决现实问题，不能割断历史，不能想象突然就搬来一座政治制度上的'飞来峰'。"在如何评价、如何发展的问题上，妄自菲薄和妄自尊大都是不靠谱的。保持制度自信与改革创新，才是清醒与理性的选择。而在人类政治文明中，不可能只有一种范式，也不可能一成不变。认准自己的理、走好自己的路，中国才能走得稳、走得远。否则就容易犯邯郸学步的毛病，甚至会付出惨重代价。那种老路、邪路，中国人民折腾不起。深深扎根中国社会土壤，中国特色社会主义政治制度才会茁壮成长、推动实现中国梦想。

| 2014年9月6日 |

担当起为中国梦凝聚力量的崇高使命

文化的力量，深深熔铸在民族的生命力、创造力和凝聚力之中。"实现'两个一百年'奋斗目标、实现中华民族伟大复兴的中国梦，文艺的作用不可替代，文艺工作者大有可为。广大文艺工作者要从这样的高度认识文艺的地位和作用，认识自己所担负的历史使命和责任"，习近平总书记在京主持召开文艺工作座谈会并发表重要讲话，强调了文艺对于实现中国梦的重要作用，指明了广大文艺工作者的责任和使命，令人鼓舞，催人奋进。

去年底，习近平同志在山东考察时强调："一个国家、一个民族的强盛，总是以文化兴盛为支撑的，中华民族伟大复兴需要以中华文化发展繁荣为条件。"今年3月，习近平主席在联合国教科文组织总部发表演讲时指出："没有文明的继承和发展，没有文化的弘扬和繁荣，就没有中国梦的实现。"习近平总书记在各个重要场合关于文化的论述，既是对中华文化繁荣发展的热切期待，也是对广大文艺工作者的殷切期许。

在漫长的历史进程中，中华文明之所以成为世界上唯一从古到今没有中断传承至今的文明，之所以能够在近代以来的历史进程中历尽劫波、经受异质文明剧烈激荡而生生不息，之所以能够在当今世界重回舞台中央坦然接受西方文明的打量和交锋，最根本的原因就在于内蕴深厚的文化创造力深深流淌于中华民族的血脉之中，使中华民族以深厚的文化禀赋与气质敢于战胜一切困难挫折，倔强绽放属于自己的光荣与梦想。

一部可歌可泣的中华民族奋斗史、源远流长的中华文明发展史深刻揭示，中华文化的强劲生命力和创造力，既是中华民族在世界历史进程中的大部分时间里引领人类文明潮头的原因，又是近代以来中华儿女执着于中华民族伟大复兴的根本动力所在，更是中华民族在本世纪中叶实现伟大复兴的先决条件。

不是吗？回望 1840 年以来无数仁人志士念兹在兹的夙愿和梦想，回望 93 年来中国共产党作为新生社会力量登上中国历史舞台后开启的"开天辟地的大事变"，回望新中国成立 65 年来所创造的波澜壮阔、惊天动地的历史，回望当代中国用几十年时间就走完西方发达国家几百年的路而巍然屹立于世界东方的艰辛历程，中国人民所探索、所奋斗、所开创的精神动力，不正是薪火相传的中华文化所赋予的、所内化的吗？抚今追昔，广大文艺工作者更感使命光荣、责任重大。

今天，我们比以往任何时候都更接近民族复兴的梦想，中华文化也呈现出了百花齐放的繁荣状态。但也必须看到，与时代的要求相比，与人民的需要相比，与使命所赋予的重任相比，中华文化还需要更大的绽放、还需要更多的盛开、还需要更好地培育中华民族的精神家园，才能最大限度地凝聚 13 亿人民的磅礴力量，最大程度地激发无数中华儿女的创造智慧。这就是为什么习近平总书记号召广大文艺工作者要"努力创作更多无愧于时代的优秀作品，弘扬中国精神、凝聚中国力量，鼓舞全国各族人民朝气蓬勃迈向未来"的原因。

"文化上的每一个进步，都是迈向自由的一步"。正如有论者指出的，这是一个可以产生文化精品的时代，也是一个比以往任何时候都更加呼唤文化精品的时代。只要广大文艺工作者肩负责任与使命，亿万人民为了梦想不懈奋斗实践，中华文化就一定能在当代中国绽放新的夺目光芒，也一定能够为中国人民的最伟大梦想添助最强大的精神力量。

| 2014 年 10 月 15 日 |

勇闯深水区　重在抓落实

中共中央总书记、中央全面深化改革领导小组组长习近平8月18日上午主持召开中央全面深化改革领导小组第四次会议并发表重要讲话。

近一个时期以来，随着"打虎扫蝇"反腐败不断取得成果，广大人民群众进一步期盼着党中央在全面深化改革方面有新的部署和安排。这次习近平总书记主持召开的中央全面深化改革领导小组第四次会议，审议了《中央管理企业主要负责人薪酬制度改革方案》、《关于合理确定并严格规范中央企业负责人履职待遇、业务支出的意见》、《关于深化考试招生制度改革的实施意见》，审议通过了《关于推动传统媒体和新兴媒体融合发展的指导意见》、《党的十八届三中全会重要改革举措实施规划（2014—2020年）》、《关于上半年全面深化改革工作进展情况的报告》。这让人民群众感觉到，党中央确定的全面深化改革的"总施工图"正在有条不紊地实施，治国理政的布局清晰有力。

人们注意到，中央全面深化改革领导小组成立以来，改革步伐不断加快，改革力度越来越大。"单独二孩"、废除劳教、户籍改革、公车改革，再加上这次审议的央企负责人薪酬制度改革方案等新举措，明显可以看出改革正在勇闯深水区，一些多年悬而未决的难题开始解题，这样那样的"硬骨头"被不动声色地啃掉。这其中涉及的改革阻力之大，形成改革共识之难，超乎人们的想象。唯其如此，愈发显现出党中央全面深化改革的决心是多么强烈，愈发证实什么是"踏石留印、抓铁有痕"，什么叫"行动最有说服力"。

人们尤其注意到习近平总书记抓改革的一些特色。他有魄力，敢碰硬，大局指挥若定，兼顾轻重缓急，特别强调抓落实。他抓改革强调真抓实干，蹄疾步稳，务求实效，关键的一条是把抓落实作为推进改革工作的重点。国家发展面临的一系列突出矛盾和问题，改革深水区中的深层矛盾，不可能一蹴而就地很快解决。发现矛盾和问题了，谋划出改革方案了，接下来就看能不能落实。只有把改革方案一一落实，才算是真枪真刀推进改革；只有把前面提出的改革方案落实到位，才能为今后的改革开好头。抓改革强调抓落实，是真正从人民群众的利益出发，以解决好人民群众反映强烈的问题，回应人民群众呼声和期待为目的。各项改革方案只有落到实处，广大人民群众感受到实实在在的改革成效才能为改革叫好，也才能共同为改革想招、一起为改革发力。

强调抓落实，对各级各地方领导是提高执政能力、提高执行力的考验。一些重要的改革方案、改革举措在落实过程中难免遇到种种阻力，遇到新问题。此时，坚持落实就意味着敢干、敢试，敢于打破现有的工作格局和体制运行，经历磨炼，承担风险。

抓改革必须按"总施工图"实施。狠抓工作落实，实施方案要抓到位，实施行动要抓到位，督促检查要抓到位，改革成果要抓到位，宣传引导要抓到位——这几个"抓到位"充分体现了实事求是的科学务实精神，让广大干部群众对于"改革开放只有进行时、没有完成时"的总体战略部署充满了信心。

|2014 年 8 月 20 日|

真刀实枪推进改革

习近平总书记在中央全面深化改革领导小组第四次会议上强调，今年是党的十八届三中全会提出全面深化改革的元年，要真枪真刀推进改革，为今后几年改革开好头。要让人民群众感受到实实在在的改革成效，引导广大干部群众共同为改革想招、一起为改革发力。

习总书记的这番话，语重心长，铿锵有力，仿佛让人们再次重温激情燃烧的改革岁月。最近，电视剧《历史转折中的邓小平》掀起收视热潮，《邓小平时代》再登畅销书榜……当非偶然。这表明，中国老百姓拥护改革，支持改革，参与改革，热情依然极高，期望尤其殷切。

"杀出一条血路"，是邓小平对中国改革开放的坚定誓言。从拨乱反正的十一届三中全会，到启动全面改革的南方谈话，从确立以经济建设为中心，到提出社会主义市场经济改革目标，在中国大地上，小平同志以如椽巨笔，擘画前无古人的伟业；以胆识胸襟，推动国家民族的前行，将社会主义中国带到一个前所未有的境界。

今天的中国，和30多年前相比，已经发生了翻天覆地的变化。经济总量稳居世界第二。中国的改革举世公认，令人羡慕。但也许会使人产生一种错觉：改革还有那么紧迫重要吗？改革还有更大的空间舞台吗？改革攻坚克难的方向在哪里？习近平总书记曾经指出："现在，改革矛盾多，难度大，但不改不行。我们要拿出勇气，坚持改革开放正确方向，敢于啃硬骨头，敢于涉险滩，既勇于冲破思想观念障碍，又勇于冲破固化利益藩篱，做到改革不停顿，开放不止步。"

与当年"杀出血路"一样，真刀实枪推进改革，是新一届中央领导集体的执政风格。党的十八大以来，我国在政治、经济、社会等各个领域改革，果断"亮剑"，稳抓稳打。十八届三中全会列出了60项改革任务，已经实质性地启动了39项，如：发展混合所有制经济，合理确定国企管理人员薪酬水平，提出消除地区封锁打破行业垄断，明确将宅基地和集体建设用地使用权确权登记发证纳入不动产统一登记制度，提出进一步推进新股发行体制改革的意见，提出推进户籍制度改革意见，加快自由贸易区建设——改革举措密集推出，逐一落实，形成一波接一波全面推进的良好态势。这次，又审议通过了《关于推动传统媒体和新兴媒体融合发展的指导意见》、《党的十八届三中全会重要改革举措实施规划（2014—2020年）》、《关于上半年全面深化改革工作进展情况的报告》。可以说，中央全面深化改革领导小组召开的四次会议，无不就国家改革开放的重大问题，提出重要意见，作出明确部署，既有施工图，又有总台账，改革路径、成果形式、时间进度，一目了然，催人奋进。

世界变化日新月异、民众期待越来越高。从这个意义上说，要跟上人民群众的迫切愿望，要与转型期的风险赛跑，与解决问题的时间窗口赛跑。我们必须克服"改革疲劳症"，防止"改革疑虑症"，敢于啃硬骨头，敢于涉险滩，牢牢把握改革主导权，始终掌握发展主动权。

上世纪80年代末，冷战结束后，一位叫福山的日裔美国人，曾武断地宣告，"历史终结了"。现在看来，只有"历史终结论"终结了。发展永无止境，改革未有穷期。只要坚持改革不停顿，开放不止步，中国特色社会主义一定能不断焕发生机活力，中国梦就一定会变为美好现实。

| 2014年8月21日 |

在豪迈与清醒中更坚定走好自己的路

今天是人民共和国的 65 岁华诞。在昨天的庆祝招待会上，习近平总书记发表了激情洋溢的重要讲话。三千来字的讲话，如同一篇向中华民族伟大复兴的中国梦继续进军的铿锵宣言，引人向上、催人奋进。而讲话所折射出的那一种豪迈与清醒，更是对当下中国所处历史方位的准确把握。

正如习近平总书记所指出的，65 年前新中国的成立，使"经历了近代以来 100 多年苦难斗争的中国人民，终于迎来中华民族浴火重生的曙光"。而今天，"一个充满生机的中国，一个充满希望的中国，已经巍然屹立在世界的东方"。这 65 年的天翻地覆，不由得不我们不感慨万千。在人民共和国 65 岁生日之际，回首 65 年来我们所走过的曲折而又愈见壮阔的路，回溯 93 年来中国共产党带领人民为缔造人民共和国而浴血奋战的英雄史诗，上溯至 1840 年以来无数仁人志士所念兹在兹的夙愿和梦想，不由得我们不豪迈。

65 年弹指一挥间，然而"中国人民在这个时间段内，创造了波澜壮阔、惊天动地的历史"。这个创造就体现在中国道路的开拓，为我们民族的伟大复兴"提供了重要制度保障"，也为"人类社会走向美好未来提供了具有充分说服力的道路和制度选择"；就体现在经济实力、综合国力的跨越，使"中国彻底抛掉了'东亚病夫'的帽子，而且为人类战胜贫困、为发展中国家寻找发展道路提供了成功的实例"；就体现在中国人民秉持中华道统和价值准则，提升了国际地位，维护了世界和平，促进了"世界力量平衡"。面对我们所创造的历史、所为之奋斗的梦想，我们怎能不自豪？怎能不比以往任何时候都更自信、更有底气？

今日之中国，再也不是那个任人欺侮、积贫积弱的旧中国，再也不是那个军阀混战、生灵涂炭的旧社会,同样也早已告别那个刚接手时一穷二白、百废待兴的新中国。今天的中国,不仅经济总量稳居世界第二,人民生活水平稳步提升,国际地位也早已今非昔比。在改革开放36年来不懈追梦之旅中,中国已然步入世界舞台中央,已成为世界格局中不可忽视的和平与发展的力量。这就是为什么习近平总书记一连用了三个"65年来"深刻地概括我们所取得的巨大成就。65年来的辉煌历史,诚如总书记所感慨的:"回首往事,我们更加清晰地感到,中华人民共和国的成立,不仅是中华民族发展史上的一个伟大事件,也是人类发展史上的一个伟大事件。"

这65年,是光荣与梦想的铸就与放飞。它前承1840年以来的上下求索,后启一个伟大民族的宏阔远景。中国人民仅仅用了65年特别是改革开放以来的36年,就用自己的勤劳和智慧破解了中国现代化进程中的一系列难题,探索了一条迥异于西方现代化路径的中国道路。如果说中国人民了不起,那么这65年的奋斗、实践与创造,就是真正的了不起。这个了不起,也正是我们可以告慰所有为梦想而奋斗、而牺牲的仁人志士、革命先烈、老一辈领导人、一切英雄模范和先进人物:"他们信仰的理想正在实现,他们开创的事业正在继续,他们书写的历史必将由我们继续书写下去。"

然而,中国人民备感豪迈和自信,但决不会自大和自满。我们比以往任何时候都更接近民族复兴的梦想,我们也比以往任何时候都更加清醒、冷静。中国人民深深懂得,"行百里者半九十"、"逆水行舟用力撑,一篙松劲退千寻"。人民共和国的航船正在破浪前行,但前方的未知海域,还有诸多不确定性,也必定会面临各种艰难险阻。面对可以预见和难以预见的各种艰难险阻,在战略上要藐视,在战术上要重视。习近平总书记在讲话中强调的"八个面向未来",就是我们战胜各种艰难险阻、铸就人民共和国更大辉煌的战略战术。

我们已经走了65年,距离那个梦想的彼岸还有35年。我们已经取得了骄人的业绩、开拓了成功的道路。只要我们坚定地走好中国道路,办好自己的事情,使任何力量都无法阻挡我们前进的步伐,那么,在人民共和国100周年的那一刻,我们就将站上一个更新更高的起点。

| 2014年10月1日

百年梦圆看今朝

时序更替，寒暑易节。有一个富有梦想色彩的特殊日子值得国人停下脚步、共同铭记：两年前的 11 月 29 日，习近平总书记率领新一届中央政治局常委在国家博物馆参观《复兴之路》展览时，首次为"中国梦"标定了注脚——"实现中华民族伟大复兴，就是中华民族近代以来最伟大的梦想。这个梦想，凝聚了几代中国人的夙愿，体现了中华民族和中国人民的整体利益，是每一个中华儿女的共同期盼。"自那天起的 700 多个日日夜夜里，中国的每一个清晨都凝聚着追求梦想的力量，每一个傍晚都饱含着百年梦圆的希冀。

"以史为鉴，可以知兴替。"只有将中国梦放在中国近代史百年沧桑的坐标系之中，我们才能真正领会到习总书记在新时期提出中国梦的深刻内涵。100 多年前，当心怀强国梦想，企图通过变法维新实现民族自强的谭嗣同喊出"我自横刀向天笑，去留肝胆两昆仑"时，他的内心无疑是痛苦而无奈的——腐朽落后的封建势力自身难保，又何谈实现强国梦？还是 100 多年前，民主革命先行者孙中山同样心怀民族独立、国家富强的梦想，然而先天不足的民族资产阶级始终无法承担起如此艰巨的重大使命。弥留之际仍惦记民族命运的孙中山只能遗憾地留下诸如《建国方略》这样的空想。

"登山不以艰险而止，则必臻于峻岭。"实现民族复兴的中国梦的接力棒最终历史性地传到了中国共产党的手上。共产党人用 93 年艰苦卓绝的斗争和披荆斩棘的建设，让中国一跃成为世界第二大经济体，综合国力空前提高。与此同时，迅速崛起的中国也开始要面对越来越多的挑战与机遇。站在挑战与机遇并存的十字路口，我们将要向何处去？这是一个急迫需要回答的问题。

伟大的事业必然需要伟大的梦想来指引。习总书记在履新之初提出的中国梦，正是适时回应了新时期关于方向的问题。中国梦的提出，让中华巨轮明确了航向，鼓足了动力。

"道虽迩不行不至，事虽小不为不成。"以习近平为代表的中国共产党人没有让中国梦停留于空想，而是在这两年里以"踏石留印、抓铁有痕"的勇气和毅力，一步一个脚印地带领中国人民开始了筑梦之旅。

"中国梦归根到底是人民的梦，必须紧紧依靠人民来实现，必须不断为人民造福。"过去两年，中华大地自上而下的一系列新变化新举措都紧紧围绕着"人民"二字。单独二孩、废除劳教、公车改革、户籍改革、简政放权、财税改革等一系列的改革举措，几乎每个月都能让人眼前为之一亮。在聚焦改革、释放活力的同时，作为筑梦者的中国共产党深知"打铁还需自身硬"的道理，积极开展了群众路线教育实践活动和"老虎苍蝇一起打"的铁腕反腐。群众路线教育实践活动对群众深恶痛绝的"四风"问题进行了系统而全面的涤荡，收到了扎扎实实的效果。而一系列"大老虎"的落马，一批批"小苍蝇"的落网，则让政风为之一新，民心为之一振。

为了保障中国梦能够平稳有序地逐步实现，最近召开的十八届四中全会更是前所未有地标定了法治中国的新方向。这势必将让公平正义的法治之光照耀中国的每一寸土地，让每一个普通中国人都能够自由平等地追求自己的梦想。越来越多的普通民众开始感叹，发展与改革的成果正春风化雨般一点一滴地落实在了自己眼前：去政府部门办事越来越简单便捷了，经商创业的环境越来越开放包容了，日常工作生活越来越有尊严和自信了。

这两年来，通过对党和政府为实现中国梦而作出努力的见证与认可，无论是象牙塔里的青年学生还是写字楼里的上班族，无论是经历丰富的中年人还是饱经沧桑的老年人都开始亲切称呼习总书记——"习大大"。当今中国民众发自内心对领导人的爱戴甚至让不少曾经戴着有色眼镜看中国的外国记者开始发出由衷的赞叹。一个又一个普通中国人的梦想成真开始以事实印证了习总书记的话，"有梦想有机会有奋斗，一切美好的东西都能创造出来"。

"中国梦与世界各国人民的美好梦想都是相通的"。为了让世界大家庭成员与中国一道筑梦、圆梦，习总书记在过去的两年里几乎走遍了五大洲四大洋，在世界各地都留下了中国梦的印记。在亚洲，"一路一带"伟大构想正逐步走向现实，造福邻邦；在非洲，中非延续传统友谊，谱写合作新篇；在欧洲，习近平向欧洲成功展现了中国和平、文明、可爱的"醒狮形象"；在美洲，中国跨洋握手，与美国构建新型大国关系，与拉美发展中国家共话发展蓝图。这两年，中国用"高铁外交"、"夫人外交"、"主场外交"等一系列方式让越来越多的国家感受到了中国梦和平、发展、合作、共赢的积极内涵，也让越来越多的国外民众理解、支持中国的和平发展。可以说，从深度斡旋地区热点问题到积极应对埃博拉疫情，中国已经成功地用实际行动让植根于人类命运共同体的中国梦深入人心。

回望古今，放眼世界，世界上少有一个国家有像中国梦这样立足自身，兼济天下的伟大梦想。中国数千年的文明史，"梦想"二字其实始终贯穿其中。从孔子的"天下大同"到张载的"为万世开太平"，再到近代国人救亡图存的"民族独立，国家富强"，都承载了一代又一代中国人追求梦想的渴望。在这个意义上说，今天的中国梦可谓继往开来、承接古今，实现了空间与时间上的空前对接。我们既期望通过自己的努力让自己的人民享受到更好的生活，拥有更富强的国家；还希望通过自己的付出让世界其他国家共享发展红利。这种胸怀，这种担当，理应获得世界的赞许。

过去两年的事实已经证明，梦想的力量是无穷的。始于 2012 年 11 月 29 日的"中国梦纪元"已经悄然开启，百年梦圆，还看今朝。我们坚信，在未来追梦、筑梦直到圆梦的日子里，只要继续坚定中国道路、发扬中国精神、凝聚中国力量，实现民族伟大复兴的中国梦就一定会早日实现！

| 2014 年 11 月 26 日 |

从历史深处走来的自信

习近平总书记 24 日出席纪念孔子诞辰 2565 周年国际学术研讨会暨国际儒学联合会第五届会员大会并发表重要讲话。党的总书记亲自出席纪念孔子诞辰的学术大会,这在共产党执政历史上前所未有。从去年 11 月参观曲阜孔庙并发表讲话,到今年"五四"到北京大学看望中华孔子学会会长汤一介,习近平总书记这三次特殊的大动作饶有深意,值得认真解读。

今天重提孔子,纪念和讨论孔子,绝不是简单地"尊孔崇儒",而是时代发展的需要。今天的中国越来越为世人瞩目,中国的道路,中国发展的模式,越来越被人们赞扬着、检验着、挑剔着。中国要建设中国特色社会主义,走自己的发展之路,其文明传承、文化源头是什么?习近平总书记在纪念大会上的讲话明确指出,包括儒家思想在内的中国优秀传统思想文化,体现着中华民族世世代代在生产生活中形成和传承的世界观、人生观、价值观、审美观等,其中最核心的内容已经成为中华民族最基本的文化基因,是中华民族和中国人民在修齐治平、尊时守位、知常达变、开物成务、建功立业过程中逐渐形成的有别于其他民族的独特标识。这样的独特标识在历史深处发光,从遥远的历史走来,其优秀精华是实现中国人自己强国梦想的思想根源之一。

在人类数千年历史中,哲人圣贤灿若繁星。所有那些先辈大师留下的思想,构成人类共同的文化文明财富。不存在哪个文明是"中心",哪种文化更"优越"的说法。正如习近平总书记所说,不同国家、民族的思想文化各有千秋,只有姹紫嫣红之别,而无高低优劣之分。习近平总书记强调应该维护各国各民族文明多样性,尊重各国各民族文明。同时,他十分看重包括儒家思想在内的中国优秀传统文化中蕴藏着的解决当代人类面临的难题的重要启示。在解决当今世界贫与富，战争与和平，物欲追求与道德精神的重建，人与自然关系的协调等等难题的过程中，中华文明一定能够对人类文明进步作出更多更大的贡献。

对孔子和儒家思想的这样一种理解和认识，毫无疑问是文化自信的重要体现。以往百多年，中国人民在争取国家独立、民族解放的奋斗过程中，苦苦追寻着那些能够指引我们前进的理论思想，也确实从人类已有的思想中学习借鉴了许多。中国人以特有的谦逊，不断学习，不断容纳。今天，我们比以往更加自信。我们的自信在于，在虚心对外学习的基础上，我们正在努力发掘中国优秀传统文化中的丰富哲学思想、人文精神、教化思想、道德理念等。这其中包含着的极大智慧，是取之不尽、用之不竭的巨大宝库。

中华文明是世界上最古老的文明之一，也是世界上持续时间最长的文明，中国作为中华文明的承继者，又是正在迈向现代化强盛目标的世界大国，这个事实本身就说明了中华文化的巨大魅力。一个世界大国强国，既要有硬实力，又要有软实力。而软实力的构建与形成，绝不能是无源之水、无本之木，必须有自成体系的思想根源，有可以延续的民族文化血脉，有深嵌于人民心中的民族文化基因，中国当之无愧具备这样的基因。习近平总书记站在文化大战略的高度，提出坚持古为今用、以古鉴今，善于把弘扬优秀传统文化和发展现实文化有机统一起来、紧密结合起来，在继承中发展，在发展中继承，坚持有鉴别的对待、有扬弃的继承，努力实现传统文化的创造性转化、创新性发展的全新重要观念。这种对待文化传统的科学求实精神，这种从优秀传统文化沃土之中汲取资源，寻找启迪，将优秀传统文化与治国理政融合起来的理念，既是他对中国发展道路的准确把握，也必将赢得国人的强烈共鸣和高度赞同。

作为一个独特的符号，孔子和儒家思想的特殊性不仅在于其学术价值，还在于其在历史上曾经屡遭质疑和批判。因此，在今天重新纪念孔子，重新讨论儒家思想，需要巨大的政治勇气，也充分体现出习近平总书记对传统文化的深刻认识，以及深厚的文化底蕴和醇熟的政治智慧。

| 2014 年 9 月 25 日 |

全球祭孔 追慕"和"的世界秩序

今天,是孔子诞辰2565周年纪念日,也是全球祭孔日。在这一天临近之际,不少国家都开始自发祭典孔子。用祭典这种很具有中华文化特色的方式,在孔子诞辰之际来表达对孔子的追慕之情,本身就是一种文化的力量。

据载,早在周朝的时候,学校每年四季释奠于先师,以表尊师重道之意。而孔子这位中国第一位私人教师,以创立儒家学说、培育三千弟子七十二贤人而著称于世。在孔子逝世后的第二年,诸侯即开始祭孔,绵延两千多年至今。祭孔不仅成为中华民族的自发行为,也成为许多国家的文化行动。这从一个侧面深刻表明,孔子创立的儒家学说以及在此基础上发展起来的儒家思想,不仅对中华文明产生深刻影响,也对人类文明进步产生重大作用。

为什么在人类文明、社会发展水平与2500多年前不可同日而语的今天,世界还在怀念这位圣人贤者?显然,孔子能够生存于今天世人的心中,最根本的还在于他的思想在今天仍然具有蓬勃的生命力。那么,2500多年过去了,为什么孔子的思想能够穿越漫长的历史尘埃,凸显其不朽的价值?

1988年,75位诺贝尔奖得主在巴黎集会,呼吁全世界:"人类如果要在21世纪生存下去,就必须回到2500年前,去孔子那里汲取智慧。"这为我们观察全球祭孔现象、孔子热等提供了一个鲜明的现实视角。

尽管21世纪的这十几年进程表明,世界挥别了20世纪上半叶那样的战争与杀戮,但局部战争、贫困饥饿,仍不时令世界惊魂;尽管人类的进步与古代世界远远不在同一个层次,但是人们所面临的诸多困境如贫富差距持续扩大，物欲追求毫无节制，个人主义恶性膨胀，社会诚信不断瓦解，伦理道德每况愈下，人与自然关系日趋紧张……如此等等，依然困扰着人类自身。

毫无疑问，早在2500多年前，孔子就以其深邃思想和穿越历史的洞察力回答了这些问题："己所不欲，勿施于人"、"君子和而不同"、"四海之内皆兄弟也"……这些至今仍闪耀着哲理光辉的睿语，依然给今人以启迪。而儒家学说乃至儒家思想，更早已为世界秩序描绘了一幅和谐有序的生活图景。

事实上，从孔子学说这个重大思想源泉出发，中国优秀传统文化博大精深，对解决人类的诸多问题和难题提供了重要启示。在纪念孔子国际学术研讨会暨国际儒学联合会第五届会员大会开幕会上，习近平总书记一口气概括了15个方面的丰富思想，认为可以为人们认识和改造世界提供有益启迪，可以为治国理政提供有益启示，也可以为道德建设提供有益启发。而这些丰富思想的核心就是"和"。这个"和"的一个重要源泉，正是孔子。

可以说，"和"是中华文化的元点，又是贯穿中华文明的主线。从"和"而来，向"和"而去，生发出中和、泰和、求同存异、和而不同、和谐相处等诸多理念，从而与世界各国民众的内心同频共振，为重构当今世界秩序提供了最佳方案和路径。今天，从全球祭孔，到孔子所倡导的诸多理念深入人心，不正表明人们内心里追慕的正是"和"的世界秩序么？有"和"才有可持续发展，有"和"才有幸福的生活，有"和"才可能如海德格尔所吟哦的"人，诗意地栖居"。

在联合国教科文组织总部大楼前的石碑上，有一句用多种文字镌刻的话："战争起源于人之思想，故务须于人之思想中筑起保卫和平之屏障。"祭典孔子，追慕和平，世界就一定能步入良性的秩序，各国人民也一定能有自己幸福的家园。

| 2014年9月28日 |

为人民放歌文艺才有旺盛生命力

72年前的1942年5月，延安文艺座谈会上，"我们的文学艺术都是为人民大众的"，毛泽东同志一篇两万多字的讲话，开启了中华文化的一个新时代。

72年后，习近平同志在京主持召开文艺工作座谈会，"坚持以人民为中心的创作导向"，文艺创作的价值导向一以贯之。

历史进程表明，自从确立了以人民为中心的文化发展道路后，中国人民的精神面貌焕然一新，中国历史的进步汇聚了巨大精神动力。历史深刻告诫，为人民抒写、为人民放歌，中华民族才能在实现伟大复兴的征程上奏响激昂雄浑的乐章。

正如习近平总书记在纪念毛泽东同志诞辰120周年座谈会上的讲话中所说，"中华民族5000多年的文明史，中国人民近代以来170多年的斗争史，中国共产党90多年的奋斗史，中华人民共和国60多年的发展史，都是人民书写的历史"，文化只有以人民为中心，为人民抒写、为人民抒情、为人民抒怀，才能顺应历史的规律，切准时代的脉搏，也才能具有旺盛的生命力。离开了人民，文化就成了无源之水、无本之木，就不可能为历史提供前进动力。

应当看到，在文化发展和文艺创作实践中，文化容易陷在个人的杯水风波中，容易沉浸在小众的低唱浅吟中，容易落入冥想玄思的窠臼中。这样的文化作品，其外形或华丽绮迷，其声调或曲婉堪怜，但终究是脱离了人民大众的主调，远离了社会公众的情感，既不能为时代留声，也不能为进步聚能。不能参与到历史与时代的浪潮中，不能表达亿万人民的喜怒哀乐，不能为亿万人民所喜爱，文化的生命力就必然会枯竭。只有与人民的心灵同频共振,只有与人民的情怀同声相应,文化才能成为人民的精神家园,人民也才愿意为这个家园而打理、而守望。这正是习近平总书记所强调的:"人民是文艺创作的源头活水,一旦离开人民,文艺就会变成无根的浮萍、无病的呻吟、无魂的躯壳。能不能搞出优秀作品,最根本的决定于是否能为人民抒写、为人民抒情、为人民抒怀。"

文艺并不能自然而然地走进人的内心,起到化人的作用。唯有那些真诚热爱人民的人、将心比心、以心换心的人,他的作品才会有心灵的穿透力,引人民共鸣。"为什么我的眼里常含泪水?因为我对这土地爱得深沉",有这挚热的爱,才会写得出深沉的作品,才能经得起人民和历史的检验。正因此,习近平总书记对文艺工作者们发出深情的呼唤:"始终把人民的冷暖、人民的幸福放在心中,把人民的喜怒哀乐倾注在自己的笔端";"自觉与人民同呼吸、共命运、心连心,欢乐着人民的欢乐,忧患着人民的忧患,做人民的孺子牛。"

没有文化的支撑,任何一个民族的发展都不会持久;不以人民为中心,任何一个民族的文化都不会兴盛。始终坚持以人民为中心的创作导向,写尽人民的情怀与梦想,中华文化必定迎来大繁荣大发展的新局面,也一定以傲人的姿态在人类文明史上写下新的辉煌。

| 2014 年 10 月 16 日 |

界定新常态　谋求新发展

中国经济发展进入了一个新常态。这一表述，一段时间为人们耳熟能详。但它的准确含义，以及内蕴的政策指向，还不为人们所清楚了解与把握。刚刚结束的中央经济工作会议，习总书记所作的重要讲话，对之进行了深入浅出、内涵丰富的解读，从而使人们可以很好把握进入新常态的中国经济特点，并展开相关谋划，以期有效推进中国经济的持续、稳定和协调性发展。

习总书记在讲话中，将中国经济的新常态特征，明确概括为九个方面。这九个方面，也可以被理解为九个转变：一是消费需求上，从模仿型排浪式消费阶段向个性化、多样化消费转变。二是投资需求上，从传统产业相对饱和向基础设施互联互通以及新技术、新产品、新业态、新商业模式的转变。三是出口和国际收支上，从出口导向向高水平引进来、大规模走出去同步发生转变。四是生产能力和产业组织方式上，产业结构向复杂化转变，产业组织新特征凸显。五是生产要素上，从要素规模驱动力向经济增长将更多依靠人力资本质量和技术进步转变。六是市场竞争上，从数量型、同质化向质量型、差异化转变，全国统一市场、资源配置效率成为经济杠杆。七是资源环境约束上，从粗放型发展向绿色低碳循环发展新方式转变。八是经济风险积累和化解上，从风险可控向风险总体可控，但化解以高杠杆和泡沫化为主要特征的各类风险需要着重应对转变。九是资源配置模式和宏观调控方式上，从政府主导催生的产能过剩，向发挥市场机制作用转变。这是对中国经济新常态最为全面、准确的概括，既具有很高的学术含量，更具有明确的实践导向。

中国经济的新常态，不是中国经济的新困境，而是中国经济的新处境。中国经济发展由此呈现出作别粗放型、高代价、低收益的发展模式，进入创新型、低成本、高收益的发展模式。这是中国经济产业升级换代、结构优化调整、收益明显改善的鲜明体现，也是中国经济发展进入高级阶段的明显标志。因此，推动中国经济的可持续发展，不仅需要从近一两年的时段进行及时谋划，以保证中国经济维持固有优势，克服暂时困难，而且需要从全局上、大战略来谋划中国经济的高端、长期发展。

习总书记在中央经济工作会议的讲话，对新常态下中国经济的战略谋划进行了系统勾画，在经济观念、体制建构、方法意识和举措安排几个方面，作出了深刻论述。"面对我国经济发展新常态，观念上要适应，认识上要到位，方法上要对路，工作上要得力。"因此，可以确信，"经济发展进入新常态，没有改变我国发展仍处于可以大有作为的重要战略机遇期的判断，改变的是重要战略机遇期的内涵和条件；没有改变我国经济发展总体向好的基本面，改变的是经济发展方式和经济结构"。这种改变的必要性与重要性，不言而喻。

正是在这些转变的基础上，中国经济新常态下谋求新发展的经济愿景规划的轮廓，系统呈现在人们的面前："中国经济正在向形态更高级、分工更复杂、结构更合理的阶段演化，经济发展进入新常态，正从高速增长转向中高速增长，经济发展方式正从规模速度型粗放增长转向质量效率型集约增长，经济结构正从增量扩能为主转向调整存量、做优增量并存的深度调整，经济发展动力正从传统增长点转向新的增长点。认识新常态，适应新常态，引领新常态，是当前和今后一个时期我国经济发展的大逻辑。"在新常态下对新发展的谋划，就此奠立了中国经济可持续发展的战略基础。实现相关转变，也就等于实现了中国经济发展的现代化目标，这必然使今年中央经济工作会议载入中国经济发展的史册。

|2014年12月15日|

科学把握依宪执政的内涵与界限

中共十八届四中全会明确指出,坚持依法治国,首先要坚持依宪治国、依宪执政。对此,需要从国家治理体系与治理能力两个方面加以全面、准确和科学的理解。

坚持依宪治国,解决的是中国作为一个稳定有序的现代大国,国家领导权的归属与运行方式问题。现代国家的治理,无论是就人心而言,还是就政治来看,都需要有一个公民个人、社会机构和政治组织都认同的国家基本法规。这个基本规则,就是宪法。在治国过程中,从个人到组织,都应当服从旨在维护国家秩序的现行宪法的规定。宪法解决了国家权力属于人民的权力归属问题,解决了国家机构的设置及其权限和行使方式问题,解决了依照宪法基本精神推动国家顺畅运转的基本机制。依宪治国,便体现为习近平总书记所强调的"奉法者强则国强,奉法者弱则国弱"的状态。由此彰显的法治国家基本逻辑是:依宪治国则国治,违宪治国则国乱。

坚持依宪执政,解决的是执政权力归属和行政方式的问题。在一个现代国家,究竟由谁掌握国家行政权力,是一个由现行宪法明确规定的事务。执政权不能随意变更。否则,执政权就会变成完全没有责任规定的任意变更和随意掌控,治国理政的过程,就是一个接一个的灾变过程。一个依照宪法执政的政党组织,就此具有了执掌国家行政权力的责任与义务。在具体行政的过程中,依照宪法是为宗旨;在处置各种公共事务中,遵守宪法是为核心;在应对日常行政程序的时候,恪守宪法是为关键。

依宪执政,要求掌控国家权力的政党组织和社会公众,都必须严格将自己的言行约束在宪法规定的范围内。一方面，树立起宪法的权威观念。像习总书记指出的那样，"宪法是国家的根本法，是治国安邦的总章程，具有最高的法律地位、法律权威、法律效力，具有根本性、全局性、稳定性、长期性。……任何组织或者个人，都不得有超越宪法和法律的特权"。

另一方面，确立恪守宪法的根本观念。像习总书记强调的那样，"维护宪法权威，就是维护党和人民共同意志的权威。捍卫宪法尊严，就是捍卫党和人民共同意志的尊严。保证宪法实施，就是保证人民根本利益的实现"。

再一方面，坚决按照宪法规定行使各项国家权力，落实宪法确定的各项国家权力，让权力的规范运行造福人民。像习总书记着重指出的那样，"我们要全面落实依法治国基本方略，坚持法律面前人人平等，加快建设社会主义法治国家，不断推进科学立法、严格执法、公正司法、全民守法进程。要深入推进依法行政，加快建设法治政府"。

与此同时，依宪执政，必须对漠视、削弱甚至破坏宪法的言行，进行有效的治理甚至惩罚，这样才会收到依宪执政的可靠效果，鼓励全国人民尊重宪法、谨守宪法、实施宪法，让国家真正运行在宪法的有序轨道上。

依宪执政，是所有现代国家趋同的政治选择。但并不等于说不同国家的依宪执政，就必然显现出面目完全一样的政体状态。西方宪政，也是一种依宪执政的状态。它的出发点也是人民主权。但它在约束国家权力的安排上，并不重视执政者、法治规则与人民意志的高度统一。而只是强调国家权力的分权制衡、轮流执政、集团分利。这样的制度，也许是适应西方国家的特殊情形建构的一种政体形式。但它并不适应所有国家的执政需要和客观情况。

中共十八届四中全会高度重视的依宪执政，也是一种规范国家权力的政体安排。但不是一种从低端考虑的、疑惧权力作为的消极性设限制度，而是一种基于反映了执政党的领导权、人民当家作主和依法治国高度统一的、鼓励国家权力为人民谋求福利的积极的制度安排。在这里，依宪执政的中国共产党，不是围绕权力起舞的私利组织，而是以其执掌国家权力的宪法地位，严格按照宪法程序治国理政的政治组织。这就保证了它一定是在宪法精神、宪法制度和宪法程序之下执掌国家权力的政党。因此，对它的消极设限，意义就降低了；而对它的积极作为，动力就增强了。

在这个意义上，依宪执政，不是西方的宪政。这是一条需要重视的制度基本差异。

| 2014 年 10 月 23 日 |

反恐怒吼　万众同声

习总书记首访喀什体现对南疆问题的重视

4月27日至30日，习近平总书记对新疆进行考察。27日，总书记考察的第一站是喀什。这是中国最高领导人第一次亲临喀什。不少媒体把这看成意在强调反恐，"总书记亲赴反恐前线"，这恐怕是一种误读。习总书记首访喀什，实际上体现出对南疆问题的重视。

去年12月19日，中央政治局常委会讨论新疆问题，习总书记发表了重要讲话，提出了新疆治理的重要理念和方法，强调要把南疆问题从整个新疆问题中突出出来。南疆是新疆自然环境差、经济社会发展落后、社会稳定形势相对严峻的区域。南疆虽然面临更多的反恐方面的压力，但是反恐并不是南疆问题的全部。

总书记在喀什不仅视察了部队、派出所，也走访了学校和居民家庭，对农村发展、双语教育、就业、群众生活等问题非常关心。总书记在南疆五地州负责同志座谈会上说："要切实解决好各族群众面临的教育、社保、住房等问题，解决好群众反映强烈的水、路、电、气等突出问题，认真帮群众办实事、解难事，使民生工程真正成为民心工程。"反映出总书记对南疆社会发展和群众生活水平的高度关注，而这些问题的解决，正是从根本上消除暴力恐怖滋生土壤和生存空间的途径。

总书记此次在新疆考察的范围很广，可以看出，习总书记这次新疆考察的重点是维护新疆长治久安和社会稳定，视察的点都是有关社会发展和维护稳定的。对部队和派出所、兵团的视察体现出对反恐的坚定态度，总书记强调："对残害生命、穷凶极恶的暴力恐怖活动，要高举法治旗帜，保持严打高压态势，出重手、下重拳，先发制敌，坚决把暴力恐怖分子的嚣张气焰打下去，以震慑敌人、鼓舞人民。"视察学校时，总书记强调要办好双语教育,不仅是有利于就业而且可以促进民族团结,同时要求汉族教师也要学好维吾尔语。

这次考察中,总书记提出了一些对新疆的发展具有重要意义的政策思路,如"发展二、三产业,开发项目、建设重点工程,无论谁投资,都要注重增加当地群众就业,促进当地群众增收"。这对于促进当地群众从本地经济发展中充分受惠具有重要意义。

总书记提出要通过抓发展、惠民生,让群众有事干、有钱挣、有盼头,不断增强党在各族群众中的凝聚力,不断增添爱国爱疆正能量。明确了抓发展的目的是让群众得到实惠,是不断提高群众的生活质量和生活期望,这是实现新疆稳定的基础。

习总书记在听取新疆维吾尔自治区党委和政府工作汇报时,要求"对长期在新疆工作的干部特别是基层优秀干部,要在职务职级晋升、住房、津贴、个人和家庭安全等方面制定有关政策"。这对于基层尤其是南疆的干部来说是个大好消息,他们一直在呼吁和盼望国家制定此类政策。

总书记提出要加大少数民族干部培养力度,对经过实践检验是思想作风正派、对党忠诚、能力较强的少数民族干部,积极培养、放手使用。这对于新疆的广大少数民族干部是很大激励,既提出了要求,也给予了施展才能的机会和平台。

|2014年5月2日|

恐怖袭击休想改变我们的生活方式

4月30日，距离3月1日昆明恐怖袭击案件仅一个多月，新疆首府乌鲁木齐市再次发生严重暴力恐怖袭击案件。事件造成3人死亡，79人受伤。案件于下午7点乌鲁木齐下班高峰时段发生。多位市民在现场目击袭击和爆炸，事件现场图片和目击者描述在半小时内通过微信和微博等在乌鲁木齐市民当中传开。

此次案件同昆明事件如出一辙，都是在闹市人员密集地区发动袭击。乌鲁木齐火车站是新疆首府的地标性建筑，见证了乌鲁木齐几十年的沧桑巨变，也承载着所有乌鲁木齐人对这座城市的情感和记忆。选择此处进行袭击，不但能实现杀伤效果的最大化，也能对乌鲁木齐市民造成重大的情感创伤。这次案件同昆明案件也有不同之处：1. 袭击者不是只持刀砍杀，同时还引爆了爆炸装置，这是袭击手法一个明显升级。2. 4月30日是国家主席习近平考察新疆行程的最后一天，选择在此时作案，不是简单的巧合，而是对中央政府赤裸裸的挑衅。这种泯灭人性的杀戮行为令人发指。

恐怖主义袭击，如果能够取得恐怖分子希望的效果，那么最重要一个指标，就是迫使新疆的普通人民改变自己固有的生活方式，比如因恐惧而减少出行，进而影响整体社会的活力。国务院新闻办2002年公布的数据显示，"自1990年至2001年，境内外'东突'恐怖势力在中国新疆境内制造了至少200余起恐怖暴力事件，造成162人丧生，440多人受伤"。在这些数字背后，是一个个新疆警察、干部、爱国宗教人士和普通百姓的生命。

乌鲁木齐是一座坚强的城市。1992年的公交车爆炸案件，1997年2

月25号的公交车连环爆炸案件，2009年的"7.5事件"，一次又一次考验了这座城市和这座城市里的人们。4月30日袭击发生以后，整座城市并没有恐慌和混乱，生活如同往常一样继续。人们通过手机和电话互相传递问候，配合警方的检查，无人恶意散布各类中伤和谣言。乌鲁木齐人深知和平和团结的重要，懂得在关键时刻用自己的行动来维护这座自己生活和依恋的城市，也更明白对恐怖分子最好的回答就是坚持自己的价值观和生活方式。

恐怖分子的图谋，在对乌鲁木齐火车站的袭击后再一次落空。乌鲁木齐人用自己的方式守护着自己的生活。当5月1日的第一缕阳光照进乌鲁木齐的时候，她变得更加坚强和有力。我们的生活方式和价值观念，绝对不会为恐怖袭击而改变！

|2014年5月2日|

新疆：从"边疆"到"中心"

近年来，随着国内和国际形势的变化，新疆议题越来越具有全国性的意义。无论是2013年国家主席习近平在哈萨克斯坦提出的"丝绸之路经济带"战略构想，还是2014年3月发生在昆明的恐怖袭击案件，新疆都首当其冲成为国家发展和安全战略的关键一环。与新疆有关的议题不再受到地理空间的局限，正在史无前例地从"边疆"走向"中心"。2014年4月27—30日，国家主席习近平来到新疆进行了为期四天的考察，正是新疆议题在全国"中心化"的体现。此次习近平来到新疆，四天时间里深入南疆基层广泛走访调研，除了传统的强调发展和改善民生内容之外，一些新的变化也体现出习近平在十八大之后治疆方略的轮廓。

首先，新疆工作的着眼点发生了微妙的变化。2010年第一次"新疆工作座谈会"以来，新疆工作强调的首先是"跨越式发展"。而此次习近平首先提到的是"以社会稳定和长治久安为工作的着眼点和着力点……为实现新疆跨越式发展创造条件"。在新疆的稳定问题已经对中国全局造成影响的情况下，新疆的稳定无疑对于内地改革开放和经济发展具有重要的意义。因此，新疆的稳定，不仅仅意味着一个区域的稳定，而是对中国改革和发展全局都具有重要影响的稳定。

第二，习近平此行专程考察了喀什地区的一所"双语学校"。"双语教育"是近年来新疆被受到外界诟病的众多新疆地方政策之一，其原因多种多样。这其中首要因素是快速推进的"双语教育"无法有效保证足够质量的师资。这个问题在乌鲁木齐这样的首府中心城市表现并不明显，因为少数民族的双语教师大都能够熟练掌握两种语言。但在南疆地区，部分维吾尔族双语教师无法有效使用汉语进行授课，导致学生维汉两种语言皆无法良好地掌握，成为家长不满的一个重要原因。此次习近平除了肯定汉语学习的重要性以外，还尤其叮嘱汉族教师要认真掌握维吾尔语，可以看作是"双语教育"现存问题的一个纠偏。

第三，南疆地区，由于过往多次发生的暴力恐怖事件，在外界眼中已然是一个基层管理混乱、非法宗教互动泛滥和暴力恐怖活动猖獗的地区。此次习近平一行深入南疆主要地区进行走访，呈现在媒体当中的，却是一个风平浪静的南疆。事实上，即使过往多次的暴力恐怖事件发生在南疆，该地区的总体状况已然是稳定的，基层治理也是有序和有力的。举例而言，喀什地区下辖的岳普湖县，过去三年来，没有发生一起"暴恐事件"。过往南疆问题多发的地区，多是流动人口巨大的县城或者是偏僻城乡结合部。很显然，考虑到南疆地区巨大的国土面积，不能因为个别地区出现了"暴恐事件"，就认为整个南疆都处于混乱无序当中。习近平此行，等于破除了"南疆混乱"这样一个媒体报道构建出来的"拟像"。

第四，新疆近两年来面临的首要问题，即是非法宗教活动和极端宗教思想泛滥。这和新疆地方相关部门由于理解认识偏差和体制束缚造成的应对不力有着一定关系。习近平此次着力强调要满足信教群众正常的宗教需求，以及充分发挥爱国宗教人士的作用。如何理解极端宗教思想并在此基础之上寻求应对之道，习近平此番表示，对于新疆创新宗教管理工作应该能够产生一定的助推作用。伊斯兰教，不仅仅是中国新疆一地的地方宗教，而是一个世界性和全国性的宗教。目前全国的穆斯林人口数量超过2000万，且分布在全国的每一个省份。全球化时代中国如何应对和伊斯兰世界的关系，如何面对内地广大穆斯林人口，新疆在此方面的探索和创新，对全国具有重要的借鉴意义。

第五，过去20年以来，困扰新疆地方治理的一个问题，是如何充分和有效发挥少数民族干部对本土社会文化了解的优势，并将其成功转化为现实的公共服务行为。少数民族干部，是新疆治理和发展当中重要的基础性力量。此次习近平新疆视察明确表示，"要加大少数民族干部培养力度，对经过实践检验是思想作风正派、对党忠诚、能力较强的少数民族干部，积极培养、放手使用"。2013年，自治区任命帕尔哈提·肉孜为和田县县委书记。习近平此番表示，可以看作是对积极培养和重用少数民族干部的肯定。

第六，2013年，习近平在哈萨克斯坦提出了建设"丝绸之路经济带"的战略构想。这一构想是对美国在东亚和南海战略的直接反应，也承载着未来深入推进国家改革开放和经济发展希望。在古丝绸之路沿线各个省份纷纷以多种形式响应此战略的背景下，习近平此次表示新疆应积极参与"丝绸之路经济带"的建设。的确，作为古丝绸之路的核心要道和毗邻中亚诸国的关键省份，新疆如何参与将直接决定"丝绸之路经济带"能否成功建成。建设"丝绸之路经济带"不仅仅是重新恢复往日西部贸易辉煌的一个简单举措，还是中国21世纪中亚地区战略关键环节。近日，国务院总理李克强明确表示要加强"丝绸之路经济带"与"长江经济带"和"海上丝绸之路"三大跨区域经济带的对接，此举明确显示了新疆对于国家全局经济发展尤其是对于中西部经济发展的重要地位。

第七，2014年，美国和北约即将撤出阿富汗。目前阿富汗塔利班正在加紧夺权的准备，美国撤军以后的阿富汗局势尚不明朗。但是塔利班极端组织在阿富汗和巴基斯坦地区卷土重来，势必对新疆的周边安全形势带来更大压力。事实上，在路透社3月的一篇报道里提到，巴基斯坦塔利班的据点，已经越来越接近中巴边界地区，而巴基斯坦同喀什地区接壤。习近平此次南疆考察专程赶往喀什，并指出喀什是反对恐怖主义的前沿阵地，体现出对2014年后南亚局势的担忧。因此新疆，尤其是南疆地区，成为中国抵御国际恐怖主义威胁的第一道屏障。

2014年的新疆，注定不平凡。4月30日，习近平结束新疆考察以后，央视《新闻联播》用22分钟的时间深入报道此次考察。这无疑昭示了新疆，已经从地理上的"边疆"，走到了国家战略的中心位置。新疆，面临前所未有的历史机遇。

| 2014年5月3日 |

习主席新疆考察展现"铁汉柔情"

近日,国家主席习近平赴新疆进行了为期四天的考察。这是十八大后习主席首次来到新疆,他的一句"最美还是我们新疆"展现出的真挚情感,一下子打动了无数关心、热爱这片土地的人。"习大大终于来新疆了!新疆人民看到希望了!"名为"姐不是缪斯"的网友这样欢呼。

村民家中听民声,走进学校问"双语",练兵场上看演习——习主席视察新疆,既发出"不辞长作新疆人"的感慨,又提出对付暴力恐怖犯罪分子要"出重手、下重拳"的指示,展现出"柔情铁汉"之风貌,赢得网民一片"点赞"。

所谓"柔情",体现在对人民的关爱,聆听民众的心声,与人民永远在一起。

"与人民心心相印"、"与人民同甘共苦"、"与人民团结奋斗"——这是习近平的一贯要求。人们记得 2012 年 11 月他在当选中共中央总书记后同中外记者见面的演讲中,19 次提到"人民"二字。

到国内任何地方考察,习主席都爱到百姓家坐坐,这次到新疆,他来到村民阿卜都克尤木·肉孜家,高兴地戴上维吾尔族小花帽,成为铭刻人心的经典一幕。习近平还察看了起居室、厨房、牛羊圈、果园和农机具,同乡亲们围坐拉起家常,一起听村民演奏维吾尔族传统乐器艾吉克拉。

"柔情"体现在关注民生,让老百姓都过上好日子,让普通民众能"共同享有人生出彩的机会,共同享有梦想成真的机会,共同享有同祖国和时代一起成长与进步的机会"。

新疆之行,习主席一直强调"政策要围绕合民意、惠民生来制定"。

在疏附县阿亚格曼干村，习主席叮嘱地方干部解决好群众反映的问题；到新疆果业集团有限公司参观，他在赞扬新疆干果"味道好"之余，不忘问农牧民的收益如何；在喀什举行的南疆五个地州负责同志座谈会上，他指示"要通过抓发展、惠民生，让群众有事干、有钱挣、有盼头"。

"柔情"体现在关注孩子的成长。在疏附县托克扎克镇中心小学，习主席关切地问孩子们"家离学校远吗"、"中午饭吃得好吗"，微笑着欣赏孩子们踢毽子、跳绳、玩足球，同师生们合影留念，离别时依依难舍。

"柔情"更体现在民族团结上。"民族团结一家亲"，"团结"是习近平主席新疆之行的另一个关键词。习主席到访乌鲁木齐市洋行清真寺，同新疆宗教界代表人士进行座谈交流，希望新疆广大宗教界人士继续发扬爱国爱民的优良传统，旗帜鲜明反对宗教极端思想，通过科学解经引导广大信教群众正确理解宗教教义。在学校，他叮嘱汉语老师学好维吾尔语，希望校长"少数民族孩子双语教育要抓好"……

一路走，一路看，习主席展现的"柔情"一幕一幕：他两赞戍边民兵马军武"了不起"；他赞扬中专学历院士陈学庚"英雄不问出处"；他以"这挺好玩"勉励水果网上形象代言人"果叔"……与"柔情"相对应的是，在攸关新疆稳定与国家安全的反恐、反暴力问题上，习主席展现出"铁汉"风貌、铁腕作风。

军队是维护新疆稳定的主力军。他冒雨观摩新疆军区实弹射击等实战化训练课目演示。在视察新疆军区某红军师时，他叮嘱"要把红色基因融入官兵血脉，让红色基因代代相传"。

武警和基层派出所位处反恐、防暴的最前线。在喀什市公安局乃则尔巴格派出所，他观看反恐防暴演练，借用戚家军鼓励民警，指示"对付暴力恐怖犯罪分子一定要有有效手段"。在武警新疆总队某部特勤中队，他以"宝剑锋从磨砺出，梅花香自苦寒来"勉励官兵，希望大家"为祖国和人民再立新功"。

新疆生产建设兵团在维护新疆稳定与发展中具有不可替代的独特所用。

"屯垦兴，则西域兴；屯垦废，则西域乱"——习主席以史为例，强调兵团工作"只能加强，不能削弱"，"要让兵团成为安边固疆的稳定器、凝聚各族群众的大熔炉、汇集先进生产力和先进文化的示范区"。他还冒雨检阅了民兵队列，察看了武器装备，鼓励民兵指战员提高综合素质和训练水平。

人民军队、公安警察和新疆生产建设兵团犹如"三支利剑"，护佑着新疆的繁荣稳定。习近平指出，必须深刻认识新疆分裂和反分裂斗争的长期性、复杂性、尖锐性，反暴力恐怖斗争一刻也不能放松，必须采取果断措施，坚决把暴力恐怖分子的嚣张气焰打下去。

习近平主席的铁腕作风引起国际舆论广泛关注，路透社多次直接引用习主席的讲话，"平时多流汗，战时才能少流血"；在国内，网友们更是点赞不断——"手段要硬"、"对待恐怖分子要毫不留情"……

如何治疆，习近平主席已经给出了答案：针对暴力恐怖分子，我们要毫不犹豫地展现"出重手、下重拳"强硬作风；对待人民，我们心中则永远充满"柔情"。一句话，"铁汉"与"柔情"是不可分割的两个方面。

巍巍昆仑，大美新疆。"习大大，新疆欢迎您再来！"

|2014年5月3日|

维吾尔大学生的声音也是全中国人的声音

4月30日下午,乌鲁木齐市发生严重暴力恐怖袭击案件。5月1日,一封由国内不同高校的11名维吾尔族大学生共同署名的公开信,强烈谴责了暴恐分子乱杀无辜的罪恶行径,并呼吁:"维吾尔同胞勇敢地站出来,抵制邪恶极端,与极端思想作斗争。"公开信迅即被各大网站在首页显著位置刊出,更激起了全国网民的热烈反响和共鸣,留言、跟贴和贴吧跟评数量达数十万条。

北京网友董建勋在留言中写道,"维吾尔族大学生:你们发出的声音,才是维吾尔整个民族的声音!向你们表示敬意!任何一个民族,都难免有坏人,但仅仅是少数,少数人代表不了整个民族。维吾尔族是善良的民族,和其他兄弟姐妹民族是一样的。我去过北疆,去过南疆,在喀什,去过高台民居,拜访过制作土陶的第六代传人吐尔逊卡日老妈妈和她的家人,维族的善良给我留下深刻印象。中华民族,因为有了维吾尔民族,而更显得绚丽多彩。"

一位网友在跟帖中说:"我不是维吾尔族,我是新疆的回族,不断的暴力事件,使我们不敢去二道桥,不敢逛大巴扎,大街上见着陌生的维族人,都会保持一定距离。我们被恐怖笼罩着,出了疆我们被新疆来的烙印排斥着。今天,我要感谢你们这些勇敢的有为青年,谢谢,你们说得太好了,让我们团结起来,不要让暴力再伤害我们的亲人。"

网友"白龙马"评论:"看了公开信很感动,不但是维吾尔族被暴恐分子绑架了,新疆各民族人民也都跟着蒙羞、受难。"

"维汉兄弟是一家。我们都是受害者。恐怖分子不能代表任何人。""谢谢这些维族大学生,为维族人民发出了正义的声音!""恐怖分子和民族没关系，不要绑架民族。哪个民族都有败类，他只是坏人，是该枪毙的坏人。"……这类赞扬、认同的跟评占到所有跟评的70%以上。

在这封公开信中，11名维族大学生连发十一问，痛斥暴恐分子给民族带来了无尽的痛苦和沉重的灾难。网友"激流与回漩"跟评说："每一种正教信仰的本质都是护佑生命，关怀众生。乱杀无辜者，不会进天堂而是下地狱。"此类严厉谴责恐怖分子的跟评占到20%。

许多网友认为，正如信中引用的先知穆圣（祈主福安之）的一句圣训说的那样，"信仰的本质就是正行"。暴恐分子犯下的罪行，已彻底失去了宗教崇尚的善德底蕴。

网友"薄脆"说："不要利用宗教搞民族分裂，面对暴行，我们更加不能恐惧和排斥，因为那样正是恐怖分子希望看到的。"此类揭示恐怖袭击违背宗教教义的跟贴占到10%。

公开信下的大量跟帖，也激发了更多网民热情洋溢的响应，一位江苏连云港的网友跟评说："我喜欢看评论，在其他的评论中总会看到丑陋的面孔发出不和谐的声音，我有时在想部分国人怎么了？国家的强大，人民生活的巨大改善却怎么将一撮人变成了睡在米糠上的蛆虫。可这篇文章的评论中却让我心情激动，看到了国人对国家安定、民族团结信心，看到的都是人性善良的一面！"分散于各个网络、微博、微信、贴吧上的众多评论，与这封公开信一起，成为此次乌鲁木齐恐怖袭击事件后影响最大、最打动人心的民众声音。

11名维吾尔族大学生的一封公开信，为何能打动如此之多的各族民众？为何会有如此多一边倒的支持声音？是因为他们明明白白地昭示了一个道理：恐怖袭击不是民族问题，不是宗教问题，而是一些极端残暴极端自私的蛊惑者和被蛊惑者，以民族和宗教的名义犯下的罪行。他们道出了善良的广大维吾尔族人民的心声：决不再沉默，决不再被极少数暴徒绑架和裹挟。他们的呐喊，不但得到新疆各族人民的积极认同，更得到了全体中国人民的强烈共鸣！

| 2014年5月3日 |

向恐怖行为怒吼，对暴恐分子宣战

5月22日上午，暴恐分子在乌鲁木齐依巴克区公园北街制造了一起骇人听闻的恐怖袭击事件，目前已导致31人死亡，90余人受伤。事件发生后，习近平总书记在第一时间作出重要批示：要求迅速侦破案件，从严惩处暴恐分子；及时组织救治受伤群众，安抚受害者家属，全面加强社会面巡控和重点部位防控，严防发生连锁反应。对暴恐活动和恐怖分子必须警钟长鸣、重拳出击、持续保持严打高压态势，全力维护社会稳定。严峻的反恐形势告诉我们，必须以最坚决的态度、最果断的行动、最强力的手段打击暴恐行为。

一段时间以来，暴恐分子连续在各地制造暴恐事件，手段之暴虐残忍，造成人员伤亡之大，令人发指。从暴恐活动性质来看，这是一伙反人类、反社会、反文明的极端分子蓄意制造的疯狂杀戮。他们专门袭击人员聚集的平民目标，以最大程度杀伤无辜百姓为目的，已经变成毫无人性的屠夫。这种丧心病狂的行为，引起了包括维族同胞在内的全国人民的义愤。

刚刚过去的十几个小时中，广大网民同声谴责暴徒的罪恶行径，群情激奋，立场鲜明。这就是——我们决不对暴恐行为有丝毫的妥协，决不被恐吓和威胁吓倒。一份向新疆暴恐发出怒吼的网帖表达了许多维族同胞的愤怒。加依娜·米拉提汗、吴俊辉、夏依曼尔旦·买木里、夏新彬、帕丽丹·尼扎木丁等五名新疆农业大学辅导员在联名信上发出誓言："我们将竭尽全力把学生培养成爱党、爱国、爱疆，充满正能量的人才，让他们懂得人世间更多的是爱和正义，使他们和我们一样，加入对你们作战的队伍，对于你们的挑衅，我们随时奉陪！"

暴力恐怖分子制造事端的根本目的，是用残忍的手段吓退正义和文明的力量。而制止暴恐最有效的办法，就是以一剑封喉的攻势，以霹雳雷霆的手段予以痛击，置暴恐分子于死地，决不施"仁政"。我们决不忽视任何苗头，不放过任何疑点，不姑息任何异动，对暴恐分子一个都不放过。

暴力恐怖分子是各族同胞的共同敌人。他们的行为不仅造成了无辜平民的伤亡，也污损了新疆和维族同胞的形象，更破坏了国家的团结稳定。暴恐分子越是想制造分裂，反增强了各族人民同仇敌忾，抗暴反恐的坚定信心。正如共青团新疆维吾尔自治区书记阿依努尔·买合赛提所说："暴力恐怖是表象，宗教极端思想是根源。不铲除宗教极端思想，新疆永无宁日。"这反映了广大新疆老百姓的心声，也让我们看到了，反对恐怖暴力有深厚的民意基础，也必将凝聚起更加强大的力量。

几十个鲜活的生命，他们是我们的老人，我们的孩子，我们的兄弟姐妹，却在清晨的阳光中无辜惨死，令人犹如锥心之痛，让人愤恨不已。这一切使我们更加坚信，和平、安宁、美好的生活令人向往，这个信念不会改变；杀戮、暴力、恐怖的行为必遭天谴，这个铁律不会改变。面对分裂，面对暴行，我们别无选择，必须手牵在一起，心连在一起，将悲痛化为力量，把愤怒变为行动，誓与暴恐宣战，誓为无辜的死难者伸张正义！

| 2014 年 5 月 23 日 |

构筑反宗教极端化的防火墙

7月30日，喀什市艾提尕尔清真寺伊玛目居玛·塔依尔大毛拉在主持完晨礼之后，遭暴恐分子刀斧砍杀，不幸身亡，居玛·塔依尔大毛拉是一位爱国宗教人士，他的职责是告诉民众什么是正道的伊斯兰，规劝民众作为一个穆斯林应具有的日常行为。暴恐分子残杀这样一位普通的老人，再一次充分暴露了暴恐分子反人类、反社会、反宗教的本性。

暴恐分子试图以其残忍的手段，恐吓更多善良的人民，想让人民在他们的残忍面前低头，从而获得自己心理上虚幻的道义假象。暴恐分子的残忍罪行，并不能吓住人民大众，只会激发起人民大众更强烈的愤慨，人民大众对于暴恐分子的愤慨，将会调动起更加巨大的社会力量，从而织成一张反恐的天网，让暴恐分子无处可藏。暴恐分子的凶残，只能说明他们日益感觉到末日的来临，因此表现得更加疯狂，更加地不择手段，更加地丧失人性。暴恐分子在濒临灭亡之前的疯狂挣扎，只能加速他们走向灭亡的过程。

居玛·塔依尔大毛拉遇害，是近十年来喀什艾提尕尔清真寺第二位被杀害的爱国宗教人士，也是近半年来，被暴恐分子残忍杀害的第二位爱国宗教人士。暴恐分子对爱国宗教人士的残忍行为，反映出目前新疆宗教极端势力与伊斯兰教正道力量之间的尖锐对立。传统的新疆维吾尔族穆斯林社会，一直信奉的是温和的伊斯兰教教义，近年来，随着境外宗教极端主义思想对新疆穆斯林社会的不断渗透，一些并不了解伊斯兰教正道教义的底层青年人，思想日益受到宗教极端主义的毒害，在他们的眼中，没有民族之分，没有国家和地域之分，更没有人类的基本价值观之分，只要是和其观念不同的人都是敌人。事实上，极端分子并不真正关心穆斯林和伊斯兰教,他们只是无情地利用宗教来达到他们的目的。

大毛拉遇害事件表明,暴恐分子对于新疆宗教界以及爱国宗教人士感到了恐惧,因为爱国宗教人士在不断地向穆斯林信众讲解什么是伊斯兰教的正道,在不断地抨击宗教极端主义思想的危害,因此他们成为那些受宗教极端主义思想洗脑的暴徒们的眼中钉。

宗教极端主义在新疆的渗透和扩散,一方面是近年来境外极端主义思潮通过各种方式特别是借助于互联网以及新型社交工具不断对新疆穆斯林社会进行传播,我们看到,最近的十多年也是宗教极端主义在全球各地不断扩散和活跃的时期,极端行为实际上都有各自的政治企图,与伊斯兰价值观背道而驰。一些极端主义者对有关经文的曲解,误导和蒙蔽了一些青年,损害了伊斯兰教和穆斯林的形象。另一方面,也与新疆对于温和正道的伊斯兰教义的社会教育不足有重要关系,由于缺乏合适有效的途径和工具去告诉穆斯林信众正确的宗教观念,一些年轻人不知道什么才是伊斯兰教的基本教义和价值观念,当那些歪曲、煽动、蛊惑甚至是鼓吹暴力的极端主义思想以宗教教义的面目出现在他们面前时,他们缺乏判断的能力,头脑发热,以为那就是宗教的本义。

这次事件也表明,中央和新疆维吾尔自治区所采取的对宗教极端主义思想和行为进行严厉打击的举措,是正确的;同时也表明,在新疆穆斯林社会中,抵御宗教极端主义思想的渗透,消除极端主义思想的影响,是一件刻不容缓的事情。

对于暴力恐怖活动,首先要进行严厉打击,把暴恐势力的嚣张气焰坚决打下去,维护社会的稳定。更重要的是需要采取有效的措施,压缩暴恐活动背后极端主义思想活动的空间并铲除其滋生的土壤。在这个过程中,我们需要对宗教的正道教义和极端主义思想作一个明确清晰的划分,并让这种划分为广大穆斯林群众所了解,对于温和正道的伊斯兰信仰给予保护和支持,对于宗教极端主义思想进行严厉打击。

我们需要在新疆社会构建反极端化计划,在极端主义思想和普通民众之间建立一道防火墙,这一方面需要消除极端主义思想传播的渠道和途径,另一方面需要充分发挥新疆本土温和伊斯兰教内在的力量,抵御极端主义思想的侵袭。对于广大的穆斯林民众,需要向他们提供更多的伊斯兰正道教育的基础知识,使他们能够了解什么是真正的伊斯兰教,如何做才是一个真正的穆斯林，了解极端主义对穆斯林社会的严重危害，从而能够自觉抵御极端主义思想的侵害。

我们也需要进行更加有力度和影响力的舆论宣传，通过各种方式向公众提供正确的宗教教义和告诉公众极端主义的危害；依靠警察、地方政府和社区工作人员识别哪些人正在走向极端化并及时采取综合性干预措施，帮助有极端化倾向或者已经开始极端化的人放弃极端思想。在社区中推行这种做法能够在社会中营造一种人人反对恐怖主义的良好氛围，帮助人们摆脱社会容忍恐怖主义的错误印象。

新疆本土的温和伊斯兰教具有抵御极端主义的内在要求和能力，历史经验表明，新疆的温和伊斯兰教曾经多次抵御来自外部的极端主义思想的影响。新疆的穆斯林社会对极端主义思想是持坚决反对态度的。因此，我们需要采取措施，激活本土温和伊斯兰教的内部活力，充分信任和发挥爱国宗教人士在宣传和解释伊斯兰正道教义方面不可替代的重要作用，使极端主义思想被民众所拒绝、反对、谴责、反击，如此才可使极端主义无藏身之地。

新疆的社会局面，并不会因为暴恐分子的罪恶，而向坏的方向发展，社会稳定和社会发展是各族人民的根本追求。正如我在喀什的一个朋友在事件后给我发信息所说的，今天喀什人民失去了一位爱国宗教人士，心里很悲伤，但这影响不了社会稳定、民族团结的大好形势。人民群众的这种追求和信念，才是决定新疆未来走向的决定性因素。

| 2014 年 8 月 1 日 |

暴恐分子威胁着全体维吾尔人

2014年7月30日清晨,在主持完晨礼之后,艾提尕尔清真寺德高望重的大毛拉惨遭杀害,这深深刺痛了广大善良的维吾尔人的心灵。

在新疆发生众多暴力恐怖事件之后,作为新疆最大的清真寺艾提尕尔清真寺的居玛·塔依尔大毛拉发表电视讲话,谴责暴徒的邪恶行为,表示暴徒的行为均违背伊斯兰教义,任何暴力均为伊斯兰所反对,暴徒打着民族与宗教的旗号给无数家庭带去深重灾难,但他们没有资格代表任何民族,代表任何宗教。

显然,作为新疆甚至全国的宗教权威人士,居玛·塔依尔大毛拉的公开谴责,激怒了暴徒,最终对居玛·塔依尔大毛拉下了毒手。这令人发指的行为让所有善良的人非常痛心,一位慈祥的长者在毫无戒备的情况下惨遭三位丧心病狂的暴恐分子的残忍杀害。而这件事所传达的信号,比事件本身更加可怕。

一位70多岁的善良长者,暴徒都能下得去手,这是直接对穆斯林中的爱国人士、温和派及世俗派的恐吓。而此次的谋杀行为也证明了:暴徒不会因为你是教胞,不会因为你是同族而不杀你,只要你阻挡了他们的路,你就会成为被残害的对象。而教人向善、教人清醒已经成为暴徒最大的敌人。而许多执迷不悟的极端教众,如还不醒悟,屠刀亦会砍向你们。目前处在最危险境地的就是穆斯林爱国人士、温和派及世俗派。暴徒企图绑架穆斯林世界,破坏原本和谐稳固的社会结构,准备重新构建一个要么做极端分子、要么做敌人的新世界。暴徒一直以教大旗迷惑人,让伊斯兰教的形象蒙尘。所以这是我们全体穆斯林的战争。如果我们不努力反抗,可能下一个牺牲者就是你我这些普通穆斯林群众。

我们所有维吾尔人都祈愿新疆的未来会更好！对暴恐分子，我们必须要同仇敌忾，所有的穆斯林或非穆斯林同胞，在这个节骨眼上，必须站到正义阵营一边，铲除邪恶，共守美好家园，不让美好落到邪恶之手，人人为我，我为人人。

|2014 年 8 月 2 日|

习主席讲话昭示新疆在中亚战略中重要作用

近日,中国国家主席习近平在塔吉克斯坦首都杜尚别参加上海合作组织成员国元首理事会第十四次会议期间,出席了塔吉克斯坦总统拉赫蒙举行的家宴。新闻报道中提到:"拉赫蒙向习近平夫妇介绍了当地土特产和馕、抓饭、拉条子等特色饮食。"在习近平参加拉赫蒙家宴的照片里,人们还看到拉赫蒙家庭女性成员身上一件件美丽的艾特来斯长裙。每一个新疆人看到这些都会会心一笑。因为,馕、抓饭和拉条子不仅在中亚是特色饮食,在中国的新疆也是人们每天餐桌上的主食。艾特来斯也是新疆少数民族的传统服装材料。没有什么比这些更加美丽而又生动地体现了新疆同中亚山水相连、文化相亲的纽带关系。新疆,必将成为中国中亚战略中地缘、安全、经济和文化的重要"支点"。

此次上海合作组织峰会,最受关注的议题之一就是2014年以后阿富汗的稳定局势,这对于中亚、南亚以及中国周边的安全形势具有重要影响。2012年,中国政府曾经承诺帮助阿富汗"训练,资助和装备警察",该协议被视作是"中国提升在阿富汗影响力的重要举动"。如今,已经有阿富汗警察力量成员在北京和乌鲁木齐进行培训和学习。新疆尤其在打击地区毒品走私和跨国有组织犯罪方面,正在给阿富汗提供有力的帮助。上海合作组织成立的初衷之一,就是打击地区极端主义、分裂主义和恐怖主义"三股势力"。2014年以来,中亚地区的"三股势力"危险变得更加严峻和复杂。中亚地区当前不仅仅存在传统"三股势力"的威胁,中东正在崛起的新型恐怖组织所谓"伊斯兰国",更是把目标对准了中亚甚至是中国的新疆。新疆无可避免地成为中国打击"三股势力"尤其是国际恐怖主义的最前沿。多年来,新疆在反恐方面付出了巨大的代价，同时也积累了丰富的经验。习近平主席此次特别提到信息和网络安全，尤其要防范和打击"网络恐怖主义"，正是针对当前中亚地区流毒于互联网之中的暴力恐怖音视频。过去两年来，暴恐音视频对新疆和中国危害甚大，中央网信办和新疆维吾尔自治区政府对此进行了重点的管理和打击，取得了明显的成效。在上合组织框架下合力打击"三股势力"和网络恐怖主义，新疆的经验，可以为中亚国家提供充分的参考。

经济贸易合作是此轮上海合作组织峰会的重要议题之一。作为联通中国内地的纽带，新疆是中国同中亚地区经济贸易合作的桥头堡。目前，旨在提升中国在欧亚大陆政治和经济影响力的"中国—亚欧博览会"已经在乌鲁木齐连续成功举办了四届，均收获了积极的效果。乌鲁木齐也日渐成为中亚地区首屈一指的经济和贸易中心，并发挥着越来越大的地区影响力。2009年，塔吉克斯坦建成联通该国南北的超高压输变电工程，而该项目正是由新疆本土一家大型电工企业完成。此工程彻底实现了塔吉克斯坦电网的独立，使该国北部地区供电摆脱了对周边国家的依赖。未来，新疆将在中亚地区经济发展中继续扮演重要角色，为中国中亚战略的实施提供一个坚实的经济平台。

经济合作必然伴有文化交流。此次习近平主席在上合峰会的讲话中明确提出要加强"上合组织国际传播建设和媒体合作"，在同中亚地区的文化联通方面，新疆一直走在全国前列。从2000年开始，中央政府开始实施旨在发展少数民族地区广播电视事业的"西新工程"，新疆是整个"西新工程"中获得投资最多的省区。多年来"西新工程"对于新疆广播电视基础设施的建设，为中国在中亚地区的国际传播建设和媒体合作打下了坚实的基础。2004年，新疆电视台便有维吾尔语节目通过卫星在乌兹别克斯坦落地，传递中国的文化和声音。同年，新疆人民广播电台每天120分钟的柯尔克孜语《中国之声》也开始在吉尔吉斯斯坦国家电台播出。当前，在每年的"中国—亚欧博览会"期间，新疆维吾尔自治区政府更是召集中亚各国媒介管理和从业人员召开"中国—亚欧博览会媒体论坛"。因此，在国际传播能力建设和开展媒体合作方面，新疆已经在我国的中亚战略中走到了最前列。

新疆对于我国中亚战略最为重要的意义还在于对中亚地区文化的吸引力。新疆是伊斯兰教地区，同时多个少数民族跨境与中亚国家在民族和文化上一脉相承。新疆当前着力建设的一体多元、包容多样和世俗进步的现代化发展模式，将对中亚各国产生重要的影响和示范作用。这对于提升中国在中亚地区的软实力也是重要的推动力。长远来看，中国和中亚国家平等、包容和共同发展，对于整个伊斯兰世界，也有着重要的示范意义。

| 2014 年 9 月 14 日 |

爱国爱港 力反『占中』

没有人比全体中国人更关心香港的前途命运

9月28日，在祖国各地民众喜迎国庆之际，东方之珠，香港发生了"占领中环"事件。部分极端"泛民派"人士占领街道、阻碍交通、高呼口号、扰乱中环正常秩序，严重背离民主法治。与此同时，部分西方媒体大做文章，有的甚至搞起了现场直播。

众所周知，顺利落实香港"2017年普选"是包括700多万香港同胞在内的全体中国人的共同心愿。全国人大常委会8月底关于香港问题的决定已经为2017年普选特首的具体方案定下成熟框架。香港回归17年来，中央政府在有关香港政改等一系列问题上都给予了积极地支持与推动。在关于香港政改议题的一系列探讨和研究过程中，中央不仅与"建制派"人士多次展开协商对话，还多次拿出具有广泛共识和可操作性的方案，更明确立下2017年普选时间表。可以说，中央期待香港人民早日实现一人一票选举特首的意愿和努力是真实和真诚的。但是，反观某些"泛民派"人士的所作所为，不能不使人失望乃至质疑。

部分"泛民派人士"先是赴英美寻求境外反华势力支持，后是去台湾和"台独学运分子"交流心得，再把"台独分子"请来香港传授"抗争经验"。接着，这群人先是多次违法冲击政府部门，后是企图冲撞特首梁振英，大有人身威胁恐吓之嫌。最后，这群所谓"青年领袖"号召学生罢课，就连未满18岁的初中生也被其煽动裹挟进了示威队伍。

值得警惕的是，此次运动的始作俑者和吹鼓手不乏前段时间那些挥舞港英旗帜，挑唆陆港矛盾，反对国民教育，仇视新移民的激进分子。试想，一群心系殖民统治、醉心"西方民主"的人又如何会真心实意支持普选,心甘情愿看到一个和谐稳定的香港?

只有认真回顾历史,才能和香港同胞一起看清未来之路。自1842年,香港沦为英国殖民地以降,香港同胞沦为二等乃至三等公民,受尽不平等对待。上世纪50年代,英国因各殖民地民族解放运动风起云涌而大肆收买人心之时,香港政改方案却因"太过危险"而遭到歧视性搁置。150多年间,自诩民主典范的英国没有给过香港同胞哪怕一天的实在民主。直到1982年至1997年香港回归前的15年间,港英政府抱着"不可告人"之心开启了香港民主的"超速发展"之路,给香港政权顺利交接制造了一系列的困难和障碍,为大陆和香港之间留下了不小的隔阂。然而,回归后,正是在中央政府的努力推动下,香港才有望在仅仅20年内就实现特首普选。谁是真民主谁是假民主,高下立判。

真正能够聆听香港声音的是香港人民自己的祖国,真正能够急香港人民之所急、想香港人民之所想的是香港人民自己的同胞。长期以来,是中央政府和全国人民对香港的关心与支持,维护和促进了香港世界金融中心、国际化大都市的优势地位和稳健的经济社会发展。没有人比全体中国人民更关心香港的前途命运,没有哪国政府比中国政府更加希望香港繁荣稳定。少数人、少数势力的挑唆诱骗无法改变香港植根中国而发展于中国的永恒不变的现实基础。同样,香港同胞对祖国的爱国情感和赤子情怀更有着无比坚实的历史和现实基础。近代以来的历史和现实已经证明,无论是来自殖民者和侵略者的打压,还是经济和社会的挑战,内地和香港之间的血肉联系、荣辱与共的共同命运都不曾改变。

人们欣慰地看到,香港的主流民意是支持和欢迎中央有关意见和决定的:一场场普通民众自发组织的支持集会、一次次来自各界人士的声明呼吁,绝大多数香港市民用爱国爱港、理性积极的方式表达了真正代表香港的声音。这一不容置疑的民意基础也正是那些唯恐香港不乱、唯恐2017年普选顺利落实的人所不愿意看到。

香港部分极端分子将年轻学生裹挟进其"占中"闹剧的卑劣行径已经证明了其黔驴技穷,破坏正常秩序、扰乱香港经济发展的行为更是与其宣扬的民主理念背道而驰,香港人民支持中央决定的力量也会更加强大和团结。在祖国和香港绝大多数民众理解和支持下，香港2017年普选必将遵循既定方针政策顺利实现，成为全体中国人民一起实现中国梦的又一里程碑。

| 2014年9月29日 |

香港不能乱，也不会乱

28号晚上发生的令人痛心的事，许多关心香港发展的人非常不解，感到香港正在变得"不像香港"。过去的香港印象有两个明显标志，一是经济繁荣，社会安定，老百姓安居乐业；二是强调法治，人人守法，做事情决不乱来。但是，如果有那么一批人没完没了地鼓动香港人走上街头，"搞事情"，甚至喊打喊杀，故意把事情搞大，把香港搞乱，这还是人们心目中的香港吗？一个混乱的香港，生意做不成，日子过不踏实，肯定不是香港人的香港。

谁希望香港乱？为什么一些很平和的香港人忽然变得那么凶，那么不通情达理？据香港媒体报道，有西方国家驻香港总领馆官员和情报人员被曝与香港学生代表开会商讨罢课行动。有消息称，个别煽动罢课的香港学生组织召集人受到美方私下的特殊鼓励和指点。还有消息称，"优先安排出国留学"、"给予奖学金"之类的条件都被提及。其实，这样的内幕被披露出来是早晚的事。中国的快速发展，日益强大，打破了世界的旧秩序，被视为"挑战"、"威胁"，让某些西方国家很不舒服。因此，无论是利用"藏独"、"疆独"等分裂势力给中国"添堵"，还是利用香港极端反对派给香港"添乱"，如香港《大公报》刊文指出的那样：联络、支持香港境内的反对派，利用他们对抗中共、对抗特区政府，一批更激进的"港独"分子也应运而生，里应外合，全力为中国中央政府添烦添乱。香港的反对派人物到美国访问，获得高规格的接待，一介平民，接见他们的竟是美国副总统。

诸如此类的"添乱"手段很多，但不论是"阳谋"还是"阴谋"，其目的就是针对中国搞小动作，把香港搞乱，然后让这样的混乱引起更大的混乱。一个弹丸之地的领事馆，安排数百人乃至近千人，想干什么？要干什么？

然而，香港早已不是西方列强的殖民地。香港是中国的香港，香港同胞与内地十几亿同胞呼吸相通，命运与共。关于香港特区行政长官普选问题，所有真正关心香港民主前途的人，必须清楚地认识到，全国人大常委会依据《基本法》作出的是一项重大法律决定，必须严格遵守。同时，人们必须清楚地意识到，一项重大法律的制定同时也是一项重大政治决断。在维护国家主权、安全、发展利益前提下，在符合香港实际的情况下，全国人大常委会作出的有利于香港长期繁荣稳定的规定，是香港特别行政区行政长官实行普选的宪制基础。对香港的政治体制，中央有决定权。在这类重大原则问题上，不可能有什么妥协。

香港不能乱，也不会乱。人们相信，以大多数香港人的智慧、理性，以及讲法治、求务实的风格，极端反对派一时掀起的小风浪不会得逞，他们的后台老板的如意算盘也不会得逞。香港一定会稳定下来，明天的香港会更美好。

| 2014 年 9 月 29 日 |

违法"占中"是对法治的蔑视与伤害

近日,香港极端反对派以违法方式"占领中环",试图瘫痪香港核心地区运作以要挟中央和特区政府。这批人自27日晚开始来到特区政府总部附近集会,28日占据香港金钟、湾仔地区的数条交通干道,造成局部交通瘫痪。这一行径受到香港各界的强烈谴责,也让世人大跌眼镜、觉得太不可思议。

在世人眼里,香港民众一直以和平、理性、合法的意见表达方式而受得尊重,同时香港社会也以尊重和包容不同意见赢得好评。在相当意义上说,法治是香港的一个突出标签。然而,这些人的违法行为,使香港社会的这一良好秩序受到破坏,是对法治的蔑视和伤害,也是对香港民众利益的损害。香港警方谴责危害公众安全、破坏公共秩序的违法行为,并宣布将对暴力的行为采取果断的措施去处理,以便尽快恢复公共秩序,保障公共安全,即是在依法捍卫法治,维护的是香港社会稳定,保护的是香港市民人身和财产安全。

香港极端反对派口口声声捍卫民主、法治,但他们的行径却与此背道而驰,怎能以破坏法治的方式求得法治?从本质上看,法治只是他们的伪装,真实目的乃是达到他们小众化的意图,根本代表不了香港绝大多数民众的意愿。这种以少数劫持多数、以少数意见挟持多数意见的做法,本身就是对民主与法治的破坏,用这种方式不可能得到他们所想要的结果。他们越折腾,只会表明他们越无理、越无法。

少数派的意见应当尊重,但并不等于少数派为表达意图就可以为所欲为;香港尊重和包容社会不同意见,但并不意味着就可以对违法者进行姑息。当表达意见的方式超越了法律、异化为非理性的癫狂,那么,尊重这样的少数意见的极端表达，即是对大多数人意见的伤害；纵容这样的极端行为，即是让法治的尊严蒙羞。在一个法治的社会里，处理这类极端行为的最好方式就是以法治的方式捍卫法治，使问题的解决始终不离法治的轨道。"听喇喇蛄叫，还能不种地？"只要始终依法、处处依法，就不怕一些人胡搅蛮缠、说三道四。

在香港社会，关于行政长官普选问题看起来争议激烈，实质上只是极少数派掀起的偏激舆论、通过各种极端方式造成的势；表面上是制度规则之争，实质上却是一个政治问题。《香港基本法》已经确立了基本的规则制度，但极端反对派则是想另起炉灶、另搞一套，合乎他们的要求才是"真普选"，否则就不是。这样的逻辑很荒唐。任何一个社会里，如果以少数人的意见代表多数人的意见，否则就采取极端行动，都是决不允许的。而违背了基本的规则、制度，不惜破坏法治、破坏社会安宁的极端行为，都最终会导致社会失序、文明蒙尘。一些人希望达到这样的结果，但他们的目的不可能得逞。

8月31日，全国人大常委会《关于行政长官普选问题的决定》，是依据《基本法》的规定，在充分听取香港社会各界意见的基础上作出的。这既是一项重大法律决定，也是一项重大政治决断。符合香港实际情况，有利于维护国家主权、安全、发展利益和香港长期繁荣稳定，是香港特别行政区行政长官实行普选的宪制基础，具有不可动摇的法律地位和有效性。必须看到，对香港政治体制，中央有决定权。不允许与中央对抗的人担任行政长官，这是《基本法》的根本要求。回到《宪法》和《基本法》的旗帜下和轨道上，理性务实，凝聚共识，共同推动香港在2017年实现一人一票普选行政长官，才是推进香港民主发展进步的路径，如此香港也才有更美好的未来。

|2014年9月29日|

理性对话是推动香港普选唯一途径

香港"占中"事件已经持续三天，尽管中央政府持续释放善意，各激进组织至今仍无任何放手和松动迹象。在少数西方反华势力的鼓噪之下，违法"占中"人群大有把调门提高、把"亲者痛仇者快"的戏码继续表演下去的冲动。接连几天，香港金融中心的中环地区已陷入彻底瘫痪，交通也受到严重阻塞，香港恒生指数也随之下跌，"占中"的恶果逐渐显现。这些天来，绝大多数香港人民的正常工作与生活被打乱，香港稳定繁荣的国际形象遭受冲击，香港社会健康开放的发展受到破坏。

如果说，"搞乱香港、破坏稳定"是这群人的真实目的，那么他们或许正偷着乐，或已经在此刻本应车水马龙、充满活力却完全瘫痪的中环路上开始了狂欢。然而，这就是全体香港人所希望的吗？这就是为了让中央听到其反对声音而必须做的吗？

近些年来，香港少数极端反对派不放过任何一个和香港主流民意唱反调的机会。他们大搞行为艺术，也经常扰乱社会秩序，甚至勾结"台独分子"，但往往都有一个看似美丽的幌子——"和平请愿、民主抗争"。此次"占中"也不例外，他们起初高举"爱与和平"口号，吸引青年加入。在部分反华势力的暗中教唆下，有计划、有组织地招募成员、筹措资金，甚至还搞起了"占中"预演。"非暴力、守秩序"是他们一贯标榜的自我标签，也只有这样他们才能蒙骗来更多涉世未深的年轻人加入其中。然而，随着香港主流民意的显现，这群极端分子深感大事不妙。困兽犹斗，为了在举国欢度国庆之际吸引眼球，为了在世界面前"博出位、秀下限"，终于迫不及待地撕下了"和平理性"的幌子，赤裸裸地裹挟着人群走上了非法"占中"的不归路。即使遭到来自各界群众的指责，这群极端派仍道貌岸然地自称是为了给中央和内地施压，让自己的声音被听到。

事实就是事实，真相就是真相。在事实和真相面前，香港极端反对派的一切信口雌黄、隐藏伪装都是徒劳的。其颠倒黑白、混淆是非的做法，最后都只能是自欺欺人、自取其辱。人们看到，在贯穿香港政改和普选议题的时间里，每一个重大决定、每一次关键决策，都有中央政府、全国人大与香港特区政府、立法会等有关机构之间的充分沟通协商；都有来自香港各界的代表北上对话，来自中央政府的代表南下调研。可以说，在过去的17年里，"一国两制、港人治港"已经潜移默化地深入到了有关普选的每一个细节、每一步前进。理性对话，一直是推动香港普选进程中一以贯之的原则和方式。从来没有哪一方把自己的意志强加其中，也从来没有哪一种声音不曾被听到和回应。

目前，香港少数极端反对派或许正忙着听从部分反华势力的耳提面命，或许正处心积虑地煽动青年学子把事情继续闹大，或许正迫不及待地看到香港经济社会因为"占中"而停滞不前。他们早就把自己"理性对话"的遮羞布丢在一旁，但民主的本质却不能因由他们的颠倒黑白而被混淆，民主的话语权不能因他们的肆意妄为而被霸占。

所谓"民主"，最为核心的要素之一就在于和平理性的对话与互相包容的妥协，就在于摒弃一切暴力冲突和非理性活动。回归17年来，中央政府向来在维护祖国统一和香港繁荣稳定的原则下，坚持以民主的方式与包括"泛民派"在内的各界代表展开理性对话和民主协商。没有中央过去长时间对香港民意的倾听，没有中央真诚地与香港各界代表的对话协商，就不可能有一系列具有广泛民意基础的政改和普选方案的先后出台。

海内外无数的经验证明，那些在马路上、广场上、政府门前瘫痪交通、安营扎寨、暴力冲击的人群，看似声势浩大、看似代表民意，实则是荒唐可笑、哗众取宠。真正代表民意的是那些沉默的绝大多数人：是那些正为香港前途命运担忧的各界群众，是那些正忙碌在工作岗位上的普通劳工，是那些备受压力而力求维护好中环秩序的普通员警。这些绝大多数的爱国爱岗、遵纪守法的香港市民，没有如那些极端分子般高调的口号、抢眼的宣传、疯狂的破坏。绝大多数的香港民众也决不会坐视少数极端反对派们一步步逼近香港主流民意的底线。少数极端反对派"占中"的一意孤行也必将引发香港主流民意最终的爆发。一旦"占中"局势继续恶化，香港必将会有越来越多的善良民众挺身而出，不再沉默，发出真正代表香港的声音。

　　理性对话，既是化解分歧、解决矛盾的有效手段，也是停止冲突、推动进步的前提和基础。通过理性对话解决问题，不仅是中国更是全世界认同的基本共识。那些以"大英帝国"为荣、以"西方民主国家"为师的香港少数极端反对派们不会不知道这一简单的道理。中央政府和香港特区政府理性对话的大门一直敞开、从未关闭，香港普通民众与中央政府和特区政府沟通的渠道从未阻塞、一直畅通。人们难以理解那些声称被忽视、被遗忘，故作"可怜"的极端分子们，整天高呼的"民主自由"是什么样的"民主自由"，是谁的"民主自由"？

　　香港是作为全球第三大金融中心的国际化大都市，一直以良好的法制、廉洁的政府、活跃的经济而闻名于世。其作为英国殖民地的百年沧桑，既让香港人民有了深刻的民族情怀和爱国情感，也确实留下了一些问题和误解。有的香港同胞对祖国内地还不够了解，有的香港青年对祖国内地的认知还很浅显，有的香港群众了解西方更甚于了解祖国。我们尊重这些差异，也理解这些困惑，从没有把部分香港民众对中央和内地的误解当作冲突而摆在对立面。中央对于香港的理解与包容、耐心与真诚未曾减退。只要那些"占中"的少数极端反对派幡然悔悟，只要那些被极端分子蒙骗裹挟的青年学生认清真相，理性的对话随时可以展开。关于香港的前途命运，所有爱国爱港的同胞都可以参与其中。只要大家认清理性对话是推动香港普选的前提条件和唯一途径，一切问题都将迎刃而解，香港社会也必定会早日重归繁荣稳定。

| 2014 年 9 月 30 日 |

爱国爱港就该为香港的前途着想

总有一些人想折腾一点事情出来，不想看到香港好下去，香港极端反对派的"占领中环"行径就是这种折腾。别以为这种折腾像他们所试图伪装的那样是在为香港的前途命运着想，恰恰相反，他们骨子里考虑的根本不是香港的未来、不是香港民众的利益，而是他们的私利，甚至还可能隐藏着不可告人的目的。

果然，他们一闹出点动静来，个别西方国家就想插手，搞点声明之类。而一些西方媒体则遥相呼应。这似乎正如极端反对派们所愿"公民抗命——瘫痪中环——外媒关注——施压中央——妥协'真普选'"，然而他们终究是打错了算盘，他们不可告人的目的不可能得逞。

香港是一个法治社会，凡事要依法。对于他们的违法行为，香港政府和香港警方都以法治的方式亮明了自己的态度，那就是坚决捍卫法治。中央政府的态度同样鲜明，这就是坚决反对在香港发生的各种破坏法治、破坏社会安宁的违法行为，充分相信并坚定支持特区政府依法处置。

无论是香港民意，还是内地心声，抑或是国际主流舆论，香港极端反对派的行动都是得不到支持的。如果说他们在表达其诉求时，表达的只是少数人的意见，代表不了大多数人的想法。那么，他们采取违法方式破坏法治、扰乱秩序，就只能使他们更加孤立，连同情他们的人都不会有。他们以为把事情闹大就能获得支持，但如此公然破坏法治和秩序，只会让他们不得人心，也使他们的本性进一步暴露出来。

香港是中国的香港，是中国的一个特别行政区。作为香港人，希望香港的明天更美好，未来更可期，这样的良愿是任何一个爱国爱港者都具备的特质，也是任何一个有良知的中国人所愿意看到的。这样的民心民意，中央了然于胸，对行政长官普选问题极为重视。正是从香港民意出发，为香港的未来着想，兼顾香港社会各阶层的利益，全国人大常委会作出了符合香港实际情况的2017年行政长官普选决定，代表的是香港主流民意，着眼的是维护国家主权、安全、发展利益和香港长期繁荣稳定。这是任何一个爱国爱港人都能体会到的。

香港不是极少数人可以随心所欲的玩偶，香港的未来是每一个人的利益所在。香港的极端反对派，如果真如他们所标榜的那样爱国爱港，就应该为香港的前途和命运着想，充分考量主流民意，而不是我行我素；就应该回到法治的轨道上来，以和平、理性、合法的方式表达意见和诉求。那种以为有个别国家跃跃欲试的干涉、有外媒的关注就可以干尽违法的事儿，就可以逃脱法律的惩罚，仅仅是痴人的空想。因为法治不允许、文明不允许，香港民众不允许，内地民众不允许。倘若香港极端反对派仍然一意孤行，最终只会在香港民主发展进步的历史进程中留下开法治倒车的墨迹。

| 2014 年 9 月 30 日 |

"乱"非港人之福也非港人之愿

9月28日凌晨香港一部分人发起"占领中环"非法集会，引起包括香港同胞在内的全体中国人的关注。国务院港澳事务办公室新闻发言人日前发表谈话表示，中央政府坚决反对在香港发生的各种破坏法治、破坏社会安宁的违法行为，充分相信并坚定支持特区政府依法处置，维护香港社会稳定，保护香港市民人身和财产安全。

这位发言人的表态，是对香港极端反对派策划、煽动、组织的一系列行径的定性，是对在香港发生的各种破坏法治、破坏社会安宁的违法行为发出的严正警告。

近几天来，香港发生的一些事情让人痛心，让人揪心。少数人无法无天挑战法律，让香港"一片狼藉"，让美丽的香江风光顿失，显示出法纪遭破坏、社会多动荡的糟糕场景。用一个字去形容，就是"乱"。而多年平静祥和的香港之所以会出现这种令人难堪之"乱"，根本原因就在于有那么一些人不把法律放在眼里。

"乱"绝非港人之福，不是香港人的意愿，不是全体中国人希望看到和能够容忍的。中央政府希望香港社会各界珍惜和维护香港当前稳定发展的良好局面，并按照《基本法》和全国人大常委会的决定，理性务实，凝聚共识，共同推动香港在2017年实现一人一票普选行政长官。中央政府"一国两制"的方针不可动摇，中央政府始终高度重视香港的经济发展和民生改善，全力支持香港应对各种困难和挑战，在谋划和推进国家整体发展战略时充分发挥香港的作用，积极推动香港与内地开展交流合作，为香港保持繁荣稳定提供坚强后盾等等一系列政策不会改变。但这一切的前提是香港不能乱。

严格按照基本法办事，是香港平息目前乱象的唯一途径。种种迹象表明，香港极端反对派正在干的事情不仅是对特区法律的挑衅，更是对国家法律发出挑战。香港社会目前关注的行政长官普选问题，无论怎样讨论或者争议，都有一个底线，那就是必须遵循《香港基本法》。不允许与中央对抗的人担任行政长官，这是《基本法》的根本要求。8月31日，全国人大常委会通过的《关于香港特区行政长官普选问题的决定》，正是依据《基本法》的规定，在充分听取香港社会各界意见的基础上作出的。我国最高立法机关的这一重大决定，符合香港实际情况，有利于维护国家主权、安全、发展利益和香港的长期繁荣稳定，是香港特别行政区行政长官实行普选的宪制基础，具有不可动摇的法律地位。中央政府一再申明，《香港基本法》作为香港特区的根本大法，是保持香港长期繁荣稳定的根本法律保障。这个根本大法不容挑战。

香港极端反对派最能迷惑人的说法是他们在"争民主"。但是注重法治的香港人都知道，和谐、稳定、秩序、自由、民主、公平等等价值既是包容的，同时也不能使其中任何一个价值成为"唯一价值"。无序的自由不是真正的自由，导致社会不和谐、不稳定的民主不是真正的民主。那种试图以少数人的意愿强加于法律之上的举动，无论其听上去有多么冠冕堂皇的理由，终究会因为对法治理念、法治原则的反动而遭到社会的唾弃。

中国坚持走依法治国的道路。维护包括《香港基本法》在内的国家法律的权威性。捍卫国家法律的尊严，是依法治国的根本。我们相信，香港特区政府能够依照相关法律处置少数人的违法行为，相信香港同胞能够捍卫法治，维护好香港社会稳定和香港市民的人身安全、财产安全。

| 2014年10月1日 |

"占中"让香港法治蒙羞

香港越是和谐稳定,就越有利于香港民众的利益,越符合全国人民的愿望。然而,总有一些人不愿意看到香港和谐稳定的局面,不想看到一个团结统一的中国变得更美更强大,他们总想闹腾出一点动静来,把社会搞乱、把局面搞复杂,以图延阻香港走向繁荣美好的明天。显然,他们是香港稳定的搅局者,也是一些极端势力、反华势力在香港的代言人。

香港极端反对派正是这样的搅局者,他们打着所谓的"真普选"旗号以图蒙骗社会和公众,通过违法"占领中环"瘫痪香港核心地区运作以要挟中央和特区政府。他们在发动"占中"前,赴一些西方国家寻求境外反华势力支持,在"占中"时一些西方媒体十分活跃,个别国家则发出信号以策应和支持。同时,"解放军出动"、"警察开枪"等谣言此起彼伏。

这戏唱的是哪一出?

"前英国伦敦经济政策署署长"John Ross 9 月 29 日晚通过新浪微博发声,指责西方媒体就香港问题的报道太虚伪。在英国殖民统治香港的 150 年间,英国从未允许香港人选举香港总督,美国也没有因此抗议英国。现在中国为香港设计的体系远比英国民主得多,但美国却强烈抗议中国政府。正所谓旁观者清,让我们更清楚地看到"占中"背后是些什么样的烟幕。

显然,香港极端反对派表达正当意见诉求是假,搞乱香港是真;倡导所谓"真普选"是假,借机生事是真。他们如果真想表达诉求,就应当和平、理性、合法,而不是如此公然破坏法治、破坏稳定、破坏秩序。

如果真是为香港民众利益着想，就应当客观把握香港各界的真实意愿，而不是只认定自己的方式才是"真普选"，对一切不符合自己意愿的方式不仅予以否定，更不惜通过违法行为来试图证明自己的"正确性"。然而，"正确性"是靠违法行为能够证明的吗？所认定的"真普选"是通过破坏法治的方式能够捍卫的吗？

也正是在这个意义上，极端反对派的"占中"行径，已用破坏法治、稳定、秩序的方式证明他们不是真正的意见表达者，不是爱国爱港者，而是试图搞乱香港的极端势力，甚至充当了一些西方反华势力的马前卒。这些人之所以要如此急不可待，不惜以让香港法治蒙羞的极端方式，就是因为他们不想看到香港的稳步前行，更是因为他们从香港的和谐稳定中看到自己大势已去，于是便急急地跳出来，要当秋后的蚂蚱，能蹦一天算一天，能搞乱一时是一时。

香港的政制发展一直在积极稳妥中推进，到2017年如期实行行政长官普选是既定的目标。这是香港的大势，任何人都阻挡不了这个大势。想通过违法的方式来阻断，看起来影响很大，却只是把自己加速推向香港民众的对立面。因为他们这一行径的直接后果，就是堵塞交通、搞乱秩序、影响市民正常生活。而这，正是香港民众每日里最基本也最直接的利益所在。

搞乱香港，是极端反对派及其背后力量的目的。然而，保持香港和谐稳定、迎来香港更美好的未来，是包括香港同胞在内的所有中华儿女的心声，也是中华民族的利益所在。香港也只有在祖国的大家庭里才能健康成长，在实现中国梦的进程中才能发展得更富强，香港在爱国爱港的人手里也才有美好的前程。

│2014年10月1日│

为香港特区政府守护法治点赞

"占领中环"行径直接使社会运行秩序遭受破坏。中环、金钟几个主要路段都被堵塞,香港的经济和民生都遭受不利影响。香港警方调动警员维持秩序,把香港民众生活所受到的影响降到最低程度,努力使社会秩序运行通畅,这正是警方和特区政府的职责所在,守护的正是法治这一神圣理念。

面对"占中"参与者,香港警方处在最前沿、接触最直接。有警方的存在,"占中"者就很难为所欲为。因而,"占中"者中的反对派,把矛头对准了香港警方。他们不仅违法地采取了"占中"行为,更在警方维持秩序的过程中不断挑衅。少数暴徒不断冲击警方防线,辱骂和袭击警员,企图攻占特区政府总部。这些暴徒的行为,导致了不少警员受伤。

然而,面对激进者的挑衅,面对少数暴徒的暴力,香港警方始终保持了极大的克制,把法律所赋予自己的神圣权力仅仅在最低限度运用,不得已时才使用一定的强制力。香港警方不仅处在冲突最前沿,警员们承受着受冲击和受伤害,还蒙受着"警察开枪"等谣言的袭击。然而,我们看到,香港警方夜以继日,坚守在自己的岗位上,忠实履行自己的职责。为的是什么?为的就是不使"占中"者侵犯到其他香港市民的合法权利,为的就是维护香港社会稳定和秩序,为的就是始终在法治的轨道上行事。

连日来,香港特别行政区行政长官梁振英向全港市民发表谈话,呼吁正在堵塞道路的市民尽快和平散去,让广大市民的日常生活不会因交通阻塞而受影响;呼吁"占中"组织者为整体社会利益着想,停止"占中"运动。他还表示,他本人和特区政府一直尊重和维护市民依法表达意见，呼吁参与集会市民注意自身安全，且顾及其他市民使用马路或公共空间的权利。这些行动都表明，特区政府展现出了维护香港社会稳定和市民利益的最大诚意，展现出了守护法治、恪守底线的信念和准则。

这就是法治的力量，也是法治的信念使然。从香港警方到特区政府面对"占中"行径的处置态度和方式，都始终严守法治的原则和底线。面对"占中"者的违法，特区政府始终依法、守护法治，这正是法治的要义所在。那些违法"占中"组织者嘴上喊民主、法治，骨子里和行为上却背道而驰，已经让世人看到了他们的真实嘴脸。特区政府对法治的呵护得到了广大香港市民的支持和拥护，表明信仰法治的在香港占绝大多数，只有极少数顽固分子才在不断地以身试法。

正如梁振英所说："长久以来，香港能稳定发展，有赖大家和平守法，尊重法律。我们不想香港乱，也不希望大家的正常生活受影响。特区政府希望和社会各界共同努力，尽快恢复社会秩序。"面对"占中"者的违法行为，都始终以法治的方式处之；无论"占中"者搞什么样的花招，都始终守护法治、不让法治蒙羞，"占中"者的闹剧就会不得人心，只会在世人的冷眼中灰溜溜收场。

| 2014 年 10 月 3 日 |

受损的法治，让香港如此陌生

看看香港发生了什么？"占领中环"是民主与法治的行为吗？曾经以法治著称的香港，怎么这么陌生？

这些反对派们，在现场设置路障、物资中心和救护站，妄图想持续下去。占领行动除中环、金钟、铜锣湾和旺角外，已蔓延至其他地区，他们甚至扬言会占领更多地方。这样的场景，让人对香港心生疑窦——这么多年来，以繁荣稳定著称的东方明珠何以出现过这样的景象？

必须清醒地认识到，"占中"行径不是什么民主的表达，不是对法治的尊崇，恰恰是对民主的反讽、对法治的破坏。不仅在于此，"占中"行径已经影响了香港市民的生活，破坏了香港的社会秩序。他们堵塞道路，使事关民生的紧急救援服务受到影响；他们占驻公共空间，使正常的社会和经济的运行都受到损害。而他们持续的违法行径，已经使香港的形象受到影响。

香港向以民主和法治赢得世人尊重。人们相信，面对各种矛盾和问题，香港民众都会以民主和法治的方式寻求解决。人们也看到，过去香港民众表达意见、主张自己的民主权利，都会采取和平、理性、合法的方式。然而，今天反对派们的违法"占中"行径，已经部分地颠覆了世人心中的这一好印象。任何一个有良知、热爱香港的市民，都应当修复香港身上的伤疤，维护香港的民主法治形象。

在现代社会里，解决问题的途径，早已经告别人类发展进程中的诸多方式，比如丛林法则，比如血腥暴力，比如要挟与违法。所以要告别，就在于这些方式，对社会发展不利，对绝大多数社会成员都不会有好处。正因此，人类的文明智识和理性认知让人们意识，探索民主法治的路径也必须按一定的规则秩序。这正是人类自我提升、自我修复的生存发展智慧，这种方式不仅能够有效解决人与人、人与社会、人与国家之间矛盾问题，更能实现社会发展、文明进步的良性循环。民主与法治，正是现代社会解决各种麻烦和问题的重要救济渠道。

在这个意义上，越是遵守规则和秩序，善于运用民主和法治的救济渠道来解决问题，就越会赢得世人的尊重，越是具有文明的感染力。相反，越是破坏规则和秩序，不讲民主和法治，以违法方式来叫板、对抗，不达到自己的目的、小众化目的就不罢休，就越会失去世人的尊重，只会让文明人鄙视和唾弃。

现在，这些"占中"行径参与者，用事实证明他们是不讲民主和法治的，是不讲规则和秩序的。必须看到，这些参与者中，有不少人是受到蒙蔽、欺骗甚至要挟的，是受到反对派的忽悠的。他们的骨子里是爱国爱港的，是遵守民主法治的。破坏民主法治，这是反对派们所想要的结果。恪守民主与法治，是包括这些受蒙欺的参与者在内的所有善良香港市民的良愿和准则。因此，我们期待受蒙欺的参与者们清醒起来，在偏离民主法治的轨道上勇敢出列，离开"占中"群体。有你们的冷静和觉醒，反对派们就不可能得逞。有广大香港市民对民主与法治的尊崇和捍卫，反对派们就掀不起什么大浪。

繁荣的香港是法治的香港，法治是香港的核心竞争力，没有法治的香港一定会让熟悉她的世人顿然产生陌生感。在这片土地上，当下反对派制造的乱象，实在让人百思不得其解。

| 2014 年 10 月 4 日 |

"占中"式"街头政治"玩不出好结果

香港极端反对派裹挟、欺骗少数民众发动"占领中环"违法行为已持续八天。从堵塞交通，到冲撞警方防线；从堵塞特区政府总部出入口、阻碍3000名政府人员办公，到与反"占中"人士发生小规模冲突、一些暴力行为开始出现。这些乱象表明，"占中"式"街头政治"，已越来越远离了民主与法治的轨道，给香港社会秩序、市民社会生活带来更多不良影响，甚至可能会滑入街头暴力的危境。

这或许是"占中"组织策划者们所想要的。他们所谓的"真普选"只是一个幌子，真实的目的，就是要搞乱香港。这些天，他们的口号不断在变，表明他们原本的诉求存在不确定性、他们是在"玩"。一些西方势力被曝是香港"占中"的幕后策划者，一些国家多次发声支持"占中"，表明极端反对派们是在受人指使。面对这些"占中"组织者的动机，就连一些西方学者都看不过眼，认为中国应当对此保持警惕。同时，对一些西方国家用双重标准、对中国内部事务说三道四，不少西方国家专家表示"令人吃惊"。

然而，这种别有用心的"街头政治"，能玩出什么好结果呢？最好的意见表达渠道，只有和平、理性、合法，不仅务实，而且有效。"街头政治"作为一种极端的意见表达方式，从来就不可能有效地表达和实现特殊意见诉求，反而极容易演变为街头暴力、陷入无政府主义状态。这种以对抗、要挟为主要特征的极端方式，是坏民主结出的"恶之花"，唯一的后果就是搞乱局面。一个混乱的香港局面，对香港未来、对香港市民、对香港民主和政制发展都不会有利。也正是看到了这一点，广大香港市民对"占中"行径表示反对和愤慨，谴责他们扰乱社会、影响市民生活，有的市民含泪献唱呼唤参加"占中"的人回家。

即便香港极端反对派们是在表达所谓的"真普选"诉求，其实质也绝不是希图什么"真民主"。他们鼓吹的"公民提名"，实际上乃是早已被国际社会抛弃了的"海选"观念，是缺乏现代民主选举的常识。他们的真实目的，乃是妄想把香港变成某种独立的政治实体。这是任何一个有血性、有良知的中国人都绝不会答应的。也正是为了防止少数人的如此别有用心，中央政府从理念和法理上都强调香港特首人选必须爱国爱港、不对抗中央。全国人大常委会作出的2017年香港特别行政区实行行政长官普选的决定，为的就是确保香港在爱国爱港者手里，实现港人治港、高度自治。由此可以看出，香港极端反对派的所谓"真普选"里包藏祸心、载有木马病毒；全国人大常委会的决定，着眼的正是中国香港的未来，切合的正是香港的实际。

香港是中国的香港，任何人都甭想把香港从中国人手里夺走。治港者必须爱国爱港，这是底线，不容挑战，不容动摇。无论什么样的"街头政治"，无论耍什么样的花招，都不可能得逞，也注定是要失败的。

| 2014年10月5日 |

抵制"占中",还香港一片净土

迄今为止,此次"占中"已经八天。"占中"的香港少数极端派们仍没有收手的迹象。冠冕堂皇的口号和信口雌黄的叫嚣依然在本应摩肩接踵、一片祥和的中环上空环绕交织。违法"占中"者"亲痛仇快"的戏码也让那些关心香港发展,期待香港再创"香江奇迹"的民众倍感无奈。此时此刻,可以说,已经到了必须抵制"占中"、尽快还香港一片净土的关键时刻。全体港人应当清醒看到:没有和谐稳定的环境,香港经济发展的提速就无从谈起;没有积极进取的氛围,香港民众福祉的提升也就遥遥无期。

众所周知,香港是一座繁荣开放的国际化大都市。其举世瞩目的成功,来自于全体香港人民的辛苦打拼和内地同胞的积极支持。回归祖国17年来,香港经济长期保持较快增长,连续20年被评为全球最自由经济体系。可以说,回归后的香港经济不仅没有走下坡路,反而搭上了祖国改革开放、高速发展的直通车。一方面,中央政府早在香港回归之初就将1700亿港元的土地基金交由香港政府作为发展之资。内地不仅为香港源源不断地输送物美价廉的肉类副食、淡水电力等资源以维护稳定,更借助自身广阔的市场资源和不断深化的改革开放为香港经济发展提供坚定有力的靠山。另一方面,香港积极利用自身区位优势,充分借助成熟的金融市场和法制体系为祖国内地的商品贸易提供便利,为内地发展提供具有前瞻性的指导和借鉴。可以说,香港和内地互为依托、相得益彰,是荣辱与共、携手并进的发展伙伴和骨肉兄弟。内地和香港谁也离不开谁,谁也不希望失去谁。

诚然,同内地乃至世界其他地区类似,在香港经济社会的发展过程中，也存在一些问题和阻碍。近些年来，香港同许多内地大城市一样有着高房价、就业难的问题，也存在人多地少、人口老龄化、贫富差距等全球性难题。面对这些现实挑战，我们要理性分析、客观看待。首先，房价较高、就业较难这样的问题，和香港本身地少人多的地理条件密不可分。这样的问题，不仅香港有、内地有，就连美国、英国这样的发达国家也不少见；其次，诸如贫富差距的存在是当前世界大多经济体发展中的通病，就连超级大国美国也不例外。但面对这一差距，怨天尤人无济于事，真正需要做的正是埋头苦干、做大蛋糕和稳步改革、分好蛋糕。这一点上，内地与香港有不少的共同语言与合作空间；第三，我们也必须承认，当前内地发展速度与规模的不断提升，改革开放的程度与力度的持续扩大，确实给香港带来不小的压力和不适。但我们更要看到，香港与内地的经济关系仍然是合作大于竞争，发展相互联动的。实际上，中央政府这些年一直在加大香港与内地合作的深度与广度，不断提升和放大香港的重要地位和作用。香港的自信不仅来自祖国的发展壮大，也来自于其自身金融、贸易等不可替代的独特优势。

今天的香港，真正需要的是全体香港人民集思广益、戮力同心地把香港经济社会的发展推向前进，实现其经济社会的成功转型与再次腾飞；而不是某些反对派们所希望的"大乱"带来"大治"，某些极端分子所期待的"港独"和"背弃大陆"带来的"一夜暴富"。虽然有着冠冕堂皇、迷人心窍的说辞，但"占中"所引发的大破坏、大乱局给香港带来的却是不折不扣的灾难与梦魇。

香港"占中"七天来，对股市、楼市、零售、餐饮、旅游等行业及普通市民生计、生活造成严重负面影响。这里，用"亲者痛仇者快"形容"占中"给香港经济社会带来的负面影响也不为过。

事实已经证明，煽动"占中"的带头人是多么地阴险狡诈和丑陋卑鄙：有的组织者称，"占中"确实已经失控，未来如何不知道；有的带头人说，"占中"不再属于任何组织，没有停止时间表。这些少数极端反对派们，眼睁睁地看着香港的金融中心中环陷入瘫痪，无视香港无辜市民的正常工作生活受到扰乱，坐视香港旅游业因此遭遇重创，漠视香港国际形象因此面临抹黑。

越是在香港遭遇挑战的时候，越是需要全体香港人民认清局势、以身作则的时候。当前，对于内地和香港来说都是具有特殊历史背景的时期：祖国内地处于改革开放的攻坚期和关键期，香港也处于转型发展和社会改革的重要节点。稳定团结的积极局面，是陆港两地大发展大进步的首要前提。香港同胞福祉的提升和幸福感的增长更是离不开一个和谐向上的良好环境。只有形成全民反"占中"的社会气氛，才会让"占中"者有所忌惮有所警醒。只有人人抵制"占中"，人人团结一致拥护2017年普选的合法顺利推进，香港社会才能重归和谐安定，香港经济社会的发展进步才有希望有盼头。

| 2014 年 10 月 5 日 |

勿让民粹主义绑架香港

由少数香港极端反对派发起的违法"占中"活动至今已经是第八天了,香港"占中"行动到了关键时刻。冷静观察此次"占中"乱局,不难看出香港部分反对派一直在借"民粹主义"煽动和蛊惑年轻人放下课本、丢掉工作,走上违法"占中",危害香港的歧途。只有揭穿部分反对派借用的"民粹主义"混淆视听的真实面目,去伪存真、正本清源,才能让更多的中国人团结一致、抵制"占中"。

首先,香港"占中"活动代表的"民粹主义"让部分民众混淆了"一国两制"的真实含义和陆港关系的真正内涵。"一国两制"是中国人为香港顺利回归和稳定繁荣保驾护航的伟大创举。不仅为中国实现国家统一提供了正确道路,更为世界其他国家提供了良好借鉴。在"一国两制"的框架下,"港人治港、高度自治"是照顾香港历史现实所作出的制度安排。不同于殖民政府对香港的盘剥压榨,回归后,中央不在香港收取一分税收、我驻港部队不拿香港民众一分军费,内地对香港的各项支持政策更是数不胜数且与时俱进。但是,无论自治的程度如何,香港的自治权利都来源于中央政府的授权;无论时间如何变化,香港作为中华人民共和国一个特别行政区的事实无法改变。换句话说,香港既是700多万香港人的香港,更是13亿中国人的香港。当前,那些正在中环安营扎寨的反对派,那些冲击特区政府的激进分子所声称的"普选"实际上是想要彻底推翻《基本法》,全盘依照其设想的不受约束的"独立王国"去设计规划香港的未来。这种狂想无视香港与内地的血肉联系,无视中央政府与香港特区政府之间的紧密联系,注定只能成为空想和幻想。香港2017年普选的问题,不仅要看中环上那些群体的诉求,更要看全体香港人民和内地人民的真实态度。在此问题上，8月底全国人大常委会的相关决定是遵循了《基本法》和"一国两制"，经得起时间和人民考验的。同时，中央政府和全体国人的态度与立场也是空前一致且不容动摇的。

其次，香港"占中"活动代表的"民粹主义"让部分民众模糊了"民主"的本质与真意。民主政治，是成功取代战争和冲突换来和平与发展的现代文明的标志之一。从多数代表制到比例代表制，从议会制到总统制，虽然选举制度和政治制度千差万别，但基本的实质没有改变。那就是各方承认"尊重法治"、"少数服从多数"、"对话协商"等这些基本原则和方式。无论最终的妥协方案如何，只要合法合理，遵循了民主原则，都会马上接受、共同遵守。但反观香港少数极端反对派的所作所为，却与此大相径庭。其所认为的"民主"实际上等于香港一小撮人的"意志"，其所追求的"普选"是基于部分反华势力教唆的标准。其误以为，只要鼓噪的声势足够浩大，就能对香港正常的经济社会秩序产生影响，迫使中央和香港特区政府"妥协"，实现其脱离实际的方案。但海内外的经验告诉我们，尽管"民粹主义"在许多国家地区都曾喧腾一时，迷惑过不少善良民众，可最终带来的只是没有尽头的动乱，受苦的是普通民众。可以说，"民粹主义"幌子下所谓的"争民主"实际上给香港民众带来的只能是苦涩和酸楚。

最后，香港"占中"活动代表的"民粹主义"让部分民众错认了当前的形势和香港的未来。香港经济社会的和谐稳定与快速发展离不开正确的发展道路与有效的制度保障。回归17年来，香港保持繁荣稳定正是得益于"一国两制"的正确制度设计和中央政府一以贯之的支持保障。将香港民主政治的发展寄望于"西方某些国家的引导与帮助"，实则是饮鸩止渴、南辕北辙。香港"占中"群体摇旗呐喊的口号与要求由于暗合某些反华势力搞乱中国、破坏稳定的需要，而得到了一些"喝彩"和"声援"。但是，在香港长达百年的殖民史里，那些国家那些人是否有用一天的时间过问了香港民众的安危疾苦？在香港同胞争取权益尊严的现代抗争中，那些国家那些人是否发出过哪怕一点关切的声音？香港的前途和命运，香港人民的生存发展，除了依靠祖国人民的支持和自身的努力打拼，没有捷径。乌克兰、泰国等国的"民主乱局"已经为不少人敲响警钟，西方国家口中的民主标准不仅可能是把双刃剑，更有可能是剂迷幻药。毋庸置疑，香港的政治改革需要推向前进、不断完善，但这一切都离不开中央的支持与帮助。香港经济社会的种种问题和矛盾，想要寄希望于通过一次"普选"来毕其功于一役地解决，显然脱离现实。"饭要一口一口地吃，事要一步一步地做"，这个简单的道理，相信每一个香港人都知道也应该明白。

香港，一个具有高度包容和开放传统的国际化大都市，一旦为"民粹主义"的旗号和瘴气所污染、所绑架，后果不堪设想。"民粹主义"由于有着光鲜得足以迷惑民众的外衣而常常危害社会，香港少数反对派政客也正是看中了这一点才借其蛊惑民众。为了还香港一片安宁，为了肃清民粹主义的危害，所有港人务必提高警惕，保持清醒。既要用耳朵听"占中者"的一言一语，也要用眼睛看"占中者"的所作所为，绝不能受其迷惑被其利用。

| 2014 年 10 月 5 日 |

为香港主流民意喝彩

"占中"违法活动终于在国人众志成城的抵制之下,开始偃旗息鼓。5日傍晚,部分"占中"者决定离开龙和道及添华路的路面。在九龙旺角亚皆老街与弥敦道交界的示威现场,部分学生决定离开。正所谓,"邪不胜正",民意的力量不可违抗。即使连日来"占中"声势颇有"不达目的不罢休,不乱香港不满意"的阵势,但不到十天已疲态尽显。归根到底,任何有悖于香港社会长期繁荣稳定的行为,任何背离香港主流民意的举动,任何有损祖国统一和民族尊严的行径不仅注定失败,更是会被全体中华儿女和香港同胞所孤立和唾弃。

香港,我们的东方之珠,虽历尽百年沧桑,风云变幻,但不变的是对中华民族前途命运的切身关切与真心祝福。从国庆前夕80多个香港团体数万人参加国庆嘉年华,到10月1日近百名香港中学生不远万里冒雨参加北京天安门升国旗仪式;从10月2日香港红馆国庆晚会数千张门票短短半天不到就已告罄,到网络上获得一片掌声的叫学生快回家的"香港担心大叔"。每一天,香港的任何一个地方都不缺少抵制违法"占中",呼吁团结稳定的声音。那些"占中"幕后策划者和操纵者叫嚣声浪看似不小,但最终难掩其虚弱和虚伪的本质。

试想,不断争取海外反华势力支持,不断联络"台独分子"寻求"指点"的数典忘祖之徒怎么能获得绝大多数爱国爱港的香港市民的信任与支持?只求自我非理性表达而不顾香港市民正常工作生活,只求用对香港金融中心的扰乱破坏换取国际关注的举动,怎么能获得绝大多数香港普通市民的声援与鼓励?一个罔顾事实法理、民主法治,视香港前途命运如无物的目标,又怎会获得全体华人社会和世界主流舆论的接受与认可？"占中"群体逐步土崩瓦解，用事实说明了一个问题，任何期望以"乱"来挟持香港、对抗民意的行为注定是徒劳和无法得逞的。

连日来香港社会所发生的一点一滴的变化，都告诉全世界一个鲜明、一个不可驳辩的事实。那就是，鼓动占据中环的那几个小丑远远不能代表香港的主流民意。正义的力量从不以叫嚣声浪的大小来衡量，但正义的呼声绝对掷地有声，绝对振聋发聩。那些质疑香港民意的人只须好好回顾香港社会这些天来的主流表态，就能够明白什么是香港，什么是香港人，究竟是什么精神支持着香港数十年的繁荣发展？

这些天来，香港中华工商联合会强烈谴责"违法占中"，呼吁示威者立刻停止行动。香港经济民生联盟主席梁君彦表示，任何人鼓吹、煽动用违法行动去破坏香港和平稳定，都是绝不能接受的。社会团体"帮港出声"呼吁全港市民抵制"占中"，谴责策动暴力和"占领中环"的幕后黑手，防止暴力事件重演。香港青年联合会名誉主席朱鼎健呼吁香港青年关注如何配合国家发展，把青春用在创造更多幸福和财富上。香港志愿者协会主席叶振都呼吁青年不要故步自封，应全面了解事情来龙去脉。香港各界青少年活动委员会主席陈仲尼表示，应该以大局为重，集中精力发展经济、改善民生，这样才是香港长期繁荣稳定最好的保证。

更为感人的在于，就连平日专注演艺事业、不问政治的香港演艺界人士也义无反顾地站出来反"占中"：著名演员刘嘉玲国庆节微博高调为祖国母亲庆生；老戏骨罗家英一日三条微博力反"占中"；陈小春对"占中"分子表示"想在我家搞破坏，请离开"；温兆伦将一面大大的五星红旗置顶微博表达心声……

香港，如此一个繁荣稳定、法制昌明的国际化大都市又怎可转手交给如煽动"占中"者这般别有用心"绑架"香港的人？

"沧海横流，方显英雄本色；青山矗立，不堕凌云之志。"正是在香港"占中"乱流的冲击之下，让我们看到了中华民族空前的凝聚力，看到了香港社会爱国爱港的高度团结。这些天来，需要我们一起点赞的群体有很多很多：中央政府力挽狂澜的坚定有力和特区政府守护法治的文明典范；海外华人抵制"占中"心系祖国的赤子情怀和内地人民一致声讨的爱国情感；香港社会贤达的不惧风浪挺身而出和香港普通市民是非分明仗义执言的主人翁姿态。

香港，是全体中国人民、全体爱国爱港的香港人民的香港。只有在全体关心和致力于香港经济社会繁荣稳定的中华儿女的守护之下，紫荆花才能够绽放得格外鲜艳夺目。"占中"违法活动的逐渐偃旗息鼓告诉我们，香港的主流民意是爱国爱港、心向祖国的。在香港主流民意的滚滚洪流之下，不仅违法"占中"活动必将很快走向彻底失败，香港2017年普选也必将在全体国人的推动和守护下合法合理地走向最终的胜利。

| 2014 年 10 月 6 日 |

香港：人间正道是沧桑

昨晚，香港传来一些令人宽慰的信息。折腾了八天之后，天际露出些许亮光。香港这一次，终于还是没有"例外"。自9月28日凌晨以来，香港特别行政区一部分人实施所谓"占领中环"非法集会，严重扰乱社会秩序，影响香港经济民生。追根溯源，"占领中环"是"例外主义"思潮在香港泛滥的极端体现，而今已经越过理性的边界，极其危险。

"例外主义"在香港生根、蔓延有其复杂的历史和现实原因。历史上，香港曾是英国殖民地。回归祖国后，香港一直实行"一国两制"、"港人治港"，中央授权下的高度自治保证了香港的繁荣稳定。但与此同时，"香港例外论"在一些人头脑中发酵，在外国势力的煽风点火下越发膨胀，无视中央政府的善意，煽动香港人民与内地民众的对立。而今，一些人在香港普选问题上大做文章，已将"例外主义"发挥到极致。

中央政府秉承实事求是的态度，给予香港特别行政区一些"例外"政策，展现了理性、大度、包容之心。但是，一些人不要因此而得寸进尺，要认清"例外"的边界在哪里。

首先要认清，香港是中国的香港，是中华人民共和国的一个特别行政区，不是"化外之地"。一些反对派与境外势力打成一片，企图把香港往街头暴力、"颜色革命"的路子上引，是打错了算盘。且不说要爱港爱国，起码不能卖港卖国，这没有例外。

其次要认清，"例外"不能突破宪法的边界。香港特别行政区的法律基础则是《中华人民共和国香港特别行政区基本法》，而《基本法》的法律源头是《中华人民共和国宪法》第三十一条。也就是说，香港现在法制的源头是《中华人民共和国宪法》，这是一个法律现实。

因此，香港政改只能在《基本法》和全国人大常委会有关决定的框架下解决。全国人大常委会的决定有最高权威，必须得到贯彻执行，决不会因"占中"之类的外来压力而改变。

换言之,自从全国人大常委会就香港政制发展问题作出决定后,反对派希望通过"占中"向中央施压的路就被堵死了,通过"占中"迫使中央改变决定已被证明是痴心妄想。香港的政制发展必须以《基本法》和全国人大常委会的决定为准绳,这一底线不容置疑,没有例外。

第三要认清,"例外"不能突破地方法治的边界。香港已经是一个比较成熟的法治社会。在法治社会里,表达行为必须要符合"法律上的必要限制"是国际通行原则。

"占中"打着"民主"的招牌,其行为恰恰是践踏香港的民主政治的核心价值,践踏香港法治精神。放眼世界,任何国家、任何社会都不会允许这种无视法制、损害公共利益的非法行为。

第四要认清,不能把香港的繁荣稳定作为"人质",以此要挟中央政府和香港特别行政区政府。

当前,增强经济活力、改善民生、提高国际竞争力是香港各阶层的最大公约数,"占中"却与此背道而驰。仅仅才过几天,"占中"已经对香港的经济、社会生活带来莫大的负面影响,国际舆论已开始看低香港的投资环境。

简言之,"占中"以香港的繁荣稳定为"赌注",图一己之私却牺牲广大港人的利益福祉,狼心可鉴。为了维护香港繁荣稳定的大局,我们相信香港特别行政区政府有能力、有办法采取必要措施,对越界者坚决打击,没有例外。

第五要认清,通过对话、和解才能解决问题,极端的抗争手段没有出路。

香港是一个多元社会,我们不强求所有人都认识一致、看法相同,但表达不同诉求必须通过合法、理性、务实的方式妥善解决。对抗没有出路,和解对话才是唯一的渠道。纵观全球,激烈抗争式的街头政治,尾随而来的往往是血雨腥风,给社会、民众带来难以弥合的创伤,我们要以之为镜鉴。

总而言之,"人间正道是沧桑"。即便是"例外",也有自己的边界,回到法治和理性的轨道,才是正确的方向。

| 2014年10月6日 |

回归法治和理性是正确方向

截至10月7日,香港"占领中环"非法集会进入第十天。尽管5日开始即有部分示威者撤离,但6日金钟和旺角等地仍有人聚集,特区政府总部的运作也未完全恢复正常。目前,香港社会各界要求参与"占中"的示威者尽快撤离的呼吁越来越强烈,海外华人乃至一些外国人士也认为该是结束"占中"的时候了。

尽快结束"占中",是香港这个法治社会的迫切需求。纵观事件全过程,"占中"集会从一开始就是非法的。"占中"策划者、煽动者精心炮制的种种议题,违背了《香港基本法》,根本站不住脚。在"一国两制"的香港,法治是底线。《香港基本法》以及人大常委会通过的《关于香港特区行政长官普选问题的决定》,都不容任何挑战。因此,香港特区行政长官梁振英指出,政府和警方有责任恢复社会秩序,保障市民生命和财产安全。特区政府依法处理"占中"集会的措施,必然得到香港社会大多数人的支持和赞同。

能否尽快地、彻底地结束"占中",是对香港社会能否回归理性的一次考验。回归理性与否,首先看一件事情、一种言行对社会是否有利有益。不容否认,持续多日的"占中"给香港社会造成太多负面影响。比如,特区政府机构不能正常为市民提供服务,金融商业机构难以开展正常业务,股指、港币下跌,游客闻乱止步,学校不能开课,连消防、救护等人命关天的公共服务都受到明显影响。这一切让一直井井有条的香港显得格外混乱,让多年来生活安定的香港人备感困惑。因此,及早结束"占中",体现的是港人意愿的最大公约数,符合香港社会的最大利益。

回归理性还意味着，遇到各种事情不情绪化，不偏激执着，不随意"从众"，不轻易被利用，而是在主观动机与客观效果之间能够有清醒的判断，在理想与现实之间有理性的分析和选择。全国政协副主席董建华对参加"占中"行动的学生和年轻人说，希望他们"拿出勇气与智慧"，"积极平和地去了解不同的意见，进行良性互动，以多元社会的视野，谋取共识"。这样语重心长的话语，着眼于香港的未来，正是智慧与理智的体现。

值得一提的是，尽管西方某些媒体某些政客仍在对香港"占中"指手画脚，说三道四，摆出一副唯恐天下不乱的架势。但也有西方国家的资深人士发表了客观意见，显示出冷静的态度。比如，英国前首相撒切尔夫人的私人秘书、现任议会上院议员查尔斯·鲍威尔日前表示，香港的"占中"参与者"不切实际"。从一位对香港问题了解颇多的英国人嘴里说出"不切实际"的评价，确实值得香港社会深思。

人们完全有理由相信，法治、理性这些香港的立足之本不可能随便丢弃，"占中"的结束只是时间问题。如果有人还要继续搅局兴风作浪，务实的香港人是不会答应的。

| 2014年10月7日 |

"东方之珠"的风采浪漫依然

香港反对派策动的"占中"闹剧,已经激起绝大多数香港市民的强烈反对,越来越多的"占中"参与者清醒过来,选择退出。这表明,极少数组织策划者的违法行径不得人心,他们别有用心的企图已经为人们所识破。如果盘桓在维多利亚湾上空的阴霾从此消散,香港这颗"东方之珠"相信还会难掩丽质,风采依然。

这场已经持续 11 天的非法示威,对香港的社会运行秩序,对香港市民的日常生活,对香港的经济发展和民主、法治进程,乃至对香港的形象都产生了深深的伤害,令人痛心,也令人反思:如何确保香港繁荣稳定的局面不会毁于极少数违法者之手?香港的未来如何更好把握?

香港是一个法治社会,凡事都要依法。特区政府对此次"占中"违法活动保持了极大的克制,但并不意味着极少数组织策划者就会逍遥法外。连日来香港社会市民遭受的直接和间接的损失已历历在目,这极少数"始作俑者"应当也必须依法受到严惩。唯有让极少数组织策划者为自己的违法行为付出代价,才能有效防止一些人以身试法、胡作非为。

应当看到,此次"占中"参与者中,绝大多数是涉世未深的青年人,有很多是在校学生。他们有着一腔爱国爱港的朴素热情,有希望祖国和香港未来更好的朴素愿望,却受到极少数组织策划者的利用、蛊惑和蒙蔽。"年轻人犯了错误,上帝都会原谅",在成长的过程中,年轻人有时难免犯错误,关键是认识和改正错误。青年人是香港的未来,希望经历过"占中"闹剧的年轻人能够更好地看清"街头政治"乃至颜色革命的本质,学会和平、理性、合法地表达建设性意见,和香港市民一道去为香港未来献计出力。

"青山遮不住，毕竟东流去。"无论是对于香港的经济发展，还是政制发展和民主进步来说，此次"占中"闹剧都只是一个波折，虽然给各方面都带来了负面影响，但任何阻力和障碍都阻挡不了香港前进的步伐。这是香港回归17年来的实践所揭示的大势，也是香港同胞在此波折中所展现的与理性和法治精神相伴而来的信心。

这些年来，香港之所以成功闯过一次次危机，保持了繁荣稳定的好态势，一个重要原因就在于有祖国大家庭的怀抱，就在于香港踏着祖国发展的鼓点与内地一起进步。改革开放30多年来，中国经济快速发展，有很多国家和地区都乘上了这列"高速动车"。可以说，在这趟"顺风车"上，香港是头号乘客。在内地全面深化改革的大潮中，香港必将获得更多的发展机会和更大的发展空间。历史已经并将继续雄辩地证明，与祖国同进步，香港才有未来。

在一个多元社会里，有不同意见本就很正常。对香港政制发展有不同看法，也很容易理解。关键问题是，表达意见应当在法治的轨道里进行，法治才是民主的基石。没有法治的路径和保障，民主很容易变味；有不同看法，一家人可以关起门来讨论，一起消除歧见、寻求共识。切不可把分歧扩大化，更不能任由这种分歧被外部势力和别有用心者利用。

在此次"占中"闹剧中，绝大部分爱港市民和各界人士都真心希望香港不要乱、不想看到香港被撕裂，这是香港未来的宝贵财富。正如有首歌所唱的"不经历风雨，怎能见彩虹"，我们深信，经历过非法"占中"这场"风雨"，香港的民心更凝聚，香港的政治更昌明，香港的未来更繁荣。"东方之珠"的风采，浪漫依然！

| 2014年10月8日 |

谁该为"占中"买单

香港"占领中环"非法集会已经进入第十一天,且已渐露颓相。此时,可以对此番"占中"造成的损失略作"盘点"。

香港的法治纲纪以及香港多年来形成的良好国际形象,在这次"占中"中受到极大损伤。香港人历来重法治,讲理性,待人处事务实平和。然而,在"占中"发生前,人们看到的是一些策划者、煽动者存心挑事的预谋和胡搅蛮缠的蛊惑。"占中"过程中,人们更清楚地看到,那种对执法人员的攻击袭扰,对政府机构应有秩序的肆意挑衅,对市民正常生活的蛮横漠视,那种种辱骂、偏激的词语,那不顾一切的狂躁、暴戾之气,让人大跌眼镜,让本来熟悉的香港变得面目全非。现在无法预计香港社会何时能够恢复正常,但可以预见,"占中"对香港法治、香港形象造成的负面影响和明显损伤,需要很长一段时间才有可能修补过来。

香港经济当然是饱受"占中"损害的"重灾区"。据香港媒体报道,香港科技大学经济系教授雷鼎鸣测算认为,"占中"发生至今,保守估计经济损失已达3500亿港元,即香港人均损失5万港元。香港大学8日发表最新香港经济预测报告,将今年香港全年经济增速预期由原来的3.4%大幅下调至2.2%。在比较香港"占中"前后的消费者信心相关数据后,有调查发现对经济发展和就业信心打击最大。"占中"发生后的经济发展指数与就业状况指数,分别比"占中"前下跌了16.3%和8.3%。经济从来都是香港的命脉,"有工可做"一直是香港人最看重的事情。在"占中"使经济下滑、就业率下降的时候,其利害得失,个中滋味,香港人真是冷暖自知了。

西谚云:"天下没有免费的午餐。"无论什么人做什么事,都必须承担成本付出代价。违法"占中"造成的损失,当然必须有人买单。而这"买单人",决不该是无辜的香港市民,甚至不该是受到蛊惑、蒙蔽的青年学子。如果"占中"的策划者、煽动者以为把事情搞起来了,搞大搞乱了,自己可以两手一摊说"不关我事",甚至溜之乎也逃避责任,那完全是一厢情愿。在讲法治的香港,违法者倘若不受追究,是香港司法机构的失职。恐怕香港的市民们也不会姑息放纵违法者。

果然,今天有消息说,香港一些受损商家开始向"占中"发起人索赔。分别有一家旅行社和一家餐厅入禀香港小额钱债审裁处,控告"占中"发起人之一戴耀廷,指"占中"影响他们的生意,要求赔偿。可见,"冤有头,债有主",天道昭昭,报应不爽,香港人眼里是揉不得沙子的。

| 2014 年 10 月 9 日 |

警惕香港有人又在"玩火"

就在香港特区政府政改咨询专责小组积极准备10日就政改议题与学联进行对话时，香港学联和"学民思潮"等激进学生组织宣布，进行新一轮不合作运动。学界代表再次重新要求，全国人大常委会撤回8月31日通过的普选决定，坚持争取违反《基本法》的"公民提名"，并趁会面号召更多市民集结，扩大堵塞。鉴于与香港学联对话的基础已被动摇，特区政府被迫决定暂不与学联代表会面。

香港学联方面如此出尔反尔的做法令人生疑，更让人警惕背后有人别有用心的动机。原本，在香港广大市民和社会各界的努力下，香港局势出现缓和迹象，不少醒悟过来的年轻人选择退出违法"占中"行动，"占中"呈现土崩瓦解之势。善良的人们欣慰地以为混乱局面即将结束，开始估算损失，盼望尽快恢复经济和社会运行秩序，抓紧准备发展经济、保障民生诸多事宜。然而，这一番良愿却被一些人再次破坏。

显然，在人心思稳、人心思定的大势下，有人不甘心自己的政治企图没有达到，不愿意看到自己灰溜溜收场的尴尬，因而不愿意让事态就这样平息。为此，他们不惜出尔反尔、颠三倒四，煽动学联在和特区政府对话时提出无法接受的条件、不能满足的无理要求，以此激起不明内里乾坤的人对特区政府的怒气，妄图把事态升级的责任推到政府身上。还有人在煽动更大规模的非法聚会。这种用心可谓险恶。

"街头政治"从来就不是好的民主形式。现在这些人一意孤行，其实质是通过严重影响市民生活、影响社会秩序、影响经济发展，来达到捣乱社会、搞乱香港的目的，妄图阻滞香港民主政治和政制发展进程。这些人破坏法治的违法行径早已惹犯众怒，而他们企图将对话和违法占领行径挂钩、利用公开对话的机会鼓动更多市民参与违法占领的妄想，也不过是黔驴技穷。

"占中"行径本身就是违法，违法越久越会对香港社会和市民利益造成更多损害。不在《宪法》和《基本法》的框架下行事，企图另搞一套、不达险恶目的不罢休的无理要求本身已凸显其极端思维，持续越久越与现代社会文明对话、沟通的理念和政治伦理背道而驰。这些人如此不顾香港社会主流民意、不顾香港经济社会发展的极端行为和违法行径，不但使事态不能平息，更是在挑战特区政府守护法治底线。这些人所以持续其极端行为和违法行径，其如意算盘是试图迫使香港特区政府捍卫法治和民众利益时借机制造流血事件以嫁祸香港政府，再打自己"受迫害"、"被镇压"等悲情牌以使事态升级、恶化。这些不妥协、死硬到底、挑战法治、对抗社会和民众的人明显是在玩火。从香港和民众的利益出发，回到法治轨道上来，走理性、和平、合法的民意表达路径，才是明智的选择。否则，"玩火者，必自焚"——这个道理，你懂的！

| 2014 年 10 月 10 日 |

港版颜色革命注定要失败

如果说,一开始非法"占中"行径装扮出来的面貌是"街头政治"——通过极端的意见表达方式来表达极端意见诉求的话,那么,随着"占中"真面目的揭开和幕后黑手的种种丑恶行径,"占中"已彻头彻尾地表明它是一场香港版的"颜色革命"。

你看"占中"伪装得多么像模像样啊,一开始要求的是什么"真普选"。这在一些看不清实质的人那里,甚至在一些"开明绅士"那里,都颇能赢得一点同情、理解。以为他们虽然行为违法,方式极端,但毕竟是在争民主。然而,他们很快就按捺不住了,诉求不断在变。一会儿要求香港特区政府"政改三人小组"下台,一会儿要求特首梁振英下台,一会儿要求全国人大常委会撤回"决定",一会儿喊出攻击中国共产党的口号。在确定下来与特区政府对话时,又出尔反尔改变主意,试图把对话变成扩大"占中"违法行为的契机……如此变来变去,目的只有一个,不希望事态就此平息,不断刁难特区政府、不断提出无理要求,以死硬对抗到底,达到动摇政权、抗乱香港的企图。

你看他们的手法多么娴熟:蛊惑血气方刚的学生冲锋在前、西方势力提供资金支持、媒体煽风点火聒噪、组织动员力强大……这一切表明"占中"具备了颜色革命的一切要素。香港多名议员认为,"占中"团体借瘫痪交通威胁特区政府与中央政府让步,其组织能力及动员能力更超乎想象,为此最近香港立法会内务委通过特权法调查"占中"幕后黑手。事实上,这些幕后黑手、外部势力已经自己跳出来了。

据外媒报道,早在几个月前,美国国家民主基金会(NED)负责人路易莎·格雷夫就与"占中"的"灵魂人物"见面,讨论"占中"事宜。仅从近年来公开报道看，此人常同"藏独"、"东突"、"民运"等势力搅和在一起。美国3名前驻港总领事联署发表公开信，指责香港特首提名委员会制度是"民主倒退"，给受到"占中"困扰的香港政局火上浇油。一些西方媒体则兴冲冲按捺不住，早就自己定性了，英国《独立报》、美国《时代》周刊亚洲版、美联社等都直接称"占中"为"雨伞革命"。当然，他们无一例外地还要伪装成为民主鼓呼，是要对其所谓的"普世价值"进行支持。

然而，人们必须擦亮眼睛，这就是西方处心积虑地在搞颜色革命，目的就是颠覆现政权、以唯西方马首是瞻。这一幕，与历史上其他国家和地区的颜色革命何其相似乃尔！1989年捷克斯洛伐克的"天鹅绒革命"，2003年格鲁吉亚的"玫瑰革命"，2004年乌克兰的"橙色革命"，2005年吉尔吉斯的"郁金香革命"，2009年摩尔多瓦和伊朗先后发生的被称为"推特革命"的未遂颜色革命，2011年突尼斯的"茉莉花革命"及其所引发的"阿拉伯之春"，今春乌克兰的"二次颜色革命"。

纵观其中的一些让他们得手的颜色革命，一个鲜明特点就是政局混乱、社会动荡、民生凋敝。"占中"与他们发动的颜色革命手法相似、实质与图谋完全相同，唯一不同之处就在于他们决不可能成功，他们的图谋注定要失败。他们低估了中国人心思稳、人心思定的民心大势，低估了希望香港繁荣稳定的主流民意和社会共识，低估了中央政府确保香港民主进步、稳定发展大局的坚定决心和战略定力。任何人任何势力都别想搞乱香港、颠覆政权，因为香港广大市民不答应，13亿内地民众不答应，那一小撮势力不可能得逞。

现在，人们所需要做的一项事情，就是更加擦亮眼睛，看这些幕后黑手和台前表演者如何拙劣表演，如何灰溜溜收场。因为"占中"行径已经导致香港社会运行失序、市民生活受影响、经济发展受阻，民众利益深受其害，所有善良的香港市民都在痛心于此。

| 2014年10月13日 |

"占中"闹剧该收场了！

时至今日，"占中"乱象已持续了半个月，不仅香港市民对违法"占中"怨声载道、口诛笔伐，就连"占中"群体自己也开始疲态、乱态百出：有的人竟然在中环吃起了火锅打起了球，还有的索性支起牌桌打起了麻将。如果不知道他们是在"占中"，很有可能会误认为是在聚会消遣、彻夜狂欢。任性疯狂如此，却不顾香港这些天无端遭受的巨大损失和普通市民生计受到的袭扰破坏。"占中"闹剧到了今天这个地步，已经到了非要收场不可的时刻！

早前，有经济学家保守估计"占中"已给香港经济带来愈3500亿港元的巨额损失，香港股市更是下跌3%左右。港大最新报告将今年香港全年经济预测由原来的3.4%大幅下调至2.2%。受"占中"影响，香港旅游业、酒店业、餐饮业、零售业等一系列重要经济支柱受到重创：餐饮业估计每日损失逾5000万港元；酒店业一天损失预计近亿港元。与此同时，45%的公交路线受阻或改道，约6万学生上学受阻无奈停课！往日人潮汹涌、充满活力的中环地区如今却成了车进不去、人出不来的"占中"垃圾场。

然而，香港受到的影响远不止这些。有形的经济损失可以估量，可以计算，但香港繁荣稳定法治严谨的国际形象受到的前所未有的冲击和抹黑却无法衡量：香港作为国际金融中心在世人眼中的可靠性和持续性受到质疑；香港作为购物天堂和旅游胜地的稳定性和安全性受到破坏。长此以往，香港的经商环境、旅游品质将面临诸多风险和不确定因素。香港经济社会的可持续发展被蒙上了一层阴影。

更让人担忧的还在于香港社会被"占中"撕裂的社会团结和奋斗精

神。"人心齐，泰山移"，以往香港高速发展的经验告诉人们，正是香港人团结拼搏、和衷共济的"狮子山精神"创造了不朽的"香江奇迹"。而在"占中"一意孤行地挑拨离间下，香港社会的团结却面临着前所未有的冲击："占中"之流常常借题发挥，挑唆陆港矛盾、族群敌视；借普选议题，破坏香港民主发展既定轨道。危险的还在于，"占中"群体在某些势力的怂恿和支持下，抛弃学业工作、无视社会担当和家庭责任，妄图借亲痛仇快的戏码换取个人享乐。这种好逸恶劳、数典忘祖的心态很有可能如同瘟疫般侵蚀港人的精神世界和主流价值。从这个意义上说，"占中"闹剧每多持续一天，香港的忧患就多一点。"占中"犹如恶疮，一日不早日除净，香港一日不得安康。

日饮香江水，打拼在中环。生于斯、长于斯的香港市民，面对"占中"逆流，纷纷挺身而出，守护香港。从"8·17"近20万人的反"占中"游行到"爱香港、撑普选"的蓝丝带运动；从成龙、罗家英等香港杰出人士的纷纷发声抵制"占中"到数十位香港母亲走上街头泪劝学生回家。更让人感动的是，越来越多忍无可忍的香港市民开始自发清场，拆除路障。即使有的"占中"者拳脚相向，勇敢的民众也不轻言退缩。连日来，绝大多数香港同胞所表现出的爱国爱港的赤子深情有目共睹、香江可鉴。被"占中"乱象激发出来的反"占中"浪潮是"占中"群体始料未及和心惊胆颤的。

香港是一座全体华人引以为傲的国际化大都市，清廉高效、民主法治的形象是世界其他国家和地区纷纷相仿的典范。然而，"占中"者却在不断挑战香港民主法治的底线，以目无法纪和拒绝理性为荣。法治精神讲求法律权威高于一切，无论目的如何，皆不能跨越法律红线。但"占中"之流先是无理否认普选方案的合法性与合理性，后是扰乱秩序、为所欲为。

更讽刺的在于，其言必称"民主"，行必言"自由"，却连民主的本质在于包容与协商，自由的前提在于不妨碍他人的自由这一基本常识都不遵守。开出"要人大撤回决定"的荒唐条件，把特区政府在极大包容下提出的"对话倡议"视为儿戏。霸占中环、瘫痪交通，让上班族和商贩们的生计无所依靠，更让救灾抢救的紧急车辆无法出入。他们自己却逍遥自在地大谈"民主自由"，大啖黎智英之流送来的免费套餐。这种

"民主"、这般"自由"究竟是谁的"民主自由",这样的场面就是他们想要带给香港的吗?

这些天来,不断曝光的"占中"丑闻,已经让违法"占中"人心尽失、备受唾弃:他们与分裂势力、反华势力勾结合谋;按照外人写下的剧本卖力出演;在港人生计受损之际圈钱牟利,大发"港难财"。看来是玩定了"占中",吃定了"香港"。香港警察越是文明克制、特区政府越是释放善意,"占中"之流就越是上蹿下跳、不亦乐乎。疯狂如此,正显出其底气不足、腰板不硬。"占中"幕后黑手和指挥者越是拒绝理性对话、拒绝尽快撤离,越是说明其已成了"秋后的蚂蚱,蹦跶不了几天"。

正如香江的潮起潮落一样,即使波涛偶尔拍岸,但总要归于风平浪静。"物极必反"的道理,中国人都心知肚明。有着不怀好意者们的吹捧撺掇,"占中"的闹剧确实喧闹了一阵子。但是场"闹剧"就有曲终人散谢幕的那一天。中国人民走向复兴的盛世凯歌之下,"占中"闹剧再吵也不过是一两个杂音,很快就会被淹没。可悲的是,"占中"谢幕之际,那些荒废了青春、自毁了前程的"占中"分子归途何处?

"占中"的闹剧经历了冲击港府、霸占中环、黑金贿赂、勾结外人、"街头火锅"等一系列戏码,终于要到了曲终人散、土崩瓦解的地步。奉劝还在中环一意孤行、一错再错的"占中"分子们,赶快醒醒。"占中"群体需要尽快意识到,"占中"的闹剧如今该收场了!

|2014 年 10 月 13 日|

"街头政治"的火锅不好吃

香港"占中"僵持到了10月13日，普通市民苦不堪言，尤其是行动不便的老者和上班族。可是，让人惊讶和气愤的是，连日来试图以"苦情戏"迷惑大众的"占中"者居然在街道上大摆火锅宴，啤酒烤肉应有尽有；还有人支起了牌九，打起了乒乓球，大有"嘉年华"和野餐露营的阵势。

不用操心学业，不必担心生计，这群迷途的年轻人俨然沉醉在了街头政治的火锅宴上。有着黎智英之流提供的足够物资和部分西方舆论的大肆吹捧，有的人"占中"上了瘾。当平日里难以见到的聚光灯、摄像机瞄准自己；当把学业、责任抛在脑后的同时还能获得"我主沉浮"的错觉，"占中"的人们开始迷失、开始欲罢不能。如此逍遥自在的"好日子"为何要结束？可怕的是，他们的"好日子"却是绝大多数港人的"苦日子"。

街头政治的火锅其实一点也不好吃，更不能吃上瘾。通常说的"街头政治"指的是有组织的街头运动。由于暴力冲突容易引发警力迅速处置，"街头政治"往往采取相对和平的静坐、示威和游行等。"名不正则言不顺"，为了获取舆论的理解和关注，组织者往往高举"民主"、"自由"、"人权"的幌子，以"弱者"形象博取同情和支持。

但是，剥丝抽茧、正本清源地看此次"占中"的街头政治，人们会惊讶地发现，由于"占中"群体多采取静坐、霸占道路等方式，警察为了保持克制，难以有效采取驱离和清场行动。这就给了"占中"群体足够的拖延时间——反正有吃有喝，警察又奈何不了。就这样，"占中"被一天天拖延下去，"占中"者也从小丑变成了无赖。暴力示威虽然剧烈，但训练有素的警察可以短时间内使事态平息，造成损害也会有限，相比之下，"占中"拖延术造成的损害却是没有时限的。"占中"给香港造成的经济损失初步估算逾3500亿港元，全年经济增速预期由原来的3.4%大幅下调至2.2%。经济的损失可以估量，香港国际形象和社会稳定遭受的损害却更是无形和难以计算的。

可以说，"占中"街头政治的口号与实际行动是背道而驰、南辕北辙的。此次"占中"是赤裸裸的"无病呻吟"和"故作姿态"。嘴上说"民主"，却无视基本法的法制框架和具有香港主流民意基础的普选方案，这是行动上的"反民主"；口口声声争"自由"却阻碍交通、瘫痪中环，妨碍更多人工作、生活的"自由"，这是事实上的"反自由"；打着"人权"的幌子，却事实上损害了上班族安身立命的工作权，让周边居民有病得不到及时救治、有火灾警情得不到及时救援，这是主观上的"反人权"。"占中"活动挂羊头卖狗肉，拉虎皮做大旗，宗旨与行动压根就对不上号，简直就是"街头政治"危害民生的教科书式的"现行犯"！

"占中"者的"街头政治"总是想与"民主政治"拉关系套近乎，可是他们唯独忘了"民主政治"的两大要素。一个是民意的代表性，另一个是协商对话。首先，他们说要代表港人争权益，却忘了他们既代表不了中环的上班族和周边住户，更不谈那些对他们声讨劝离的大多数港人。其次，其先是拒绝特区政府的"对话倡议"，发起新一轮运动；后是提高调门要"全国人大撤回决定"。"占中"者一系列的举动说明，其根本不想也不需要对话协商解决问题。他们想要的只是无休止的"街头政治"火锅宴和无底线的西方媒体聚光灯。没有"规则意识"、"协商观念"，"占中"者的民主素质还停留在初级阶段。

在诸多信源曝光"占中"动机不单纯、非自发后，"占中"者仍不为所动，脸不发红心不跳，"心理素质"看似不错，可墨写的事实却不容改变。除了早些时候分裂势力与反华势力的参与，近日更有美国多位重量级议员要求奥巴马公开支持"占中"。反华势力眼看"占中"恐难持久，便迫不及待地从"幕后"跳到"台前"，司马昭之心路人皆知！

这些年来，美国先是利用非政府组织打头阵，在相关国家为"街头政治"营造氛围；后是在各地开办"街头政治"讲习班，培养反对派骨干分子，选择代理人；"街头政治"一启动，便大打"经济牌"、"舆论牌"，最后换取反对派成功上位。格鲁吉亚、吉尔吉斯斯坦、乌克兰等国颜色革命每一步的发展都足以印证上述"标准流程"。

此次"占中"当然也不例外：美国背景的"香港美国中心"一直以来就以开办"工作坊"等方式为涉世未深的大学生讲授如何组织、领导"街头运动"，如何制定谈判策略应对政府，哪些底线要把握，哪些立场不能退。更让人震惊的是，美驻香港总领馆的外交官和情报员甚至直接参与"占中"活动的前期策划。某些"占中"者看来是想把中国的香港变成别国的香港，继续重温殖民旧梦了。由此观之，"占中"的头头们确实无法坦坦荡荡地去面对特区政府光明磊落的"对话倡议"，因为他们根本代表不了自己，他们代表的不过是他们幕后老板的旨意罢了！

回顾历史，"街头政治"参与者无非两种下场：一是荒废学业事业，耽误了自己的前程，从此销声匿迹、追悔莫及；二是作为"提线木偶"祸国乱邦，一旦遭到民众唾弃孤立便在主子的协助下逃往海外、客死他乡。"占中"这个"街头政治"的火锅不好吃，既毁了自己的青春又扰乱了香港的繁荣稳定。由于有人幕后怂恿支持，涉世未深者或许还会因为上瘾而执迷不悟。可正如毒品终究害人一样，"占中"者最终只会自毁前程，落个众叛亲离的下场。作为骨肉同胞，不得不再次奉劝"占中"的人们迷途知返、回归主流。要明白，"街头政治"的火锅不好吃，千万不要上瘾！

| 2014 年 10 月 14 日 |

"一国两制"不容"占中"挑战

10月14日,非法"占中"活动超过两周之际,中联办主任张晓明在宴请香港立法会大部分议员时指出:香港回归以来围绕政制发展问题的争议,核心是要不要尊重"一国"的原则,要不要尊重中央对香港的管治权,要不要尊重基本法的宪制地位,这些是关系到"一国两制"实践发展方向的大是大非问题。三个"要不要"直接抓住了当前问题的焦点所在。

众所周知,"一国两制"是我国为实现国家和平统一而提出的基本国策。"一国"是指在中华人民共和国内,香港特区是国家不可分离的部分,是直辖于中央政府的地方行政区域。"两制"是指在"一国"之内,国家主体实行社会主义制度,香港等某些区域实行资本主义制度。可以说,"一国两制"不仅是中国人解决国家统一问题的伟大创举,更是世界各国解决类似问题时参考的典范和样本。

回顾香港反对派多年来的所作所为,不得不让人怀疑其对"一国"原则的认知程度。他们在驻港部队门前挥舞港英旗帜、叫嚣香港独立;他们恐吓大陆游客,发表臭名昭著的"蝗虫论";他们长期抵制"国民教育",污蔑"国民教育"为"洗脑教育";他们多次要求将大陆消费者拒之门外,却又屡屡同分裂势力、反华势力眉来眼去、暗送秋波。他们完全以一个"外人"的姿态戴着有色眼镜看待内地、看待内地同胞。时至今日,他们还不断挑战中央和特区政府底线,依旧在中环附近街道加固壁垒、阻塞交通。

究其根本,首先在于他们全然忘记了一个不应该忽略的事实。那就是香港已经回归祖国。今天,在这片土地上高高飘扬的是五星红旗而不是蓝底米字旗，香港已经回归中国、属于中国的这一铁打事实不容歪曲亵渎。

第二，他们应当明白中央对香港的直接管制权是自然而然和毋庸置疑的。1997年7月1日，中国中央政府从英国政府收回的不仅仅是香港特区神圣的主权，还有实实在在的治权。香港享有的高度自治不是完全自治，也不是分权，而是中央授予的地方事务管理权。香港回归17年来，国家领导人出席行政长官和政府主要官员就职典礼并监督宣誓就是中央政府对香港政府授权组建的重要体现。而特首每年向中央政府述职的同时，国家领导人就重大事项对行政长官予以指导，也都说明了中央对香港直接行使管治权这一事实。"占中"团体企图完全抛开中央政府大谈香港发展中的"大是大非"问题显然是荒谬的。

第三，《宪法》和《香港基本法》共同构成香港特区的宪制基础，《基本法》在香港的宪制地位必须得到足够的尊重和准确的理解。香港的制度和政策均以《基本法》的规定为依据；立法机关制定的任何法律，均不得同《基本法》相抵触；行政、立法、司法行为都必须符合《基本法》；个人以及一切组织和团体都必须以《基本法》为活动准则。

通过对《基本法》与香港间关系脉络的梳理，可以看到《基本法》在香港政治生活中所处的至关重要的作用。其不光对香港居民的基本权利和自由，还对香港的繁荣稳定发挥着保障作用。回归后，正是因为有《基本法》的正确引导和有效保障，香港民主法治才得到空前推进：行政长官选举的民主程度不断提高，立法会选举的直选因素不断增加，还特别设定了普选时间表。诸如《性别歧视条例》、《最低工资条例》等法例的实施，也为香港居民的权利和自由提供了进一步保障。

"沐猴而冠带，智小而谋强。""占中"团体刻意扭曲甚至彻底抛开《香港基本法》大谈"民主自由"，显然是"无源之水、无本之木"，是站不住脚也无法自圆其说的，更不要谈获得香港绝大多数民众的支持。

需要看到，违法"占中"不仅给香港造成了数以千亿元计的经济损失，影响了众多市民的生计，也对香港的法治根基、民主发展、社会和谐、国际形象以及陆港关系造成了多方面的损害。"一国两制"是维护香港繁荣稳定的根基所在、安危所系。"一国两制"受到尊重和贯彻，香港经济社会就有可持续的发展和进步；"一国两制"受到诋毁和污蔑，香港就会遭遇动荡和冲击。可以说，张晓明主任对香港议员的呼吁实际上也是对全体港人的呼吁。

全体港人都应当以香港整体利益和市民福祉为重，众志成城，坚定维护"一国两制"，抵制"占中"。旗帜鲜明地与违法"占中"划清界限，令其尽快感受到来自香港全体民众的真切呼吁和巨大压力。所有爱国爱港的人们此刻都应当团结一致，发出同一个声音，让"占中"者知道："一国两制"绝不容挑战亵渎！

| 2014 年 10 月 16 日 |

为香港警方加油喝彩

香港警方17日清晨开始在九龙旺角地区大规模清除"占领中环"人士设置的各种障碍物。警方清除障碍物后，弥敦道北行线恢复通车。早上近8时，多辆出租车、双层巴士、私家车在警车引领下，重新驶上被占据多日的弥敦道。看到汽车驶过，市民拍掌欢呼。有市民说，已好久没有在弥敦道上看到巴士，他们支持警方执法护法。

当然，对香港警方的行动也有不同的声音。有人针对两天前警方在清理非法路障时拘捕个别寻衅袭警者的过程，称"警察打人"。美国国务院发言人罔顾"占中"者严重违法的事实，居然要求对所谓"香港警员殴打示威者"进行"彻底调查"。美国人的这种言论，不仅是对中国内政的公然干涉，不仅是对违法"占中"的存心蛊惑，同时也是对香港警方的恶意抹黑。

必须指出的事实是，自违法"占中"发生后，香港警方依法执法，种种行动有法可依，行为得当。面对维护法治和维护社会秩序的巨大压力，香港警方不辞劳苦，尽心尽力。同时，面对少数极端分子的刻意挑衅，面对某些人街头无赖式的辱骂、袭扰和肆意攻击，香港警方始终保持克制，极力容忍。即使有无赖者用脚踢警员，然后高举双手称自己和平示威；即使在市民安全和警察自身安全受到威胁时，警方也仅仅采取了最低限度的强制手段。对香港警方的出色表现，必须力撑，必须给予全力支持，必须为之加油！

所谓"警察打人"一事，其实是个别蓄意闹事者先是用"不明液体"（有媒体称是尿液）袭击警员，在警方制止时反抗，然后警方忍无可忍进行拘捕。人们不妨设想，如果在美国发生类似的情况，美国警察对不听警告的人会使用何等严厉的措施？对于袭警者，美国警察可能当场击毙，这样的事实难道还少吗？

香港回归祖国以来，按照"一国两制"的方针，"港人治港"成为现实。香港警方的高层管理者不再由外国人把持，警察队伍建设气象一新。在香港，警方是法治的重要部分，肩负捍卫"一国两制"法律精神的重大使命；肩负着维护人民生命财产安全，维护公共安全和社会秩序的重大责任。毫无疑问，香港警察必须有尊严，必须有权威性，不能随便由人"鸡蛋里面挑骨头"般地说三道四，更不能任人泼污水抹黑。

在"占中"之类的违法行为面前，香港警方绝不是孤军奋战。香港知名导演王晶先生公开发声力挺警方，并且与某些热衷于煽动、支持"占中"的艺人断然绝交，态度鲜明，大义凛然。王晶先生的行动是有代表性的，这表明，700万香港人是非分明，爱憎分明，他们是香港警方身后强有力的支持者。更何况，十几亿中国人对香港的命运牵挂在心，对香港的未来充满希望，他们始终是香港人民、香港警方最强大的后盾。

| 2014年10月17日 |

今日香港岂容外人指手画脚？

近日来，违法"占中"在香港已经惹得群情激奋，眼看就要土崩瓦解。于是，某些势力终于按捺不住，先后从幕后跳到台前借"占中"大放厥词，指手画脚。其中以英美两国最为积极，他们有的表示要站出来支持"占中"，有的则是道貌岸然地满口"呼吁"、"关切"，大有唯恐中国不乱，继续拿"占中"大做文章之势。

"前事不忘后事之师"。历史上，在英国能够控制殖民地之时，绝不给当地一丝民主，稍有反抗便血腥镇压。如果最终必须撤离，那么他们不是埋下族群仇恨的"祸根"，就是强加给殖民地水土不服的"早熟民主"。毫不夸张地说，当今的巴以冲突、克什米尔问题、中印边界问题等一系列国际难解争端，英国都难辞其咎。其所作所为让原本和睦的民族、让和平相处数千年的友邦反目成仇、摩擦不断，可以说是无法抵赖的罪魁祸首。

讽刺的是，港英政府真正开始顺应历史潮流，给予华人民主权利、开放部分议员普选，还是在香港确定回归中国之后的1991年。这一年，距离香港被殖民已有近150年，距香港回归祖国却仅有6年时间。其用心几何，昭然若揭！

同样的，当美国政府"大发慈悲"地对本已保持相当克制的香港警察和仍保留极大耐心和对话诚意的特区政府表示"关切"时，或许忘记了其当年在"占领华尔街"事件中的所作所为。2011年，当示威民众长期阻塞街道、扰乱正常生活秩序时，武装到牙齿的美国警察竟在全美上演了数天的全武行。先是不由分说地逮捕了上千人，后是肆无忌惮地将手无寸铁的民众暴打得头破血流。就连香港警察至今从未用过的辣椒水、胡椒喷雾也早就被美国警察不加差别地用在了参加抗议的妇孺身上。"墨写的谎言永远抵不过血写的事实"。当美国警察的大棒挥向自己的同胞时，美国再信口雌黄地大谈"占中"也再难掩其虚伪本质——践踏人权者休言人权！

如果说，在美国发生的一切还不足以令人震惊，那么乌克兰内战就足以让所有人警醒。他们不仅为反对派出钱出力，更在其陷入低谷时挑唆流血冲突，直至乌克兰陷入分裂内战。占中群体近日在旺角再度引发的冲突第一时间便被美英炒作扭曲就已经印证，乌克兰发生的一切正一步一步在香港重演。然而香港不是基辅，中国更不是乌克兰，某些西方势力企图故技重演，断然是绝无可能的。

"正人必先正己"。美英两国企图以其昏昏使人昭昭，显然是无稽之谈。当然，国际政治云谲波诡，各国追求各自利益本无可厚非，但没了底线不讲道义却是令国际社会鄙夷和不齿的。今年6月，李克强总理访英，双方签署40多项协议，金额高达300多亿美元，给英国带来巨大收益时，英国舆论一片叫好，掌声喝彩声不绝于耳。而当美国遭遇2008年经济危机，国债面临信任困境急需中国支持时，也不乏对中国的溢美之辞。然而，当暴风雨过去，功利主义的心魔再次让美英背弃友好承诺，故伎重演，高调干涉乃至直接介入香港局势。如今，英美等国在"占中"成为强弩之末的关键时刻上蹿下跳、妄加干涉的行径更彻底暴露了其作为香港非法"占中"实际后台的不堪事实。在中英全面战略伙伴关系十周年之际，在中美两国努力打造新型大国关系之际，两国居然为了一己私利在错误的道路上越走越远，不得不叫人感到遗憾和可悲。

"己所不欲勿施于人"。英国不希望外国在苏格兰独立问题上推波助澜，美国也不希望外国拿其日益尖锐的种族矛盾大做文章。可是按照他们插手"占中"的逻辑，是不是中国务必过问一下苏格兰民众对英国政府有多不满，尽快声援一下美国民众对白人警察滥杀黑人青年的示威抗议，他们才会心满意足、善罢甘休呢？"大匠不斫，大勇不斗。"中国坚守原则向来不对他国事务评头论足，横加干涉，但这绝不说明中国没有原则立场，胆小怕事。某些国家想要在国家统一、香港稳定这一大是大非问题上挑战全体中国人的爱国心和凝聚力，不断逼近中国人民的底线，实在是"蚍蜉撼大树，可笑不自量"！

时至今日，越来越多的人已经意识到，香港"占中"发展到今天这个地步，英美等国对其经济上、舆论上支持是逃脱不了干系的。没有英美等国的捧场打气，"占中"之流没有底气也没有胆量和能力强撑到今天。他们只需要看看中国网络上越来越怒不可遏的民意，看看海内外媒体上正义客观的声音，就应该明白一个道理：那就是改革开放之初的中国都敢于从不可一世的英国手中收回香港，30年后富强如此的中国又怎会让外人荼毒香港？

　　时间必将证明，英美等国今日对香港事务的干涉必将竹篮打水一场空，落下个得不偿失、贻笑大方的下场。如果其非要考验一下当今中国捍卫自己民族尊严和国家利益的决心和勇气，那么中国有句老话要送给他们——"多行不义必自毙"！

|2014年10月18日|

"占中"撕下"非暴力"伪装

"和平占领"、"非暴力示威"……这是"占中"组织者精心打出的旗号,以博得一些人无原则的同情。一些"开明绅士"认为,不论他们诉求实质如何,至少他们是用非暴力的、和平的方式来表达诉求,因此应当宽容、姑息。然而,一些人的这点一厢情愿、陶醉于自我逻辑的颜面,"占中"者们也不打算慷慨给予。因为他们的极端诉求和违法行径,已经使他们按捺不住、装不下去,于是他们迅速撕下了"非暴力"、"和平"的伪装,开始露出狰狞面目了。

从17日晚至18日,在旺角和中环发生冲突,许多激进分子有计划地不断违法推撞、冲击警方防线,甚至有人将铁马抛过人群,抛向警方。这导致18名警察受伤,有的被他们用雨伞刺伤,有的因此头、手、肩、胳膊受伤,有的手脚脱臼。这些人再度堵塞了17日晨刚刚恢复开通的弥敦道,警方对他们的违法行为依法采取拘捕行动时,他们阻挠警车以及警员离开。

这叫"和平"示威?这叫"非暴力"行动?恰恰相反,"占中"者们已经不仅是在继续违法、加深伤害这一事实,而且是在使违法行为进一步升级,是在把事态进一步扩大。这些人把特区政府的依法施政当作了软弱,把警方守护法治精神的克制当作可欺,不惜放纵自己的违法行为,不惜升级事态以引起更多舆论效应。他们的如意算盘打得很响,就是打算继续扮演弱者形象,把这一切归罪于特区政府和警方,甚至不惜制造流血事件以图栽赃嫁祸警方,为自己继续"挣分",为实现自己的极端诉求不断增加筹码。

只是,这些人全然忘了,现代社会资讯发达,即便有一些西方媒体戴着有色眼镜、有意为他们鼓与呼,有一些国家妄图指手画脚,但毕竟公平、公正的力量占主导,爱好和平、企盼稳定的民意占主流,他们各种暴力"小动作"遮不住世人的眼睛,蒙蔽不了人们的心。他们的歇斯底里、肆无忌惮,只会更加引起香港广大市民、内地广大同胞的反感,只会让人们更加看清他们极端诉求的实质、他们违法行径的本质,只会更加坚定香港特区政府坚决捍卫法治、坚决捍卫民众利益的决心。

事实上,即使是在一些西方发达国家,这种违法的占领、伤害民众利益的行为,都不会被姑息,表达利益诉求必须在合法的轨道上行事,只要你越过法治的边界,就决不会客气。相形之下,香港特区政府和警察的行动表现,已经是极大的冷静、克制和忍让,是在法治的底线和边缘上行事,把法律赋予自己的强制力只用到了最低限度,因为他们仍然在期待"占中"者们醒悟过来,期待其中的不少热血青年认清实质。然而,"占中"者们的暴力行径,已经使人们更清醒地看到,违法者不会轻易地回到法治的轨道上,只会在违法的错误道路上越走越远。

正如特区政府警务处处长曾伟雄所说,警方以极度容忍的态度来处理示威人士的非法行为,目的是希望有关人士能够冷静下来,重新以和平理性和合法的方式来表达他们的诉求。然而他们仍然依然故我,甚至变本加厉,对香港市民利益和社会秩序、民主和法治形象都造成了越来越大的伤害。如果仍然任其发展下去,香港的法治在流泪,香港市民的心在流血。

| 2014 年 10 月 19 日 |

"占中"多一天,香港法治少一分

10月21日,香港特区政府再度释放极大诚意,与香港学联举行为期2小时的对话。虽然,特区政府尽包容开放之所能,香港警察尽文明克制之所职,香港学联仍坚称要将"占中"持续下去,"占中"结束的曙光就此转瞬即逝。让人不禁感叹,"占中"多一天,香港法治少一分。

近一个月来,"占中"团体无视《香港基本法》,不顾"一国两制"框架,一系列"港独"、"颜色革命"等极端言行直接冲击了香港法制的根基和底线。"人权"、"民主"、"自由"这些颜色革命百试不爽的招牌幌子照例被香港的这群代理人们高高竖起在"占中"阵地。

然而,"占中"之流的西方后台自己却明白一个道理,那就是没有法治,"人权"、"民主"、"自由"无从谈起。最近,西方"民主大师"福山针对近年来"西方模式"在全球各地的失效,也不由感慨起了法治至关重要的优先性和关键性。历史无数次地证明,法治是维护百姓安居乐业的基石和保障。世界上没有哪个国家允许少部分人违背民意,借"民主"、"自由"行"分裂"、"作乱"之实,今天的中国更不可能例外。多年来,香港本以法治昌明引领天下之先,不断获得世界称赞效仿。如今短短三周,却因"占中"者目无法制、无法无天,让香港法治蒙羞受损,不能不让人扼腕痛惜!

"法者,天下之准绳也。""占中"团体无视香港社会秩序、扰乱交通、袭扰乃至侮辱一线警察,不仅破坏了香港的法律准绳,更越过了道德红线。他们蓄意挑衅一线警察引发冲突,借此抹黑污蔑香港警方。让那些长期保持克制、顶住重压守护法制的香港警察遭受无端非议。他们无视香港法律,利用恐吓、暴力等手段将警察辛辛苦苦清理出的道路反复阻塞，让无辜市民频遭不便。他们为了固守街道，甚至将未成年的孩子当做"肉盾"。他们恬不知耻地扬言"占中成功后，要集体自首搞吉尼斯纪录"。他们自作聪明地标榜"不违法就争不来民主"，殊不知没有法制约束，争来的只可能是他们少数人的自由泛滥、多数人的权利灾难！西方自己百年来的民主发展已经证明，没有法治保障，所有的民主、自由不仅会沦为空谈，更有可能引来别有用心者的暴政。整日接受西方后台耳濡目染的"占中"旗手们，不可能对此一无所知。10月18日开始，部分"占中"者向往的英国发生了数万人参与的罢工游行，反对削减工资，要求社会公平。其间，更有示威者发起了"占领民主"的运动。然而，次日夜晚英国警察便不由分说地开始强力清场，要求民众30分钟内离开。反观这些天来，特区政府对法治精神的坚守，特区警察对法制的守护，"占中"者不觉得汗颜吗？

法治犹如民众共享之屋顶墙壁，若少数"占中"者一味贪图私利，香港法治不乏被毁于一旦的危险。仔细推敲21日学联代表与港府对话的一字一句，让人不禁震惊于学联代表对法治概念的曲解与无知。总结说来，他们一是要让中环上的占街者直接代言700万全体港人的意见；二是要让普选方案按照足以选出他们自己的剧本来改；三是要将港府乃至中央污名化，打造自身"悲情英雄"形象。他们个个身穿"现在就要自由"的短袖却不知道所谓"自由"是做法律允许范围内的事情而非侵犯他人自由长达近一个月！

必须看到，"占中"每持续一天，香港社会被撕裂的伤口就深一寸，经济就被拖累一点，法治就减掉一分。社会伤口可以靠时间去消弭，经济拖累可以靠打拼去争取，但法治一旦被损耗殆尽，那么整个香港就会陷入混乱乃至歧途。为了香港的前途，港人的福祉，"占中"必须早日结束，香港法制不容一分失守。要知道，当着全世界、全中国的面，亵渎法治信条，破坏法治规则，"占中"之流最终必然会落个"尔曹身与名俱灭，不废江河万古流"的下场。

|2014年10月21日|

"占中"一月：勿让闹剧成悲剧

到今天为止，"占中"这场乱港闹剧已经上演了整整一个月。个中情节可谓跌宕起伏，扣人心弦。随着时间的延宕，这场目无法治、亲痛仇快的闹剧很可能要进一步演变成一出悲剧。如果还不幡然悔悟、悬崖勒马，它不仅将会是危及香港未来的悲剧，更会是那些"占中"演员们自己的悲剧。

"鹄不日浴而白，乌不日黔而黑。"民心民意面前，黑即是黑，白即是白，没有灰色地带。"占中之流"再冠冕堂皇的说辞，再混淆视听的言论，也抵不过时间的考验、正义的对质。这一个月来，先是有"占中"金主黎智英勾结分裂势力、反华势力的铁证被陆续公布；后是媒体报道香港学联带头人早在2013年就接受了境外势力的培训教唆，更人手一个美国人送的苹果手机。由此观之，上梁不正下梁歪，"己不正安能正人"？

这一个月，除了"占中"头头们的不堪劣迹，就连普通"占中"参与者也开始随着时间的流逝，露出了自己的本来面目。不光是自娱自乐地在中环架起牌桌打麻将，吃火锅玩杂耍，更变本加厉地将所谓"爱与和平"的活动变成了"恨与暴力"：他们不仅咒骂挑衅坚守在执法一线的香港警察，还使用雨伞尖、"钢头鞋"打伤警察，连无辜的记者、摄影师近日也惨遭毒手！此情此景，让任何一个有良知的人都不得不感慨一句，是可忍孰不可忍！

除了对法治、道德底线的一一突破，"占中"者还将香港推向了更为危险的境地。就政治而言，香港一向以文明法治闻名于世，市民尊法守法更是世界首屈一指。然而，一个月来"占中"的种种乱象，已经如同挥之不去的阴霾笼罩在香港这颗东方明珠之上，让香港社会一直以来引以为傲的光荣与梦想变得黯淡无光。从经济上看，目前有港媒估计"占中"每持续一天，香港经济就要损失超过1亿港元。零售业、餐饮业、旅游业、酒店业更是苦不堪言，工商界对来年业绩的估计也频频下调。香港金融业安全、稳定的名片遭到抹黑。社会层面来说，多年来共享的爱国爱港、法治民主、自强打拼的价值观念受到冲击，团结友爱的社会肌理遭到撕裂。因为"占中"，有的朋友同事反目成仇，公开绝交；有的家庭因为立场不同，骨肉亲情面临危机。随着"占中"之流在祸害香港、破坏稳定的道路上越走越远，香港如同一个可怜而无奈的病人在一滴滴地落泪，在一声声地呼唤。

"树坚不怕风吹动，节操棱棱还自持。"在这一个月里，面对蓄意抹黑，特区政府不为所动，多次主动释放善意，以极大包容开启对话，身体力行诠释民主真谛。面对栽赃辱骂，香港警察挺立潮头维护秩序，不畏冷言冷语、暴力冲击，以文明克制彰显法治精神。从25日开始的反"占中"签名活动在短短两天之内就收集到多达65万个签名。最近两天，香港知名人士李嘉诚、郑家纯和李兆基等人更是大声疾呼，"反占中，保普选"！

从社会精英到普罗大众，虽然利益诉求并非完全一致，各自人生阅历也或有不同，但出于对香港前途命运的关切，对正义文明的坚守，大家在反"占中"上都发出了一致的呼声，作出了相同的行动。

一个月的时间，说长也长，说短也短。说它长，在于香港已经在这一个月里遭受到了巨大冲击和破坏，"占中"闹剧不应该也不能够再继续下去；说它短，在于一个月的时间相比于历经数千年风吹雨打仍自强不息的中华民族来说，"占中"逆流不过是过眼烟云。

天下万事，终归有个度有个节制，否则只能是物极必反、自取灭亡。在"占中"满月之时，奉劝中环上那些闹剧演员们趁早收场，悬崖勒马，免得连累香港无辜受难，自己还落个众叛亲离的悲剧下场。

|2014年10月28日|

中华大地主旋律与"占中"噪音

刚刚闭幕的十八届四中全会,把法治写在中国梦的旗帜上、嵌在实现中国梦的路基中。举国上下为法治中国的蓝图美景而振奋。在中华大地上,正涌动着法治的主旋律。

然而在祖国的南端,美丽的东方之珠,有一群人在用"占中"违法行径持久地表达他们的极端意见诉求。他们以为他们的诉求合理,便不在意诉求的行为已经违法;他们只想按自己的意志行事,便不惜一再挑战法治。这样的行为让人不齿、令人寒心。

香港向以法治文明赢得世人的尊敬,更成为香港的重要形象标识。内地不遗余力推进依法治国,更在新的历史起点上,擘画法治中国的蓝图。这种对法治的共同追求和目标,是让内地与香港更紧密的重要价值纽带。这一点,是香港社会各界和广大香港市民所乐见的。然而,"占中"者们却在干着与法治背道而驰的事情。

多少年来,香港同胞所为之追求奋斗的是什么?法治不正是企望要实现的重要目标之一么?香港多少年来才得以形成的法治传统,香港市民多少年来所为之不遗余力捍卫的,不就是为了让法治在香港大地生根,让法治成为香港未来的引领和规范么?"占中"者们以破坏法治的方式,能够赢得法治的未来么?

法治是现代文明的重要刻度。在一个社会里,不同的群体会有不同的意见和利益诉求。文明的演进,使人们深深懂得,解决问题和矛盾、平衡利益诉求,最好的方式就是法治。在法治的轨道内,按一定的秩序进行,不仅能使社会发展实现利益最大化,更能最大程度地减少所付出的成本。不遵从法治,想怎么样就怎么样,背离的正是法治文明。其结果，必然使社会付出代价。今天的香港，正在为"占中"者的违法行为付出惨重代价。而这代价，却是由香港社会和市民在买单。

东方之珠能有今天的局面，能取得今天的成果，能形成今天的秩序，一个重要方面源于香港市民的辛勤奋斗。然而，"占中"者们却在持续地用违法行为使这些成果流失，而且持续越久损失越大。这让香港市民心痛，让内地同胞忧心。

法治是13亿人民共同的国家信仰，也是国家的正确前进方向。任何力量都阻挡不了我们建设法治国家的坚强决心。任何破坏法治的行径，都会遭受人民的谴责，都是不得人心的逆流而动。时间越久，越显示出"占中"是背离潮流的开倒车行为，是与13亿人民的主流民意不相同频共振的孤立行动，是与当代中国以法治为引领向前发展的大环境不相协调的极端偏执行径。如今，这个反差已经越来越强烈，人民已经越来越反感，越来越不能忍受。

选择法治，就是选择主流民意，就是选择正确的价值方向，就是选择解决问题的最好道路。"占中"参与者中有很多年轻学生，激情冲动有余，法治理念不足，认清大势、幡然醒悟，尽早回到法治的轨道上来，才是正确的选择。继续干着与法治背道而驰的事情，只会失去人心；在法治的轨道上行事，才会赢得香港广大市民的宽宥与谅解。

| 2014 年 10 月 29 日 |

驱散"占中"阴霾香港明天更好

11月26日,非法"占中"进入第六十天,香港警方协助法院执行人员赴多个"占中"现场执行禁制令。目前,多条道路已经恢复通行,并获得周边居民一致喝彩。期间,由于阻挠执法等非法行为,香港学联副秘书长岑敖晖、"学民思潮"召集人黄之锋等"占中"操盘手遭到警察依法拘捕,不少饱受"占中"之苦的香港民众更是拍手称快。对此,舆论普遍相信,在"反占中"主流民意高涨和一线工作人员合力之下,"占中"阴霾将很快被法治、正义之风吹散,还香港一片安宁和谐的蓝天。

那些一度成为某些外媒"宠儿"的黄之锋之流们或许很不甘心,他们仍然对"占中"这场闹剧情有独钟、意犹未尽。很显然,打着"自由民主"幌子企图迷惑世人的"占中"旗手们,这些天来很享受某些西方媒体的包装吹捧和某些势力开出的"空头支票",以至于有些忘乎所以。他们既敢于阻塞交通公然袭警,也敢于使特区政府的对话努力付诸东流。在他们的一意孤行之下,香港旅游业、餐饮业、金融业等一系列重要产业遭受重创,国际形象一落千丈,经济损失难以估量;社会面临撕裂,对立情绪不断加剧,香港精神备受侵蚀。

物极必反。"占中"闹到今天这个地步,已经引起了绝大多数香港民众的反感与厌恶。最新民调显示,有超过八成多的香港民众支持香港警方近日的清场行动。反观"占中"群体自身,却早已分崩离析,成了强弩之末、孤家寡人,失败收场已成定局。

人们欣喜地看到,在香港主流民意的重压之下,越来越多的"占中"者开始幡然悔悟,收拾行李,打道回府。目前,在多个被占街道,

"占中"者已经寥寥无几，多则上百少则数十。极少数还固守在街头的极端分子有的用扩音喇叭为自己壮胆，有的甚至携带利斧铁锤这样的攻击性武器准备顽抗。然而，在大势已去的情况下，想继续博出位的他们已然是秋后的蚂蚱蹦跶不了几天了。非法"占中"已经失败，它不光失去了迷惑港人的最后一丁点资本，更已经失去了再继续胡闹下去的最后一点底气。

"岁不寒无以知松柏，事不难无以知君子。"在非法"占中"行将彻底结束之际，有必要为抵制"占中"守护香港的那些部门、那些人员逐一点赞，予以铭记。要为特区政府点赞，正是其克制、理性、包容、智慧的合理应对才让"占中"得到有效控制。要为香港警察点赞，60天来他们不畏"占中"者谩骂侮辱乃至冲击，不惧少数舆论误解、质疑，毅然决然地站在了守护法治、维护治安的第一线。他们不辱使命，无愧于市民嘱托。要为香港绝大多数民众点赞，面对"占中"团体混淆视听、部分西方媒体刻意扭曲，他们始终用爱国爱港的责任感和主人翁意识成功抵制和孤立了非法"占中"。正是他们坚定不移、空前团结的"反占中"立场，让外部势力的干涉企图无从发挥，难以立足。

当然，更不能忘记的是连日来给予特区政府和香港人民坚定支持与鼓励的中央政府和内地民众。正是中央政府一以贯之、不容置喙的坚定立场和内地民众明辨是非、情真意切的支持声援，给特区政府和香港民众注入了源源不断的正能量。

香港非法"占中"60天来的事实已经证明，真正代表香港利益的只有中央政府和特区政府，真正关心香港前途命运的只有包括香港同胞在内的全体中华儿女。就在"占中"持续的11月17日，沪港通在中央推动下顺利成为现实，为香港经济带去利好。同日，人民币在香港也成功实现了自由兑换。可以说，背靠大陆、面向世界的香港是得天独厚和无比幸运的。越是在关键时刻，越是面临危机挑战，香港总能得到祖国内地的倾力支持和通力合作。

"沉默不代表赞许，克制不代表放纵。""占中"持续到了今天，香港特区政府目前的清场行动已经不仅仅是对禁制令的执行落实，更代表着特区政府对法治精神的身体力行，代表着700多万香港市民人心思定的正义呼声。

在香港社会一致叫好的清场行动不断推进下,"占中"给香港上空所带来的阴霾正逐步消散退去。有理由有信心相信,有祖国内地的有力支持,有全体港人的团结打拼,有历久弥新的香港精神,正义之风必然会尽早将"占中"阴霾吹散殆尽,让香港迎来更加美好的明天!

| 2014 年 11 月 27 日 |

不打自招的"买卖说"

12月4日,戴耀廷在多次为"占中"者张目的《纽约时报》撰文,呼吁停止"占中",称"买卖"已得不偿失。他在承认示威活动日渐失去人心的同时,将责任推给港府和警察,同时鼓动示威者重新部署,静待下一个运动高潮。至此,"占中"的丑恶用心已经昭然若揭。

回溯两个多月来"占中"的诉求,就不难发现,这是一个非常奇葩的心理轨迹。一开始是所谓"真普选";接着就是"公民抗命",其间夹杂各种极端言论和诉求;再到现在,"买卖论"终于出笼。显然,这是一个自相矛盾、不断变轨变调的过程,同时也是一个丑恶用心不断暴露的过程。或许,待最后的真相揭开,"占中三丑"及"占中"行径还会有更多见不得人的内幕暴露出来,但"买卖论"的脱口而出,已经让他们的叵测居心露于天下了。

从表面看,他们好像是在为香港争"普选",发动了很多涉世未深的年轻人参与"占中"。但实质上,所谓"真普选",不过是一个欺人的幌子。对于这些发起者而言,"占中"自始至终不过是一场赌注,一如他们现在所承认的,是一场买卖。他们"买"的是个人的经济利益和政治资本,卖的是香港社会秩序、市民利益和未来发展。若单从"买卖"看,这桩交易是多么的不对等、太划算,如果他们真的能以小博大,那真是天大的美事。因为他们卖的都不是自己的东西,所得的利益却都归自己。

事实上,"占中"行径一直在为这桩"买卖"下注。他们用违法的方式表达极端诉求,堵塞交通,瘫痪港府总部,扰乱社会运行和秩序,损害市民利益和香港未来发展。其间,甚至不惜采取各种暴力方式来攻击维持秩序的警员。如此以损害香港及其市民的利益为代价来博取个人利益的方式,是何等居心不良、用心险恶?

时至今日,香港的民主政治、经济发展、法治社会及市民利益受到的损害不可估量。从"卖"的角度看,"占中三丑"手中的赌注已经付出。然而,付出的不是他们自己的利益,损失再大也与他们无干,他们也不会心痛。从"买"的角度看,"占中三丑"显然没有如愿。政治资本无所获,甚至大为"亏本"。因为他们的丑恶用心,已是路人皆知,香港市民对他们的行为厌恶甚至声讨,大陆民众对其极端反感,国际社会亦鄙视其所为,这一切使他们失去民心、失去支持。而到后来其所谓"占中"运动的主导权也被"学民思潮"与学联"双学"抢走,导致"占领"处于失控状态。正如他们所言,"'占中'目前是一桩风险高、回报低的'买卖'",因此才有"占中三丑"的"自首秀",才有"买卖"得不偿失之叹,才有鼓动示威者卷土重来。

持续两个多月的违法"占中",除了给香港及其市民带来诸多严重损失外,没有产生什么正向价值。从标榜的"爱与和平"到事实上的"恨与暴力",从声称的"真普选"到事实上的以违法方式表达极端诉求,从以香港民意代表自居到事实上的钳制香港民意、牺牲香港民众利益,"占中"已如强弩之末,在失尽人心中必将结束闹剧。如果非要说违法"占中"有什么正向价值的话,那就是它成为一个活生生的反面教材,让世人懂得:法治才是最大公约数,在法治轨道内行事才是正途,任何以破坏法治来表达诉求的方式,最终都会以民众的利益受损为代价。那些极端诉求中,民主往往都不过是幌子,谋求见不得人的利益才是内在驱动力。

现在,在"占中三丑"已向警方自首后,"占中"新的主导者"学联"方面松口将考虑结束示威,"学民思潮"方面的召集人黄之锋停止绝食。60多天的"占中"闹剧收场,已呈必然之势。面对这场闹剧,特区政府和警方采取的是极大的忍让与克制,秉持的都是法治理念和人道主义原则。通过这一闹剧,人们更加认清,"街头政治"结不出好果子,香港民主道路不可阻挡,维护全国人大常委会决定的立场变得更加坚定。回到法治轨道上,香港就一定能在2017年迎来有史以来的第一次真普选。

| 2014年12月9日 |

网络空间　未来无限

揭开美"监听帝国"的画皮

"大哥在注视着你!"这是英国著名作家乔治·奥威尔的经典小说《1984》的经典字句,揭示了一个监控无处不在的"大洋国"的面貌,令人毛骨悚然。而今,美国正矢志把这虚拟的"监听帝国"变成现实,在全球范围内肆无忌惮地大搞监听监控,其行径之恶劣,其技术之"高超",其内容之触目惊心,恐怕连"大洋国"的"大哥"都自叹弗如。

美式"监听帝国"行径之恶劣体现在,其监控是全方位的、一网打尽式的。从联合国秘书长潘基文到德国总理默克尔,从马来西亚前总理巴达维到倒向西方怀抱的乌克兰前美女总理季莫申科,一百多位外国领导人都被监控。

美国人雄心勃勃地打造一个覆盖全球的监控网,任意"网罗"目标人士。从平民百姓到高级领导人,从外国政要到自己盟友,从商界精英到游戏玩家,从外国"敏感人士"到美国民众自己,谁也难逃其网。在美"监控帝国"眼里,真可谓"率土之滨,莫非王土!"

美式"监控帝国"技术之"高超"体现在,传统技术与现代互联网技术乃至最新的大数据技术一网打尽,什么最先进、最管用就用什么,几乎不计成本。美国人每天收集全球各地近50亿条移动电话纪录,每天收集大约20亿条短信,曾在20国集团峰会上监听俄罗斯时任总统梅德韦杰夫的卫星电话。美国的互联网监控"方兴未艾",可以监控某个目标网民的几乎所有互联网活动。

美国人在监控技术上体现了"与时俱进",从苹果和安卓手机操作系统中抓取个人数据,连"谷歌地图"使用者、"脸谱"吐槽者和"愤怒的小鸟"的玩家也不放过。即使计算机没有连接上网,美国家安全局仍可通过无线电波入侵。

美式"监控帝国"内容之触目惊心体现在，美国监听项目之多、投入之大、范围之广、时间之长，无不是世界之最。情报机构、政府和私营企业间在监控上"无缝合作"，利用大数据技术大幅提升监控范围和深度。

让国人愤怒的是，美国人对中国的监控尤其"上心"。中国是美国在东亚的首要监听对象，北京、上海、成都、香港及台北等城市，均在其重点监控之下。从在中国驻澳大利亚使馆墙壁里埋设光纤窃听器到渗入华为公司的计算机网络，美国人黑招不断，窃听范围涵盖国家领导人、科研机构、大学、企业与个人。中国民众哪怕是在 QQ 聊天、飞信传讯、微博互动，都难逃美国情报机构的"注视"，听起来是不是觉得脖子冷飕飕？

美国监控世界恶行凡此种种，罄竹难书，被抖露出来的仅仅是"冰山之一角"。世人会问，美国这样做的目的是什么？

美国想让全球信息尽在掌握之中，保持自己在国际政治、经济、外交、科技领域的"绝对领先地位"。

明眼人看出，美式"监听帝国"远远超出传统意义上搜集战略、武器装备、技术和经济信息的范畴，体现了一种骄狂自大和信义缺失。

一方面，美国搜集的情报为其国家政治、外交、科技发展所用；另一方面，美国还以此为甜头让本国企业为其监控服务，打击本国公司的外国对手，使得一些享誉世界的美国企业巨头甘心与美情报机构狼狈为奸。美国人虽然标榜自己的监听没有用于商业目的，但这是自欺欺人！其事实上只是使用方式巧妙，并非没有用于商业目的。

一块硬币有两面。换个角度看，表面的张牙舞爪往往体现了内心的虚弱。所谓外强中干，美国在监控上不遗余力恰恰折射出其实力的下降，暮气日现。

自"二战"以来，美国的国家实力从独霸世界到美、日、欧的经济实力的此消彼长，再到新兴经济体的崛起，如今的美国对保持"主导世界"的角色越来越力不从心。于是，美国人加大在监控全球上的工夫，以弥补自己影响力越来越下降的窘隆。西班牙《国家报》网站曾著文一针见血地指出，美国寻求通过控制全球信息扭转不可避免的颓势。

更重要的是，面对紧随其后的世界第二大经济体中国，美国更是越来越不能摆正自己的位置。表面上，美国人高唱致力于与中国建立新型大国关系；私下里，美国把中国视为对手，想尽一切办法延缓中国崛起的步伐，甚至不惜通过"下三滥"的监控手段对付中国。

究其根源，当下华盛顿的中国战略存在问题。美国人应该明白，与一个"和平的、善良的狮子"打交道应该光明正大，言行一致，不来阴的。

美"监听帝国"的画皮已然被揭，世界该如何应对？

美国滥用其技术优势进行监控，无视国际基本道德信义，早已超出"反恐"之需要，显示出其为一己之私完全不讲道义的丑陋嘴脸，其所作所为失去了世界的民心。这种行为悍然违反国际法，严重侵犯人权，危害全球网络安全，已经招致各国的反对、抵制和谴责。一句话，美国已越过红线，触犯众怒。

是可忍，孰不可忍。一年来，从巴黎到柏林，从巴西利亚到墨西哥城，对美国人的不满与抗议不断。德国总理默克尔和法国总统奥朗德愤怒地致电美国总统奥巴马，巴西总统罗塞夫决定推迟访美，俄罗斯总统普京说俄需要抗拒"美国对网络的垄断"。世界舆论已经形成一种新的呼声：是该对美"监控帝国"说"No！"的时候了！

当今世界已进入信息化时代，信息安全牵系着国际关系体系的稳定。美国有着全球首屈一指的信息技术优势，但这并不意味着美国可以为所欲为。美国肆无忌惮的监控，处处暴露出网络霸权主义的心态与行径，最终伤害的是整个世界。

从民众角度看，地球村的所有居民，只要你打电话、上网、玩游戏，都处于美国情报机构的"注视"之中。显而易见，这不是全球化时代地球村村民想要的世界，与人类文明主流价值观相背离，与人类的美好愿景相背离。

从国际关系范畴来看，国际关系民主化是时代发展的潮流，但美式"监控帝国"正逆潮流而行，日益成为威胁人类发展和全球秩序的"巨无霸"，给世界敲响了警钟。

因此，全世界应该联合起来，不要让美国人肆意妄为，更不要做美国人的帮凶，任其胡作非为。把美式"监听帝国"装入铁笼子，是当前国际社会亟需思考和解决的问题。

21世纪，世界不欢迎"大洋国"，人类不需要真"大哥"！

| 2014年5月26日 |

美国的耳朵和鼻子太长了

斯诺登引发的"棱镜门"事件已不是新闻,原本公众有些审丑疲劳了。但是,当美国政府像模像样地起诉五名中国军人卷入对美网战时,很多人都很难再淡定了,因为斯诺登自开始就披露美国国家安全局对包括香港特区在内的中国目标进行广泛网络监控,美国的最新动作应了一句中国老话:恶人先告状。

中国互联网研究中心发布长达一万多字的调研报告,林林总总地告诉世人,美国这个"恶人"有多险恶,行为有多可怕,性质有多糟糕。过去,我们都知道美国以"世界警察"自居到处伸手,今天,我们通过大量证据明白,美国的耳朵和鼻子该有多长,甚至脸皮该有多厚,心有多黑。这份报告勾勒出美国政府的霸道、虚伪、不道德和不得人心。

美国为了反恐,在全球范围内拉起一个44万人的"敏感名单",其中5万人是严禁踏上美国领土甚至飞往美国的航班,这一努力和措施值得欣赏与肯定,但是,当美国以反恐之名把监听、窃取信息的大网撒向全球,特别是自己的盟国时,当美国以反恐之名窃取友好国家经济技术情报,你还相信这是为了反恐吗?兔子都不吃窝边草,更何况是自己的全天候盟友如德国、澳大利亚,或受之驱使的小伙伴日本、韩国等,如此说来,美国具备了兔子般的长耳朵,却没有养成兔子不乱咬乱啃的好习惯。

美国领导人自称世界需要领导者,而唯有美国具有这样的实力和道德优势。有新闻报道说,被监听十多年的德国总理默克尔派团前往华盛顿抗议和央求对方罢手,美方非但不道歉,甚至很不客气地拒绝了这一要求,直接羞辱一个主权国家的尊严。可见,监听默克尔私人电话的美国当局不仅重口味,更体现一种"美国例外"的优越感和霸道,也再次证明它把内政当外交,把外交当内政的霸权习气。这些做法和自己整天吹嘘的民主、自由、平等、权利、道德等概念完全背道而驰,此时的美国鼻子再长、再灵,只不过是个习惯撒谎的皮诺曹(取自《木偶奇遇记》,主人公皮诺曹被仙女下了诅咒,一撒谎,鼻子就会变长。——编者注)。

作为一名中国学者,我一直希望美国能切实推进与中方的战略互信,共同构建新型大国关系,彻底告别冷战。但当大量证据表明,中国上至国家领导人、下到包括你我他在内的普通人,都成为美国情报机构偷窥偷听的对象时,我们怎么还能指望美国用心善良、态度真诚,难道真的是"美国亡我之心不死"吗?如此赤裸裸地破坏中美关系,美国不是言不由衷且太过虚伪了吗?那么多中国精英阶层把孩子送到美国留学,甚至投资、移民美国,中国把三分之一多的外汇储备都购买了国债,换来的是这样的回报吗?

美国政府的虚伪让我们看到一个奉行丛林理论和达尔文主义的超级大国,看到一个藐视国际法、国际惯例和国际规则的霸权国家,看到了一个粗暴侵犯他国公民通信自由、个人隐私和信息安全的世界警察,也看到了一个自私自利、损人利己、藐视公德和玩弄双重标准的说教楷模。美国向世界和中国公众输出的价值观在这些没有羞耻感的行为面前,即便不像掩盖污水的肥皂沫,也至少像涂在巫婆脸上的油彩,禁不起风雨的冲刷而露出本色。美国的行为告诉世人,只有强权霸道,没有道德信义;只有美国利益,没有他国利益。如果想让13亿中国人相信美国的善意,请从停止虚伪肮脏的棱镜项目开始。这种藐视中国国家与公民尊严的海盗行为,只能把中国推离美国的身边,甚至推到美国对立面。

美国为了达到穷极情报的目的,几乎用尽能够使用的所有手段,覆盖了新技术革命带来的所有应用和产品,甚至不惜威逼利诱美国各大公司参与对全球目标的偷听、偷窥和偷盗,这是典型的逼良为娼啊。难道美国的优势和竞争力就是靠这种窃取一切有用信息来实现和维持的吗?这些行为和所谓的反恐一毛的关系都没有,是不折不扣的"挂羊头卖狗肉"。这些行为不仅拉低了美国作为"世界领导者"的国家道德水准,而且一并降低了诸多美国大公司的道德高度和品牌价值,使得这些企业完全忽视了社会责任，进而变成了霸权与帝国的驱使和帮凶。美国某位互联网大佬曾骄傲地向全球用户宣称，本公司不作恶，而大量事实证明，它何止作恶，而且在美国政府的胁迫和利诱下，正在全球范围内作恶，是地地道道的世界级恶霸。

美国政府的做法让人触目惊心，超乎想象，脱离常情，也自然让世人普遍感到恶心和厌恶。因为美国是惯常高悬正义招牌和道德牌坊的大国和强国，而这些见不得光的下作勾当表明，招牌和牌坊背后是肮脏的皮肉生意。至于强奸德国等盟国意志的蛮横行为，更说明美国政府不仅虚伪、矫情、恶心，而且非常粗暴、霸道和蛮不讲理，理应并且切实受到世界各国几乎一致的强烈质疑和谴责。

美国陷入阶段性的衰落，我不信美国就此日薄西山气息奄奄，反而相信美国有足够的自我修复能力，但是，美国如果不是用心复苏经济而是忙于窥探他国私密，不是靠自身努力进步而是靠鸡鸣狗盗取巧，不是安心走阳光大道而是醉心旁门左道，最终一定会像不可一世的罗马帝国一样，四处树敌，四面漏风，最终轰然倒塌，竭血而死，自己亲自埋葬光荣的美国时代。

|2014 年 5 月 27 日|

撕掉网络世界霸权的伪善面纱

5月26日,中国互联网新闻研究中心发表了《美国全球监听行动记录》,以大量详实的资料、确凿的证据、可靠的信息来源,将美国在网络安全领域的丑恶面貌和行径摊在了阳光下,让世人透过美国道貌岸然的伪善外表看清了它极其阴暗的一面。

事实表明,美国对全球的监听涉及领域之广、国家之多、人员之泛、项目之多、投入之大、时间之长,可以说在还不太长的网络发展史上闻所未闻,独一无二。美国对全球监听的触角伸至政治、经济、军事、科技、教育等众多领域;被监听的国家既有对手,也有敌人,就连与美国共享"共同价值观"、志同道合的盟国德、法、日也未能逃脱其魔掌;被监听的人员既有国家元首和政府首脑,也有诸如联合国秘书长潘基文这样的国际组织领导人,甚至连本不该被纳入其视野的平民百姓也未放过。别忘了,所有这些铁证,都是由美国人斯诺登所提供,而这还仅仅是臭名昭著的"棱镜"秘密计划的冰山一角。

震惊和愤怒之余,人们从中又看到了什么?伪善。贴了美国标签的伪善。

一直以来,美国一直标榜自己是所谓的"自由"国度,拜"自由"为圭臬。自从网络问世,美国又扯起了"网络自由"的大旗,抢占了所谓道德制高点,对那些实行网络管理的国家挥舞着"网络自由"的大棒,除了横挑鼻子竖挑眼,剩下的就是蛮横无理的指责。正是在这种"网络自由"的外衣下,美国自己却偷偷摸摸对包括中国在内的外国领导人和平民百姓实施了时间持续、范围广泛的监听。美国"可以监控某个目标网民的几乎所有互联网活动",美国国家安全局通过接入全球移动网络，每天收集全球高达近50亿份手机通话的位置纪录。"棱镜"监听丑闻的曝光，让"网络自由"的谎言在事实巨人面前瞬间变成了矮子，不攻自破，更让美国从所谓的道德制高点跌入万丈深渊。但即便如此，仍有很多人对美国对其盟国领导人也实施监听的做法感到十分不解。其实，两个字就可以解疑释惑，那就是"利益"。要清醒看到，所有的光鲜招牌和诱人口号，都是为美国的国家利益服务的。即便是对盟国和"铁哥们"，美国也不是完全放心而留有一手。道理很简单，美国要防止地球上包括西方国家在内的任何国家对其世界霸主地位发起挑战。

不容置疑，中国是美国在东亚的首要监听对象，这已为大量事实所证明。北京、上海、成都、香港及台北等城市，均被列在美国国家安全局重点监控的名单里。在美国进行的大规模网络进攻中，中国的外交部、商务部、银行金融系统和电信公司等就很难逃脱美国的关照了，军事领域和重点敏感企业就更甭说。口头上，美国一直表白欢迎中国企业到美国投资做生意，但多年来，一直以所谓"安全威胁"为借口，竭力阻挠中国企业特别是拥有自主知识产权的大型企业到美国投资拓展市场。以全球第二大通信设备供应商中国的华为公司为例。从2009年初开始，美国国家安全局就花大力气监控华为公司。为配合"中国威胁论"，美国众议院也于2012年抛出了一项调查，以华为和中兴两家公司与中国政府有关系为由，诬陷华为和中兴公司试图进入美国市场可能会对美国国家安全造成威胁。人们不禁要问，华为公司在美国开拓市场并为美国带来充裕就业机会的单纯经济活动，为什么会被美国完全抹黑、处处受到莫名其妙的无端掣肘？媒体的报道一针见血，因为华为公司被视为美国思科公司最大的竞争对手之一。其实，美国的真实目的就是一个，用所谓国家安全等政治因素树立贸易保护壁垒，将具有竞争力的中国企业拒之门外。

由此可见，美国一直所声称的，它对网络的窃密是为了国家安全，而其他国家尤其是中国所为是为了商业利益，谬论之荒唐、逻辑之混乱，大概也莫过于此。而它又出自美国高级官员口中，更是让人大跌眼镜。

"棱镜"计划被揭秘后，互联网管理权究竟应由谁控制的大辩论重启，国际社会再次响起了将管理权交给联合国管理，而不是由美国一家掌控的强烈呼声。有欧盟高级官员明确指出，"现在是结束美国对网络垄断的时候了"。其实，一些西方国家和广大发展中国家一直在呼吁，要求美国将互联网管理权移交给具有广泛代表性的诸如联合国之类的国际组织，但此倡议被美国断然拒绝。在第66届联大上，中俄牵头提交的《信息安全国际行为准则》，同样也遭到美国的抵制。

因"棱镜"丑闻而颜面大失的美国，迫于国际社会的压力，曾于今年3月14日抛出了将放弃对国际互联网名称和编号分配公司（ICANN）的管理权一说，但也留了一个尾巴，说它不会把这一权力移交给联合国，而是移交给"全球利益攸关体"。至于何谓"全球利益攸关体"，美国没有明说，讳莫如深。问题是，美国说了移交管理权的话后，迄今几乎没有任何进展。

分析人士认为，美国所谓"放弃互联网管理权"一说，只是虚晃一枪，口惠而实不至，唯一目的是要减缓"棱镜门"丑闻带来的重大压力，美国压根就不可能彻底放弃互联网的管理权。事实证明，要想让美国自动放弃在网络世界的垄断和霸主地位是痴人说梦，是幻想。地球村的成员要想在网络世界实现真正的平等，就必须行动起来共同推动制定新的网络游戏规则，只有这样才能真正打破垄断，还网络世界一片清净和安全。

伪善与无善相比，前者比后者更可怕。因为伪善更具欺骗性和两面性，善良的人们一时很难识别。斯诺登就曾表示，曝光"棱镜"计划，目的就是要揭露美国政府的"伪善"。

|2014年5月27日|

坚决反对网络霸权　建立国际网络新秩序

中国互联网新闻研究中心5月26日发表了《美国全球监听行动记录》，用大量事实揭露了美国利用自己在政治、经济、军事和技术等领域的优势，肆无忌惮地对包括盟友在内的其他国家进行监听活动，足以证明美国是一个地地道道的全球网络霸权帝国。美国无孔不入的全球网络窃听和攻击行动是一种悍然违反国际法、严重侵犯人权、危害全球网络安全的犯罪行为，应当受到国际社会的坚决抵制和反对。同时，再一次表明建立一个公正、平等、确保各国网络主权与国家安全和个人合法权利的国际网络新秩序的必要性和迫切性。

美国的全球网络监听活动是按照美国国家安全局制订的一项代号名为"US-984XN"的绝密电子监听计划即斯诺登披露的所谓"棱镜计划"实施的。从刚刚发表的这份《美国全球监听行动记录》中可以看出，美国的网络监控和窃听活动有几个主要特点：

——监听范围遍及全球。

——监听对象也是全球性的。

——监听的内容包括政治、外交、军事、经济、金融等信息。

——被监听的部门包括各国政府、军事机构、科研机构、企业、电信行业以及银行、交通、电力、教育等诸多关系国计民生的关键行业。中国的外交部、商务部、电信行业、银行、在国外的中资企业、大学等都是美国长期监听的对象。

——监控的类型多达十项：信息电邮、即时消息、视频、照片、存储数据、语音聊天、文件传输、视频会议、登录时间、社交网络资料的细节，其中还包括监视、监听民众电话的通话记录以及监视民众的网络活动。

——在组织上，形成了情报机构、政府与私营企业和科研机构三位一体的网络监听体系。美国彭博社 2013 年 6 月 14 日报道披露，美国国家安全局、中央情报局和联邦调查局等情报机构与美国数千家私营企业保持着紧密的合作关系，它们会从这些企业获得敏感情报，同时也会向合作企业提供机密信息。美国还把英国、加拿大、澳大利亚和新西兰拉在一起，组成所谓"5 只眼"国际情报联盟。美国编织如此大规模的全球监控网是史无前例的，它已成为贯彻美国全球战略的重要组成部分，进一步在世人面前赤裸裸地暴露了美国称霸全球的野心和霸权主义行径。

自从去年斯诺登揭露了美国政府的全球监听活动以来，美国陷入了十分被动的处境。为此，它编造了种种理由为自己辩解。其中一个辩解是说，利用监听收集情报是为了国家安全需要，各国都有，彼此彼此。诚然，情报工作各国都有。但是，无论按照国际法还是美国法律，并非可以滥用。如在国际法上，外国国家领导人和外交官的活动是不准被监控的。又如，按照国际人权法和美国的法律，个人的隐私权是不容许侵犯的。但是，现在美国政府的所作所为连这些法律都不顾了。这明明是无法无天的霸权主义行径，哪里是通常所说的情报收集？！

美国政府的另一个辩解是美国政府搜集国外企业的情报是"属于经济政策情报，也不会把搜集到的情报交给美国企业，因此，它有别于窃取公司的商业机密"。这完全是无赖的狡辩。前面所引彭博社的报道，已经足以证明美国通过网络监听到的情报不仅都被送到了白宫，而且其中具有重要商业价值的情报也被同时转交给了相关企业。这就是彭博社报道中所说的为什么"一些美国通信公司非常愿意向情报机构提供使用（它们在）海外的基础设施和通信数据的权利"，因为他们还可以从中得到回报。正如巴西总统罗塞夫所指出的那样，美国监听不是为了安全和反恐，而是为了商业和战略目标。

同时，美国的全球监听活动也暴露了美国宣扬的"网络自由"的虚伪。美国所宣扬的"网络自由"，是打着"网络自由"的旗号，行网络霸权之实。

国际社会对美国这种肆无忌惮的网络霸权行径早有不满。广大发展中国家以及欧盟一些成员国早在 2005 年联合国主办的信息社会全球峰会上就强烈反对美国滥用独霸网络机构 ICANN（互联网名称与数字地址分配机构）的特权监控和窃听各国网络的行径，要求建立一个独立、透明、由各国平等参与的新的国际网络管理机构。中国政府早在 2010 年发表的《中国互联网状况》白皮书中提出，主张建立一个联合国框架下的互联网国际管理机构，并在 2011 年与俄罗斯、塔吉克斯坦、乌兹别克斯坦一起，共同向联合国递交了《信息安全国际行为准则》草案。可是所有这些倡议均遭到美国的反对。现在随着美国全球网络监听计划被暴露，国际社会更感到建立新的独立国际网络管理机构的必要性和迫切性。国际社会应该团结起来，坚决反对和谴责网络霸权行径，在联合国主导下进行网络安全全球治理，建立国际网络新秩序，以维护共同的国际网络安全和各国共享的真正的网络自由。

一、制定一项具有国际法效力的"国际网络安全法公约"，作为各国必须遵循的国际信息安全准则。它应该按照《联合国宪章》的宗旨和原则，以尊重各国网络主权和个人隐私权为前提，维护各国和整个国际社会的网络安全。

二、建立一个在联合国框架下、全球范围内经过民主程序产生的、权威的、公正的互联网国际管理机构。这个机构应体现各国都有参与国际互联网基础资源管理的平等权利，合理分配互联网基础资源，促进全球互联网均衡发展等原则。

三、将反对网络恐怖主义纳入联合国安理会反恐委员会的任务和议程。在由联合国召开的"2007 年互联网管理论坛"上，东道国巴西代表说得好："互联网是国际的，它不应该被一个国家权力所控制或服从于少数几个国家。互联网应成为大家共同的资源。"这应该是国际社会的共识。

| 2014 年 5 月 27 日 |

互联网全球共治的新机遇

6月23日的伦敦印上了互联网领域的历史印迹——中国国家互联网信息办公室主任鲁炜代表中国政府在ICANN第50次大会上作主旨演讲。这是ICANN成立16年来首次邀请非主办国官员在开幕式上作主旨演讲，也是中国部长级官员首次在全球互联网治理核心机构大会上发表主旨演讲。

全世界都听到了鲁炜代表中国政府以积极、开放、合作态度在国际上提出的共建、共享网络治理的主张。

今年是互联网历史上的重要一年：2月，中国成立网络安全和信息化领导小组，可谓中国互联网治理的元年；3月，美国政府公开声明，愿意放弃对ICANN的管理权；4月，各国齐聚巴西圣保罗，围绕国际互联网治理达成诸多共识。诚如鲁炜所言，这意味着ICANN的发展掀开了新的历史篇章。互联网全球共治时代从此开启。

鲁炜在大会上提出，应该达成这样七点共识：一是互联网应该造福全人类，给世界人民带来福祉，而不是危害；二是互联网应该给各国带来和平与安全，而不能成为一个国家攻击他国的"利器"；三是互联网应该更加关注发展中国家的利益，因为它们更需要互联网带来的机遇；四是互联网应该注重保护公民合法权益，而不能成为违法犯罪活动的温床，更不能成为实施恐怖主义活动的工具；五是互联网应该文明诚信，而不能充斥谣言和欺诈；六是互联网应该传递正能量，继承和弘扬人类优秀文化；七是互联网应该有助于未成年人健康成长，因为这关系到人类的未来。

在ICANN高级别政府会议上，鲁炜提出平等开放、多方参与、安全可信、合作共赢四项原则，建议尽快确定协调工作组人选，充分体现网民的数量分布和地区代表性；尽快制定ICANN国际化改革方案；尽快起草完成"国际互联网治理联盟章程";建立完善网络治理机制和工作模式;团结世界前沿理论专家、技术专家,研究探索互联网发展规律,推动互联网科学发展、创新发展、健康发展;搭建国际互联网交流平台、创办多语种网站,倾听各方诉求,促进对话交流,凝聚各方共识。

这七点共识、四项原则,是中国政府经过深思熟虑向世界提出的新倡议,是对 ICANN 提出的"同一个世界,同一个网络"愿景的进一步拓展与延伸;涵盖了互联网发展的方方面面,把握了时代的脉动,无论是广度上还是深度上都体现了深邃的战略眼光。其强烈的现实针对性切中当下网络治理的要害。

西方人发明了互联网,中国在这个领域开始是以学生的面目出现的。但是从今年 4 月中国在巴西圣保罗国际互联网大会上受追捧,到鲁炜在此次 ICANN 伦敦会议提倡议,中国在国际互联网领域的分量越来越重,这是中国的荣誉,也是全球网络共治的利好。

中国有参与互联网全球共治的诚意。国家主席习近平不久前访欧时向世界宣布,中国是"一只和平的、可亲的、文明的狮子",主张"要多边不要单边、要对话不要对抗"。在此背景下,正如鲁炜在演讲中所说,习近平主席一直倡导要积极开展双边、多边互联网国际交流合作。中国真诚希望与各国携手合作,努力推动互联网治理迈向全球共治时代。

中国有参与互联网全球共治的资格。中国拥有超过 6 亿的网民,中国拥有 12 亿手机用户、5 亿微博用户、5 亿微信用户,每天信息发送量超过 200 亿条;中国拥有 400 万家网站,上网已成为人们必不可少的生活形态;中国的电子商务年交易额超过 1 万亿英镑,对经济增长的贡献率超过 10%,正辐射全球,成为国民经济的最大增长点……这说明了中国以创新、包容理念确立的互联网管理措施十分有效,不容置疑。

因为中国的加入,互联网的全球共治之路被大大拓宽。世界正迎来互联网全球共治的新机遇。

| 2014 年 6 月 24 日 |

信息领域决不该有双重标准

习近平主席在巴西国会发表《弘扬传统友好　共谱合作新篇》的演讲中强调："互联网技术再发展也不能侵犯他国的信息主权，更不能牺牲别国安全谋求自身所谓绝对安全。"中国领导人在国际讲坛上郑重阐明对互联网发展的原则立场，体现了中国政府维护国家主权、安全和发展利益的明确态度，体现了中国致力于构建和平、安全、开放、合作的网络空间的真诚愿望，体现了中国作为一个负责任大国的自觉担当。

众所周知，互联网是近几十年来人类最伟大的科技发明，其发展速度和规模前所未有，也不可限量。当然，人们也清楚地看到，互联网在给人们带来巨大便利的同时，也成为某些国家侵犯他国主权、安全和发展利益的工具。特别是"斯诺登事件"爆出的内幕，令人感到极度震惊和不安。

事实说明，有的国家已经把互联网作为实施渗透、干涉、颠覆他国的武器：利用互联网窃取他国军事和经济情报；通过互联网操控舆论、制造谣言，挑起事端、策划动乱。在"阿拉伯之春"的动乱中，网上攻击就已经成为颠覆别国政权的最常用手段，互联网成为加剧冲突和对抗的战场。

当今的互联网世界，是国际政治的一个逼真的镜像，折射出霸权主义、强权政治的显著特征。一方面，美国等西方国家凭借着技术优势，在互联网上对其他国家的主权、安全和发展利益肆无忌惮地侵犯；另一方面，他们对广大发展中国家维护自身利益的呼声置之不理，甚至变本加厉地侵犯。美国对待互联网始终持双重标准，即是不公正、不平等的霸权主义的最典型表现，至今，美国对"斯诺登事件"未作出任何解释,也没有向被侵害的外国公民与政要道歉。相反地,却无端指责五名中国军人损害了美国的利益,这是极不公平的。正如习主席所说:"在信息领域没有双重标准,各国都有权维护自己的信息安全,不能一个国家安全而其他国家不安全,一部分国家安全而另一部分国家不安全,更不能牺牲别国安全谋求自身所谓绝对安全。"在国际大家庭当中,公平合理才能和平和谐。"只许州官放火,不许百姓点灯"是站不住脚的。因为,损人者未必就可以利己。

中国是发展中大国,正致力于经济发展,民生改善,实现国家现代化。因此,中国希望有一个良好的外部环境。中国人民向往和平,无意与任何国家对抗。但在涉及国家主权、安全和发展利益的问题上,我们也绝不会有丝毫的含糊。这一政策,同样适用于互联网发展。正如习主席所指出的:"国际社会要本着相互尊重和相互信任的原则,通过积极有效的国际合作,共同构建和平、安全、开放、合作的网络空间,建立多边、民主、透明的国际互联网治理体系。"我们深信,这一合情合理的主张,一定会受到绝大多数国家的赞同和支持。毕竟,主持正义、务实合作,是人心所向、潮流所向,是不可违逆的。

| 2014 年 7 月 18 日 |

加强管理是为了更好的发展

《即时通信工具公众信息服务发展管理暂行规定》正式发布了。"暂行规定"分为十条，旨在规范以微信为代表的即时通信工具公众信息服务，被网民简称为"微信十条"。这是我国在推动国家网络安全和信息化法治建设，不断增强网络安全保障能力，推动信息化发展方面的又一重要举措。

2014年是中国接入国际互联网20周年。20年来，中国互联网抓住机遇，快速推进，成果斐然。据中国互联网络信息中心发布的报告，截至2013年底，中国网民规模突破6亿，其中通过手机上网的网民占80%；2013年网络购物用户达到3亿，电子商务交易规模突破10万亿元人民币。麦肯锡全球研究院发布的报告称：2010年，中国的互联网经济只占GDP的3.3%，而2013年已升至4.4%，超过美国、法国、德国，达到全球领先国家的水平。中国已是名副其实的"网络大国"。

随着移动互联网的发展，以及智能终端的日益普及，即时通信服务的发展速度惊人，引人瞩目。比如，腾讯公司2011年1月21日推出的即时通信服务应用程序"微信"，因为其具有支持跨通信运营商、跨操作系统平台、通过网络快速免费（需消耗少量网络流量）发送等种种优势，更因为其陆续开发的种种服务插件，大受网民好评。据统计，腾讯微信月活跃用户接近4亿，微信公众账号总数580万个，已成为亚洲地区最大用户群体的移动即时通信软件。与此同时，还有微米、易信、米聊、陌陌等多个即时通信工具争奇斗艳，国内和海外的注册用户数量可观。

在这样的背景下，"微信十条"的出台必定会引起众多用户的关注。

肯定的、支持的声音或者不理解的、质疑的甚至反对声音的出现，应在意料之中。而社会公众的关注，包括一定范围内的良性争论，应该有助于"微信十条"的落实与执行。

首先，必须强调国家对即时通信工具公众信息服务的管理，是国家互联网安全管理的重要组成部分。当今世界各国，无不关心互联网安全。作为互联网"老大"的美国，已将网络空间与海洋、陆地、天空、太空相提并论，形成了"网域"的概念，认为"领网"与领海、领土、领空、领天同样属于国家主权领域，在国家间存在着网络战威胁的今天，国家主权越来越多地体现在对领网的控制上。美国《2010美国国土安全网络与物理基础设施保护法》更是将本国网络安全和网络基础设施安全的管理职能直接赋予国土安全部。熟悉美剧的网民，对于"国土安全部"这个机构的重要性应当不会陌生；对于美国将网络空间安全和网络基础设施安全视为国家领土安全，应当细思其深意。

同样，到2014年，全世界已有40多个国家颁布了网络空间国家安全战略。德国总理默克尔与法国总统奥朗德探讨建立欧洲独立互联网，拟从战略层面绕开美国以强化数据安全。欧盟三大领导机构明确，计划在2014年底通过欧洲数据保护改革方案。在亚洲，日本已出台《网络安全战略》，明确提出"网络安全立国"。印度则制定了《国家网络安全策略》，目标是"安全可信的计算机环境"。显然，当网络安全已成为国际共识，当世界主要国家都在加强互联网管理的时候，建设坚固可靠的国家网络安全体系，是中国必须作出的战略选择。

其次，需要指出国家对于即时通信工具公众信息服务的管理绝不是所谓对言论自由的"打压"。"微信十条"不会限制人们在微信中聊天，不会干预人们在"朋友圈"里的交流。使用即时通信工具之所以需要作出某些承诺，是因为即时通信平台本身具有的社会性，它已不再是单纯的技术工具，被认为实现了全新的交流方式，并构建起一种新的社会关系。既然是在一定的"社会关系"中，每个人的"发言"、"转发"，都不可能是完全自我的，也就不应该是无限制或无节制的，都必须考虑其是否可能对他人合法权益造成伤害，是否对社会产生消极负面的影响。比如，有人在即时通信工具上传递恐怖暴力或色情淫秽信息，还有人传播虚假新闻，在公众中造成恐慌或者误导，已经表明即时通信工具传播秩序必须予以规范。为了避免未成年人受到不良影响，英国互联网服务提供商屏蔽了该国20%的网站，即应为我们所鉴。

许多人应该记得，今年初，互联网漏洞报告平台乌云披露一个疑似腾讯微信漏洞，认为该漏洞有可能造成微信用户的隐私视频外泄。这提醒人们，即时通信工具平台存在安全隐患。因此，加强管理以提高安全防护功能，让微信以及其他手机应用避免恶意软件和病毒的侵扰，保护用户隐私安全和合法利益，共同维护安全健康的网络环境，是十分必要的。

进而言之，人们需要注意到，即时通信工具的开放性已经使之日益成为大国网络博弈的主战场之一。在微信中传播的，不仅仅是家人朋友之间的脉脉亲情，不仅仅有美丽的风光、动听的音乐、并不如烟的往事和稀奇新颖的新知，还有明确无误的意识形态交锋、思想文化角力、民心民意争夺，甚至是别有用心的谣言、煽动和蛊惑。从"维基解密"和斯诺登的披露中，从中东、北非一些国家的社会动荡中，我们已经看到了互联网的某种特殊能量，因而无法对网络安全掉以轻心。

"微信十条"于法有据，依据的是全国人大、司法机关、管理部门通过的一系列法律法规。"微信十条"现实可行，其要求用户承诺的"七条底线"，是国家、社会和公民利益的最大公约数。应该看到，"微信十条"不仅提出"管理"的要求，更提出了"发展"的目的，加强管理，促进发展，管理是为了更好的发展，这是"微信十条"的根本所在。

| 2014年8月7日 |

"微信十条"：发展尤须放眼量

《即时通信工具公众信息服务发展管理暂行规定》被很多网民称之为"微信十条"，一经发布，在即时通信工具服务商和广大用户中引起强烈关注。这表明，国家对于即时通信工具服务制定出台相关管理规定，不是可有可无的，而是非常必要和及时的，具有重要意义。

对于"微信十条"，人们首先注意到其在管理方面的内容，这无疑是正确的。因为，广大网民对少数人利用即时通信工具的应用发布涉恐、涉暴、涉黄等违法信息，肆意传播诽谤和谣言信息等行为深恶痛绝，尽快并严格规范即时通信工具公众信息服务的管理，已经成为社会各界的强烈呼吁和真实诉求。

然而，发展尤须放眼量。即时通信工具服务是个新兴行业，正处于发展期。"微信十条"不是为管理而管理，管理的目的是为了即时通信工具服务更好的发展，使之成为真正让广大网民能够充分理性发表意见、观点、建议和即时交流信息的平台。加强管理，推动发展，这是国家互联网信息办公室依法制定"微信十条"根本考量。

管理与发展，是互为表里、相辅相成的关系。任何行业，任何事情都会有一个从产生、发端，逐步发展，到发现问题，暴露缺陷，于是管理、规范、调整、完善，再到进一步得到更好发展这样的螺旋上升过程。这是客观规律，不可违背。当年，在侯宝林先生那段脍炙人口的相声《夜行记》中，曾提到行人该"走马路中间"还是该"走人行道"，乘坐公交车该不该排队等话题，让人在捧腹大笑之后思索"个人自由"是否应该在公共场合受到限制？时隔多年再去回味，我们会发现，假如没有当年那些最基本、最原则的限制，假如没有持续多年不断改进的管理，今天的城市交通将会是怎样一种混乱无序？

即时通信目前已经是互联网的第一大用户，也是移动互联网的最大用户，以微信为代表的即时通信工具影响力的确非常大。但说到底，即时通信工具是一种产品，一种服务。作为产品和服务，需要有品牌意识，需要严把质量关，需要严格执行相关标准，不断让产品、服务升级换代。"微信十条"颁布后，腾讯、易信等企业明确表态，支持政府部门制定相关规定，呼吁"朋友圈中传递更多正能量"。同时这些企业认为，加强管理是为了保护用户更好地使用公众信息服务，必然有利于行业的良性发展。显然，企业家们非常清楚影响行业发展的隐患、"病灶"是什么，更懂得企业的社会责任是什么。今天的管理是为了明天更好的发展，清除糟粕，优秀者为王，正在成为业内企业的共识。

据目前统计，仅腾讯微信一家大约有580万公共账号，大多数是服务类、商务类公号，其中，各级党政机关开设的公共账号所占比例并不是很高。应该说：各级党政机关、企事业单位和各人民团体，作为管理和服务机构，利用即时通讯工具开设公众账号，是管理意识和服务意识强烈的表现。按照"微信十条"的相关规定，从长远发展的要求看，必须鼓励各级党政机关、企事业单位和各人民团体开设公众账号。这样一些公共账号的开设，既有利于服务经济社会发展，有利于充分满足公众对多方面信息知情权的需求；也是政务公开、企业信息披露、社会管理透明化等现代社会治理的进步。同时，这将成为对即时通信工具服务这一新兴行业良性发展的实实在在的支持。

| 2014年8月8日 |

为微信注入源源不断的正能量

君子生非异也，善假于物也。以微信为代表的一系列即时通信工具的大发展，正是我国科技创新成效显著的一种体现。其从诞生之日起，就蕴含着新时代国人锐意创新的宝贵精神。目前，微信用户已超过6亿，拥有亚洲地区最大的用户群体。微信用户遍及中国大陆、香港、台湾、东南亚及许多国家的海外华人聚集地，在一些发达国家也有不少的用户，其影响力已经远远超过一种即时通讯工具本身的意义。可以说，用好这一平台，既是促进微信可持续发展的需要，也是与时俱进推进现代国家治理体系建设的重要一环。

由国家互联网信息办公室制定的《即时通信工具公众信息服务发展管理暂行规定》一经发布，便被广大网民们形象地称作"微信十条"。这一说法虽不准确，但又不失针对性。可以说，"微信十条"正是国家当前针对以微信为突出代表的即时通讯工具发展日新月异、影响力与日俱增的客观现实所作出的又一项积极回应。这一回应，既为微信等即时通讯工具注入了正能量，更对其未来可持续发展具有指向意义。"微信十条"的出台，可以视作为微信等即时通信工具进行了良好的规范和积极的引导，微信等即时通信工具一定会因此而得到更好发展。

进入信息时代以来，人类科技进步日新月异，以博客、微博、微信为代表的互联网产品各领风骚，在不同的时间段里发挥了多样的作用和影响。

2005年开始，网络博客开始进入普通网民的视野，人们通过撰写博客，分享彼此的生活经验。诞生了一系列知名博主，有的致力科普、有的关心公益，知名博主们的一言一行，一时间都先后成为了舆论关注的热点。2009年以来，微博时代的开启更大地影响了人们的社会生活：平时遥不可及的学者、明星、官员都变得触手可及。不同身份、不同地方的网民可以近距离地交换意见、发表评论，形成一个不可忽视的舆论场；微博的即时性甚至在一定程度上促进了我国民主政治的发展，"微博问政"、"微博反腐"等一个又一个热词的背后，都是各级党委政府与时俱进、回应民声的真诚体现。新华社、人民日报等中央媒体的认证微博更成了网民们第一时间了解大事小情的权威渠道，而诸如外交小灵通、平安北京这一系列政府部门的认证微博也成了普通民众政治参与、履行知情权的绝佳方式。

2011年，微信这一崭新的即时通讯工具一经推出，短期内就在广泛的群体中得到了推广、收获了好评。语音通话、朋友圈、微信支付等众多便捷新颖的功能既拉近了人与人之间的距离，也方便了群众日常生活。而在此基础上，众多的微信公众账号如雨后春笋般吸引了大量的订阅用户。它们有的发布第一手的时政要闻、有的整理丰富的讲座信息、有的提供便利的本地便民信息，创造性地丰富了即时通讯工具的内涵。可以说，微信平台的高歌猛进也宣告了，"微博时代"之后"微信时代"的真正来临。而如何在"微信时代"里做到"与时俱进、为我所用"，则是各级党和政府需要切实思考和积极应对的。

首先，各级党和政府应当明确认识、理性应对。随着改革开放的不断推进，我国科技进步也突飞猛进。作为科技进步新鲜成果的即时通信工具，应该成为党和政府履行管理和服务职能的广阔天地。为人民服务是各级党和政府的第一要务，而微信等即时通信工具平台提供了一个良好媒介，微博时代里，外交小灵通拉近了普通民众与外交工作的距离，使普通民众更加理解和支持我国的外交事业；像平安北京这样的"微博警务平台"，既通过及时发布权威信息消除了谣言滋生的可能，又大大提升了人民警察的良好形象。这些宝贵的经验，完全可以因地制宜地运用到微信这样的即时通信平台中来。

其次，我们要大力创新、运用多种手段加强各级党和政府在微信平台中的存在，做到不缺位、不失声。历史已经证明，科技成果大多是双刃剑，微信也不例外。它既可以成为传播科学知识的平台，也可以成为滋生谣言和传播负能量的温床。发展好即时通讯工具这一平台，关键在于各级党和政府的正确管理和积极引导。我们可以借鉴民间已经取得的良好经验，把微信平台作为宣传党和国家大政方针、移风易俗、促进社会主义核心价值观具体实践的前沿阵地。只有在场，才能让群众看得到；只有发声，才能让群众听得见。通过微信等即时通讯工具平台，让每一个民众都与党和政府时刻保持联系，让每一位民众能感受到真真切切的正能量。如此一来，那些一时间活跃在即时通信工具里的负能量就再无传递的可能、也更无兴风作浪的市场。

| 2014 年 8 月 8 日 |

澎湃是一个行业的探路者

一年多以来，一群年轻的报人挤在黄浦江畔的一座旧楼里，鼓捣着一个名叫"澎湃新闻"的互联网产品，7月22日凌晨，它正式上线了，没有任何仪式。

这个产品一面世，互联网世界密切关注。当日一整天时间，很多人都在热议——有前途吗？烧完钱就会死吗？怎么读不懂它的发刊词？

疑问多多，不妨先问个最基本的问题：这群人到底想做什么？很简单，他们公开表述的是：想在互联网世界做原创新闻。

互联网本身就是信息的海洋，也不缺乏原创新闻。但是他们的雄心，是要在互联网上重建对新闻规律的尊重，所以，他们的新闻杜绝道听途说，所有的原创新闻都是记者用脚跑出来的。

他们打算改变陈旧的文本表达，回避官样文章，让用户和读者能够迅速抓住新闻的主旨。他们希望新闻是建设性的，有温度的，其中应该包含对公平正义的渴望，对和谐社会的热盼。以这样的态度做原创新闻，理应受到互联网世界的尊重。

那么，他们会成功吗？

到目前为止，他们还没有显示出其商业模式已趋成熟。这成为部分业内人士质疑和诟病的重要原因。

他们所期望的互联网商业模式，也许还没有到来，但是他们的判断应该受到尊重：未来的互联网商业模式，最起码应该尊重原创精神，互联网的共享精神不是互相抄袭、拷贝，应该向原创作者支付稿酬，而不是予取予夺，野蛮生长。不注重保护知识产权的时代正在过去。

他们相信有人所说的：原创的、优质的、定位精准的内容这三

"横",加上新技术这一"竖",能够在未来使他们成为这个行业的"王"者,能够吸引到目标用户和读者,并带来理想的流量和收益。

所有这些预设,只有在行动中才能实现。从这个意义上说,他们其实是一群探路者。

有人说,他们的办公环境就像黑网吧一样,空气污浊,拥挤不堪,但是他们中的很多人激情澎湃,为这个产品而工作,不知所为者何?

日渐衰微的平面媒体生存环境,可能会给出一部分答案。统计数据显示,2013年传统媒体广告市场的整体增长仅为6.4%,低于同期GDP增速,其中报纸广告同比下降8.1%;6家报业上市公司中,有3家的广告收入降幅超过两位数。

迫在眉睫的转型,困难重重。有人选择了离开,更多的人在观望、议论、等待。而探路者的命运,要么成为整个平面媒体转型的引领者,走上一条康庄大道;要么倒在路上,以自己的身躯为墓碑,提示后来者:此路不通。

因此,他们实际上是一群略带悲壮色彩的理想主义者。在这个时代,理想主义是个很奢侈的词汇。但若新闻从业者们真的没了新闻理想,没了改变互联网生态的决心,那么,"新闻"不过是一群乌合之众的游戏,如此而已。

| 2014年7月23日 |

让"澎湃"的新闻改革"多飞会儿"

7月22日,《中国新兴媒体融合发展报告(2013—2014)》在北京发布。同一天,由传统媒体上海报业集团打造的"澎湃新闻"客户端在上海上线。据了解,"澎湃"将努力实现互联网技术创新与新闻价值传承的结合,致力于问答式新闻与新闻追踪功能的实践。

"澎湃"作为上海报业集团成立后的一个重大战略项目,正在努力打造成为中国聚合新闻与思想内容的最大平台之一。短短几天之间,"澎湃"因锐利的观点、深入的调查、有分量的文章,迅速在网上传播,其独到的报道以及个性化的发刊词引来微博、微信等平台上数万网友热议,舆论传播领域中的"澎湃现象"骤然而现。

对于"澎湃"的问世,包括对于那篇"澎湃发刊词",以及对于"澎湃"的未来命运,众说纷纭。有很多网友认为,在中国传统媒体力求转型的背景下,"澎湃"这样一种新媒体的出现是"大势所趋"。"迹象积极,考验在前,继续观察",著名媒体人、"财新传媒"总编辑胡舒立在新浪微博上用此12个字概括了她最近对上海新闻媒体新气象的感受。这至少表明,众多传统新闻人对"澎湃"的出现可能导致"上海新闻界的舆论监督作用在提升"持冷静观察立场。

当然,另外的声音也有。比如,有人担心"几篇时政大稿"并不意味着"澎湃"的成功,因为"再多的原创也支撑不起一个新闻门户",何况"澎湃"目前的一些文章"并没有太多值得称道的地方";也有人担心"澎湃"的运营模式能否维系,担心在现有"四大门户都在走下坡路"的情况下,"劳动密集型的澎湃"是不是能取得商业上的成功?

如果说上述一些担心或忧虑还是从关心的角度出发,其他一些针对

"澎湃"发出的声音就不那么正常,甚至颇为奇怪。比如,有人说"澎湃"拥有时政新闻牌照,"其实是垄断资源下的寡头竞争者","绝对是国家控股",认为"澎湃"的优势"在于垄断了采编权和政府央企等采访资源",如此等等。

上述奇谈怪论的谬误首先在于其"假设前提"并不存在和逻辑推理的武断。"寡头竞争者"究竟是什么含义?"澎湃"的股权如何构成?如果这样一些最基本的概念都没有搞清楚,那么所谓"垄断"的说法就难以服人。进而言之,在目前的新闻生态、媒体生态下,无论是传统媒体还是新媒体,没有谁能够"垄断采编权"和"垄断政府央企等采访资源"。如果其他媒体乃至互联网上的诸多网民都能够追踪多种新闻,对新闻事件发表看法,"搜索"、调查、监督,行使事实上的"新闻采访权",那么,何以去指责"澎湃"在"垄断"呢?至于那类鄙夷"澎湃"以"精英为阅读主体、以艰深晦涩政治为写作主题","吸引的必定是少数人群,流量非常少"的判断,看似语带机锋,但也未免先入为主、缺乏证据之嫌,还有点儿酸酸的味道。

据最新统计,截至今年6月底,中国网民已达6.32亿,其中手机网民规模增长到5.27亿,手机上网使用率首次超过个人电脑。诞生于这样一个时代的"澎湃",有其特殊性。从技术角度上看,人们基本上认可"澎湃"手机客户端是一款及格的产品,在登录、阅读、传播等方面值得称道。从内容、质量、传播方式和传播效果等方面说,它能否领风气之先,能否满足公众的需要而受到喜爱,当然需要时间的检验。但与其他领域的改革一样,新闻改革需要的是积极参与,勇于探索,大胆实践,而不是冷嘲热讽,妄下结论。

|2014年7月23日|

让互联网发展成果惠及 13 亿人民

首届互联网大会在浙江乌镇召开，国家主席习近平向大会所致贺词中强调，中国正在积极推进网络建设，让互联网发展成果惠及 13 亿中国人民。中国愿意同世界各国携手努力，本着相互尊重、相互信任的原则，深化国际合作，尊重网络主权，维护网络安全，共同构建和平、安全、开放、合作的网络空间，建立多边、民主、透明的国际互联网治理体系。

"积极推进网络建设，让互联网发展成果惠及 13 亿中国人民"，习主席这番话明确指出了中国互联网发展战略的关键思路，确定了中国互联网发展的基本内容、重要方向和根本目的。

国家网信办主任、首届互联网大会组委会主任鲁炜在开幕式上致辞时，提到了三个"C to C"。第一个"C to C"，是 Come to China，走入中国，这里是互联网发展的沃土，充满了勃勃生机，希望能给大家带来活力，带来温暖。第二个"C to C"，是 Come to Consumer，走进用户，中国有 13 亿多人口，6 亿多网民，发展潜力十分巨大，希望大家找到市场、把握商机。第三个"C to C"，是 Come to Consensus，走向共识，我们要加强沟通，求同存异，建立多边、民主、透明的国际互联网治理体系，共同构建和平、安全、开放、合作的网络空间。这 3 个"C to C"生动地概括了互联网与中国、中国互联网与全球互联网的关系，尤其点明了互联网与中国老百姓息息相关的密切联系。

回想 20 多年前互联网刚刚进入中国的时候，绝大多数中国人对互联网茫然无知，不清楚互联网能给人们的生活带来什么。短短 20 余年过去，今天的中国已是公认的网络大国，网民超过 6 亿，占全球网民总数 20% 以上；在全球互联网企业十强中，有四家中国企业。就在几天前的

"双十一"期间,仅阿里巴巴天猫的全球交易额即达571亿人民币,让全世界为之惊叹。

人们或许还记得阿里巴巴在美国纽约证券交易所上市的情景,在敲钟现场,有几位普通的中国人。他们之中有阿里巴巴的管理者,有程序员,有淘宝网网店店主,还有快递员。这样的人员组成构成了中国互联网产业链的一个缩影,从一个侧面印证了互联网对中国人的深刻影响。人们注意到,仅仅在阿里巴巴一家企业,就有成千上万个小网店活跃于其中。可以想象,在每一家网店背后,都有几个十几个员工,都可能辐射关联着若干生产厂家,都联系着包装、仓储、物流等一整套产业。大量数据表明,电商正在成为新的消费增长点,正在吸纳大量的就业,创造出大量的财富。

互联网对中国老百姓生活的影响,远非电商等行业能囊括。在科研、通讯、交通、航空航天、工农业生产、商业贸易、国防等等几乎所有领域中,互联网发挥着难以想象的作用。远程教育、远程医疗,逐渐消除着城乡差距,让更多人分享现代化成果。新媒体、自媒体的出现,让公众的思想更加开放,表达更加顺畅,让社会监督更加充分。互联网技术的广泛应用,让社会综合治理更加科学合理,效率更高。

如果再有20年,中国的网民必然更是大大增加,中国一定会成为世界最大的互联网市场。互联网的潜力将继续得到开发释放,不断研发出的新技术、新应用将会不断产生新的惊喜,大数据、云计算、物联网以及其他许许多多未知的概念将创造出无数新的奇迹。而这一切发展成果,最终将惠及13亿中国人民。

| 2014年11月20日 |

让世界在互联互通中成为命运共同体

　　风光旖旎的江南水乡，文化底蕴深厚的千年古镇，乌镇正在见证传奇。在这里，最先进的世界文明成果与最悠久的中华文化正在交流融合，现代信息文明与传统历史文明正在交相辉映。11月19日至21日，第一届世界互联网大会正在这里召开。

　　"互联网日益成为创新驱动发展的先导力量，深刻改变着人们的生产生活，有力推动着社会发展"、"互联网真正让世界变成了地球村，让国际社会越来越成为你中有我、我中有你的命运共同体"，国家主席习近平向大会致贺词，一语道破互联网发展的真谛。今天的互联网，经过短短20年左右的实践，已经迅速崛起为人类文明中的一个革命性力量，颠覆着人类的传统行为和生活范式，改变着人们的思维、价值和习惯，甚至重新定义着生活、发展与世界。

　　与此同时，互联网对传统世界的一切都提出了挑战。它在带给现实世界各种便利的同时，也对现实世界带来诸多困扰和新课题。正如习主席在贺词中所说："互联网发展对国家主权、安全、发展利益提出了新的挑战，迫切需要国际社会认真应对、谋求共治、实现共赢。"来自全世界近100个国家和地区的1000余人，来自全球的网络界领军人物，在乌镇共同商议探讨的目的，正在于此。

　　此次互联网大会的主题是"互联互通　共享共治"，可以说切中的正是当今世界发展和互联网发展的深刻命题。当互联网如此深刻影响了人类世界时，"互联互通　共享共治"就成为一个共同的价值取向和亟待解决的课题。

　　想起前几天在北京雁栖湖畔召开的APEC盛会上，习近平主席关于互联互通的一席话。他谈到中国寓言"愚公移山"故事，蕴含着中国人崇尚互联互通的价值追求。谈到我们的祖先在极为艰难的条件下，创造了许多互联互通的奇迹，丝绸之路就是一个典范。谈到如果将"一带一路"比喻为亚洲腾飞的两只翅膀，那么互联互通就是两只翅膀的血脉经络。谈到亚洲各国就像一盏盏明灯，只有串联并联起来，才能让亚洲的夜空灯火辉煌。这些阐述表明，互联互通不仅是中国人自古以来的崇尚，也是人类的共同价值诉求。我们应当为推进互联互通而精心勾画、积极作为。在这个意义上讲，世界互联网大会的召开，也是"互联互通"价值追求的一次重大实践，同时更为这一价值在互联网领域的实践确立了"共享共治"的价值取向。

国家网信办主任鲁炜此前在大会的新闻发布会上说："中国作为最大的发展中国家，拥有最多网民，占世界网民的1/5，理应为世界搭建一个具有广泛代表性的开放平台。"这个今后将每年召开一次的大会，目的就是"要为中国与世界互联互通搭建国际平台"、"要为国际互联网共享共治搭建中国平台"。的确，拥有超过6亿的网民、手机上网使用率超过八成的中国，有资格、有能力担当起推进世界互联网健康有序发展的使命。今天的中国，也正在积极推进网络建设，着力让互联网发展成果惠及13亿中国人民。让互联网发展得更好，实现共享、共治、善治，是亿万人民的共同愿望。

当今世界，虽然仍存在一些歧见，局部地区也仍然存在冲突。但是和平、发展、合作是时代的主题，是各国人民的诉求。面对诸多矛盾和问题，命运共同体的意识需要迫切加强。互联网让世界联系得如此紧密，让任一个角落的喜怒欢乐传递给远方无数不相识的人群，也就让命运共同体的意识更加强烈。多些这样的意识，多些共同面对与共同合作，共同建设美好家园，无论网上网下，那么，互联网就一定能更好地造福人类。

全球互联网精英们在世界互联网大会上智慧的碰撞，一定会为共同构建和平、安全、开放、合作的网络空间，建立多边、民主、透明的国际互联网治理体系作出有益的探索。

| 2014 年 11 月 19 日 |

在共享共治中互联网必定更好造福世界

今天，世界互联网史上规模最大的盛会，在古老的江南水乡浙江乌镇闭幕。来自世界各国的1000多位互联网业界精英、著名专家学者、政府官员和国际机构代表，在三天的时间里围绕"互联互通 共享共治"的主题和有关热点议题，展开了热烈而深入的讨论，弥合了歧见，凝聚了共识，碰撞出了无数智慧的火花。这是世界新技术发展的一件大事、互联网发展的一个重要里程碑。大会成功搭建起中外互联互通的国际平台和国际互联网共享共治的中国平台，必将为互联网的发展构筑更坚实的基石，提供最强劲的动力。

在大会开幕时，国家主席习近平向大会致贺词，指出"互联网日益成为创新驱动发展的先导力量"、"互联网真正让世界变成了地球村，让国际社会越来越成为你中有我、我中有你的命运共同体"。第二天，国务院总理李克强会见出席大会的中外代表并同他们座谈，指出互联网是大众创业、万众创新的新工具，也是政府施政的新平台；互联网突破既是科技革命，又是保障公平的社会变革。

在大会上，中方就互联网发展提出的九点倡议，促进网络空间互联互通、尊重各国网络主权、共同维护网络安全、联合开展网络反恐、推动网络技术发展、大力发展互联网经济、广泛传播正能量、关爱青少年健康成长、推动网络空间共享共治，引起与会者的广泛共鸣，得到高度认同。这些重要的价值理念和倡议，对于推动互联网的共享共治必将产生巨大的引领和推动作用。正如李克强总理所言，互联网是人类最伟大的发明之一，改变了人类世界的空间轴、时间轴和思想维度。

中国无疑是互联网发展的受益者，更见证着互联网的伟力。接入互联网20年来，中国已发展成为世界互联网大国，不仅培育起一个巨大市场，也催生了许多新技术、新产品、新业态、新模式，创造了上千万就业创业岗位，很多人特别是年轻人、大学生因此实现了事业梦、人生梦。对于中国而言，互联网如此深刻地改变着人们的生产生活，有力推动着社会发展，感受可谓更为真切。

互联网一如当今世界的一个独特引擎和催化剂，它既可以是建设性力量，也可能成为破坏性源头。关键取决于各方的共识和作为。无论是对于世界发展，还是中国自身的诉求来说，实现互联网的共享共治，都是最紧迫的呼声。

面对互联网发展对国家主权、安全、发展利益提出的新挑战，如何构建和平、安全、开放、合作的网络空间？如何建立多边、民主、透明的国际互联网治理体系？大会初步形成了一些共识，但更需要把这些共识化为实践。唯有认真应对、谋求共治，才能实现共赢。互联网发展好了、用好了，就能更好地造福人类，也能更好地造福中国人民。

"推动互联网更好造福人类"是中国的愿望。中国有超过6亿的网民，是世界上网民最多的国家，但还有7亿多没有使用互联网的人。正如国家网信办主任鲁炜所说的，他们更需要互联网，更需要通过互联网了解外面的世界，更需要通过互联网来脱贫致富。"让互联网发展成果惠及13亿中国人民，就要让那几亿人都成为网民。这也是我们的中国梦。"世界是一个命运共同体，中国与世界的发展休戚相关。为着一个共同的愿望和目标，互联网必定能更好地实现共享共治，必定能更好地造福世界。

这次大会由中国举办，从中国领导人到互联网界精英的参与，从"互联互通 共享共治"的主题到各分议题，从一系列创新理念的提出到搭建的两大平台成果，都凸显出强烈的"中国主场"和"中国价值"。它表明，中国作为世界第二大经济体、走近世界舞台中央的发展中大国，有参与和主导世界规则秩序、为人类作出更多贡献的意识和行动，有主动设置议程、推动互联网健康发展的积极作为，更有在国际舞台唱响中国声音、倡导中国价值的从容自信。

从北京APEC会议，到G20峰会，再到此次世界互联网大会，中国作为一支和平友善、开放合作、富有建设性的力量，正在越来越深地融入世界、改变世界。让开放包容的理念更深入，让互联互通的价值更全面，我们的世界会更好，我们的家园会更美。

| 2014 年 11 月 21 日 |

建设网络强国时不我待

谁能想到,当年拜科努尔航天中心发射升空的那颗83公斤重的人造卫星,在美国人眼里竟然成为检验国家安全和生死存亡的一场新竞争的开端。上个世纪50年代的美苏冷战,竟然成为互联网技术诞生的催化剂。中央电视台精心制作的十集纪录片《互联网时代》,正是从那个特定的角度切入,寻踪追源地详细描述了互联网技术的诞生过程,以及它如何在技术、文化、制度等多重因素作用下,逐步发展为今天连接起每个人的互联网。

《互联网时代》是中国第一部全面、系统、深入、客观地解析互联网的大型纪录片。目前,该片已经播出十集,在观众中引起强烈关注。有关统计数字表明,其收视率实现了数量级的增长,超过了《舌尖上的中国》的搜索指数。

人们公认,互联网是可以与蒸汽机相提并论的伟大发明。这一发明已经或正在给人类经济、文化、社会、政治、人性等各个方面带来深刻变化,并且在未来改变一切可能改变的东西,对人类社会、人类文明产生更为深远的影响。同时,互联网决不仅仅是一种技术、一种工具、一个产业,决不能认为它仅仅涉及某些行业、某些领域。互联网引发的变革是时代性的,是深层次的,是极其令人期待的,也是充满未知的。甚至可以说,互联网本身已经具备了一个前所未有时代的特点。毫无疑问,了解互联网,认识互联网,运用互联网,建设互联网强国,是摆在我们面前的重要历史使命。

从"时代"、"浪潮",到"能量"、"再构",从"崛起"、"控制"、再到"忧虑"、"眺望",纪录片《互联网时代》的这些分集名称显然不单纯是技术性的"记录",而是带有明确观点的、冷静的、理性的思辨。《互联网时代》希望通过深入的思考,试图回答处于这个时代的中国面对的诸多命题。的确,与早已成为记忆的农业文明时代或渐行渐远的工业文明时代相比,互联网时代就在我们身边发端、成长、蔚然成势。当中国与其他国家共同迈入互联网时代之时,我们能不能把握机遇与时代同步而行,甚而争取主动占领时代的制高点?

中国已经是互联网大国,拥有数亿网民,拥有一批令人称羡的IT精英、创业英雄,拥有众多实力不凡、潜力巨大的互联网企业。但需要清醒地认识到,我们还远远称不上互联网强国。习近平总书记曾在中央网络安全和信息化领导小组第一次会议上强调:"建设网络强国的战略部署要与'两个一百年'奋斗目标同步推进,向着网络基础设施基本普及、自主创新能力显著增强、信息经济全面发展、网络安全保障有力的目标不断前进。"与美国那样的互联网强国相比,无论在信息化基础、核心技术、产业化程度,还是在人才培养储备、资金投入、应用手段等多个方面,我们都存在着不小的差距。显然,我们必须按照总书记指明的路径,抓住机遇,迎头赶上,加快自主创新的步伐,尽快打造一批具有自主知识产权的优势企业,在人才、资金等等方面集中力量,发挥优势,在建设互联网强国的这场较量中,赢得战略主动权。

有人说:互联网时代是最好的时代,也是最坏的时代。这样的形容,确有道理。在经过20多年的发展之后,互联网越来越显示出"双刃剑"的特性。一方面,互联网极大地释放出每个人的能量,极大地提高了生产率,促进经济发展、社会进步,为人类造福;另一方面,互联网也可能以人们意料不到的方式,对经济、社会、文化,以及人们的思想观念、意识形态等方面造成负面影响,甚至造成侵扰、破坏。互联网安全是国家安全重要的部分,对网络安全问题,不可放任自流,不可掉以轻心,决不能出现"人为刀俎,我为鱼肉"的局面。在中央网信办9月4日召开的"网络安全和信息化工作学习研讨班"上,阿里巴巴副总裁金建杭说:阿里巴巴每天承受着上亿次针对网站的攻击。这充分警示我们:必须树立一种抢占"主阵地"的意识,做到能攻善守、攻防有据。通过依法治理、科学管理等多种有效措施,确保网络主权,确保网络安全。并且,将能否确保网络安全的可靠性和网络管理的现代化水平,作为中国从互联网大国向互联网强国转变提升的重要标志。

在互联网出现的最初阶段,罗伯特·泰勒、拉里·罗伯茨、蒂姆-伯纳斯·李等美国科学家作出了重要的甚至是无私的贡献。人们感谢这些被称为"互联网之父"的大师们,以其为榜样。今天,应该是中国人为互联网时代作出自己的贡献了。迈入互联网时代,中国人有理由充满自信。从发出中国第一封电子邮件的吴为民、创办瀛海威的张树新,到开创性地解决汉字输入、中文处理难题的王永民、王选,从最早引起国外资本市场注意的张朝阳,到刚刚成为中国首富的马云,到以QQ、微信影响着大半个中国的马化腾……互联网的出现让中国人的聪明才智得到了全方位的证明,让中国人的创新能力和创业热情抑制不住地喷薄而出。中国庞大的市场、仿佛无穷尽的消费能力,为互联网的发展提供了难以想象的空间。中国古老悠久文明中的精华,在借助互联网技术处理、研究、应用后,谁知道可能产生多少让人惊喜的发现。中国年轻的一代人,在"两弹一星精神"的鼓舞鞭策下,"不拘一格降人才",必将响应时代的呼唤,以更多的创新奇迹报效国家。

互联网时代正在来临,建设网络强国是时不我待的历史使命。习近平总书记曾经向全党、全国各族人民宣告,向全世界宣示:"网络安全和信息化是事关国家安全和国家发展、事关广大人民群众工作生活的重大战略问题,要从国际国内大势出发,总体布局,统筹各方,创新发展,努力把我国建设成为网络强国。"让我们按照总书记提出的战略部署和"两个一百年"的奋斗目标,满怀信心地迎接新时代的挑战。

|2014年9月5日|

新媒体拉近领导人与网民距离

2014年8月19日,中央全面深化改革领导小组第四次会议在北京召开。会议一大亮点在于习近平总书记积极"定调"新媒体,更特别强调,要真枪真刀推进改革,推动新媒体发展。

实际上,进入新媒体时代,发生积极变化的不仅在于媒体生态的多样化、立体化等领域性、专业性变化,还在于新媒体的发展直接带来了领导人与民众之间的"新互动"模式,这一以高度扁平、真诚互动为特征的模式,不仅实现了党的群众路线在网络空间的生根发芽,还在领导人与普通民众之间注入了源源不断的正能量。可以说,这一"新互动"不仅成功在沟通方式的高度扁平,更可贵于凸显了"心互动",直接打开了领导人与普通民众间心与心交流渠道。

新媒体的快速发展推动了普通民众的政治表达,拉近了领导人与普通民众间的心理距离。在上任之初,习近平总书记就把实现中华民族伟大复兴的"中国梦"这一理想信念传递给了每一个普通中国人。而接下来,随着单独二孩、废除劳教、公车改革、户籍改革、简政放权等一系列改革成绩单的落到实处,民众可感的改革成果在新媒体平台上成功唤起了广大网民对习近平的热捧:由普通打工者创建、专门关注习近平一言一行的微博账号"学习粉丝团",在不到两年时间里,获得上百万粉丝,网民在微博里互动交流、分享一个又一个改革举措的欣喜与期待。在新兴的微信平台里,出现了以"学习小组"为代表的专门探讨分享习近平治国理念的群组。在微博、微信等产品为代表的新媒体平台上,已经形成了一种积极向上、极富活力的新兴舆论场。这一舆论场让每一个关心中国前途命运和改革事业的中国人获得了前所未有的开放而灵活的自我表达的巨大空间。可以说,新媒体的发展促使领导人与普通民众的互动从传统的考察探访丰富为常态化、近距离的互动。

从专门提及马来西亚歌手梁静茹,到谈及春晚节目《时间都去哪了》等细节,我们看到,习近平也积极用网民们喜闻乐见且接地气的方式主动地展开了与网民的常态化互动。可以说,一方面,网民在新媒体中通过对共同话题的探讨,增进了对国家大政方针的理解与支持;另一方面,通过对领导人日常活动的关注,领导人与民众间的距离被显著拉近,以往遥不可及的领导人在新媒体的帮助下,让普通民众感受到了仿佛邻家长辈一般的亲切与温暖。可以说,习近平的治国方略与人格魅力,经由生机盎然无处不在的新媒体的放大,网民们对习近平的喜爱之情正在开创中国领导人的先河。当前民众对习近平的爱戴与期望可以毫不夸张地类比当年的"小平,你好!"。

新媒体的快速发展促进了社会正能量的整合,为中国梦的早日实现形成了巨大合力。普通民众在新媒体环境下,对中央决策的及时反馈与交相呼应,已经成为一种常态,一种源源不断注入中国改革列车的正能量。新媒体的快速发展在营造全新舆论环境的同时,为推动中国社会全方位发展提供了前所未有的众多机遇。

新媒体在自身不断推陈出新的同时,也为当前中国改革不断深化和社会发展进步带来了新的契机和机遇。正是由于新媒体的出现,上下交流情感、互通有无的"新互动"开始焕发出前所未有的活力。人们既感受到了习近平铁腕反腐的"硬汉形象",也体会到习近平如沐春风般"邻家长辈"的亲切。普通民众在新媒体上对中央、对领导人发自内心的支持,正汇成一股股暖流,涌入当前全国上下共筑中国梦的洪流之中。

新媒体的独特优势为领导人与普通民众的互动提供了前所未有的可能。环顾世界,各国领导层在新媒体空间与普通民众的互动多有亮点。在这一大变革大发展的时代,中国与时俱进地抓住了这一契机。

在这一历史机遇下,只有勇于占领新媒体高地,敢于在新媒体平台发声,勤于在新媒体平台开展互动,才能够牢牢抓住新媒体舆论场上的话语权和主导权,让新媒体平台为我所用、为我用好。新媒体的发展,既是机遇,也是挑战。党和国家的开放态度与积极引导已然昭示,新媒体必将为中国政治生态发展发挥越来越重要的作用。

| 2014 年 8 月 22 日 |

在媒体融合新格局中讲好中国故事

当"低头族"们在信息的洪流中徜徉时,可能并未关注到媒体自身正在发生一场深刻的变革。

从《人民日报》客户端隆重上线,到"澎湃新闻"短时间内即风生水起,再到一些互联网门户网站自认"也是传统媒体"而迅速抢滩新兴媒体,媒体变革的先声早已全面开启。而变革的发令枪的正式响起,则在2014年8月18日。这一天和这一年,必将以中国媒体融合发展的元年而写入历史。

这一天,中央深改组召开第四次会议,审议通过《关于推动传统媒体和新兴媒体融合发展的指导意见》。习近平总书记在会上强调,"着力打造一批形态多样、手段先进、具有竞争力的新型主流媒体,建成几家拥有强大实力和传播力、公信力、影响力的新型媒体集团,形成立体多样、融合发展的现代传播体系"。

这是一个极具分量的信号,不仅意味中央对媒体发展与变革的深刻洞察与远见卓识,更表明中央决意下好改革"先手棋",着手媒体战略布局,占领舆论制高点,在媒体新格局中掌握主动权。显然,这是一个具有战略意义的部署,改革的时机与媒体变革同步甚至要超前。在改革任务千头万绪的情势下,优先部署媒体融合发展,更是凸显中国深度融入世界背景下寄望讲好中国故事的愿景。

新兴媒体的崛起,已是不可逆转的大势。她在技术革新的支撑下强势登场,拥有传统媒体不可比拟的诸多优势,同时给传统媒体带来巨大冲击。不因应这一大势,传统媒体必然走入末路。推动传统媒体和新兴媒体融合发展,可谓因势而谋,应势而动,顺势而为。而把握了新闻传播规律和新兴媒体发展规律，新兴媒体就无异于给传统媒体插上一双翅膀。直面冲击，深度融合，一个媒体融合发展的新格局、新态势必将形成。

必须看到，传统媒体所受到的冲击，表面上是新技术、新业态的冲击，实质上是内容的冲击。在某种意义上讲，新兴媒体极具发展前景、极受受众欢迎，从根本上说乃是新兴媒体具有擅长讲故事的能力，同时又将深刻锻造讲故事的能力，因为谁不善于讲故事，谁就不会吸引受众，谁就会被淘汰。而这种能力，恰恰是传统媒体所需要补齐的短板。

正如习近平总书记所言，"坚持先进技术为支撑、内容建设为根本，推动传统媒体和新兴媒体在内容、渠道、平台、经营、管理等方面的深度融合"。从目前情况看，深度融合涉及诸方面，但从根本和长远看，则需要在内容上实现思维观念、生产方式的诸多变革。而这种变革，显然又不能靠传统媒体自我产生，而是需要在观念的碰撞和淬炼中、在技术的引领和带动中，使讲故事的能力抵达新境界。

如何让你的语言抓住受众？如何用你的故事感染读者？如何让受众想听你的声音、信任你的说法？媒体传播工作，本质是做人的思想工作。看不见的宣传，才是最高明的传播。强迫无效，唯有春风化雨、润物无声，才可能通达人心。在这个意义上讲，媒体融合发展，触发的是一场重新认识新闻传播规律的变革，是媒体人在新技术带动下的自我反省、自我提升。

在媒体融合发展的态势下，当我们拥有了讲故事的能力，当代中国将以更鲜明、更生动的形象立于世界面前、通达世人心灵。而有了新型主流媒体、新型媒体集团，展示在世界面前的中国形象将不会变形，而会是更真实、更文明、更可亲。

|2014年8月19日|

"乌镇盛会"必将具有里程碑意义

为期三天的首届互联网大会在浙江乌镇召开，国家主席习近平向大会致贺词。在贺词中习近平强调，中国正在积极推进网络建设，让互联网发展成果惠及13亿中国人民。中国愿意同世界各国携手努力，本着相互尊重、相互信任的原则，深化国际合作，尊重网络主权，维护网络安全，共同构建和平、安全、开放、合作的网络空间，建立多边、民主、透明的国际互联网治理体系。

一镇一盛会，一网一世界。首届互联网大会是第一次围绕网络空间治理这一中心议题召开的重要会议。这样一个全球性互联网大会落户中国江南水乡古镇，充分表明中国国家高层领导对互联网的深刻认知和战略把握，足以证明中国互联网建设发展成果喜人，取得的成就巨大，证明中国在国际互联网领域中的地位蒸蒸日上，日益重要。

45年前，美国科学家发明了互联网。互联网的问世，以及与之相关的"信息革命"，改变了世界，开创了一个新时代。在互联网的发展中，中国作为起步较晚的后来者奋起直追，后来居上，成为令人瞩目的互联网大国。时至今日，中国网民超过6亿，占全球网民总数20%以上；全球互联网企业十强中，有四家中国企业；几天前的"双十一"期间，仅阿里巴巴天猫的全球交易额即达571亿人民币。

比互联网产业取得的经济效益更为让人关注的，是中国互联网治理的独特经验。今年2月27日，由习近平总书记担任组长的中央网络安全和信息化领导小组成立，下设专门的办事机构，统筹协调国家各个部门解决网络安全和信息化发展的相关问题，制定实施互联网发展战略、宏观规划和重大决策，一举结束了以往"九龙治水"的模式。自那时以来短短数月，一批批法规规章陆续出台，一些网络"顽疾"、"病灶"得到对症下药般的治理，许多行之有效的经验不断摸索总结，网络环境日趋清朗，"中国式治网"呈现出越来越多的亮点。习近平主席的贺词，既是对中国互联网建设成就的肯定，同时也提出了积极推进网络建设，让互联网发展成果惠及13亿中国人民的具体目标。

"共同构建和平、安全、开放、合作的网络空间，建立多边、民主、透明的国际互联网治理体系"，这是中国互联网战略更长远的目标。一些互联网研究专家认为，近些年来，美国政府总在试图掌控整个互联网的主导权，垄断互联网规则的制定权，甚至为追求本国的绝对安全而牺牲其他国家的网络安全。这种对互联网超级能力的滥用，已经成为全球互联网治理的最大问题之一。显然，在以中国为主场的"乌镇论网"中，中国人一定能够站在国家战略的高度上，积极应对，妥善谋划，拿出有利于国际互联网治理体系建设的中国方案。让人高兴的是，众多外国政要、国际互联网领袖欣然赴会，与中国同行坦诚交流，共商长远之计。人们有理由期待，中国倡导的国际互联网治理体系将会得到越来越多人的认可和赞同，并由此形成新的共识。

互联网已经改变了许多，互联网还将改变更多。在互联网发展的历史进程中，首届互联网大会必将成为开辟新时代、建立新秩序的一座里程碑。

| 2014年11月21日 |

党风政风　风清政明

重用实干家　贬责虚浮者

"让埋头苦干、真抓实干的干部真正得到重用、充分施展才华，让作风飘浮、哗众取宠的干部无以表功、受到贬责。"习近平总书记5月9日在指导兰考县委常委班子专题民主生活会时的这段话，在一立一破、一赏一罚之间，点明了干部选拔的真谛，指出了改进作风的命脉，令人击掌。

这让人想到历史上一个耐人寻味的对比：唐太宗时期，房玄龄孜孜奉国，李靖出将入相，魏征以谏诤为己任，共铸贞观之治；唐玄宗晚年，李林甫口蜜腹剑，杨国忠尸位素餐，安禄山狼子野心，终致安史之乱。历史教训印证一个朴素道理：把什么样的人提拔到领导岗位，就在确立什么样的标准、树立什么样的导向，更会带来什么样的风气、造就什么样的治理绩效。

诚如古人所言："用一贤人，则贤人毕进；用一小人，则小人齐趋。"试想，如果作风飘浮、哗众取宠的干部不仅不受贬责、反而带病提拔，那就只会产生负面的示范效应，导致更多人在形式主义的路上"前赴后继"，党风政风怎么会变好？相反，只有让埋头苦干、真抓实干的干部真正得到重用、充分施展才华，才能让出真招、办实事的干部脱颖而出，进而让唯实务实的风气蔚然成风。

然而，在现实生活中，作风飘浮、哗众取宠的干部却不在少数。花拳绣腿、有名无实、拉大旗作虎皮，热衷于造"典型"、搞"盆景"，玩注水浮夸的"政治统计学"。甚至用新的形式主义代替旧的形式主义，你要求绿化环保，他就在荒山上刷绿漆；你要求节能减排，他就搞个突击拉闸限电；你要求杜绝迎来送往，他就用矿泉水瓶装茅台……任由这些"假大空"大行其道，不仅会败坏党风政风，更会贻误事业发展、损害群众利益。

更应深入思考的是，为什么作风飘浮、哗众取宠的干部禁而难绝？为什么形式主义像韭菜一样割一茬长一茬？原因就在于，他们总是戴着"政治正确"的帽子，装出与中央保持一致的样子，懒于做事、善于做作，对上级苟合取容、对下级表演作秀。如果不能循名责实、考其实绩、究其根本，就必然会被表面现象迷惑，又如何能真正识别作风飘浮、哗众取宠的本质？对此，应该建立科学评价机制、畅通群众参与渠道，才能撕破形式主义的面具，真正让作风漂浮的干部原形毕露、受到贬责，起到扶正祛邪、祛湿排毒的作用。

正如当年焦裕禄踏遍兰考1600个沙丘探求治沙之法，孔繁森在茫茫雪域跋涉8万多公里苦思发展之策，杨善洲用20多年造就莽莽林海惠及群众，给埋头苦干的干部更多空间，给真抓实干的人才更大舞台，"在困难面前逞英雄"的精神才能茁壮生长，"谋事要实、创业要实、做人要实"的风气才能逐渐涵养，"一个行动胜过一打纲领"的认识才能凝聚共识，我们的事业才能不断破浪前进。

50年前，强忍病痛的焦裕禄坐在桌前，写下一篇文章的题目，用"设想不等于现实"作为第一个小标题。文章虽未写完，但是奋斗的激情、实干的热情已经写入亿万人民心中。今天，在全面深化改革的深水区、社会转型的关键期，唯有依靠这种实干的精神，我们才能爬坡过坎、闯关夺隘，把中国梦写满神州大地。

| 2014年5月10日 |

让潜规则失去土壤、通道和市场

"让那些看起来无影无踪的潜规则在党内以及社会上失去土壤、失去通道、失去市场。"习近平总书记今年再赴兰考,参加并指导县委常委班子专题民主生活会,所说出的一番话,直指时弊,可谓振聋发聩、提神醒脑。潜规则这一概念自多年前有学者提出后,仿佛一下子击中社会的神经。原因就在于,它像一个巨大无比的"污水池",社会生活人事往来中,很多见不得光、看不见、摸不着、又感受得到的"污泥浊水",都注入其中。又像闻起来臭、吃起来香的"臭豆腐",人人痛恨潜规则,但真轮到自己,却又往往首先选择潜规则行事。

譬如公开竞聘选拔干部,光明正大的规则就在那里,公平、公正的理念就在人们心中。然而,很多人首先想到的,不是去做好笔试和面试等准备,而是去找关系、托门路。极个别领导干部则投其所好,大搞权力寻租。孩子幼升小、小升初,有关入学规则都已经公开,教育公平、入学公平的呼声早已不绝于耳。但是,很多人轮到自己面临孩子入学问题时,往往就会想办法、托关系以进好学校,而不是选择对明规则的遵从。

诚然,一些潜规则的存在,也与一些"明规则"的不太合理有关。

但是,既成规则,就有其进步性,就应当遵守。都没有规则意识,都不去遵守规则,规则就失去效力。如此不守规则的后果是,除了极少数人一时得利之外,整个社会都为此付出巨大成本,社会进步、群众利益都受到损害。

不能不看到,潜规则形成的巨大源头,在一些领导干部身上;破解潜规则的钥匙,也攥在领导干部手里。正所谓"上行而下效","风成于上，习化于下"。党风政风，影响社风民风。官员奉行潜规则，百姓当然就照此行事。官员关上潜规则的大门，明规则就会起效用。

很多时候，老百姓希望有公平公正的规则主导社会运行，这样不仅使整个社会扬溢清风正气，也会给自己省掉很多麻烦。但是，当一些领导干部搞潜规则时，一些人通过潜规则得到好处或机会时，其他的人因为担心利益受损而被迫从之。甚至在有的地方，老百姓发现，按明规则根本办不成事。在这个意义上，牵着领导干部这个"牛鼻子"，让潜规则失去土壤、失去通道、失去市场，可谓正得民心，也抓住了解决问题的关键。

现实生活中，那些"不跑不送、原地不动"的干部提拔潜规则，那些"权力＋钱＝条子"的入学潜规则，那些按一定比率给回扣的上项目潜规则，那些对群众"吃拿卡要"的办事潜规则，那些"跑部钱进"的审批潜规则，等等，除了肥了个人之外，可谓误国害民不浅，更使社会肌体出现腐烂和溃败。只有坚决、干脆、彻底地铲除之，清正、清廉、清明的风气才会充盈其间。

正如习近平总书记强调的，作风建设是立破并举、扶正祛邪的过程，立什么，破什么，需要好好把握。立清风正气、破除潜规则这个社会毒瘤，社会信心、人民信任的蓄水池必定注满一池春水。

| 2014 年 5 月 10 日 |

让腐败分子没有藏身之地

中共中央总书记习近平6月30日主持召开中央政治局会议,听取中央军委纪律检查委员会《关于对徐才厚严重违纪案的审查报告》,并根据《中国共产党章程》、《中国共产党纪律处分条例》有关规定,决定给予徐才厚开除党籍处分,对其涉嫌受贿犯罪问题及问题线索移送最高人民检察院授权军事检察机关依法处理。

同日,经中央纪委常委会议研究并报中共中央政治局会议审议,决定给予蒋洁敏、李东生、王永春开除党籍处分,待召开中央委员会全体会议时予以追认;由监察部报请国务院批准给予其行政开除处分;将其涉嫌犯罪问题及线索移送司法机关依法处理。

徐才厚、蒋洁敏、李东生、王永春等曾在党内、军队内、政法系统、经济领域内担任重要领导职务,名声不一般,地位不一般。他们的落马,再次证明以习近平同志为总书记的党中央在反腐败问题上的决心极为坚定,毫不动摇。

在过去一段时间,关于徐才厚等人涉嫌贪污腐败、违法乱纪之类的消息,或公开、或半公开地在一些微博、微信等互联网媒体中传播,在市井街头中以不同的"版本"成为人们议论的话题。由于案件复杂,调查审理需要一个过程,中央有关部门并未急于公开宣布案件处理情况。在此背景下,徐才厚究竟会面临什么样的结局?反腐败会不会因人而异,有没有什么"禁忌"或"禁区"?诸如此类的疑问在民间普遍存在,甚至某些"反腐遭遇阻力"、"老虎不好打"等等谣言怪论也悄然而行。

应该说,当某些重大反腐败案件尚未正式公布之前,老百姓有议论,有猜测,对腐败分子能否受到严肃处理有一些担心和忧虑,是正常的。

这反映出广大人民群众对党的事业的关心，对反腐败工作的期待。可以想见，徐才厚等人的案件及其处理结果公布后，曾经出现的种种谣言怪论将不攻自破，老百姓对党中央反腐败的举措和决心将更加认同，对执政党的反腐败斗争取得最终胜利将更加充满信心。

徐才厚等人的落马，对所有腐败分子必将形成新的震慑。以他们曾经担任的职务而言，称得上是身居要害，位高权重。他们涉嫌参与其中的不法勾当，他们盘根错节的人事关系，或许触目惊心，令人难以置信。事实上，人们曾经有过的议论、疑虑、担心，社会上的相关传言乃至谣言，莫不与他们特殊的身份、特殊的背景有直接关系。但当真相大白于天下之时，腐败分子会切切实实感受到铁腕反腐的威力；广大人民群众则会明明白白地知道，党中央打老虎决不手软。徐才厚等案件的公开，进一步显示出党中央反腐败斗争的深入。从近期若干反腐败案件的连续公开可以看出，从沿海的广东到内陆的山西，从央企到高校，从军队到政法系统，反腐败是全方位的，不会留死角，没有哪个地方哪个领域可以成为腐败分子的藏身之地。这样的形势所形成的巨大威慑力，为今后的反腐败斗争奠定了更为坚实有力的基础。

反腐败是长期的任务，战斗正未有穷期。伟大的中国共产党在迎来自己93周年华诞之际，用公开宣布处理徐才厚等腐败分子这样一种特殊的方式，向全党、全国人民再次表明了坚持反腐败的决心和魄力，进一步展示出党完全具有自我净化、自我完善、自我革新的能力。尽管人们需要对腐败问题的严重性和反腐败斗争的艰巨性保持冷静清醒的认识，但可以毫不犹豫地说，不管什么人，只要违犯党纪国法，只要伸手贪腐，等待他们的只有可耻可悲的下场。而随着反腐败斗争毫不动摇地持续推进，人民群众对党赢得反腐败斗争的胜利必将寄予更深切的期待，对党的信心和信任必将与日俱增。

|2014年7月1日|

清除腐败是深化改革的必然之举

周永康事件，是改革开放以来，作为执政党的中国共产党遇到的最大考验之一。身居党和国家领导的高位，周永康严重违反党纪国法，纠结利益集团、权钱勾结、阻挡改革，对党的事业带来巨大的危害，对市场经济的规范发展造成显著的伤害，对整个国家的健康发展产生极为消极的影响。一个旨在推动国家可持续发展、谋求中华民族伟大复兴的政党，必须严肃正视，必须依法处理，必须痛下决心加以制度化遏制。

中国共产党自身所处的时代背景、组织状况和社会责任，已经有了重大的变化。在夺取国家政权前的革命时代，党所涉的资源较少，党员、尤其是党员领导干部粘连利益的机会不多，因此能够较为顺利地保持革命奉献精神。在中国共产党执掌国家权力以后，权力的谋求和利益的粘连，开始变成一个需要直面的大问题。

而今，中国共产党推动市场经济迅猛发展，物质利益的快速增长，使党必须面对权力与利益高度粘连的新形势。党员领导干部尤其是身居高位的领导人，扰乱市场秩序、权钱勾结，以权谋私，阻挡改革，成为必须加大力度治理的现实课题。对周永康立案侦查，便是中国共产党对自己所处新局面的清醒认知，是斩断权力与利益勾连的链条、从严治党、依法治国的体现。这是对党的肌体病患进行的深层治疗，有利于保证党的机体健康，可对党员干部违纪违法起到极大震慑作用，更是深化改革、推进改革、推动国家发展进步所必须采取的举措。

改革开放是决定当代中国命运的关键抉择。习近平总书记指出：

"改革开放是我们党在新的时代条件下带领人民进行的新的伟大革命,是当代中国最鲜明的特色,也是我们党最鲜明的旗帜。"他说:"必须以更大的政治勇气和智慧,不失时机深化重要领域改革,攻克体制机制上的顽瘴痼疾,突破利益固化的藩篱,进一步解放和发展社会生产力。"中国共产党与中国的现代化内在地关联在一起。这需要政党领导与国家发展积极互动,保持一种健康的、可持续发展的态势。党是否明晰自己的使命、履行责任是否尊崇法治,推动国家治理现代化能否有效,高超非凡的领导艺术可否形成,都对党的前途命运、生死存亡发挥着决定性的作用。

这次中共中央政治局会议决定立案审查周永康,并研究全面推进依法治国重大问题,是中共中央政治局对中国共产党所处形势和重要任务高度自觉、主动担当的体现。作为中共中央总书记的习近平,在这个历史关头所发挥的政治决断作用,就更是直接影响到执政党的决策正确性和执行有效性。担当一个有着八千多万党员的大党的最高领导责任,不仅需要对政党的现代治理发挥引领作用,更需要率领执政党迈入现代依法执政的境界,真正走出革命党依靠政治意志统治国家的旧局面,开创执政党依法治国的新格局。

将治理贪腐和改革开放紧密联系起来,进行具有战略性的规划,乃是对关系到党和国家前途与命运重大问题的准确把握。在推动改革开放向纵深处发展的当下,需要铲除大大小小的羁绊,更需要系统设计、有效实施的政策落实能力。中国共产党是一个现代政党,它不是传统的革命组织,也不是仅仅谋求执政利益的政治建制。作为一个现代政党,中国共产党必须以现代规则自我约束,党才具有维持组织目标、发挥领导作用、整合国家力量、推进民族复兴的能力。作为一个拒斥私利的组织,中国共产党必须保证党的所有成员以利他主义对待执政权力,公权公用,致力改善公共福利。这是在国家治理现代化的任务摆到党的面前时,全党必须慎思的政党性质与制度建制问题。

在依法治国方略中,法治与组织依托,是最为重要的。彻查周永康与研究依法治国携手出场,就是依靠组织力量的表现。而党和国家国家领导人展现出的治国理念、决断能力、务实风格、坚韧意志、领导技艺,则是人们判断是否心怀期望、乐意跟随的重要依据。习近平总书记所展现的领导风格，契合了中国对领导人的政治期待，其重要作用必不可小觑。一个励精图治的领导人与领导集体，与不断推出的惩治贪腐、刮骨疗毒的举措，势将构成中国深化改革的双重动力。

|2014年7月31日|

对腐败零容忍绝非空话

今天,中央公布了对徐才厚、蒋洁敏、李东生、王永春的处理决定,开除徐、蒋、李、王党籍,并对他们涉嫌的贪污腐败问题,移送司法机关,立案审查,依法处理。联系到最近连续公布的几起高官涉嫌犯罪被立案调查的消息,人们强烈地感受到,反腐风暴,势如破竹;反腐败斗争正在以前所未有的力度向纵深推进,党心民心为之振奋。

"七一"建党93周年前夕,中央公布这个决定,或许具有特殊的含义,发人深省,值得深思。

这充分表明,以习近平同志为总书记的党中央,惩治腐败的决心是坚定不移的。党的十八大以来,新一届中央领导集体惩治腐败,不仅态度坚决、旗帜鲜明,而且动真碰硬、雷厉风行。从十八大闭幕不久揪出李春城,到今天对徐、蒋、李、王立案调查,在一年多时间里,依法惩处数十起大案要案。被查处的涉案官员层级之高,密度之大,涉面之广,信息披露之迅捷透明,为新中国成立以来所罕见。"不论什么人,不论职务多高,只要触犯了党纪国法,都要受到严肃追究。"对腐败零容忍,这绝非戏言、绝非空话。

这充分表明,我们党作为长期执政的政党,与各种腐败行为势不两立。从已经披露的案件看,官员特别是高官贪腐往往与滥用执政权力有密切关系。因此,必须警醒,官员贪腐决不仅仅是个人问题,而是危及党的前途命运的问题。正如习近平总书记所说:"如果任凭腐败问题愈演愈烈,最终必然亡党亡国。"在中国历史上,因统治集团严重腐败而人亡政息的教训比比皆是;在当今世界,由于执政党腐化堕落而失去政权的事例不胜枚举。必须意识到,对腐败的丝毫姑息和容忍,对执政党来说,都会导致不可想象的灾难性后果。

这充分表明，我们党有自我净化、自我完善、自我革新的能力。不可否认，腐败现象在一段时间里多发且有恶化趋势，让人失望，令人担忧。但人们正是从中央一系列雷霆手段中，看到了希望，提振了信心。这是因为，老百姓看到，我们党有强大的政治优势，反腐败不仅态度坚决，而且有胆识有能力，也完全可以有所作为。有党心所向，有人民支持，我们一定可以清除肌体上的病毒，建立起有效的预防和治理腐败的制度体系，有力打击各种腐败行为。

查处徐、蒋、李、王腐败案件，是反腐败斗争取得的重大胜利，必将鼓舞反腐败的士气，极大震慑腐败犯罪分子，凝聚起推进党风廉政建设的强大正能量。虽然反腐败斗争形势依然严峻，任重道远，但我们有理由相信，我们的党团结、坚强、成熟、伟大，一定能够面对种种挑战，克服前进道路上的一切困难，带领人民实现民族伟大复兴的中国梦。

| 2014年6月30日 |

周永康落马凸显中央从严治党决心

7月29日傍晚,周永康落马消息发布。这则中央决定对周永康严重违纪问题立案审查的消息,不足80字,却富有爆炸性,立刻成为人们茶余饭后的谈资、争相转发议论的新闻。

这则消息发布后不久,央视发布了中央决定召开十八届四中全会的消息,会议的主题是研究"全面推进依法治国"等重大问题。看似巧合中,却蕴含着某种必然。把反腐纳入法治化轨道,是反腐倡廉建设的一个鲜明主题。随着一批"老虎"级乃至"大老虎"级的腐败官员落马,法治作为我们党治国理政的一条主线将更加凸显。

在相当意义上讲,与单个重磅级的腐败分子落马消息相比,反腐法治化更令人振奋。因为这意味着,党纪国法面前没有例外,反腐败没有禁区。一切以党纪国法为红线、底线,不论涉及到谁,不论他的官有多高、权有多大、资格有多老,只要触了红线、破了底线,就会被绳之以法,决不会姑息、决不会容情。

周永康是前任中央政治局常委,是百姓口中的"正国级"官员。从薄熙来,到徐才厚,再到周永康,他们的落马表明,所谓的"刑不上大夫"之说,所谓的"官官相护"之语,所谓的"官当到一定程度就进入了保险箱"之谈,都不过是一些人的猜测与臆想,与我们党的反腐主旨不合,与中央的反腐决心不符。

近几十年来,在腐败落马者中,周永康是原任职级最高者,他的落马更加坚定了民众对反腐的信心和信任。人民群众历来就担心,反腐败只敢打"苍蝇"不敢打"老虎",只敢打"老虎"不敢打"大老虎"。党的十八大以来的一批省部级官员落马,乃至副国级,甚至正国级的官员落马，充分证明了中央反腐的坚强决心和铁腕力度。

而从历史来看，只有这种决心和力度，才能构筑民众信心和信任的坚实根基。相信只要以这种决心和力度去治腐，在未来的征途上，不论遇到什么样的风险和挑战，人民群众都会铁了心跟我们党一起走；不论面临什么的困难和险阻，人民群众都会和我们党一起面对、一起越过。

也许有人会说，这些腐败分子的级别越来越高，腐败分子越抓越多，会不会影响到人民群众对我们党的信心和信任。有一种刺耳的声音会说，你看这些人是什么货色啊，怎么进入到党内而且还混入高层。不能不说这种声音很尖锐，但我们恰恰需要看到，这正说明我们党的"党要管党、从严治党"理念是金科玉律，说明我们党有充分自信，说明我们党有高度的自净能力。

一个把13亿人民带入现代化的执政党，面临复杂的环境和条件，党的肌体不可避免会受到这样那样的污染和侵蚀。在治国理政的过程中，任何一个政党也不可能保证自己的肌体没有细菌；也不可能保证自己的肌体不受到政治微生物的侵染。这里的关键就是，如何保持肌体自身的抵抗力，使肌体内的健康分子能够扑灭病毒。从保持反腐败的高压态势，到坚持"老虎""苍蝇"一起打的主张，再到对一切腐败分子都绳之以法的决心，表明我们党的智慧和勇气、信心和能力，而这些也正是保持党的肌体纯洁与健康的根本途径。

我们深信，随着反腐败在法治轨道上走向深入，随着一批腐败毒瘤、腐烂细胞被剜除，我们党将更好地保持先进性和纯洁性，更好地凝聚和团结亿万人民去实现中华民族伟大复兴这个中国人民近代以来的最伟大梦想。

| 2014年7月29日 |

周永康落马是推进依法治党治国的一大步

周永康落马消息公布后不久,十八届四中全会的主题"全面推进依法治国"亦正式公布。有人问:为何两件事情放在一起宣布?仔细琢磨,其中大有深意。

法治作为我们党执政的一个重大理念,始终是我们党追求并予以践行的一大目标。然而,在迈向法治化的进程中,这一理念受到来自党内一些人的挑战和考验,这些人干着种种违法乱纪的勾当,使党的法治理念和实践蒙尘。同时,这些人的违法乱纪行为又反作用于社会公众的心理,能不能对他们绳之以法,成为人民群众评价法治化的一个重要参数。

网上曾有不少人议论,反腐败只敢打"苍蝇"、"豺狼",真正的"老虎"不敢打。在这个意义上说,周永康落马,宣示不会有反腐的禁区,法律面前没有不受制约的特权人物。

可以说,这正是法治的真正意义所在。唯有破除种种凌驾于法律之上的特权、扫除法律触及不到的所谓腐败特区,人们才会在内心里认可法治化。唯有用事实说明,不管什么人,不管是什么真正的"老虎",违反了党纪国法,就必然会受到党纪国法的严惩,人们才会形成对法治的向心力。

党的十八大以来,我们党突出强调,党要管党、从严治党;治国必须治党,治党务必从严。怎么治?法治。唯有法治,我们才能把13亿人民带入现代化,诚如这次中央政治局会议所言:"实现经济发展、政治清明、文化昌盛、社会公正、生态良好,实现我国和平发展的战略目标,必须更好发挥法治的引领和规范作用。"

事实上,党的十八大以来的反腐,法治化是鲜明而突出的特点。从党内法规的清理到发挥制度刚性，从按先党纪后国法的程序实践，再到一批腐败分子被依法依规惩处，深刻表明我们党的反腐法治化道路十分坚定。应该由党纪处置的坚决以党纪来处置，应该移送司法机关的坚决移送司法机关，法律该怎么判决就怎么判决，一切以事实为依据，以党纪国法为准绳；腐败不腐败，腐败程度如何，最终是由党纪国法说了算。因而，党的十八大以来的反腐进程，本身即是依规治党、依法治国的重大实践。实践也将进一步证明，只有在法治化的框架下、轨道内，干部清正、政府清廉、政治清明才能够加速实现。

可以说，以周永康的落马为节点，我们党的反腐达到了一个高潮，但这决不是句号，反腐也决不会是一阵子，而是要贯穿我们党执政的始终。懂得了这一点，我们也就懂得了党的十八届四中全会要研究"全面推进依法治国"重大问题。而在相当意义上说，把法治的旗帜高高举起，将不仅更好地促进我们党推进反腐倡廉、建设廉洁政治，而且能够烛照我们的现代化大业和中国梦的光辉前程。

|2014年8月1日|

领导干部决不可缺失精神之钙

前中央政治局常委周永康落马消息引发公众强烈议论，也引发不少党员领导干部的深切思考。为什么周永康身居党和国家领导人这个高位，却涉嫌严重违纪？这个问题，从薄熙来，到徐才厚，再到周永康，已成为必须深思的课题。

诚然，有的人"在山泉水清，出山泉水浊"；有的人位低时守清廉，但位尊时就纵贪欲；有的人在一般岗位廉洁从政，在重要岗位就掉入腐败泥淖。但对于各级领导干部来说，应当更进一步深思，一些人为什么就变坏了？作为共产党人的特质为何就不敌腐败的诱惑？

习近平总书记在十八大后的中央政治局第一次集体学习时就强调，没有理想信念，理想信念不坚定，精神上就会"缺钙"，就会得"软骨病"。并严肃指出，现实生活中，一些党员、干部出这样那样的问题，说到底是信仰迷茫、精神迷失。诚哉斯言，今天，各级党员干部尤其需要反躬自省的是，自己的理想信念有没有蒙尘？如果精神钙质在悄悄流失是否还没有察觉？

外在的诱惑，绝不是一些人变质的理由。要说外在的环境，恐怕革命时期的环境最为恶劣。然而，有无数优秀共产党人顶住了，比如蔡和森在狱中受尽酷刑，四肢被敌人用几个粗大的长钉钉在墙上；彭湃虽生于有名的富裕人家，却当众把自己家族的田契全部烧毁，并宣布"日后自耕自食，不必再交租谷"。为什么他们能舍生而取义、舍富贵而就道？

一言以蔽之，信仰与信念。

可以说，正是这信仰与信念，支撑着一代又一代共产党人去面对各种困难、风险、挑战。正是这信仰与信念，让无数优秀共产党人在革命时期敢于面对屠刀、在建设时期敢于面对困难、在改革时期敢于漠视一切诱惑。反观那些落马的腐败分子，恰恰是因为缺失了这信仰与信念，使他们无法抵御权、钱、色的诱惑，投身腐败的泥淖中。

从一些腐败分子落马的经历、腐败的程度看，动辄上亿的贪资、无所不用其极的贪欲，令人震惊，却也从一个特殊的层面表明，领导干部一旦失去了精神钙质，就变得没有党性甚至没有人性，就变得如狼似虎、贪赃不绝。这充分警示各级领导干部，绝不可忽视精神钙质的补充。

事实已经一再证明，没有信念，根本抵不住权、钱、色的诱惑；而什么时候放松了"补钙"，什么时候就有思想腐化变质的危险。各级领导干部唯有不断加强党性修养，在实践中不断砥砺自己的理想信念，在各项工作中始终恪守人民至上的理念，时时反躬自问依靠谁、为了谁、我是谁，我们才能守住自己的原则和底线，做到干干净净做事、清清白白为官。也只有如此，我们才能仰不愧天、俯不愧人、内不愧心；才能无愧于党和人民的信任和托付。

|2014 年 7 月 30 日|

让监督的"探照灯"全天候

如果说绝对权力导致绝对腐败，那么不受监督的权力腐败起来则会肆无忌惮。实践表明，监督的力量虽然不能根绝腐败，但却能有效压制腐败。在预防和惩治腐败的进程中，很重要的一个着眼点就是构建全天候的监督体系，让"探照灯"无处不在，让腐败行为无处藏身。

"形成严密的法治监督体系"；"强化对行政权力的制约和监督，完善纠错问责机制。全面推进政务公开，坚持以公开为常态、不公开为例外原则，推进决策公开、执行公开、管理公开、服务公开、结果公开"；"加强对司法活动的监督，完善检察机关行使监督权的法律制度，加强对刑事诉讼、民事诉讼、行政诉讼的法律监督，完善人民监督员制度"，十八届四中全会对法治监督体系的建树着墨不少，为的就是在构建严密监督体系中，补牢法治监督这个重要版块。

事实上，在治国理政的进程中，我们党一直致力于建构一个健全严密的监督网。诸如党内监督、人大监督、政协监督、法律监督、社会监督等等，这些监督在预防和惩治腐败的进程中发挥了重要作用。但也要看到，党内监督、法律监督、社会监督这三个重要版块出现了一定程度的不健全、不完善，导致它们难以发挥到应有的威力，殊为憾事。

"上级监督太远、同级监督太软、下级监督太难"，这是人民群众对党内监督失灵的呼声。党内监督失灵有很多的，但其中纪检监督在现实中的一度缺位，则是很关键的一环。如果这种制度性的监督失灵，就很容易使党内监督在事实上成为摆设。正因此，十八届三中全会在体制上进行了理顺，提出"推动党的纪律检查工作双重领导体制具体化、程序化、制度化，强化上级纪委对下级纪委的领导。查办腐败案件以上级纪委领导为主,线索处置和案件查办在向同级党委报告的同时必须向上级纪委报告"等,为的就是从制度上规避同级监督太软等弊端。

然而也应当看到,即使党内监督健全,也不能代替法律监督。二者不仅分工不同,涵盖领域也不同。比如很多执法过程中的腐败,党内监督的"探照灯"一时很难照到。只有开启法律监督的探照灯,才能对诸如立法、执法、司法过程中的一些腐败行为、权力攫取不当利益等行为进行监督,管住乱伸的权力之手。这正是此次四中全会提出形成严密的法治监督体系的一个原因所在。

我们常说"群众的眼睛是雪亮的",原因就在于人民群众处在社会生活的每一个细微场域,任何腐败分子要进行腐败活动,都离不开这个细微场域。正所谓"若要人不知,除非己莫为",只要搞腐败小动作,就可能被人民发现,让你防不胜防,只有彻底收手,才会"半夜敲门心不惊"。这就是人民群众的监督,或称之为社会监督,或称为舆论监督。在完备的监督体系中,社会监督可以说是最出奇不意的一个版块,也更具有某种因"不确定性"而带来的震慑性。"只有让人民起来监督政府,政府才不敢松懈",任何时候,都不能缺了这一块,都必须加强这一块。而赋予社会监督的法律地位,也是全面推进依法治国的题中应有之义。

基于监督这个视域,党内监督、法律监督、社会监督,以法治的理念去强化,以法治的价值去引领,以法治的手段去保障,则监督这个"探照灯"就会发挥全方位的光亮,形成监督的"无影灯"。各级干部在这样的环境下干事,才会规规矩矩、老老实实、干干净净,更以清廉为价值、为信守。

|2014 年 10 月 8 日|

反"四风"治好了党的"亚健康"

10月8日,习近平总书记在党的群众路线教育实践活动总结大会上发表重要讲话。为期一年多的党的群众路线教育实践活动基本结束,通过全力聚焦"四风",强力反对"四风",党的群众路线教育实践活动达到了预期目的,取得了重大成果。不少党员干部表示,反"四风"治好了自己的"亚健康"。其实,不止是普通党员,党作为一个整体也借着反"四风"治好了自己的"亚健康"。

人吃五谷杂粮,伤风感冒自是难免,"亚健康"的状态更是常见。与之类似,我们的党正面临来自内外环境越来越严峻的考验挑战,"亚健康"的问题也逐渐凸显出来。可以说,作风问题就是党"亚健康"问题的一个突出表现。影响我们党贯彻群众路线这一生命线的要害正是作风问题。其中,形式主义、官僚主义、享乐主义和奢靡之风这"四风"就是作风不正的突出表现。

一方面,这"四风"让有的领导干部疲于应酬、无心工作,让少数领导干部迈出了腐化堕落的第一步;另一方面,"四风"让人民群众与党员干部的距离越拉越远,门难进、事难办、脸难看成了某种常态。而更可怕的是人们对"冗长的会风"、"私用的公车"、"公款享乐"等歪风邪气习以为常,党在老百姓心目中的形象受到扭曲和抹黑。

"为政之道,在于安民。"可以说,党中央以反"四风"为突破口来治疗"亚健康",是抓住了要害,查出了病灶,开对了药方。群众路线是党的生命线,保持党与人民群众的血肉联系,是党维护和巩固执政地位的根本所在。没有广大人民群众的拥护和支持,中国梦的早日实现也就无从谈起。

"有志者自有千方百计，无志者只感千难万难。"第一剂药，党中央通过此次活动坚定了广大党员干部的理想信念，在精神上补足了"钙"。理想信念坚定了，精神不再缺"钙"才能心不慌、气不骄，才能挺直腰板、堂堂正正。才能认识到人民是历史的创造者，我们党来自人民、植根人民，无论职位高低都是人民公仆，必须全心全意为人民服务，从而有了正确的是非观、义利观、权力观、事业观，党员干部自觉地把爱党、忧党、兴党、护党落实到了工作和生活上的方方面面。难事不再难，一大批积弊得到有效化解；问责不落空，一大批信访积案得到切实解决。

第二剂药，批评和自我批评的优良传统再次迸发出崭新价值。在层层开展的民主生活会上，上下级的界限被暂时放下，党员干部纷纷敞开心扉，打开天窗说亮话。越来越多人敢于揭短亮丑、坦诚相待。一时间，不痛不痒、阿谀奉承的话少了，真刀真枪、发自肺腑的话多了。思想受到洗礼、灵魂受到触动的党员干部抖擞精神、鼓足干劲，在告别"亚健康"的同时，积极努力做焦裕禄式的好干部。心为百姓想；人往基层跑；事为百姓办；钱往基层投成为一种"新常态"。在这个意义上说，批评和自我批评着实是保持党的肌体健康的有力武器。这件法宝，不光今天要用，以后更要多用、用好。

第三剂药，完善作风建设的制度体系，增加制度的约束力和执行力。邓小平同志不止一次提到，"制度问题不解决，思想作风问题也解决不了"。一次病治好了并不能高枕无忧，如果免疫系统不强，还是会经常生病。党的制度体系就是党自身的免疫系统，只有把制度的笼子扎紧，第一时间把"四风"消灭，才能保持长期的健康。从"八项规定"到"公车改革"，从"简政放权"到"法治反腐"，党坚持制度面前人人平等，不留"暗门"、不开"天窗"，维护和巩固了党纪国法的铁壁铜墙。任何还心存侥幸，寄托于现在可以松一口气、继续唯我独尊的人，只要想想制度体系的严肃性和权威性，就能很快打消这个念头。正如习近平总书记说的那样"制度是硬约束，不是橡皮筋"，制度的框架一旦建构成型，就不允许半点的变通和反弹。

为了彻底肃清"四风"，治好党的"亚健康"，党中央开出的"三剂药"可谓一来药到病除，二来强身健体。广大人民群众感到领导见得勤了，办事不卡壳了，政策能落地了，能掏心窝子的党员干部多了。政府

"三公经费"不仅公开了,更有了明细;"公车改革"破冰了,更有了细则。一时间风清气正,民心大振,党的"亚健康"被治好了。

"夫祸患常积于忽微,而智勇多困于所溺。"以作风问题为代表的"亚健康"看似不可怕,实则如蚁穴之于堤防,不可不治,不可不时时警惕。随着世情、国情、党情的不断变化,党要面对的问题将更加复杂、更加棘手。考验党的作风建设的风险和挑战不会少,需要党攻坚克难的硬仗也不会少。打铁需要自身硬,"亚健康"之下,开不好驶向中华民族伟大复兴的巨轮。只有时刻自我净化、自我完善、自我革新、自我提高,才能长期抵御"四风"的侵袭,永远保持清新阳光的健康风貌。

| 2014 年 10 月 11 日 |

"四风建设"从"不敢"到"不想"

家门口的"海参馆"悄然变脸成"饺子馆",洋奢侈品卖不动了,"衙门"里的人脸变和气了,公款吃喝乱开票变低调了,身边的"苍蝇"减少了……一年多来,无论是居庙堂之高的官员,还是处江湖之远的草根百姓,都感受到了官风和社会风气的悄然好转,越来越多的官员不敢触碰"四风"的"高压线"。而这,正应了去年年初习近平总书记的那句话:"抓铁有痕、踏石留印!"

从春华到秋实,再放眼未来,警钟依然长鸣。10月8日,习总书记在党的群众路线教育实践活动总结大会上发表重要讲话,全面总结一年多来"四风建设"取得的成绩,提出当前"四风建设"仅仅停留在"不敢"上,"不想"的自觉尚未完全形成,作风建设永远在路上,永远没有休止符。

纵观新中国历史,地不分南北,要求全国的高级别官员就某一主题召开全国性视频会议尚不多见。习总书记的讲话合民意、接地气,不仅被法新社等国际知名媒体关注,连日来被互联网、微信、微博热转,网友点赞不断,各大门户网站的评论、跟帖达数万条。

"不敢"表明,"四风建设"是动真格,刹住了许多人曾认为"不可能刹住"的歪风;"不敢"表明,中央决心坚定,对越界者露头便打,让"老虎"、"苍蝇"们噤若寒蝉;"不敢"表明,"四风建设"策略得当,以"点穴"手法精准出手,打到了作风问题的"七寸";"不敢"还表明,官风和社会风气因此出现"L形"转折,正气压倒了邪气。

"不敢"更是体现在"四风建设"的成绩单上,这被无数网民在朋友圈推荐:

比如，全国压缩会议58.6万多个，13.7万多项行政审批事项被取消、下放，对公款送礼、公款吃喝、奢侈浪费喊"停"，清理清退11.4万多辆公务用车，"三公"经费较活动开展前压缩530.2亿元……

又比如，全国查处涉及"吃拿卡要"、"庸懒散拖"问题者6万多人，查处公款吃喝、参与高消费4144人，查处办事刁难群众3761人，查处对群众耍赖账5万余人……

应当看到，"四风建设"现阶段成果的取得还处于"照镜子、正衣冠、洗洗澡"，还没有到"药到病除"的阶段。所谓"求木之长者，必固其根本；欲流之远者，必浚其泉源"，"四风建设"决不允许搞"曲终人散"，必须抓常、抓细、抓长。正如习总书记所说，要持续努力，久久为功，决不允许出现"烂尾"工程，决不能让"四风"问题反弹回潮。

不让"四风"问题反弹回潮，其关键是解决"不想"的问题。

从"不敢"到"不想"，这是一个从"被动"到自觉的过程。从个人来说，这需要从灵魂深处深挖，头脑中要有习总书记所说的"紧箍咒"，要有正确的是非观、义利观、权力观、事业观，"思想上的灰尘也要经常打扫"；从制度层面来说，其根本是要"从严治党"。只有按习总书记所说："坚持知行合一，不断让思想自觉引导行动自觉、让行动自觉深化思想自觉，才能抓得实、做得深、走得远。"

为此，习总书记对"从严治党"提出八点要求：落实从严治党责任；坚持思想建党和制度治党紧密结合；严肃党内政治生活；坚持从严管理干部；持续深入改进作风；严明党的纪律；发挥人民监督作用；深入把握从严治党规律。

"严"字当头，是对当前"为官不易"、"为官不为"新苗头的迎头痛击。如习总书记所说，对此"应当感到羞耻"，必须"严肃处理"，当前"主要倾向不是严了，而是失之于宽、失之于软，不存在严过头的问题"。

"严"字当头，就是要敢于"唱黑脸"、"当包公"，要严要求、动真格，真实抓、抓真实，紧紧围绕关键环节、重要部位、重点工作严督实导、持续用劲。

"严"字当头就是不让"四风建设"只是一阵风，不让风头过后四风问题"涛声依旧"，不让"牛栏关猫"的尴尬出现。

"四风建设"是一个永恒的命题，永远只有进行时，没有完成时。只有按照总书记所要求的"必须突出重点、聚焦问题；必须领导带头、以上率下；必须以知促行、以行促知；必须严字当头、从严从实；必须层层压紧、上下互动；必须相信群众、敞开大门"这六个必须去持之以恒，才能真正从根本上彻底解决好党的作风建设问题。

|2014年10月11日|

法治中国离不开党纪保驾护航

十八届四中全会审议通过的《中共中央关于全面推进依法治国若干重大问题的决定》，将依法治国 17 年的历程推向新的高度。

引人注目的是，《决定》指出，形成完善的党内法规体系是组成中国特色社会主义法治体系四大要素之一。同时强调，党的领导是社会主义法治最根本的保证。

"善为国者必先治其身。"无数历史经验已经证明，党的纪律与党的规矩，是依法治国的有力保障。作为执政党，只有按照四中全会公报中提出的，"加强党内法规制度建设，完善党内法规制定体制机制，形成配套完备的党内法规制度体系，运用党内法规把党要管党、从严治党落到实处，促进党员、干部带头遵守国家法律法规"，才能锻造出领导建设法治中国的中流砥柱。

没有懂法守法的法治体系建设者，法治中国的建成只能是空中楼阁。党纪党规在党推动自身建设的同时，也同时构建了保障依法治国不断推进的有效机制。近十年来，党陆续颁布或修订了《党内监督条例》、《纪律处分条例》、《党员权利保障条例》、《领导干部廉洁从政若干准则》等党内规章，从政治生活的方方面面严格约束党员领导干部，倡导法治精神，推动法治精神内化于心、外化于行，构成了促使党员干部自觉推动法治建设的硬约束。

"正其身者，方能正人。"当前，党纪党规不断加强完善的重要意义还在于，对党员领导干部提出了更高更多甚至更为严苛的要求。这对巩固党的执政地位、提高党的执政能力必不可少。"树德莫如滋，除害莫如尽"，只有力度严于国法、标准高于国法，才能保持党的先进性，保证党的事业有不竭力量得以发展壮大。

十八大以来，被调查省部级以上官员达50人，到2014年7月底，近6.3万名党政官员被查处。除了"老虎苍蝇一起打"的严格与魄力，党更是将从严治党落实到了方方面面。在反"四风"中，10万余人主动上交"红包"及购物卡、涉及金额5.2亿元，还跟进查处2550人。在"吃空饷"专项整治中，共清理清退"吃空饷"人员16.2万多人。从禁止大操大办宴请聚会到严格控制节庆期间的贺卡、月饼；从改善工作作风工作态度到遏制铺张浪费，事无巨细，党纪党规皆进行了严格要求和约束。这种严于律己的党纪约束，不仅保证了党的队伍的先进性和纯洁性，还获得了广大群众的交口称赞。

党纪党规的存在，就是让每一位党员铭记自己肩上的责任和特殊的使命。正是有党纪党规对党员群体的严格要求，人民群众才能对党领导人民建设社会主义法治体系心悦诚服、众志成城。《决定》指出，依法执政，既要求党依据宪法法律治国理政，也要求党依据党内法规管党治党。党纪国法既是组成中国特色社会主义法治体系的有机整体，也是相得益彰、相辅相成的共同体。在当前依法治国进入新时期新阶段的背景下，尤其需要明确党纪党规的严肃性、必要性和重要性。建设法治中国离不开党纪保驾护航。

| 2014年10月26日 |

叹"当官不易"者不宜为官

党的群众路线教育实践活动开展以来，随着反"四风"力度加大，随着党内党外对党员干部监督标准的不断"加码"，有一种"官不聊生"的说法悄然而兴。一些干部对此有共鸣，认为"管得严了，当官不易了"，当官当得"委屈"。有人以"当官不易"为借口，向组织上"半真半假"讲条件，似乎吃了什么亏，否则就撂挑子，躺倒不干。这种因为管得严就"为官不易"的论调，以及其背后蕴含的不良情绪、错误认识，不容忽视。在党的群众路线教育实践活动总结大会上发表的重要讲话中，习总书记98次提到"严"字，在这一个个"严"字中，就有对某些党员干部"怕严畏难"、"借难抵严"之类言行的批评与告诫。"严是爱，宽是害"，在反"四风"取得突破，渐次深入，党的作风建设持续进行仍在路上的当口，对各级党员干部提出不要动辄畏难的严格要求，习近平总书记从严治党，对各级党员干部的殷殷期望，愈发显得意味深长。

摆正"当官"与服务的关系，是从严治党的题中应有之义。共产党人以全心全意为人民服务为宗旨，做人民的公仆，做人民的勤务员。中国共产党从建党开始形成的这一系列定义，奠定了今天"当官"的基本概念，规范了今天"当官"的基本要求。当官、当领导意味着必须身先士卒，必须吃苦在前，享受在后。做人民的公仆，意味着在人民群众有需要的时候，在人民群众反映这样那样问题的时候，各级干部必须毫不犹豫地挺身而出，"以百姓之心为心"，替民分忧，为民解忧。有了这样的公仆意识，秉承着为人民服务的宗旨，个人的生死荣辱都不在话下，何论"当官"的"难"和"易"？

让"当官"者在严格的法律法规、规章制度约束下勤勉尽职、不以为"难",这其实是古今中外世界各国始终在研究探索的政治学课题。无论是中国古人"战战兢兢,如履薄冰"的清官标准,或是现代西方以竞选为标志的机制,都可以借鉴,却没有谁能把对官员外在的"严"与自身的"严"很好地结合起来。习近平总书记对此提出"三严三实"的要求,一再强调"领导干部要严以修身、严以用权、严以律己,谋事要实、创业要实、做人要实"。这样的要求,将党员干部的政治品格、做人准则、修身之本、为政之道、成事之要等等集中为一体,强调了"党的干部都是人民公仆,自当在其位谋其政,既廉又勤,既干净又干事"。这样的执政观念,从根本上解答了历史难题。"当官不易",还是"不宜当官",这样的考验亮了出来,黄金碎铜,一比可知。

| 2014 年 10 月 12 日 |

风清则气正，气正则心齐

中国人自古崇尚"清"。以清为高洁，以清为操守，以清为修养。正所谓"源澄而流清，源浑而流浊"。人们所以尚清，就在于清乃正气充盈之源、亦是万心归聚之泉。在全党历时一年多的群众路线教育实践活动，以丰硕的成果印证了这个道理。

习近平总书记在教育实践活动总结大会上强调："风清则气正，气正则心齐，心齐则事成。"并从五个方面生动概括了教育实践活动取得的重大成果。

"好传统又回来了"、"作风大变样了"……这些赞誉之词的背后，是人民群众从身边实在变化得出的实际感受。这也就是总书记在讲话里所肯定的："这次活动使党在群众中的威信和形象进一步树立，党心民心进一步凝聚，形成了推动改革发展的强大正能量。"

"人心是最大的政治"，民心是党的事业成败的关键所在。我们党的一切工作，是否得民心都是一个重要的判定标准。必须看到，像我们这样一个有着8600多万党员的执政党，党的风气如何，直接影响着社会风气，最终直接关系着民心。一些干部的不良作风，不仅是干部与群众疏远的体现，更像一堵无形的墙横在中间。正是在这个意义上，抓作风，就是祛歪风邪气、树清风正气，以打掉这堵无形的墙、归聚党心民心。

在8600多万党员中间开展的这场声势浩大的反"四风"活动，之所以被称为新时代的"整风"，就在于它使冰河开融、春风化雨，使党风政风为之一变，使干部思想灵魂为之一震。反"四风"活动更以其极大的正风肃纪刚性，使政治生态稳步向好、趋于良性循环。

正如习近平总书记所概括的，广大党员、干部精神上补了"钙"，不少人受到猛击一掌的警醒；通过大排查、大检修、大扫除刹住了"四风"蔓延势头，治好了一些干部的"亚健康"；脱去"隐身衣"，捅破"窗户纸"，相互批评不留情面，敢于揭短亮丑、真刀真枪、见筋见骨，点准了穴位，戳到了麻骨，开出了辣味；什么饭都敢吃、什么人都敢交、什么事都敢做受到节制了，"紧箍咒"勒紧了；打通联系服务群众的"最后一公里"，改作风改到群众心坎上。可以说，正是这些风"源"的由"浊"向"清"，带来了气"流"的由"邪"入"正"，最终收获了人民的齐心。

还必须看到，"风清则气正，气正则心齐"是一个循环往复、螺旋上升的过程。作风建设本如逆水行舟，不进则退。活动收尾不是收场，作风建设永远在路上，永远没有休止符。一旦撤去抓作风抓铁有痕的力道，一旦有了活动收尾可以歇口气的思想，"四风"问题就极有可能反弹，甚至带有报复性。唯有抓常、抓细、抓长，持续努力、久久为功，才会不断形成清风正气的大势，不断压缩歪风邪气的空间。这也正是习近平总书记作出从严治党"八项部署"的关键所在。

治国必先治党，治党务必从严。世间事，做于细，成于严。有"风成于上，俗化于下"的领导带头，有从严从实、踏石留印的抓作风精神，有每个党员干部自我净化、自我完善、自我革新、自我提高的自觉，我们何愁不能极大凝聚起13亿人民的磅礴力量，去实现无数人企盼的瑰丽梦想？

|2014 年 10 月 10 日|

让制度成为硬约束而不是橡皮筋

"从严治党靠教育,也靠制度"、"坚持思想建党和制度治党紧密结合"、"使制度成为硬约束而不是橡皮筋",习近平总书记在群众路线教育实践活动总结大会上,第一次鲜明提出了思想建党和制度治党紧密结合的重要命题,进而强调要增加制度认同,强化制度刚性,可谓点到了穴位上、戳到了麻骨上。

面对一些干部身上出现的歪风邪气,面对一些官员的腐化堕落,有的人总是认为这是制度有问题,应该重建制度、完善制度。诚然,制度久必生弊,必须根据时代环境条件的变化而及时革新制度;"牛栏关猫"不行,必须强化制度的针对性、实效性,发挥严密制度之网的整体效力。但是,还有一个更为现实的问题,那就是制度的执行力。在教育实践活动中,不少干部感到不适应、不方便、不习惯,大叹"为官不易"、"官不聊生"。然而,诚如习近平总书记所说:"很多要求早就有了,是最基本的要求。现在的主要倾向不是严了,而是失之于宽、失之于软,不存在严过头的问题。"

制度的威力在于切中时弊积癖与问题实质,制度的生命力在于严格的、不折不扣的执行。正因此,近年来从中央到地方一方面出台了一大批制度规定,以求堵住制度漏洞、织密制度之网,另一方面极大地强化了制度的硬约束。"严肃党内政治生活"、"从严管理干部"、"严明党的纪律",总书记在讲话中98次强调"严",作出从严治党八项部署处处着眼于"严",为的就是强化制度刚性,不留"暗门"、不开"天窗",坚决维护制度的严肃性和权威性,坚决纠正有令不行、有禁不止的行为。

在一些人那里,一直以来有一种奇怪的现象,就是制定制度都是针对别人的，自己是例外。有的人甚至骨子里觉得制度就是要被违反、破除的，觉得违反制度才显示自己的开明、证明自己的权力、表明自己敢于打破条条框框束缚。还有的人在执行制度时喜欢搞网开一面、下不为例，讲人情、面子，以博得好名声、聚得好人缘，甚至能够为自己赢得选票。凡此种种都说明，这些人从内心里缺少一颗对制度的敬畏之心。"凡善怕者，必身有所正，言有所规，行有所止。"不敬畏制度，缺乏规则意识，制度规则就得不到遵从，最终就"针尖大的眼透过斗大的风"，以致制度终成失去生命力、约束力的花瓶和摆设。

这次教育实践活动，一个鲜明的突出特点就是制度硬起来了，成为带电的高压线了。全国查处违反"八项规定"精神的问题56332起、74338人受到处理、20610人受到党纪政纪处分；那些顶风违纪者、以身试法者、蠢蠢欲动者、改头换面搞歪风者，都被毫不留情地惩治。党的十八大以来，一大批"老虎"被打、"苍蝇"被拍、"狐狸"被猎。这一系列举措，充分彰显制度面前人人平等、执行制度没有例外。不管是谁，只要违反了制度，就要受到制度的惩罚。正是这种对制度的坚决捍卫与刚性遵从，不仅维护了制度的尊严，更捍卫了党和政府的公信力，也因此而提振了党心、赢得了民心。

也必须看到，尽管我们开始形成敬畏、遵守、执行制度的好氛围，但还不牢固、不浓郁，外在的约束还没有转化为内心里的自觉。一些人心里的"小九九"还没祛除，一些人还在挖空心思钻空子、挑战制度与规则。只有继续以严的标准、严的执行去捍卫制度，让制度始终成为硬约束、成为带电高压线，制度才能最终成为党风政风的良好保障，最终内化为各级干部的自觉行为。

| 2014年10月14日 |

刚性法纪给"四风"带上紧箍咒

十八届四中全会作出《关于全面推进依法治国若干重大问题的决定》,强调了一个鲜明的理念——"依规治党"。日前召开的十八届中央纪委四次全会则立即体现出落实四中全会精神,依据党内法规从严治党的强烈信号。

"依法执政,既要求党依据宪法法律治国理政,也要求党依据党内法规管党治党"、"形成完善的党内法规体系"、"继续做好作风整改工作,继续做好从严治党工作"。就在这次中央全会上,确认了中央政治局之前作出的给予李东生、蒋洁敏、杨金山、王永春、李春城、万庆良开除党籍的处分。中央纪委四次全会则发出了保持反腐高压、修订党内法规、关注政治纪律的响亮声音。在10月8日召开的全党群众路线教育实践活动总结大会,交出了一份反"四风"实实在在的成绩单。如果套用百姓俗语"十月是收获的季节",这个10月无疑是我们党坚持从严治党的一个重要转折点,它既意味着我们党收获了反"四风"的果实,又意味着我们党开始了从严治党再出发,迈上依法依规管党治党的新征程。

一年多来的坚持"铁八条"、坚决反"四风",不仅累计查处违反"八项规定"精神的问题5万多起,7万人受到处理,2万多人受到党纪政纪处分,更建构完善了一大批制度,使党规党纪的制度篱笆扎得更紧、织得更密。正如习近平总书记在教育实践活动总结大会上所说,"扎紧了制度笼子,强化了对不良作风的刚性约束,按规矩办事、按规矩用权意识显著增强,越界犯规行为减少"。可以说,教育实践活动重大成果的取得,一个重要方面就是源于制度的刚性力量。

然而,也必须看到,一年多的教育实践活动,只是对全党改进作风有了一个良好开端。习近平总书记分析得极为深刻：作风有所好转，"四风"问题有所收敛，但树倒根存，有些是在高压态势下取得的，仅仅停留在"不敢"上，"不想"的自觉尚未完全形成。正因此，习近平强调作风建设永远在路上。从实践看，推动"不敢"向"不想"的转化，关键变量就是严密长效的制度机制。通过这种带电高压线的不断刺激，使各级干部在内心里产生制度敬畏和遵从，进而内化为心理认同与自觉行为。

近些年，一批党内法规得到清理，一些党内法规得以重新明确，教育实践活动中又建树了《党政机关厉行节约反对浪费条例》等有关党内法规，这一连串动作表明我们党把法治理念引入党内、坚持管党治党要依规的坚强决心。围绕加强党内法规制度建设、形成完善的党内法规体系，中央纪委四次全会不仅提出了明确的目标——着重规范政治纪律、组织纪律，做到要义明确、简明易懂、便于执行；还定下了"时间表"——确保到建党100周年时，建成内容科学、程序严密、配套完备、运行有效的党内法规制度体系。党的四中全会作出《关于全面推进依法治国若干重大问题的决定》，既是我们党在新的时代条件下对治国理政作出的法治顶层设计与战略部署，又是我们党坚持从严治党的法治遵循，更是一个系统性的遵循。表明坚持依规治党理念被提升到了一个新的高度，也必将在一个全新的层面上产生新的刚性力量。

历史和现实表明，作风问题就是横在党和人民群众之间的那堵墙。拆除这堵墙，靠道德教育，更要靠法治。通过刚性的党规党纪给不良作风套上"紧箍咒"，法治的理念、守纪的意识才会在各级干部内心里生根，进而变成行动的准则。也正是在这个意义上，我们党就会完成"依法执政"的飞跃，达到一个崭新的境界。

| 2014年10月27日 |

作风建设是贯彻群众路线的重要突破口

全党反"四风",一大批违规违纪干部受到处分,人民群众拍手称快,各级干部的灵魂受到震撼。然而,在一些人的内心里,仍然对把"抓作风"作为理清千头万绪工作的一个切入点、作为贯彻群众路线的一个突破口而感到疑惑,心生抵触。这里面既有思想问题,也有认识问题。

身处历史新起点,党面临的改革发展任务十分繁重,各项工作的挑战性、艰巨性都在增加。同时,距离全面建成小康社会目标只有七年多时间。亿万人民的中国梦,已经是"看得见桅杆尖头了的一只航船",但只有付出艰巨的努力我们才能抵达。"火车跑得快,全靠车头带",各级干部如何发挥"领头羊"作用,带领人民一起前进?显然,没有为民、务实、清廉的作风,没有超强的执行力,就不可能担当起这些艰巨任务。避谈作风建设,奢谈宏图远景,就很容易陷入"不落实怪圈",一切只是纸上谈兵。如此岂不辜负群众信任,凉了人民的心?

6月18日,习近平总书记在党的群众路线教育实践活动工作会议上指出:我们必须看到,面对世情、国情、党情的深刻变化,精神懈怠危险、能力不足危险、脱离群众危险、消极腐败危险更加尖锐地摆在全党面前,党内脱离群众的现象大量存在,集中表现在形式主义、官僚主义、享乐主义和奢靡之风这"四风"上。我们要对作风之弊、行为之垢来一次大排查、大检修、大扫除。总书记的讲话深刻揭示的是:党的各项工作,本质上讲都是群众工作。没有人民群众的支持和拥护,没有亿万人民激发"人人都是动车组"的共同力量,就什么都如泡影。因此,在新的时代条件下,贯彻群众路线只能加强,不能削弱。如何贯彻?如何加强？关键就是作风建设。作风建设搞不好，群众路线就不可能贯彻好。这也就是为什么去年全党开展群众路线教育实践活动时，特别强调要以为民、务实、清廉为主要内容。

群众路线的内涵丰富，但实质是什么？是人心，民心。如果干部与群众之间隔着一堵无形的墙，心与心之间如何相印？从实际情况看，这堵无形的墙，就是干部的不良作风。在不少单位和部门，不良作风就像牛皮癣一样。从"吃拿卡要"，到公款大吃大喝、大肆铺张浪费，从对群众倨傲、摆官架子，再到欺上瞒下、搞千奇百怪劳民伤财的形象工程、政绩工程，着实伤了群众的心。

要做好群众工作，贯彻群众路线，前提就是解决情感问题。不良作风一度泛滥，带来了两个方面的隔膜：一个是一些干部对群众没有感情，一个是群众对这些干部失去信任。干部对群众没感情，要他去做群众工作、贯彻群众路线，他就必然会做做样子、浮在面上。群众对干部不信任，任凭你说得口干舌燥，群众就是漠然不动。干部与群众的情感不在一个频率上，怎么会产生共振？正是在这个意义上，作风建设成为贯彻群众路线的重要突破口，在全党掀起反"四风"风暴，才能把一些干部身上的污泥浊气、把干部与群众之间那些有形无形的障碍席卷而去，使心与心之间的距离不断接近，使血肉情谊不断深化。

可以说，此次群众路线教育实践活动仅用一年多时间，就以"抓铁有痕、踏石留印"的力度，将党内存在的形式主义、官僚主义、享乐主义、奢靡之风等群众深恶痛绝的问题进行了系统而全面的荡涤，收到了扎扎实实的效果：对"会所中歪风"和"舌尖上的浪费"的扫除与治理，直接让不少曾使普通百姓望而却步的酒店饭馆"放下身价"，对"裸官"和"购物卡"的清退和清理，让人民群众一度失望和不平的情绪得到平复。从身边的街谈巷议到网络上的点赞叫好，人民群众对党和政府的信任与支持与日俱增。"老虎苍蝇一起打"的勇气与魄力，更让广大人民群众认识到，此次群众路线教育实践活动不仅是党员干部集体的一次"强身健体"，更是要对那些"沉疴积弊"做到对症治疗、药到病除。可以说，群众路线教育实践活动的贯彻落实，淋漓尽致地诠释了"行胜于言"的力量，让对此次活动满怀期待的人们倍感欣慰，让一度对此次活动存有疑虑的人们心悦诚服。

一年多来，群众路线教育实践活动的深入开展，深刻印证抓作风这一招，看似平淡，实则高明。一批干部受到惩处，各级干部普遍触动思想、触动灵魂，党风政风为之一新。老百姓慨叹党的好传统、好作风又回来了，愿意去接纳干部、支持干部。这些新气象表明，作风建设这个突破口抓住了，群众路线就开始春风化雨，润物无声地彰显在各项工作中。

| 2014 年 10 月 8 日 |

"好的政治生态"为何重要

这几天,"生态"这个词更加流行起来,从书斋里的学术名词成为社会的热门用语,这与习近平总书记的引用有关。6月30日,他在中央政治局第十六次集体学习时强调,加强作风建设需要一个"好的政治生态"。在党的生日这个特殊的时间节点之前再次强调"政治生态",释放出强烈的政治信号。

在生物学意义上,"生态"是指生物与环境之间环环相扣的关系;进入社会语境后,"政治生态"则指党员干部与制度环境之间的交流互动。人是环境的产物,党员干部的行为模式,同样受到党内政治生态的影响。古人早就说过,"君子之德风,小人之德草,草上之风必偃",意思是说风吹在草上,草一定会顺着风的方向倒,具体而言,政治生态风清气正,干部作风自然也会正大光明。

这只是从正面的角度来理解,如果从反面的角度来观察,就能看得更清楚。有人把恶劣的社会环境称之为"大染缸",浸淫其中太久,恐怕谁都不能独善其身。"与恶人居,如入鲍鱼之肆,久而不闻其臭",如果身边的干部都把以权谋私当成是本事,把同事关系搞成拉帮结派,那么保持清正廉洁反而被视为格格不入的另类,甚至会被边缘化,成为众人打击的对象。屈原忠君爱国,饱受嫉妒;海瑞刚介耿直,备受排挤,历朝历代这样的例子并不在少数,让多少人发出"清官难做"、"为臣不易"的喟叹。

因此,有一个"好的政治生态",如同"与善人居,如入兰芷之室,久而不闻其香",党员干部就会潜移默化、见贤思齐,秉公用权、心底无私就会成为主流,联系群众、做好工作也不会遭到来自周围的冷枪暗箭。

于是乎,干部作风会逐渐向好,党风政风会为之一新。

然而,"好的政治生态"并不是天然就存在的,它需要每一位党员干部的共同努力。换句话说,党内环境是千千万万个党员干部所营造,每一个党员干部的言行举止都会影响政治生态,正所谓"你就是他人的环境"。因此,党员干部不能坐等政治生态的形成,应该从自己做起、从点滴做起,一个党员干部的嘉言懿行,就是"好的政治生态"的基石;相反,贪污腐败也自然是政治生态变质腐烂的一个导火索。尤其是领导干部,有着以上率下、以身作则的重要功能,对政治生态的影响更为关键。

同时要看到,"好的政治生态"也需要制度的保驾护航。"刑罚所以止恶,圣人不得已而用之"。以刚性的制度规定和严格的制度执行,确保改进作风规范化、常态化、长效化,切实防止"四风"问题反弹,才能起到惩恶扬善、激浊扬清的重要作用,才能为"好的政治生态"树立鲜明导向。

有这样一组数据耐人寻味:2013年全国共发展党员240.8万名,较上年减少82.5万名。不是我们党不愿意壮大队伍,而是注重提高队伍质量,把不合格者挡在门外。党要管党、从严治党,从来都不是一句空话。我们不仅需要雷霆万钧的反腐行动,也需要政治生态的春风化雨。

| 2014 年 7 月 4 日 |

贯彻好群众路线是一个永恒课题

启动于2013年6月的党的群众路线教育实践活动,现已临近盘点收官的关键时刻。近日,中共中央政治局常委、中央党的群众路线教育实践活动领导小组组长刘云山强调,集中性教育实践活动是有期限的,但贯彻好群众路线是一个永恒课题。这旗帜鲜明地向全党表明,群众路线教育实践活动没有休止符,贯彻好群众路线是党常抓常新的重要任务。

"如果管党不力、治党不严,人民群众反映强烈的党内突出问题得不到解决,那么我们迟早会失去执政资格,不可避免会被历史淘汰。"习近平总书记不止一次反复强调党的建设的重要性和紧迫性。"苟日新,日日新,又日新"、"流水不腐,户枢不蠹"、"知行合一",中国的优秀传统文化也告诉我们,只有不断反思、不断改进、不断完善,不断践行,才不会被历史淘汰,才能可持续地发展壮大下去。

以习近平为总书记的中央领导集体在上任之初,就深刻意识到了贯彻好党的群众路线的重要性和紧迫性,第一时间启动了党的群众路线教育实践活动。这一系列活动,既有精神、理论层面的教育洗礼,更有物质、实践层面的贯彻落实。可以说,新时期党的群众路线教育实践活动,从一开始就定下了高起点和高标准。在具体贯彻过程中,也得到了全党上下一致认可和有效落实。一年多来,"八项规定"一出,全党上下焕然一新:从整治节庆公款送礼等不正之风,到整治"会所歪风";从狠刹"舌尖上的浪费"到严禁党政机关到风景名胜区开会……党风政风为之一新,党心民心为之一振。

成绩已属于过去,挑战不曾减少。懈怠、诱惑、漏洞等一系列问题不会因为过去的成果而烟消云散。事实告诉我们,作风问题具有反复性和顽固性,抓一抓会好转,松一松就反弹。必须从全局出发,深刻认识贯彻党的群众路线的极端重要性和现实紧迫性。真正把党的生命线和根本工作路线始终不渝地坚持好,一以贯之地落实好。

"行百里者半九十"。当前,第二批教育实践活动陆续进入整改落实、建章立制环节,这是活动出成果、见实效的关键所在,也是容易落实不到位、出现"虎头蛇尾"的时候。"为山九仞,功亏一篑",越是临近扫尾收官的时刻,全党上下越是要绷紧一根弦,劲儿往一处使。要清醒地看到,用作风建设的理想状态来衡量还有差距,一定要坚定信心、保持清醒,不断把作风建设引向深入。现在,人民群众普遍非常赞赏当前党政机关风清气正的良好生态,但最担心的还是不良作风反弹,最盼望的是把改进作风的好态势坚持下去。作为掌舵驶向伟大复兴中国梦的"中华巨轮"的中国共产党,尤其要树立常态化长效化的思想意识,坚持不懈开展作风建设,严格党内政治生活,强化宗旨意识。要健全常态化长效化的工作措施,把教育实践活动中的有效措施办法固化下来,融入党的建设经常性工作之中。

在新中国成立65周年之际,回顾历史,会更加深刻地领悟到群众路线对于党的重大意义。解放战争,是在千千万万劳苦大众用手推车、小木船的支持下取得胜利。改革开放,是在响应党的号召投身改革开放洪流的亿万中华儿女合力之下创造出的"中国奇迹"。毫不夸张地说,什么时候党牢牢抓紧了群众路线这条生命线,事业就不断发展壮大,从一个胜利走向另一个胜利。什么时候放松了这条生命线,事业就不可避免地遭受挫折和磨难。在苏联解体之际,苏共党员和苏联民众的冷漠和麻木为我们敲响着时时不忘加强自身建设的警钟。

"功崇惟志、业广为勤",正如刘云山同志所说,"无论条件环境如何变化,无论形势任务如何发展,对群众路线的坚持都不能有丝毫懈怠"。实现"两个一百年"奋斗目标和中华民族伟大复兴的中国梦,需要锻造一支强有力的党员干部队伍,需要时时刻刻保持与人民群众的血肉联系,需要常抓不懈地与各种不正之风作斗争,而群众路线就是党强健自身、联系群众、攻坚克难的现实抓手和有力武器。无论从哪个角度、哪个时期、哪个地区来说,党的群众路线教育实践活动都不会也不应当停歇，也永远没有休止符。

即将结束的教育实践活动，不是贯彻群众路线的终点，而是一个新的更高的起点。各级干部唯有从严上要求、向实处着力，才能担当起时代赋予的使命，不负党和人民的期望和重托。

| 2014年10月7日 |

要的就是敬终如始这股劲

中共中央总书记习近平等中央政治局常委，近日在京分别听取第二批党的群众路线教育实践活动联系点县委和所在省区党委情况汇报，强调要敬终如始、一鼓作气抓好教育实践活动，深化整改落实，巩固扩大成果，把贯彻党的群众路线、加强党的作风建设不断引向深入。

党的十八大之后，深入开展了党的群众路线教育实践活动。这一活动，对于教育引导党员干部牢固树立宗旨意识和马克思主义群众观点，改进工作作风，赢得人民群众信任和拥护，夯实党的执政基础，巩固中国共产党执政地位，具有非常及时、极为深刻的深远意义。在第一批教育实践活动结束，第二批教育实践活动业已取得成效的时候，习近平总书记等中共中央政治局常委听取汇报，提出敬终如始、一鼓作气的要求，十分重要。"到了最要劲的时候"，这是教育实践活动当前阶段的精炼概括，是对教育实践活动要求的点睛之笔。

"要劲"要的就是敬终如始、一鼓作气这股劲。古今中外，历朝历代，许许多多的当政者、执政党何曾不想有所作为，何曾不想行善政以治天下，求亲民而获民心？但因为种种原因，无数以良好愿望的开始，最终无果而终，甚至事与愿违，"播种龙种，收获跳蚤"。《贞观政要》中所说的"有善始者实繁，能克终者盖寡"，正是一种无奈的历史总结。而今天，中国共产党抓自身建设下了钢铁般的决心。不抓则已，抓就要有"准、狠、韧"的劲头，一抓到底，抓出"为民、务实、清廉"的实效，务求真正保持和发展党的先进性和纯洁性。

"要劲"必须不松劲。各级党员干部必须对教育实践活动有更深刻的认识。现在可以越来越清晰地看到，党的群众路线教育实践活动是创新式的党建工程,是党的三大作风在新时期的弘扬。因此,决不能将教育实践活动当作一阵风,以为"照镜子、正衣冠、洗洗澡、治治病"只是走过场。每一个党员干部必须按照党中央的总要求,不仅克服作风之弊,而且要补"精神之钙",要扭住世界观人生观价值观这个"总开关",不断锤炼党性、磨炼心性,牢固树立共产主义远大理想、中国特色社会主义共同理想、全心全意为人民服务根本宗旨,持续深入学习习近平总书记系列重要讲话精神,引导党员干部强化人民公仆的角色定位。

"要劲"的表述,说明第二批教育实践活动整改落实、建章立制工作任务繁重,难度不小。整改落实、建章立制是敬终如始的具体化。什么是善始善终、善作善成?就是要思想不松、标准不降、力度不减,把发现的突出问题一一解决,把整改任务一件一件落实到位,兑现承诺,言而有信。就是要按照抓常、抓细、抓长的要求解决作风问题,建立健全一系列行之有效的规章制度来坚持标本兼治。就是要坚持开门搞活动,让广大人民群众知晓整改的进展情况,评价活动的最终成效,使整改工作得到群众满意。显然,做好这些工作,达到这样的要求,需要付出极大的努力。唯其如此,才最要劲。

世界上的事"知易行难",这是人们熟知的哲理。而"行易终难",则是更深一层的哲学命题。因为,慎始善终、敬终如始需要常人未有的务实风格和认真态度,需要坚定的信念和意志力,更需要对事物发展规律的正确认识和把握。习近平总书记等政治局常委们对教育实践活动提出的敬终如始的要求,体现的执政理念、执政风格,让人肃然起敬。全体党员尤其是党的各级领导干部应该用心体会,努力践行。

| 2014 年 9 月 7 日 |

制度机制是贯彻群众路线的重要保障

党的群众路线教育实践活动目前已经取得了阶段性的成果。接下来的制度机制建设工作，是贯彻群众路线的重要保障。

这次群众路线教育实践活动，极大地提升了党的形象，让人民群众感到满意。而确保反"四风"、抓作风已经取得的成果得以巩固，不会出现反弹，这是党内党外、广大人民群众十分关心的事情。习近平总书记指出，作风问题具有反复性和顽固性，抓一抓会好转，松一松就反弹，不可能一蹴而就、毕其功于一役，更不能一阵风、刮一下就停。这番话，有的放矢，具有明确的针对性。因此，他明确指出，要建立抓作风的长效机制，要建立健全管用的体制机制。

建立抓作风的长效机制，是加强党的自身建设，坚持党要管党、从严治党，保持和发展党的先进性和纯洁性的必要举措，是努力增强党的创造力、凝聚力、战斗力的根本保证。建立长效机制，体现了从严治党中"严"字的具体化。从严治党不是通过几次整风就能达到目的，不能"照了照镜子、正了正衣冠、洗了洗澡、治了治病"就万事大吉。习总书记特别强调，无论做什么事情都要善始善终、善作善成。在从严治党、狠抓作风这样的重大问题上，他强调要锲而不舍、驰而不息，要有踏石留印、抓铁有痕的劲头，一个节点一个节点抓，积小胜为大胜，保持力度、保持韧劲。在群众路线教育实践活动临近关键节点的时候，习总书记提出建立长效机制的要求，让"严"字落在实处，让"严"字有制度可依。

如何建立健全长效机制，是一项艰巨而又细致的任务。首先，必须认真学习、领会习近平总书记的有关重要指示精神，按照党中央的统一部署，站在一个高起点上去设计制度机制。其次，作为一项重要的制度机制，需要有顶层机构定规、统筹、把关；也需要举全党之力，自上而下、自下而上地酝酿讨论，充分发挥党内民主，使制度机制能够为全党自觉接受、遵守、执行。与此同时，需要广泛征求、认真听取民主党派的意见和建议，需要遵循为人民服务的宗旨，老老实实地向人民群众问计求策，使这个与群众路线直接相关的制度机制最终得到人民群众的认可和拥护。

建立健全长效机制，是一个崭新的课题。这个机制要管用，必须包括许多重要内容。其中，拥有突出地位的内容有三个方面：一是必须突出党群关系这一贯彻群众路线的核心，要有坚持经常联系群众，通过哪些方式联系群众，怎样对此监督考核，以及自觉接受群众评议和社会监督等具体规定。通过这样的规定，确保党与人民群众血肉相连关系的保持和发扬。二是必须突出作风建设的高标准。习总书记强调："各级领导干部都要树立和发扬好的作风，既严以修身、严以用权、严以律己，又谋事要实、创业要实、做人要实。"这样一个"三严三实"的要求，是广大党员干部特别是各级领导干部的为政之道、成事之要、做人准则，是制度机制的必有之义。三是必须深谋远虑，突出长远性。党员干部优良作风的养成，事关长远。抓党风政风、带社风民风，营造风清气正的社会环境，更是百年大计。立足长远的制度机制，对作风问题常抓不懈，使作风建设常态化，使党的群众路线长久地深入地得到贯彻。

世界上众多的国家政府、政党组织都存在着这样那样的作风问题，类似官僚主义、形式主义等等现象不仅常见，而且积习成弊，难以革除。中国共产党自建党以来，极为重视自身建设，很早就提出了"三大作风"，把群众路线放在特别突出的位置。然而，"川泽纳污，山薮藏疾，瑾瑜匿瑕"，一支庞大的队伍在长期的斗争中难免有理想丧失、斗志颓唐、精神松懈的落伍者，"四风"问题的出现也不可避免。究竟怎样防范作风问题从隐患转成痼疾，究竟怎样从根本上解决作风问题，这是世界上任何一个政党组织都必定会面临的难题。对此，中国共产党给出的答案是，建立健全一个长效机制，确保全党坚持群众路线，使党永远与最广大的人民群众在一起。

|2014年10月6日|

群众路线教育实践活动未有穷期

金秋时节,收获的季节。党的群众路线教育实践活动历经一年多时间,果实累累,亮出了一份漂亮的成绩单。

在全党深入开展党的群众路线教育实践活动,是以习近平为总书记的党中央贯彻党要管党、从严治党、使党始终走在时代前列、永葆党的先进性和纯洁性的重大战略举措,是为实现习近平总书记提出的"两个百年"宏伟目标和中华民族伟大复兴中国梦的重大战略举措。一年多的实践表明,这次教育实践活动必要、及时,特色鲜明、成效显著,经验丰富、启迪重大,充满了党的建设与治国理政的创新精神,意义极其深远。

这次教育实践活动是在特定的时代背景下开展的。党的十八大后,以党的建设伟大工程推动中国特色社会主义伟大事业,成为一项必须优先考虑的重要任务。在执政60多年之后,共产党人面对什么样的挑战和考验,中国道路怎样走,改革开放怎样深化,种种崭新课题摆在全党面前。对此,习近平总书记说,办好中国的事,关键在党。执政党有什么样的精神状态,一个国家就展示什么样的状态;执政党有什么样的作风,一个社会就呈现什么样的风气。他明确指出:"党的作风就是党的形象,关系人心向背,关系党的生死存亡。"他明确要求,全党必须警醒起来,打掉横亘在党和人民群众之间的无形的墙。总书记的决策,掀开了群众路线教育实践活动的大幕,开始了一次中国共产党建党90多年来规模最大的"新整风",迈开了党的思想、组织、作风建设,以及党的形象重塑的新步伐。

全心全意为人民服务,紧紧依靠群众,密切联系群众,坚持同人民在一起，"以百姓心为心"，这是中国共产党的"红色基因"，是党百战功成、事业长久的根本保证。因此，习近平总书记一再强调，"始终把实现好、维护好、发展好最广大人民根本利益作为一切工作的出发点和落脚点，让发展成果更多更公平惠及全体人民"。要求教育实践活动始终围绕群众路线这个主题，关注人民群众最关心、反映最强烈的问题，"把为民务实清廉的价值追求深深植根于全党同志的思想和行动中"。正是有了如此清晰的目标要求，一年多来，以"八项规定"为突破口，以作风建设为重点，以整顿"四风"为主要目标，以解决问题为检验标准，"要对作风之弊、行为之垢来一次大排查、大检修、大扫除"。经过一年多的努力实践，党的政治生态得到一次"集中净化"，党的纪律更加严格，党内生活更加规范，党风正气鼓荡激扬，全党上下气象为之一变，变得更清新、更强大、更加生机勃勃、更有凝聚力了。老百姓说，"党员像党员了"、"党员让人信服了"，这是对教育实践活动成果最朴实最可信的评价。

这次党的群众路线教育实践活动形成了丰富宝贵的、值得认真总结的经验。以上率下，领导垂范，以高度的政治自觉和强烈的忧患意识推动全党深入开展群众路线教育实践活动，是非常重要的一条经验。一年多来，习近平总书记从亲自发出动员令，到率领中央政治局制定并带头落实关于改进工作作风、密切联系群众的"八项规定"；从亲身深入联系点，参加专题民主生活会、全程指导教育实践活动，到每一个关键节点和环节多次发表重要讲话、作出重要批示，有超前的谋划部署，有具体的行动示范，有细致的工作指导。作为新一代党的领袖，习近平总书记从严治党，以身作则，体现了党中央抓好作风建设的坚定决心，极大增强了全党搞好教育实践活动的信心，为教育实践活动的深入推进和取得实实在在的成效提供了强有力的领导保证。

切实加强和改进党的作风建设，切实保持党同人民群众的血肉联系，道理明白，却知易行难。想一想一年多之前党面临的那些人民群众反映强烈的问题，想一想积重难返的"四风"问题和令人痛恨的腐败现象，想一想当时一些党员干部的精神状态以及党内党外的种种忧虑，谁敢预言教育实践活动会取得今天这样的成果？然而，习近平总书记"讲认真"、"有担当"，不怕碰硬，敢于碰硬，真抓实干，务求实效，带领全党同志除积弊、树新风，锤炼了执政党的党纪党风，焕发了全社会的新风新貌。这种抓铁有痕，踏石有印，善做善成的求实精神和领导风格，为全党树立了榜样，成为让人民群众敬服的领袖人格魅力，并将为全面深化改革凝聚起强大的精神力量。

党的作风建设是永恒的课题，作风建设永远在路上。教育实践活动有期限，加强作风建设无尽期。习近平总书记指出，作风问题具有反复性和顽固性，抓一抓会好转，松一松就反弹，不可能一蹴而就、毕其功于一役，更不能一阵风、刮一下就停。因此，他明确指出，要建立抓作风的长效机制，要建立健全管用的体制机制。建立健全这样的长效机制，必须坚持教育与实践并重，切实解决世界观、人生观、价值观这个"总开关"问题。要在教育实践活动"醒脑"、"祛病"的基础上，进一步"补课"，加强精神上的"补钙"。要使为民、务实、清廉成为党员干部牢牢坚守的价值追求和行为准则。同时，必须建立健全一整套管用的规章制度，强化制度执行，增强刚性约束，将党的作风建设长效机制与推动国家治理体系和治理能力现代化紧密结合为一体。

在西方某些研究政治学的学者看来，中国共产党能够由小变大、由弱变强，能够长期执政、独树一帜是一个难解之"谜"。或许，当他们深刻了解了中国共产党有着群众路线这个"传家宝"，而且这个"传家宝"将不断发扬光大成为中国治国理政的重要实践时，他们就会有了答案。

"战斗未有穷期，同志仍需努力。"改进党风政风有了良好开局，更加丰硕的成果就在前头。

| 2014 年 10 月 20 日 |

"老虎苍蝇一起打"　反腐败深得党心民心

"中国人民政治协商会议第十二届全国委员会副主席、中共中央统战部部长令计划涉嫌严重违纪，目前正接受组织调查。"新闻一经公布，网上叫好声一片。随着反腐败斗争的深入，"老虎苍蝇一起打"，深得党心民心。反腐败，已经发挥了强大的政治凝聚作用，体现了执政党与全国人民坚决反腐败的决心与信心，表现出中国共产党刮骨疗毒、廉洁执政、清明治国的鲜明政治态度。

在反腐败的复杂形势甫一呈现的时候，习近平总书记就明确指出，对腐败分子，必须采取"老虎苍蝇一起打"的办法，才能收到反对腐败的预期效果。只有对腐败分子坚持一个也不放过，保持"零容忍"态度，人民群众才会和我们党坚定地站在一起，坚定地跟党一起走。全党也才会更紧密团结、更信心百倍地实干。因为在全党和全国人民心里，一个敢于拿一切腐败分子开刀的政党、一个敢于剜除自己肌体上的脓疮的政党，是能够压倒一切困难而不被一切困难压倒的政党，更是最有希望、最有前途、最能够给国家和人民带来希望、带来梦想、带来幸福的执政党。清除腐败，是人民的福音。

以习近平为总书记的党中央断然采取了"老虎苍蝇一起打"的反腐战略，既是站在重整全党执政理念的高度作出的重大决定，是凸显"权为民所赋"的权力来源的政治自觉；也是站在国家长期、协调和可持续发展的高度采取的有效政策，体现了聚集党心、凝聚民心的政治远见；更是站在国家发展转型升级，推进国家治理体系与治理能力现代化的高度，将中国的发展提升到依法治国状态的重大举措。清除腐败，是国家的福音。

坚持从严治党，坚持依规管党治党，敢于剜除腐肉烂疮，彰显的是一个走向现代化的大党永葆肌体健康的信心和勇气，彰显的是我们党自我净化、自我完善、自我革新、自我提高的能力与境界。中国共产党将更有活力、更有战斗力，能够更好地带领13亿人民实现中华民族伟大复兴的"中国梦"。清除腐败，也是我们党的福音。

| 2014年12月22日 |

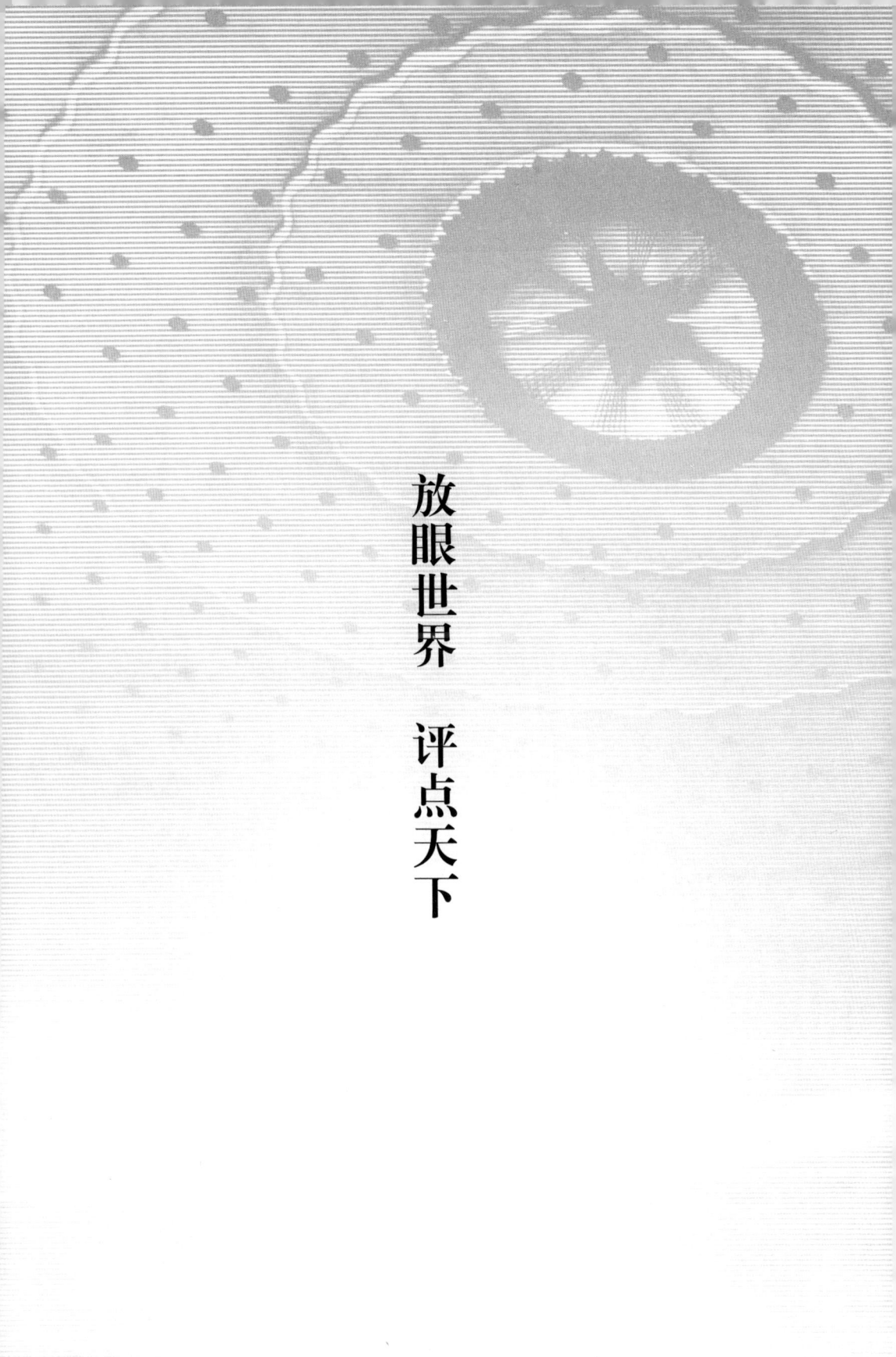

放眼世界　评点天下

美国"再平衡"举步维艰

美国总统奥巴马刚刚结束对日本的访问。他在到达日本前，接受日本《读卖新闻》专访，表示由于尖阁列岛（我国称"钓鱼岛"）受日本管辖，因此属于《美日安保条约》第五条覆盖的范围。4月24日，他在东京与日本首相安倍晋三举行的新闻发布会上，再次表示包括钓鱼岛等所有日本管辖的地方，均适于《美日安保条约》第五条的共同防御条款。

奥巴马自推出其"重返亚洲"与"亚太再平衡"政策后，前后已有三任国防部长以及两位国务卿作出上述表示。但由美国总统本人代表政府如此表示，这还是第一次。从表面上看，这是美国强化美日同盟、加强美国对日安全承诺的突出显示。但在实质上，这是面临中国强势崛起以及日本率先改变钓鱼岛现状从而引起中日关系严重紧张时期，美国意在同时对中日两国进行"再平衡"之举。

钓鱼岛问题由来经纬清晰，美国心知肚明。美国在1972年结束对冲绳托管的时候，错误地与日本私相授受，非法将我国钓鱼列岛交与日本，有意在中日之间制造矛盾。也因如此，美国始终不敢承认日本拥有对钓鱼岛的主权，这一是符合事实，二是避免引起更多事端。

美方长期以来的立场是：钓鱼岛的主权未明，但日本肯定不具有对钓鱼岛的主权，美国也未将钓鱼岛的主权交给日本。《美日安保条约》明确保护日本领土，但由于美国不承认日本拥有对钓鱼岛的主权，因此美国是否根据上述条约对日本所称的对钓主权予以保护，美方长期对此语焉未详，直到冷战结束后才开始调整立场，政策逐步变得明确。目前的美国当局是对此说得最为清楚的，其立场也是我国最为反对的。

美国长期信奉"美国治下的和平",它刻意将中国的钓鱼岛给予日本,一是为了损害中国权益,二是为了在中日之间制造矛盾。过去它对《美日安保条约》是否对钓鱼列岛适用不说清,是由于中方实力还弱,不至单方面以武力予以收回。同时,也由于日本大致还是遵守了与中方达成的关于"搁置争议"的默契,因此鉴于中日双方的共同努力,钓鱼岛主权争议得到管控,美国自然也不需要调整其立场以免失去平衡。

但目前的情形是:日本在2012年"国有化"钓鱼岛,单方面改变在这个问题上的现状,而且日本政府信口否认中日间曾达成关于"搁置主权、共同开发"的共识,这严重地冲击了中日美三方在这个问题上的平衡状态。中方强烈反对日本破坏现状的做法,要求制止其"国有化"的错误行为,在"国有化"之后又要求日本去"国有化",作为恢复关系平衡的正当前提。美国政府也在日本"国有化"钓鱼岛前多次告诫日方尊重中国意见,但这些忠告都被日本当局置若罔闻。

美国政府很清楚:关于钓鱼岛的主权存在争议,而且美国是造成这一重大争议的推手。美国政府在去年建议美国民用航空公司遵守我国政府宣布的东海防空识别区,也是以实际行动部分接受了中国政府在钓鱼岛空域具有行政管理权从而与日方的平行诉求形成争议的事实。美国政府清楚地认识到当前的日本政府不顾事实、不管平衡、不顾大局甚至不顾美国利益的冲撞形态,已经构成了对美国利益的严重损害。日本作为美国的盟国,在对外行为上已日渐脱离美国轨道,因此美国目前推行的"亚太再平衡"就有了再平衡日本不负责任行径之需求。

美国政府同时也看到:日本在钓鱼岛问题上的做法,不仅不能达到有效"国有化"钓鱼岛的目的,反而在中国日益强大的今天给了中国以实力反制日本的机会。由于日本在钓鱼岛问题上单方面改变现状,使得中国在同一问题上摆脱现状从而反制日本以正当性,这不仅增加了中日发生物理冲撞的可能性,而且日本对此未必能占上风。这也是美国不能接受的,因为这会造成或者美国被迫卷入从而形成中美冲撞,或者美国放弃保护日本从而使华盛顿在其盟国群中失去可信度。对于前者,美国完全没有必要为一些既非属于美国也非属于日本的石头同另一个有核国家冲突。对于后者,美国更不愿看到其44个盟国对美国失去信心。如若不然,这些盟国或者转投其他大国,或者发展完全独立的防务与外交。

无论何种，都不符美国利益。

美国在钓鱼岛问题上的政策因此举步维艰。奥巴马宣布的《美日安保条约》第五条适用于日本对钓鱼岛的管辖，最终是出于如下的三重平衡：压抑中国维权意志，平衡日本反弹，继续宣示美国保护盟国群的既定政策，这在克里米亚脱乌入俄事件发生后美国难有作为的背景下尤显重要。这只能说明美国管控世界的能力在下降，包括管控盟国的能力也在下降，世界格局因此也在继续发生对美国不利的变化。

钓鱼岛属于中国。中国愿意与日本就此搁置争议，但如果不愿继续搁置，我们只好奉陪，这不是美国威胁所能改变的。美国总统在日本所做的政策宣示，显示的不是美国的强大，而是美国无奈地承认它对不负责任的盟国的失控。中国不率先采取改变现状的做法，对此美国也是明白的。即使美国相关政策做了调整，中美都愿意维护稳定的共同立场并未变化，北京和华盛顿寻求规避风险的机会仍然很多。

| 2014 年 4 月 25 日 |

奥巴马挺日实为不智

正在日本访问的美国总统奥巴马 24 日迈出了危险的一步——他在美日首脑联合新闻发布会上声称,《美日安保条约》适用于钓鱼岛。此言一出,举世皆惊,这是美国在任总统首次在重大外交场合发表如此出格言论。面对一个向右狂奔的安倍政权,面对亚太波谲云诡的局势,奥巴马发表如此轻率言论实为不智。

众所周知,钓鱼岛及其附属岛屿是中国的固有领土,在甲午战争期间为日本窃取,"二战"后被美国私相授受给日本。换句话说,美国本来就对钓鱼岛问题负有责任,如今不思如何解绳,反而提出要"协防日本",只会让问题更加复杂化。

奥巴马和美国近来的所作所为与国际法和国际道义相背离,背弃了在有关领土主权问题上不选边站队的承诺,让美国的可信度蒙尘,此为不智之一。

奥巴马和他的白宫幕僚们可能以为,"高调"表态可以给东京打打气,换得日本在其"亚太再平衡"的棋盘上多出出力,在《跨太平洋战略经济伙伴协定》问题上让让步。殊不知,奥巴马的算计正中了安倍政权和日本右翼势力的下怀。

世上有一种人,看起来精明无比,行事却失于短视和轻率,被人当枪使却不自知。眼下的美国,正大有聪明反被聪明误、被安倍政权当枪使而不自知的"风范"。

自从 2012 年日本悍然"购岛"以来,日本的右翼势力日益膨胀。尤其是安倍上台以来,东京在右翼道路上一路狂奔,大有刹不住车的势头。

一年多来,安倍是一步一个脚印为日本军国主义招魂。安倍大搞

"历史修正主义",炮制"侵略定义未定论",参拜靖国神社,试图否定世界反法西斯胜利的成果,挑战战后国际秩序;一年多来,日本自卫队演习不断,上演了大规模"夺岛演习",安倍多次身着戎装亲临练兵场,先后到硫磺岛和缅甸祭拜"二战"阵亡的侵略日军,甚至不避嫌疑坐编号为"731"的战机,其穷兵黩武的做派一览无遗;一年多来,安倍一直在积极推销所谓"积极和平主义",其实质是"积极战争主义",其目标是解禁集体自卫权和修改和平宪法,妄图复活军国主义。

面对试图跳出"潘多拉魔盒"的日本右翼势力及其总代表安倍政权,奥巴马的明智选择应该是想方设法约束其膨胀的野心。但是,奥巴马在东京和此前接受日本媒体采访时的表态,公开为东京在钓鱼岛问题上撑腰,公开支持日本解禁集体自卫权,为安倍政权的危险举动背书,无疑是对日本右翼势力的纵容包庇,可谓是"与狼共舞",殊为不智。

不智之三是,美国依然用落伍的冷战思维指导其亚太战略。奥巴马和美国近来的作为表明,华盛顿想强化美日同盟,为其"亚太再平衡"添砖加瓦。其实,美日同盟是在冷战时期形成的双边安排,早该摒弃。冷战结束已经20多年,而华盛顿的思维还停留在上一代,与当下的国际形势有"代沟"。

当下的亚太,是世界上经济最具活力的地区,我们不反对美国参与亚太的经济合作,不反对美国分享亚太经济繁荣的"一杯羹"。然而,美国抱着冷战时霸权主义思想不变,通过所谓的"亚太再平衡"想牢牢掌控着亚太地区安全与经济的主导权。为了当老大,实力下降的美国不惜姑息日本右翼政权,不惜复活19世纪"分而治之"的老把戏,不惜鼓动对立、对抗,置亚太地区和平与稳定大局于不顾,如此做派必将为世人所唾弃。

2013年12月的一项皮尤调查发现,有超过半数的美国受访者表示美国"在国际上应该只管自己的事情,而让其他国家自己尽可能地融洽相处"。这表明,连大多数美国民众自己都不愿意看到华盛顿四处搞事,亚太地区亦不例外。

奥巴马政权最大的不智是错误地对待中国崛起和中美关系。

明眼人一看即知,奥巴马的东京表态敲打的是中国。俗话说得好,"做人要厚道",奥巴马不久前还信誓旦旦地说无意遏制中国,要推动美中新型大国关系建设，转身就到中国隔壁"使绊子"，两面三刀，其外交诚信和国际信誉受到世人质疑。

更重要的是，奥巴马应该认识到，作为世界的头号和二号经济体，美国和中国的剑拔弩张不仅不利于自身，也不利于世界。无论是"重返亚太"还是"亚太再平衡"，换汤不换药，其核心都是想方设法减缓中国崛起的速度，拉拢亚太国家对抗日益增强的中国。

拉日本来遏制中国本身就是错误的。美国《福布斯》双周刊杂志网站不久前发表前美国国务院官员何思文（斯蒂芬·哈纳）的一篇文章指出，近30年来中国的崛起是从根本上改变全球经济和政治的划时代发展。从现实主义和追求自身国家利益出发，美国的政策必须最大化地利用中国崛起，并根据这一目标酌情调整与其他国家的关系。然而，奥巴马政府"重返亚洲"政策却与此背道而驰。何思文可谓一言中的。

一个负责任、明智的领导人思考的应该是，如何给世界、给历史留下正资产，而不是负能量。因此，我们奉劝奥巴马：要慎言慎行，不要被人当枪使；清酒味虽好，但不是谁敬的都可以放量喝。

| 2014年4月25日 |

"泰式民主"不在乎血和泪

泰国乱局是今年上半年最瞩目的国际事件之一。5月7日，随着泰国宪法法院一纸判决，美女总理英拉潸然泪下成为这场"司法政变"最让世人铭记的一刻。5月22日，泰国军方宣布政变，民主又一次终结于枪炮与长剑。

算起来，泰国是亚洲较早引入西式民主的国家，1932年泰国就实行君主立宪制。80多年来，泰国大大小小发生过近20次军事政变，西式民主在泰国走过了一个个轮回，于家、于国、于民都是一次次轮回殇痛。

自2006年他信因政变下台以来，"泰式民主"发展更是惨烈，泰国一次次陷入循环往复你上台、我示威的政治怪圈，"司法政变"次第上演，军事政变"一锤定音"。

泰式民主充满了血和泪。八年来，"红衫军"、"黄衫军"你方唱罢我登场，封机场、占国会、烧商场，死伤惨烈。无论是"红衫军"还是"黄衫军"，无论是执政党还是反对党，无论是选委会还是三大法院，时常挂在嘴边的都是一句"为了民主"，甚至连发动政变的军队，也宣称为了"推进泰国的民主"。但没有人在乎的是，人民为此付出的生命代价：2010年"红衫军"示威之时，军警武力清场造成200多人死亡，近2000人受伤；过去半年里，街头暴力和冲突致死28人，更多人受伤。

生命无价是一个朴素的真理。西式民主再好，也不能以生命为代价。

英拉的泪，民众的血，映射出泰国的国家之殇、族群分割、阶层对立之殇。对于泰国乱局，专家学者们分析其成因的文章汗牛充栋，但总归一点是：西式民主到泰国虽已80多年，历经数代，但依然水土不服，

"泰式民主"依然处于"失序"、"不完整"状态。

我们丝毫不想贬低西式民主的地位与历史成就，因为她毕竟是人类文明成果的一部分。问题是，西式民主仅仅是人类社会制度的模式之一，世界上还有其他平行的、适合本国的制度模式，这恰恰体现了人类文明的多样、文化的多元。

所谓"橘生淮南则为橘，生于淮北则是枳"，西式民主在欧美成功不代表在别处就一定能成功，正如水稻在西班牙长得好就想当然可以移植到比利牛斯山以北的西欧大平原一样。然而，西方总是有一些人有着根深蒂固的执着：要把西式民主推广到全球每个角落。

表面上，他们是打着"为了全人类福祉"的幌子，但其本质思维还是几个世纪之前的"十字军东征"，亦或是虚拟武侠小说里"东方不败一统江湖"，徒为人们茶余饭后之笑耳，当不得真。

世界是丰富多样的，文明文化是多姿多样的。西方人认为天经地义之事，换个地方会成笑谈；同理，泰国人认为天经地义的事情，西方人会认为不可理喻。这就是我们这个蓝色星球的本真，无论你看到还是有意无视，现实就在那里。

人类的共同心愿是和平、稳定、自由、幸福，条条大路通罗马，民主不过是实现此目标的手段之一，是推进社会进步的驱动轮中一个。泰国的血与泪，恰恰折射出西式民主在发展中世界推广的尴尬。

其一，西式民主不一定给发展中世界能带来和平与稳定

从中南半岛到黑海之滨，从非洲大陆到波斯湾，西式民主并没有带来橄榄枝。拿2010年之后中东北非剧变来说，西方曾一度认为这是西式民主将在中东传播开来的"阿拉伯之春"，为此不惜在利比亚动武，但结果再度证明这不过是西方的一厢情愿。人们看到，埃及政局大起大落，军方再次掌握政权，利比亚政府瘫痪，国家走向索马里化，叙利亚内战不断死伤惨重，只剩下突尼斯情况稍好。

然而，令人齿冷的是，西方世界对"推广民主"道路上民众的鲜血与眼泪从来是视而不见，泰国如此、伊拉克如此、乌克兰亦是如此。

其二，西式民主不一定能给发展中世界带来政治清明和社会和谐

除了泰国外，英国《经济学人》杂志不久前刊文历数南非、土耳其、孟加拉等诸多引入西式民主的国家，坦诚一些党派越来越"自私自利"，有的"正堕入腐败与专制的深渊"，有的陷入抵制大选、拒绝接受选举结果的怪圈。

印度被西方称为"世界上最大民主国家"，实行的是"正宗"西方民主，直接传承于英国议会制度，被标榜其为"样板"，但其"败笔"连西方媒体也不讳言：政治犯罪化、议会议政能力下降、中央政府决策能力弱化、政治对经济发展构成障碍。由于金钱和暴力操控政治，许多政党的候选人中充斥着刑事犯罪分子。统计显示，印度中央和地方两级议会的议员中，约有三分之一涉及刑事犯罪。

其三，西方民主不一定能给发展世界带来社会进步与经济的快速发展

放眼全球，西式民主不是助推经济的"万灵药"，从广袤的拉美到肥沃的非洲，从加勒比到东南亚，莫不同此理。

还拿印度为例子，世界银行不久前曾提供一份意味深长的对比数字：1980年，印度国内生产总值（GDP）是1896亿美元，而中国是1894亿美元；印度人均国民收入为270美元，而中国为220美元；两个数字印度均领先。但30多年后，在2012年，中国的GDP是8.23万亿美元，大约是印度1.84万亿美元的4.5倍；中国的人均国民收入是5720美元，是印度1580美元的3.6倍。

令人莞尔的是，尽管西方一些势力不遗余力对外鼓吹西式民主，但西式民主在西方都在褪色，日暮已现。

德国《世界报》网站去年刊文指出，西式民主的弱点和缺陷可以列出一张很长的单子：持反对意见的人阻挠乃至勒索、无法管理，国家债台高筑，政党分崩离析、政府分崩离析、国家分崩离析的可能性也不再

能排除……

对于西式民主最大的"布道者"美国来说,《世界报》把其诊断为"帝国过度扩张",而英国《经济学人》认为美国发动伊拉克战争让世人看清其真面目:民主不过是美帝国主义的遮羞布。

西方民众对西式民主越来越厌倦了。政党是西式民主的基础,但发达国家里人们参加政党的热情持续下降:仅仅1%的英国人现在参加政党,而1950年的数字是20%。2012年针对七个欧洲国家的调查显示,逾半数选民"根本不信任政府"。

法国政治思想家托克维尔指出,本土的民主常常是最好的民主形式。推而广之,无论是泰国、印度还是其他发展中国家,发展永远是硬道理,但如何发展,如何管理社会,不应是单项选择。"鞋子合不合脚,自己穿了才知道。"一国的政治模式,符合自己国情的才是最好的。

|2014年6月1日|

泰国乱局,让人倒抽一口冷气

乌克兰政治危机还没有过去,泰国政坛之乱更加扑朔迷离。几年以来,泰国政坛动荡不已,近几个月更上演广场冲突的剧情。尽管局面暂时得到控制,但不排除未来还发生"红黄大对决"。泰国可能陷入无休止的动荡且看不到头,让人倒抽一口冷气。

泰国向何处去,是泰国的内政,我们不必多说。作为泰国的友好邻邦,我们希望泰国尽快稳定下来。对中国人来说,这几个月冷眼旁观和深刻思考,则不啻是一堂关于西式民主的政治课。

这堂课得出的结论就是:幸亏我们没有走西式民主那条不归路,庆幸我们一直走中国特色政治发展道路。

我们得到哪些启示呢?

第一,西式民主的简单照搬使许多非西方国家陷入灾难,由于美国和西方长期推行意识形态战略,把世界分为民主和非民主两极,并给予选择性支持;也由于"自由主义"思潮在全球流播,不少国家和地区盲目崇拜所谓"西方民主",从西亚到北非,不少国家热衷"颜色革命"。民主本是个好东西,但在美国和西方语境下的民主,却变成了一种破坏性的力量,没有给人带去幸福和安宁,反而造成分裂和内斗。泰国人民平和友善,经济发展不错,但从2006年推翻他信政权之后,泰国政坛便开始了通过操控选举夺取政权的政治模式,各种派别的政治势力缠斗不已,"你方唱罢我又登场",把一个好端端的国家弄得乌烟瘴气。

第二,"街头政治"成为常态,使有些国家长期处于内乱和内战边缘。解决问题的最好方式应该是在法治轨道上协商合作,而西式民主却热衷于游行、集会、闹事。从西亚、北非到乌克兰、泰国,尽管国情不同，文化各异，但都无一例外地被引入美西"民主政治"的歧途——"街头政治"，只要政客们对政治分肥稍有不满，只要各种政治势力的利益诉求未能满足，就煽动老百姓上街游行。规模越大越好，闹得越火爆越好，善良百姓一旦被政客们绑架，很难在动荡的政局中保持理性，有的国家甚至出现严重的打砸抢烧，我们看得很清楚，"街头政治"无论出于什么理由，也不管其诉求是否合理，都不会给老百姓带来好处，其结果一定是使国家和人民陷入灾难的深渊。

第三，所谓"选举政治"，极易成为政客操纵的游戏。选举是实现民主的一种形式，其本意是让老百姓作出选择，然而西式民主选举的虚伪性、欺骗性正在于，打着民意牌满足自己的政治野心。一方面，为了迎合选民，赢得选票，政客们往往作出一些口惠而实不至的承诺，而实际上多半是画饼充饥，上台后大半承诺都抛诸脑后。另一方面，政客们为了赢得政权，奉行实用主义路线，玩弄拉帮结派游戏，不讲道义，不讲诚信。很少有人为老百姓的切身利益，为国家的长远发展考虑。况且，即使有的政治家想这样做，恐怕也很难做到，因为他们效忠的对象不是人民，而是支持他们上台的财团和大佬们。

通过对泰国政局的分析，我们应该更加清醒起来，对美国和西方推崇的所谓民主政治有一个更加本质的认识。我们不介入别国内部事务，不输出自己的意识形态，我们只关心和做好自己的事情，坚持走中国特色政治发展道路，最关键的是，千万别落入"民主政治"的陷阱。

|2014 年 5 月 31 日|

日本谋"入常",中国不答应

安倍晋三尾随着习近平主席拉美之行,也来了一次拉美五国游走。安倍火急火燎跑到拉美去,所为何事?外电都看得很清楚:一是推销经济;二是为"入常"拉票;三是继续与中国较劲。为此,日本有些媒体跟着大造声势。有媒体说,安倍棋输数招的"马后炮",根本不是什么正常的外交活动,而是抵消中国影响,遏制中国发展的搅局、捣乱之举。

众所周知,安倍与"二战"时期日本军国主义头面人物,有直接的血缘关系,军国主义复活是他不变的梦想。所以,安倍上台以后最想干的事情,就是为日本在历史上的侵略罪行翻案,推翻"二战"形成的国际秩序,重温"大日本帝国"的昔日辉煌。安倍深知,中国的崛起,是日本复活军国主义的最大障碍。所以,他鼓吹"侵略定义未定论",否认慰安妇问题,参拜靖国神社,修改武器出口三原则,解禁集体自卫权等等,敌视中国达到了疯狂的程度。所以媒体说安倍此次拉美游走是为抵消中国影响,遏制中国发展的搅局、捣乱之举,判断是准确的。

在历史上,日本经常会有"以蛇吞象"的妄想。70多年前,日本悍然发动全面对华战争,甚至自不量力地发动太平洋战争,导致彻底失败。人们会想,日本何以胆敢挑战人类和平正义力量,向全世界宣战,从历史迷狂到现实政治来看,就是从来摆不正自己的位置,今天仍然如此。日本声称,要成为一个正常国家;但要成为正常国家,起码要有正常思维。而日本没有。

日本谋求"入常"已非一日,但常常碰一鼻子灰。何故?在这个世界上,日本恐怕是最没有资格想这个问题的国家。"五常"的格局,是战后国际政治秩序最重要的安排。换言之,这是"二战"胜利成果的体现，是对军国主义、法西斯主义复活的有效制约机制。

历史问题是日本的死穴。日本是犯下战争罪行的战败国，理应痛改前非，反省罪行，以实际行动向全世界人民特别是受害国人民认罪。而人们看到的却是，安倍等日本右翼势力非但不思罪行，反而为战犯招魂，为复活军国主义呐喊，有罪而不认罪。可以想象，有战争罪行而不思悔改，却想抢夺和平奖，岂不荒唐可笑？也足见其不自量力。正如国际舆论所说，当下的日本最要紧的是，老老实实谢罪，求得亚洲国家原谅，而不是穷兵黩武，把日本推向和平与正义的对立面。

日本之所以敢于公开否定历史罪行，更沉迷"入常"的非分之想，是和美国所谓"亚洲再平衡战略"分不开的。日本自以为有"老大"撑腰，就可以为所欲为；自以为有"老大"支持，就应该得到非分之"奖"。这实在是自欺欺人。因为，美国终会明白，纵容日本，不仅是对自己历史的亵渎，也必将被日本绑架。正像美国不应忘记被摧毁的珍珠港，日本一天也没有忘记那两颗原子弹。养虎者，必为大患。更重要的是，正义的力量终究主导着人类的进步和发展。只要日本一天不认账、不谢罪、不反省，人们对历史真相的追问，对侵略罪行的揭露，就不会停止。从这个意义上说，日本谋"入常"，无厘头，不够格，不仅中国人民不答应，世界上一切主持正义、维护和平的力量也不会答应。

今夕是何年？世界已经进入21世纪，但有些日本人的思维仍然停留在上世纪三四十年代。这正是日本的悲剧。日本整天喊"中国威胁"，其实真正的威胁是他自己：右倾化的魔鬼一旦被唤醒，恐怕就再也无法装进瓶子。而为军国主义招魂，意味着将再次走向万劫不复的深渊。

| 2014年8月3日 |

中国不点头，日本入不了常

7月25日，中国国家主席习近平访拉之行刚刚结束，日本首相安倍晋三便迫不及待地造访拉美五国。安倍之行，被外界普遍认为，意在"一石二鸟"：拉拢拉美国家一道"制衡"中国，进而为日本"入常"谋取更大支持。

自2005年起，日本"入常"话题已喧嚣多年。之所以多年来跳梁不止，"入常"之事却始终难有实质推动，根本原因就在于日本距离一个"常任理事国"应有的担当相去甚远。世界已经看到，日本并非如它说的那样，一直在积极地谋求世界和平：其首相不顾邻国抗议，参拜供奉有"二战"甲级战犯的靖国神社；其国会、政府不顾国内外反对，解禁集体自卫权；更不顾联合国和国际舆论一致谴责，长期扭曲"二战""慰安妇"、南京大屠杀等问题。

可以说，最近一段时间以来，日本已然成为世界舆论关注的焦点。然而，其收获的反应是负面的、消极的，是应被联合国所有成员国作为反面教材的不负责任、一意孤行的国家典型。

众所周知，中国重返联合国舞台以来，用真诚的态度和实际的行动向世人展示了一个积极承担国际责任、积极维护世界和平、积极维护世界发展与稳定的负责任大国形象。十多年来，中国是联合国无偿提供维和部队人数最多的国家，遍布世界四大洲。中国对外援助从不附加政治条件，不干涉受援国内部事务。2010年至2012年的三年间，中国对外援助金额高达893.4亿元人民币，为受援国和地区的发展与稳定发挥了重大作用。积极斡旋朝核、伊核问题，调停叙利亚危机和巴以冲突，以派出特使、构建对话平台等方式管控和解决危机。在2008年国际金融危机爆发以来，中国更是为维护世界经济稳定和金融秩序提供了不可忽视的鼎力支持。

事实已经证明，中国已经成为国际社会不可或缺的具有中流砥柱作用和国际话语权的重要成员。可以说，没有中国的认可和支持，持续倒行逆施、一意孤行的日本，必然难圆"入常"的黄粱美梦。

联合国作为"二战"后旨在维护世界和平与发展的获得国际普遍认可的国际组织，具有神圣而重要的地位和作用。其首要基石，就在于对"二战"轴心国侵略乃至反人类行径的彻底否定和对和平友爱的国际秩序的追求。相比之下，日本当前一系列否定"二战"胜利成果，颠倒黑白的行为显然与联合国成立的宗旨背道而驰。试想，一个否认侵略历史、扰乱地区和平稳定的国家，又如何有资格和能力担当起维护世界和平与发展的重大国际责任？作为历史上饱受殖民苦难和强权欺凌的拉美国家和人民，又怎会轻信精心伪装、巧舌如簧的安倍晋三来挑拨离间、混淆视听？

实质上，安倍的经济牌和意识形态牌打得再处心积虑，也永远比不上长期的真诚态度和实际行动来得有效。而在这一点上，中国具有绝对的自信和相当的能力。人们高兴地看见，无论是在全球安全、国际政治还是世界经济等各大领域，都有中国无私和积极的奉献与努力。刚刚在拉美结束的金砖国家峰会上，新成立的金砖国家应急储备基金和金砖国家开发银行正是中国努力推动下，为广大发展中国家谋取权益的新举措。对此，有评论称，中国正愈来愈成为一个敢于和勇于为广大发展中国家发声发力的名副其实的大国。同时，在日本"入常"这一国际社会普遍关心的问题上，中国的声音也同时代表着相当多发展中国家和地区人民的真实心声。这一心声，不应当被忽视，也绝不能被忽视。

平心而论，日本人民期望承担更多的国际责任，发挥更大的国际作用，本是情有可原、无可厚非。但日本作为亚洲国家的一员，应当扪心自问，自己是否已经赢得了亚洲人民的普遍信任和理解？自己是否已经成为亚洲国家共同合作与和平发展的好伙伴？

十年前的日本并没有做到这些，十年后的今天，它的所作所为更加让人们感到失望甚至担忧和不安。正如中国外交部发言人洪磊此前所说，联合国安理会改革事关联合国长远发展和193个会员国的切身利益。必须通过民主协商、达成广泛共识。任何联合国成员国，包括希望在安理会发挥更大作用的国家，首先应该尊重历史，对历史负责，不能挑战世界反法西斯战争的胜利成果。

追求和平与发展，是全世界人民的共同期盼。中国作为为"二战"胜利付出数千万人牺牲这一鲜血代价的战胜国和为当今世界持续贡献智慧和发展动力的联合国安理会常任理事国，绝不会纵容日本极右势力导演的一系列乱象。只要日本领导人一天不正视历史，不改弦更张，中国就一定会继续严守世界和平之门，严防"二战"法西斯幽灵死灰复燃。

前事不忘后事之师，在"二战"胜利70周年来临之际，中国将与世界各国一道在维护世界和平与发展的道路上继续携手前行。对于日本的一言一行，中国也将"听其言观其行"，本着对地区和世界和平与发展负责任的态度，谨慎对待和处理日本的"入常"诉求。

| 2014 年 7 月 31 日 |

泰国乱象折射"民主之殇"

用"你方唱罢我登场"来形容泰国乱局,可谓允当。党派斗争持续升级、街头政治轮番上演,在整个国家陷入混乱之际,军事政变如期而至,再次演绎出泰国"政变—选举—再政变"的经典剧情。从上世纪80年代结束军人政治恢复"民主政治"以来,这个国家先后发生了三次军事政变。撕裂、冲突、仇恨、停滞,泰国民主的乱象,正在挑战习以为常的民主化理论命题。

"究竟是民主病了,还是得了民主病?"有人这样发问。无论是"红衫军"还是"黄衫军",无论是执政党还是反对党,他们都宣称是"为了民主",都标榜自己是推进民主的使者。然而,人们所抗争的一切都与他们的利益有关,就连《华尔街日报》也发表评论说,反对派决定通过使国家变得无法治理来夺权上台,这种行为正是"不忠诚反对派"的标准定义。

试想,如果只认党派属性、无视公共利益、践踏基本共识,凡是对方支持的就要反对,凡是对方反对的就要支持,为了选举胜利可以无所不用其极,那么党争极化势必让社会陷入撕裂和冲突的深渊,亦必会形成一个失去治理能力的"否决性体制"。这也恰好印证了政治学的一个经典判断:当一个社会缺少底线共识,选举民主只会加剧社会撕裂和阶层冲突。

放到世界历史进程中来看,泰国面临的问题并非孤本个案。从上世纪70年代中期开始,世界进入所谓的"第三波"民主化浪潮,让西方一些学者发出"历史终结论"。然而,几十年过去了,一些国家深陷内讧泥潭而失去决策能力,"自由民主"成为"无效民主",又重回"威权主义"；一些国家则出现治理失败，民主之花开出宗教之果，饱尝"民主的坏脾气"。剥开西方输出民主的华丽外衣，是时候认真思考托克维尔的告诫：本土的民主常常是最好的民主形式。

前不久，《经济学人》的封面文章"民主怎么了"，表达出世界范围内的普遍焦虑。诚然，每一个国家都有其独特的历史传承、社会结构和文化土壤，怎么会有放之四海而皆准的制度模式呢？"橘生淮南则为橘，生于淮北则为枳"是尽人皆知的朴素道理，人类的文明史上，也没有一个民族、没有一个国家可以通过依赖外部力量、跟在他人后面亦步亦趋实现强大和振兴。美国政治学家亨廷顿一针见血地指出，普世主义是西方对付非西方社会的意识形态。

无论是纵向比较还是横向比较，都为这个判断提供了有力证据：国家之间的政治分野，是政府安邦定国的有效程度而不是政府的形式。关于制度选择与文化土壤的关系，卢梭曾经做过生动比喻，"正如建筑家在建立一座大厦之前，先要检查和勘测土壤，看它是否能担负建筑物的重量一样"。一个国家选择什么样的治理体系和民主形式，是由这个国家的历史传承、文化传统和经济社会发展水平决定的，生搬硬套别人的制度模式，就会画虎不成反类犬，不仅不能解决实际问题，反而还会因水土不服造成严重后果。这样的例子还少吗？

2013年皮尤全球态度调查显示，85%的中国人对本国发展方向"十分满意"，而在美国这一数字仅为31%。我们是一个学习型和反思型的民族，也应该从一些国家的民主乱象中认识到：我们走自己的路，具有无比广阔的舞台，具有无比深厚的历史底蕴，具有无比强大的前进定力。

|2014年6月1日|

泰国政治难题与"中产阶级带来民主"

近年来,一些国家的民主化进程,如埃及、泰国、乌克兰,正在挑战着我们已经习以为常的,甚至被当做圣经的民主化理论命题,诸如"公民社会是民主政治的前提和基础"、"中产阶级带来民主"、"民主有利于民族和解"。

很多人习惯在"元叙事"上看民主,把一个国家的好坏都归因于民主。我们应该更专业地看待这个实在是太重要的现实问题,为此就需要以更敬业的态度去了解一个国家的历史与现实。

摩尔在《民主与专制的社会起源》中有一句"没有资产阶级就没有民主",成为西方民主化理论的金科玉律。于是乎,西方民主化的经典理论就变成:经济发展推动工业化和城镇化,工业化催生了中产阶级,中产阶级自然要求民主。这是西方人根据自己的历史而给出的一个高度抽象和简单化、因而也是有违其自己历史的民主化教条。西方民主化历史的真相是,资产阶级革命带来了精英民主,这不用质疑,但精英民主和革命前的贵族制、寡头民主也没有多少区别,而真正民主化的到来则是1848年二月革命以后的事,最迟也是1871年巴黎公社以后的事,大众民主从此到来。也就是说,即使是欧洲的民主历史,也不是民主化教条理论所说的那么简单。因为理论的简单化,而简单化的理论必然有违历史本身,以至于就连亨廷顿这样的"先知先觉者"在《第三波》中也沿着摩尔的路线得出所谓"中产阶级带来民主"这样的命题。

而泰国的政治难题告诉我们,恰恰是城市中产阶级,构成了民主的反对力量。他们不停地搞街头集结,不推翻民选政府决不罢休。更为可笑的是,因为泰国的中产阶级占人口的30%,他们提出了极端荒谬的政治主张：70%的国会议员和官员靠任命，30%的靠选举。在泰国这样一个城乡两极的社会结构中，中产阶级成为少数，必然是人头政治的输家。因此，此中产阶级非彼中产阶级，而中产阶级的政治诉求取决于其所处的社会结构，中产阶级与民主没有必然联系。

泰国是"没有资产阶级就没有民主"的反面教材。其实泰国并不特别。大量的历史和既有的研究已经告诉我们，有财富的阶级喜好自由，自由带来财产权，而且喜欢用脚投票，即哪里环境自由、哪里能发财就到哪里去，他们特别不喜欢一人一票的靠数人头的民主政治。什么人喜欢人头政治呢？什么人喜欢平等呢？当然是下层阶级、穷人和无产者。也正因为如此，西方政治思想上的主流理论一直是压制、妖魔化作为大众权利的民主的，托克维尔说的"多数人暴政"就是讲民主弊端的可能性。但是，当西方的大众、美国的黑人有了选举权以后，又没有出现托克维尔所担心的穷人对富人的合法剥夺，原因何在？在于宪法，在于法治，在于苛刻的制度安排，使得大众即使有了民主选举权也不能实行不利于富人的政策，民主变成了穷人四年一次的"嘉年华"，富人的隐忧消失了，穷人的心灵也得到了抚慰。

我一直认为，民主在价值上是公共之善，值得也必须追求；但是，民主更是一个现实中的工具性问题即是一个政体问题，既然是政体问题，它和君主制、贵族制一样，必然存在内在的利益冲突性。原因很简单，民主是大多数人的政治，而多数人之间的利益很难一致化，而且多数人之间甚至可能存在对立性的种族或根本性物质利益的对立。因此，民主本身具有内在的张力和冲突性，这是我们必须务实地看到而不能选择性失明的，否则，正如很多历史上和现实中正在发生的故事一样，民主到来之后并不都是福祉，反而成为祸害。基于民主固有的张力和冲突性，实现民主的条件尤其是同质性条件就不可或缺，尤其是对一个大国、一个发展中国家、一个多种族国家而言。同质性条件至少包括三点：

国家认同前提：这是连自由民主理论家达尔和林茨都反复强调的，民主只能在大家都接受的特定疆域内玩，各家各派都首先承认自己是一个国家的公民，否则民主就变成了分裂国家的工具。

基本的政治共识前提：现代国家必然是文化或观念多元化的政治生态，但应该是多元一体，即存在最基本的、大家都能接受和认同的政治价值，否则，分裂型价值之争就会通过党争而强化，进而演变为分裂型社会，难以达成有利于公共利益的公共政策。自由民主理论家萨托利如是说，除非存在政治共识，否则多党制是很危险的。

社会结构的大致平等性与同质性：亚里士多德一开始就指出了社会结构与政体的关系，即中产阶级主导型社会最为稳定，西方的民主化也基本是橄榄型社会形成以后的事。而在极化对立的社会，即贫富悬殊、教派对立的二元化社会结构之中，选举只不过是强化了社会结构的对立和冲突。在发展中国家，穷人必然居多数，有产阶级为少数，结果是有产阶级反对民主；而在教派对立的大中东，选举最终不过是强化多数派的主导权，因而选举非但不能抚平教派斗争的伤痕，甚至加剧教派分裂。

我们要反思的不仅仅是上述命题的正误，还有民主形式本身。和经济需要竞争一样，政治也需要竞争。但是，采取什么形式竞争？我们不能简单地否定竞争性选举对于西方民主的价值——尽管竞争性选举的背后其实是"党争民主"因而使得问题重重，但是这种对西方管用的工具对其他国家又是什么结局呢？对于缺少同质性条件的后发国家而言，人们向往民主、需要民主，因此学习民主、效仿民主而搞"党争民主"，而党争必然以其特定的社会基础即种族、宗教、阶级为平台，结果，党争民主很有可能导致分裂型社会。鉴于此，我们提出建设全面的、多层次的协商民主制度，实在是明智的、必要的举措。但是，也应该清醒地认识到，作为走向"公共之善"的最佳路径，协商民主制度是一种比选举民主要求更高、实行起来更难的一种理想型制度。

| 2014 年 6 月 2 日 |

西方民主在泰国的失效

泰国人恐怕是东南亚最以"民主"为豪的国家了。但当民主在泰国拉动经济、提振实力、改变面貌、一路凯歌至新千年之后,却突然失效。当泰国人希望用西方民主最王牌的选举制度来解决政治矛盾时,却发现民主的功能不仅退化,而且阻滞着社会发展,加剧了社会隔阂与分裂。民主,在泰国,究竟怎么了?

一路艰难的民主

泰国人是最早吸纳民主概念的东南亚国家之一。在曼谷王朝拉玛四世和拉玛五世执政期(1851—1910),泰国的统治者就开始有计划地向西方国家取经,引入西方的民主思想。到了1932年,一场政变结束了泰国的封建制度,开启了君主立宪制下的立宪民主体制,开启了宪政民主时代。

但形式上的民主与传统的碰撞持续了半个多世纪。一直到上世纪80年代末,泰国才真正结束军人统治,威斯敏斯特体系的议会制才在泰国真正发挥功能。但1990年的军事政变和次年的"五月惨案"又一次显现出泰国传统军人政治势力的反扑,西方民主在泰国仍处于水土不服的阶段。

90年代后期是西方民主在泰国积极演化为常态的黄金时期。在这一阶段,泰国政治平和,经济高速发展,社会普遍安定。直至1997年索罗斯在泰国大搞一把并引发亚洲金融风暴,西方民主的脆弱性才再一次被放大。那一年,泰国政坛震荡,党派分分合合,财阀政治和集团政治演绎出各种民主版本，各说各话，各持己见。进口民主和土生政治难以融合，致使国家发展党等一批老牌政党退出江湖，各派政治势力如散兵游勇一般游弋于政坛内外。

他信·西那瓦2001年上台执政，摒弃了精英政治，放弃了从前与大财阀、大集团合作的政治传统，改走草根路线。由于他信本人富甲天下，他不再靠拉拢财阀才赚取政治人气，而是打压财阀精英来为自己的草根政策埋单。他信深知，一个财阀的财富虽然可抵一个选区的选民，但在投票中，却是人手一票，对于政客而言，"种草"意味着巩固自己的"后花园"。

至此，精英与草根对立，两大集团生成，两大阵营开始比拼。

难有作为的民主

反他信集团的构成很明确，包括城市中产阶级、财阀利益集团以及老牌政党民主党等一些在政治上有反他信诉求的政治集团。自2005年他信以绝对优势赢得选举、成为泰国历史上第一位获得连任的总理后，反他信集团发现，他信在垄断泰国政治，他靠财富拉拢其他党派议员，令一些政治人才转党投身自己的政治集团下；他靠政策收买选民，令其他党派哪怕全面联合也无法分羹；他甚至靠立法为自己的利益集团铺路，使他信集团出现了想做什么做什么的局面。

反他信集团首先想到的就是利用西方民主体制中最精髓的工具——选举。选举被认为是表达社会偏好的方式，"社会选择"和"民意"被认为是最公平的抉择。但是，在实际操作中，反他信集团发现，由于他信牢牢掌握占选民大多数的草根阶层，在投票过程中，无论精英阶层如何游说，草根只认定他们的实惠，并不能认清他信执政理念的本质。所以，当他信2006年初迫于街头集会压力之时，他毫不犹豫地选择重新选举的方式。结果，他在那一次国会选举中获得500个议席中的497个，令反对派彻底瞠目。即便是2006年军事政变后，反他信集团修改了宪法的诸多条款，限制了他信集团的势力，但在随后的选举中，他信集团仍然赢得选举。选举，在反他信集团看来，不仅不能发挥民主的作用，相反，成为他信揽权的工具。

不能自救的民主

在选举失效后，反他信集团选择了西方民主的另一种表现，集会和游行。在大财阀支持下，反他信集团搞了数年集会，靠社会影响力来给政治施压，这便是泰国独有的"街头政治"。这些自称是"民主化身"的黄衫集会者占道路、抢机场、攻机关，在过去几年内使尽各种方式来对付他信政权以及他的代言政府，却最终也"培养"出他信集团的反集会街头力量红衫军。另外，以英拉政府为例，这届政府对反政府集会采取完全避让、不予理睬的策略，集会这种方式到头来只会闹出个人财两空草草收场的结局。

反他信集团在"民主手段"用罄后，转而投向一些独立机构施加影响，包括三大法院、选举委员会和上议院。过去几年间，三大法院裁决出不少对他信集团不利的案子；选委会作出过不少对他信集团参选不利的决定；上议院则抛出过不少弹劾议案。但这些在民主框架内的权力机构非但未能清除他信势力，相反，把泰国民主政治带入一个死胡同。

此刻，军方入。陆军司令巴育在发动"5·22"政变后解释说，政变原因有三，其中一条就是泰国的民主无法继续进行下去，需要军方干预，重新洗牌、洗局后再来。姑且不论军方借口是否充分，但在短期看，如果不政变，泰国政治势必就此僵化，演化为内战也不无可能。从这个角度分析，政变，竟然成了泰国民主屡屡不能自拔时的一种"泄力"方式。

民主和政变看似是一对矛盾体，但却在泰国交替上演了许多年。泰国人对政变看怪不怪，甚至有些"欢迎军人来搅局"的念头，这无非说明，普通民众对民主的寒心。《泰叻报》等泰国媒体最近也在广泛讨论为何民主在泰国如此遭遇，其中原因之一被归结为"我们过于相信民主"。

|2014年6月2日|

盛会主场 魅力绽放

APEC 盛会给力中国梦

金秋时节，燕山脚下，长城怀抱、水天相接的雁西湖畔，举世瞩目、影响深远的国际盛会——APEC 会议正拉起大幕。为期一周的 APEC 会议，围绕"共建面向未来的亚太伙伴关系"为主题，将亚太地区经济合作推向新高潮的同时，也给力中国梦，为中国经济社会的发展注入新的动力。

"海纳百川，有容乃大。" APEC 成立之初，正值冷战结束、欧洲经济一体化进程加速和北美自贸区方兴未艾之时，亚太国家审时度势地建立起了促进亚太国家经济开放、减少贸易壁垒的多边平台。APEC 成立不久，中国便积极加入其中，其所倡导的开放多边的贸易理念也逐渐融入中国的改革开放。在某种程度上说，正是在"APEC 理念"的鼓舞和促进之下，中国更加与时俱进地改革国内经济体制，坚定不移地加大开放力度，披荆斩棘地成功加入秉承自由开放贸易理念的国际组织——WTO。以加入 APEC 为契机，中国经济在随后的 20 多年时间里，进入了堪称奇迹的高速增长阶段。今日中国的十大贸易伙伴中，八个都是 APEC 成员国，中国的 GDP 也从 1992 年的 2.69 万亿元人民币增长到 2013 年的 56.9 万亿人民币，更一跃成为世界第二大经济体。

APEC 不仅给中国经济带来了宏观层面的巨大发展，也给普通百姓的日常活带来了一系列崭新变化。APEC 成立至今，亚太地区整体关税从 16.9% 降低到 5.8%，以往难以见到或是被当作稀奇货的泰国大米、南洋水果、澳洲奶粉、南美葡萄酒，现在早已进入了百姓家门口的超市商店里。现在，人们甚至不必走出国门也不必求助海外代购，直接在网上轻轻点击，就能在短短几天内收到来自美国、韩国、澳大利亚等国的商品。伴随着 APEC 成员间旅游签证的便捷化，出国旅游也逐渐成了普通民众假期休闲的寻常选择。

如果说 13 年前，APEC 上海峰会是中国经济初露锋芒的闪亮登场，那么今天，APEC 北京峰会则是中国发展换档升级的关键时刻。众所周知，亚太地区如今已经成为全球最具增长活力和发展潜力的地缘经济板块，也是举世公认的世界经济增长引擎。这里凝聚了世界超过一半的经济总量和近一半的人口总量，更凝聚了世界经济走出低谷、爬坡过坎的希望。13 年后的这一刻，亚太经济发展的接力棒已然交到了中国手中。目前，作为世界经济发展"引擎中的引擎"的中国经济，从过去的高速增长期开始逐步进入到换挡升级的"新常态"。而此次 APEC 会议则历史性地再度成为促进中国经济可持续增长的新契机。

正如习近平主席曾经说过的那样，"中国梦是与世界各国人民的美好梦想相通的"。中国富强发展的梦想也自然与亚太人民息息相关、命运相通。中国经济的发展长期以来一直得益于亚太经济健康开放的大环境，其未来的可持续发展也依然离不开亚太经济大环境的不断优化。在此次会议上，发出中国声音，发挥中国力量，将亚太经济合作推向新的时期，中国毫不退缩、义不容辞。

此次会议将启动亚太自贸进程作为着力点之一加以推动，致力于有效改善亚太经贸合作机制层出不穷和区域一体化重叠化、碎片化的矛盾与风险。"互联互通"也成为会议热词被加以力推，会议即将发布的《APEC 互联互通蓝图》不仅包括规制层面的"软联通"，还将推动"人际联通"，为亚太长远发展打下坚实基础。作为东道主，中国还将自身发展的重要命题融入其中：不仅互联网经济、城镇化等前沿领域被囊括其中，跨国反腐合作也成为各成员国积极对话合作的新议题，而新一轮追逃追赃工作更有望借此实现新的突破。可以说，借助 APEC 的广阔平台，中国不仅积极承担起主办国责任，为会议谋篇布局，更为我所用地为自身经济建设注入了新的外来动力。

APEC 会议不仅是一场关于亚太经济发展的盛会，还成就了中国主场外交的又一次"天时地利人和"。它不仅成为中美、中俄等多国重要领导人会晤的重要契机，更为中国妥善处理周边关系提供了难得平台。最近，中日新达成的四点原则共识就是积极例证之一。

"君子生非异也，善假于物也。"中国与APEC之间的20多年光辉岁月，不仅是中国与亚太，也是中国与世界发展相得益彰、互利共赢的经典范例。当中国经济开始步入"新常态"，APEC再度重回到中国，这似乎让中国对亚太具有了某种新的使命感和责任感，那就是在APEC盛会的给力之下，继续坚持改革开放、锐意进取，以更加包容、更加自信的姿态实现中国与亚太、中国与世界互联互通、共同发展的中国梦！

| 2014年11月8日 |

让中国智慧照耀太平洋美好明天

一望无际、烟波浩渺的太平洋终将记住 2014 年 11 月 10 日，中国北京这个为 APEC 而绚烂的不寻常的秋夜。这一天，中国国家主席习近平在欢迎参加 APEC 会议的各经济体领导人时的致辞，也注定成为 APEC 各成员同舟共济、携手同心地将太平洋建设成为太平之洋、友谊之洋、合作之洋的历史契机和时代宣言。而在这一历程中，中国智慧也将为构建太平洋的美好未来而闪耀。

"太平之洋"是亚太各国共同发展的前提和基础。"上善若水，水利万物而不争。"习近平在致辞中如是引用先哲老子的话。"最高境界的善行就要像水一样涓涓细流，泽被万物。"简短凝练的解读，对于亚太地区的未来，对于太平洋的和平实则有千钧的重量。中国从当年亚太经济秩序的参与者和受益者，一跃成为了建设者乃至引导者，赢得世界瞩目。然而，世界第二大经济体的体量和第一大人口的数量没有使中国走上"国强必霸，好勇斗狠"的老路。

13 年来，中国坚定不移地秉持和平发展的理念。无论是涉及主权的边界问题，还是错综复杂的历史问题，中国都始终坚持"以和为贵"，以谈判对话解决问题、化解分歧。这种坚守不仅根植于中华传统文化的基因之中，更源于中国特色社会主义道路和谐共赢的理念。如果说，中国"太平洋时间"的过去时是积极融入亚太地区的繁荣发展，那么中国"太平洋时间"的现在时则是中国扬起和平发展之帆，对太平洋之太平安宁的真诚守护。

"友谊之洋"是亚太各国和谐共赢的稳定器和助力器。"大家不远万里来到北京，用中国人的话来说，就是大家有缘分，有缘千里来相会"；

"中国老百姓看了以后，也会感到亲切，会感到各位就像到邻居家串门，来朋友家叙旧一样。"习近平寥寥数语，质朴敦厚，透露出中国与APEC各成员经济体来之不易的真挚友谊。

长期以来，强权政治的现实使得各国总以"零和思维"将其他国家视作潜在的对手乃至敌人。"人人自危"的安全困境时常笼罩在太平洋上，让各国难以集中精力建设国家，耗费了许多本不必要的人力物力去维护所谓的"安全"。然而，坚信"四海之内皆兄弟"的中国人却敢于竖起建设"国家间友谊"的大旗，用"滴水穿石"的努力一步一步地让太平洋畔越来越多的国家开始相信：邻国就是鸡犬相闻、守望相助的邻居，共沐太平洋风雨的亚太各国就是一个屋顶下的好朋友。"新型大国关系"致力于让守成大国与新兴大国之间突破"修昔底德陷阱"；"一带一路"致力于大洋与大陆之间的互联互通、共同繁荣；"亚投行"和"丝路基金"则致力于让太平洋周边越来越多的国家能够共享中国的成长。真诚锻造友谊，友谊化作互信。亚太朋友间相互扶持、披荆斩棘，无疑会让APEC各成员未来的道路越走越宽、越走越远。

"合作之洋"是亚太各国繁荣发展的途径和抓手。"同舟共济"这则源自春秋战国时期的古老成语因昨夜的盛会而显示出新的活力。习近平主席在致辞时呼吁，"我们为亚太长远发展的共同使命而来，应该以此为契机，一起勾画亚太长远发展愿景，确定亚太未来合作方向"。作为一个拥有漫长且灿烂文明史的国家，中国从来没有忘记自己的源头和根本。"君子和而不同"是中国与世界偕行的原则，"各美其美，美人之美，美美与共，天下大同"是中国与亚太各国共同发展的愿景。在当前背景下，亚太地区机遇与挑战并存，活力与阻力共生，"同舟共济"尤为重要。一方面，亚太地区不断增长的生产和消费市场始终保持着强有力的内生动力；另一方面，也面临内部合作碎片化和外部挑战多样化的内外压力。"众人拾柴火焰高"，毫无疑问，"同舟共济"是APEC各成员经济体摆脱发展困境，实现互利共赢的唯一有效途径。这些天来，接连不断的好消息也可谓为"同舟共济"这个成语作了最强有力的注解：中韩自贸区结束实质性谈判；中日达成四点原则共识，实现元首会见；"加强互联互通伙伴关系对话会"顺利召开等等。可以说，通过这些天的努力，APEC成员经济体比以往任何一次都更加明确了"合作"这一互利共赢有效抓手的重大意义。

"斯言虽小，可以喻大。"习近平主席昨夜的致辞虽然只有寥寥千字，却言有尽而意无穷。他从通俗易懂、拉近人心的"有缘千里来相会"谈到"APEC蓝"，从高大上而富有哲思的"天圆地方"和"阴阳平衡"讲到"水的哲学"和"太平洋之未来"，俨然一场巧妙至极的向世界、向亚太宣介中国文化、中国梦的公共外交。与此同时，更为随后的领导人非正式会议润物细无声地奠定了积极开放的基调。

"不谋万世者，不足谋一时；不谋全局者，不足谋一域。"借助APEC盛会的平台，中国站在历史和未来的双重坐标系之下，用中国智慧对接古今中外，用中国道路引领亚太未来。诚如习近平所说："亚太经合组织以太平洋之水结缘，我们有责任使太平洋成为太平之洋，友谊之洋，合作之洋，见证亚太地区和平、发展、繁荣、进步。"而我们也由此愈加相信，APEC各成员领导人在有山有水的雁栖湖畔必将不负"天时地利"，成功谋划出太平洋更美好的明天。而中国智慧也必将点亮亚太和平发展的灯塔，照耀太平洋美好的明天。

| 2014年11月11日 |

一样的 APEC，不一样的"中国时间"

历史的时空，浪潮奔涌；沧海桑田之变幻，让人感慨。在亚太经合组织（APEC）25 年发展史上，有三个时间点值得中国人铭记：

一是 1991 年中国加入 APEC，成为这个当时成立刚两年的亚太大家庭重要一员，年尚青葱；二是 2001 年中国首次担当 APEC 东道主，黄浦江畔的冲天焰火展现出中国人拥抱世界的喜悦与欢乐；三是当下，中国再次成为 APEC 东道主，雁栖湖将再次见证中国的豪情。

这三个时间点代表着三个十年，见证中国开放发展的步伐，见证中国与世界携手同行的心率。23 年前，中国还在为加大改革开放努力拼搏，中国开始加快融入亚太的步伐，开始一扇扇敲开融入国际体系大门的历史进程；13 年前，新世纪的朝气扑面而来，那一年中国一口气办了三件大事：申奥成功，加入世界贸易组织和举办 APEC 峰会，开始为"黄金十年"经济实力大赶超铆足了劲；而今，已成为世界第二大经济体的中国，成为国际多边体系中的主角。

数字可以说明一切，1992 年，中国与 APEC 成员的贸易额仅为 1277 亿美元，而 2013 年，这一数字是 2.5 万亿美元，增长近 20 倍。

从 23 年前到 13 年前，再到当下，时空与角色的转换意味深长——中国的综合国力和国际地位发生了历史性变化，中国和世界的关系发生了历史性变化。

如果把镜头拉近，从黄浦江畔到燕山脚下，APEC"中国时间"的变与不变、一样与不一样更让人印象深刻。

一样体现在，APEC 还是 21 个经济体，还是致力于推动亚太经济一体化与贸易自由化。

一样还体现在，与13年前一样，世界经济都刚刚走出新一轮"艰难时世"，亚太与世界都处在大发展、大融合的历史节点，APEC成为寻找新动力、探求新路径的重要平台。

不一样则更是千姿多彩。13年前，中国尚只是世界第七大经济体和第六大贸易国。其时，中国以开放的胸怀拥抱世界，中国以参与者的身份进一步融入世界经贸体系大家庭，拥抱全球化，举办APEC峰会恰好是一次这种壮志豪情的集中释放。记得，那一年媒体报道这样欢呼："APEC的本次会议是新中国成立以来，在中国举办的规格最高、规模最大的多边国际活动。"

而今，中国已成为世界第二大经济体、最大的货物贸易国和最大外汇储备国。去年以来，中国相继提出"一带一路"和亚洲基础设施投资银行等一系列重大对外合作构想，这些构想与APEC的现有合作机制相辅相成、相互补充，为亚太持久繁荣与发展注入新的强大动力。

从更广的视角看，不一样还体现在，与13年前相比，亚太地区经济与APEC的发展别有洞天。APEC打造了世界地缘经济的新格局。APEC经济总量占全球的半壁江山以上，贸易总量占全球贸易总量的46%左右。APEC翻开了全球区域经济合作的新篇章。茂物目标实施20年来，关税平均下降12%，总贸易额提高了7倍。APEC开启了中国与亚太关系的新时代。中国作为APEC的重要成员，对APEC的成长与发展作出了巨大贡献。中国引入外资的80%以上和对外投资的60%以上都在亚太地区，中国对亚太经济增长贡献率超过50%。用外交部长王毅的话说，中国与亚太，已经结成了一荣俱荣、一损俱损的命运共同体。

当然，也应该看到，不一样还凸显在潮流与多样化诉求的变化上，APEC面临新挑战。

2001年时全球主要经济体都希望通过WTO等多边体制推动贸易投资自由化，即将入世的中国也希望适应多边贸易规则，而现在，全球主要经济体更多转向区域主义，转向自贸区。当下亚太地区亦存在诸多挑战，如发展不平衡问题、互联互通问题、经贸一体化面临"重叠化、碎片化"的干扰等等。

在如此多元而复杂背景下，中国又一次成为APEC主场，全世界的目光自然聚焦中国。正因为如此，中国把北京峰会的主题定为"共建面向未来的亚太伙伴关系",富有深意和新意,其目的是构建促进亚太地区增长共荣的新格局,使亚太成为世界经济发展和经贸一体化的新引擎。而下设的三个分议题,"推动区域经济一体化"、"促进经济创新发展、改革与增长"和"加强全方位基础设施与互联互通建设",契合了当前亚太地区的重大关切,是推动深层次合作的重要抓手,得到普遍欢迎和支持。

随着APEC"中国时间"的再次到来,世界在期盼中国方案,期望中国智慧。《华尔街日报》网站预计,贸易和基础设施很可能成为主要话题;法新社援引专家的话语称,希望APEC有着"更广泛的议题";而日本《外交学者》网站认为,中国打算在这次APEC会议上强调真正的"连接",勾画亚太全方位(公路、铁路、航路、规则)互联互通的新蓝图。

中国是负责任的东道主,是有担当的东道主。今年全年,APEC所有成员经济体共提出超过100项合作倡议,其中50多项由中方提出。用中国外长王毅的话说,中国不仅将把北京APEC办成一届成果丰富、和谐顺利的盛会,并且让它在亚太区域合作和全球经济发展中留下深深的历史印记。

我们深信,在此段"中国时间"里,APEC必将被打上深深的"北京印记"而为世界所铭记。

| 2014年11月6日 |

APEC"主场优势"将贡献中国智慧

继13年前在上海举办亚太经合组织(APEC)会议后,今年中国再次成为APEC的东道主。这一场"主场外交"将展现何种魅力,将收获什么样的成果,引起国内外广泛关注。

13年短短一瞬,中国已今非昔比。13年前,中国的经济总量刚刚突破10万亿人民币;13年后的今天,中国的经济总量是56万亿人民币,增长超过5倍。中国已是世界第二大经济体,最大的货物贸易国和最大外汇储备国,成为推动世界经济增长的重要引擎。特别是从2013年以来,在新一届领导人带领下,中国走在一条光明的道路上,步伐稳健而坚定。在这样的背景下,作为APEC的东道主,中国的"主场优势"不容小觑。

人们注意到,连续缺席2012年俄罗斯APEC会议、2013年印尼APEC会议的美国总统奥巴马,这次应约而来。在美国中期选举结果不妙,美国国内政治问题棘手之时,奥巴马来参加由中国主办的APEC会议,既表明其对东道主的友谊和尊重,更表明,无论在亚太还是在全球,无论是解决目前的问题还是谋划今后的发展,都离不开中国的参与合作,离不开中国的贡献作用。

按照APEC的程序规定,每届APEC会议需要有相关主题。在领导人非正式会议前,要由21个经济体的高官们多次磋商,提供一系列可讨论的议题,最终达成未来发展的共识。显然,如何确定APEC会议的主题和议题,非常讲究,也十分重要。从目前看,"共建面向未来的亚太伙伴关系"被定为今年会议的主题。"推动区域经济一体化"、"促进经济创新发展、改革与增长"、"加强全方位基础设施与互联互通建设"是主题下的三大重点议题。

在总计 100 多项议题中，一半儿以上由中国提出。"改革"、"包容性增长"、"城镇化"、"互联网经济"等等颇具中国特色的议题出现在 APEC，让人眼前一亮。正是通过主题与议题的精心设计，今年 APEC 会议的中国声音响亮，充满中国智慧，体现出明显的"主场优势"。

能够具有"主场优势"，原因在于中国对亚太区域和全球经济发展有清晰明确的思路。2013 年 9 月，中国国家主席习近平在出访中亚四国时提出构建"丝绸之路经济带"。此后，习近平主席在印尼国会提出"21 世纪海上丝绸之路"的构想，并在印尼巴厘岛 APEC 会议上首次提出构建"亚太命运共同体"的路线图——亚太地区应该谋求共同发展，坚持开放发展，推动创新发展，寻求联动发展。国外有学者认为，"丝绸之路经济带"和"21 世纪海上丝绸之路"的战略构想，是习近平主席提出的规模更宏伟的"中国梦"战略的合理延伸。"一带一路"将中国和许多亚太国家的命运更紧密地联系在一起，显示出中国正在开始积极履行大国责任。可以说，从一年多之前，北京 APEC 的方向已经呼之欲出，"主场优势"已经确立。

在 APEC 这样一个世界合作的主要平台上，东道主能否发挥"主场优势"，表面上是看"游戏规则"怎样制定，实质上涉及中、美、俄、日等重要大国之间的关系，检验的是东道主自身的实力及其拥有的话语权。令人欣慰的是，本届 APEC 的主题和议题得到多数成员的赞同，相信会议将取得更多的发展共识，硕果丰满。

| 2014 年 11 月 7 日 |

北京 APEC 的特殊吸引力

今晚，国家主席习近平和夫人彭丽媛将在北京"水立方"举行欢迎晚宴，欢迎前来参加 APEC 会议的各经济体的领导人和代表。届时，奥林匹克公园燃起的绚烂烟花，将再次衬映出北京 APEC 的特殊吸引力。

中国有句老话，"主雅客来勤"。21 个 APEC 经济体的领导人、代表、工商界领袖齐聚北京，首先能够感受到的是东道主的热情。客人们会感受到北京为这次会议所作的精心准备，付出的种种努力，为会议的顺利举办展现的诚意。同时，客人们会亲眼看到中国在过去 13 年间发生的巨大变化。这些，无疑是北京 APEC 的显著吸引力之一。

"来者都是客"，客人有不同。美国总统奥巴马与俄罗斯总统普京已经很长时间没有会面了，韩日关系相当紧张，其他一些国家、地区之间也有各自需要解决的问题。在 APEC 这样一个多边、双边交流的平台上，作为东道主的中国以"主场优势"，折冲樽俎，创造条件，坚持通过多边、双边的协商共商大计，凝聚共识，解决分歧，管控矛盾，维护稳定，推进合作，避免个别的、局部的问题干扰亚太发展大局。这种大国风范，必然使北京 APEC 具有吸引力。

连续几天来，APEC 好戏连台。习近平主席主持"加强互联互通伙伴关系对话会"，中国提出加强"一带一路"务实合作，率先出资 400 亿美元成立"丝路基金"。在"APEC 工商领导人峰会"的主旨演讲中，习近平主席阐述中国经济新常态，提出共筑"亚太梦"。在 APEC 部长级会议上，《北京反腐败宣言》发布，成为第一个由中国主导起草的国际性的反腐败宣言，并使加强反腐败国际追逃追赃合作成为其核心内容。在领导人非正式会议尚未举行之前的这一系列动作，看得出本届 APEC

的不同以往，看得出东道主的匠心独运，吸引力之大，让全世界媒体目不暇接。

APEC 的重头戏当然不是晚宴能给客人们的舌尖留下什么味道，演出有何惊喜，也不在于出席 APEC 领导人非正式会议的首脑们会穿怎样的中国特色服饰拍"全家福"。北京 APEC 的最大吸引力和最大悬念，在于本届会议"共建面向未来的亚太伙伴关系"的主题将给出什么样的解释，得出什么样的结论。

中国国家主席习近平在 APEC 工商领导人峰会开幕式上的演讲中指出，"亚太的未来，正处在关键的路口"。他强调："大时代需要大格局，大格局需要大智慧。亚太发展前景取决于今天的决断和行动。我们有责任为本地区人民创造和实现亚太梦想。"这番话，已经在 APEC 各经济体内，在亚洲和全世界引起强烈反响。

当今时代的大格局将是怎样，中国将为未来新格局的构建提供何种智慧，"亚太梦"将衍生出哪些成果，所有这一切问题的回答吸引着无数人，让人屏息而待。到目前为止，本届 APEC 会议进程顺利。我们期待着 APEC 领导人非正式会议及其他议程圆满进行，再获成果。

| 2014 年 11 月 10 日 |

激发亚太活力　实现亚太梦想

"我们有责任为本地区人民创造和实现亚太梦想",11月9日,中国国家主席习近平在 APEC 工商领导人峰会上发表《谋求持久发展 共筑亚太梦想》的主旨演讲,首次提出"亚太梦想",引起与会者的广泛共鸣。

习主席阐释了五个方面的丰富内涵,"就是坚持亚太大家庭精神和命运共同体意识,顺应和平、发展、合作、共赢的时代潮流,共同致力于亚太繁荣进步;就是继续引领世界发展大势,为人类福祉作出更大贡献;就是让经济更有活力,贸易更加自由,投资更加便利,道路更加畅顺,人与人交往更加密切;就是让人民过上更加安宁富足的生活,让孩子们成长得更好、工作得更好、生活得更好"。这个亚太梦的构想,清晰地凸显了亚太经合组织成员的共同价值取向,这就是加快实现区域经济一体化。沿着这一梦想的实践路径,亚太经济必将释放出巨大制度红利,给亚太乃至世界经济添续强大动力和活力。

诚如习近平主席所说,今天的亚太,是全球经济发展速度最快、潜力最大、合作最为活跃的地区,是世界经济复苏和发展的重要引擎,中国更是"引擎中的引擎"。据国际货币基金组织预测,2014 年,中国对世界经济增长的贡献率将为 27.8%,该机构测算,中国对亚洲经济增长的贡献率已经超过 50%。

但也要看到,国际金融危机后续影响尚未完全消除,一些经济体的复苏仍然脆弱,亚太经济提高质量和效益任务艰巨,新旧增长点转换任务艰巨。加快区域经济一体化进程方向和重点不一,各种区域自由贸易安排纷纷涌现,导致一些方面面临选择的困惑。在亚太地区,有大大小小 56 个自由贸易区。如果亚太经合组织各经济体通行同样的贸易规则，同一家企业就不用遭遇这 56 种自贸协定的"意大利面碗"困境。在学者眼里，这些规则就像碗里的"意大利面条"，一根根绞在一起，剪不断，理还乱。

亚太的未来，正处在关键的路口。"是继续引领世界、创造美好未来，还是放慢脚步、等待被别人超越？是深化一体化进程、还是陷入碎片化漩涡？是践行开放包容理念、共同开创亚太世纪，还是身体已经进入 21 世纪而思维模式还停留在过去？"习近平主席一连三个设问，答案不言自明。事实上，在去年巴厘岛举行的亚太经合组织工商领导人峰会上，习近平主席就强调要"防止出现'意大利面碗'现象"。他指出，太平洋之所以广大，是因为它没有任何自然阻隔，我们不应该为它设定人为的阻隔。他强调，"中国将致力于构建横跨太平洋两岸、惠及各方的地区合作框架"、"深化区域一体化进程"、"推动在太平洋两岸构建更紧密伙伴关系，共谋亚太长远发展"。

推动区域经济一体化、避免出现"意大利面碗"困境，正是亚太经合组织在金秋北京共襄盛举的一个重要原因。这次工商领导人峰会上，习近平明确提出了几个方面的建议：共同建设互信、包容、合作、共赢的亚太伙伴关系；携手打造开放型亚太经济格局；不断发掘经济增长新动力；精心勾画全方位互联互通蓝图。这为推动区域经济一体化、实现亚太梦想，揭示了一条清晰的路径。

这些年来，中国始终积极支持和参与亚太经济一体化进程，积极参与以茂物目标为核心的贸易投资自由化便利化进程，倡导循序渐进推进亚太自由贸易区建设进程。中国相继提出建设"丝绸之路经济带"和"21 世纪海上丝绸之路"以及筹建亚洲基础设施投资银行等一系列重大对外合作构想，首要的合作伙伴就是亚太各国，首要的受益对象也是亚太各国。而在 11 月初，习近平总书记在主持召开中央财经领导小组第八次会议时强调，"一带一路"贯穿欧亚大陆，东边连接亚太经济圈，西边进入欧洲经济圈，要加快"一带一路"建设，集中力量办好这件大事。今天，中国发展离不开亚太，亚太繁荣也离不开中国，中国正在深入地参与 APEC 事务，必将为亚太经济的繁荣发展贡献更多智慧和力量。

有消息称，经过中方与 APEC 各成员的协调，此次会议有望最终通过《APEC 推动实现亚太自贸区路线图》，这将意味着区域经济一体化出现突破，"意大利面碗"困境将越来越难以出现。我们深信，此次会议将在推进区域经济一体化方面凝聚更大共识，取得更多成果，为亚太经济的稳定、可持续增长作出新贡献。共襄区域合作盛举，必有亚太美好未来。

|2014 年 11 月 9 日|

"互联互通"共建亚洲人民幸福家园

"我们要通过亚洲互联互通建设，拉近人民思想交流、文明互鉴的距离，让各国人民相逢相知、互信互敬，创造和享受和谐安宁的生活，共同编织和平、富强、进步的亚洲梦。"

11月8日，习近平总书记在"加强互联互通伙伴关系"东道主伙伴对话会上发表重要讲话，描绘了亚洲互联互通的美丽图景，并提出了四个方面的互联互通路径：实现亚洲国家联动发展；塑造更加开放的亚洲经济格局；实现亚洲人民幸福梦想；打造亚洲特色的合作平台。基于这样的鲜明路径，和平、富强、进步的亚洲梦变得清晰而亲切。

事实上，此次亚太经合组织会议上，中国作为东道主，已经将亚太互联互通作为会议的议题之一。亚太要实现互联互通，首先就要亚洲实现互联互通。这个美好愿景，亚洲国家和有关国际组织都很关心，都有参与的愿望。中国同各方商量后决定召开"加强互联互通伙伴关系"会议，共商亚洲发展大计。可以期待的是，亚洲互联互通走进现实，必将使亚洲人民的生活更加幸福美好，必将把亚洲人民的幸福家园装扮得更加美丽。

互联互通是人类社会的追求，也是人类文明的一个尺度。从中国古代寓言"愚公移山"以实现家乡同外界的互联互通寓意，到连接亚洲、非洲和欧洲实现东方与西方之间经济、政治、文化交流的丝绸之路，再到从麦哲伦、哥伦布等开启的地理大发现，连通外界、打开视野、实现交往都是人类朴素梦想。而亚洲各国人民更可以说是互联互通的开拓者。为了实现互联互通，不惜排除各种困难和艰险。为了实现幸福的栖居，亚洲人民愿意心往一处想，劲往一处使。

今天的亚洲，有在更高层面和境界上实现互联互通的诉求和梦想。在世界经济复苏艰难曲折情况下，亚洲国家需要积极作为，联手培育新的经济增长点和竞争优势。不仅需要修路架桥，进行平面化和单线条的联通，更需要实现基础设施、制度规章、人员交流三位一体，在政策沟通、设施联通、贸易畅通、资金融通、民心相通五大领域齐头并进。显然，这是一个全新的联通开放系统，它将为亚洲各国实现发展、追求幸福扫除各种不必要的障碍，提供更自由便利的条件和空间。

正如习近平总书记所说："亚洲各国就像一盏盏明灯，只有串联并联起来，才能让亚洲的夜空灯火辉煌。"面对各国制度和法律的差异、各方需求的千差万别、各类机制协调的不尽如人意，首先就需要在理念上破除障碍，实现联动发展才有共赢。这是一个开放的时代，"任何国家都不能关起门来搞建设。封闭没有出路，开放才能发展"。追求更加开放才有优势互补、利益共享。这些好的理念、思路需要大家一道努力，更需要落到实处，需要有务实的合作平台。现在，大家坐在一起共商大计，为的就是求得共识、构筑平台、让互联互通走进现实。

就在9月，中国与东盟加强互联互通，深化网络空间合作，围绕基础建设平台、技术合作平台、经贸服务平台、信息共享平台、人文交流平台，共同打造中国—东盟信息港，使之成为建设"21世纪海上丝绸之路"的信息枢纽。就在10月，20多个亚洲国家在北京签署了筹建亚洲基础设施投资银行的政府间谅解备忘录。就在11月初，习近平总书记主持召开有关会议，研究"丝绸之路经济带"和"21世纪海上丝绸之路"规划、发起建立亚洲基础设施投资银行和设立丝路基金。互联互通在加速，更在提质。如习近平总书记所言，如果将"一带一路"比喻为亚洲腾飞的两只翅膀，那么互联互通就是两只翅膀的血脉经络。在此次对话会上，习近平对深化合作更是提出了五点务实建议。"愿意通过互联互通为亚洲邻国提供更多公共产品，欢迎大家搭乘中国发展的列车"、"中国将出资400亿美元成立丝路基金"……在推动互联互通建设中，中国展现了最大的诚意和善意，体现了为实现和平、富强、进步的亚洲梦的不遗余力。

海德格尔写道"人，诗意地栖居"，哲学家的梦想走进现实，互联互通是重要的基石。只要亚洲各国人民倾力合作、共同努力，互联互通将不再遥远，亚洲梦将触手可及。

| 2014年11月19日 |

亚太梦想从北京启航

11月11日,亚太经合组织第二十二次领导人非正式会议圆满结束,标志着为期七天的北京 APEC 会议圆满画上句号。此次领导人非正式会议达成了广泛共识,取得了丰硕成果。

其中引人注目的,是两份成果文件《北京纲领:构建融合、创新、互联的亚太——亚太经合组织领导人宣言》和《共建面向未来的亚太伙伴关系——亚太经合组织成立 25 周年声明》,明确了亚太地区经济合作的发展方向、目标、举措。更引人关切的,是会议批准了亚太自由贸易区路线图,标志着亚太自由贸易区进程的正式启动。多少年后再回过头来看,这不仅是一个载入史册的决定,更是一个造福亚太人民的开始。同时,会议还通过了《亚太经合组织经济创新发展、改革与增长共识》,批准了《亚太经合组织互联互通蓝图》这一里程碑式文件。这一系列重要成果,意味着亚太合作在新的历史阶段全面深化、全面提质,意味着亚太各国人民瞩望的亚太梦想开始了幸福启航。

北京是见证者,中国是重要参与者、筹划者。一花不是春,孤雁难成行。正如习近平主席在雁栖湖畔的领导人非正式会议开幕辞中所指出的,亚太经合组织的 21 个成员,好比 21 只大雁。聚首雁栖湖,目的就是加强合作、展翅齐飞,书写亚太发展新愿景。北京 APEC 会议取得的丰硕成果表明,亚太各成员"风翻白浪花千片,雁点青天字一行",大家都面临共同的机遇和挑战,都在心往一起想,劲朝一处使。正是这种大家庭精神和命运共同体意识,使亚太各经济体能够有力抓住机遇应对挑战,能够避免"意大利面碗"困境,能够找到引领亚太发展的强劲动力,把亚太梦想一道写在自己奋斗的旗帜上。

事实上，此次会议的主题和三项重点议题，都是作为主办方的中国设置的。这些话题引起了与会成员的高度共鸣、取得广泛共识，表明会议的议题设置切中了亚太发展的实质和核心，是亚太发展亟须解决的重大课题。正确回答了这些课题，就意味着亚太各经济体走出了羁绊，作出了抉择。

习近平主席在工商领导人峰会上指出，亚太未来正处在关键路口，并一连用了三个选择式设问，正确答案内蕴其中，亚太紧密合作的大势不可违逆。在领导人非正式会议开幕式上，习近平主席又一连用三个设问：如何破解区域经济合作碎片化风险？如何在后国际金融危机时期谋求新的增长动力？如何解决互联互通建设面临的融资瓶颈？期待大家共同思考和应对。从会议取得的成果可以看出，亚太各成员都共同找到了良策。

开放带来进步，封闭导致落后。但让开放包容理念走进现实，就意味着要善于打破种种桎梏，打破亚太内部的封闭之门，拆除各种障碍和藩篱，实现贸易和投资的自由化便利化。历史表明，唯改革者进，唯创新者强，唯改革创新者胜。但要从改革中、从创新中、从调整中发掘增长动力，还需要善于创新发展理念，敢于释放市场活力，致力于科技创新。互联互通是人类美好追求，但显然这不仅是一种美好的价值信念，更是需要在实践中开掘的务实之路。它是一条脚下之路，还是一条规则之路，更是一条心灵之路。唯此三路并行联通，亚太发展方能构筑一个更宽广的平台。凡此，在形成了高度共识和丰硕成果之后，更需要亚太各经济体共同朝着亚太梦想的方向，沿着会议指明的道路，勇毅而笃行。

大时代需要大格局，大格局需要大智慧。现在，亚太各经济体开启了大智慧。在亚太梦想的引领下，亚太经济必将能够引领世界经济的雁阵，飞向更加蔚蓝而辽阔的天空。

| 2014 年 11 月 12 日 |

编　后

从今年 4 月开始,按照中央网信办领导"组织评论队伍,围绕大事要事敏感事及时发声,有效引导网上舆论"的要求,我们精选作者、精研角度、精编稿件,以"国平"为主打品牌,迄今已推出 223 篇评论。

"国平"评论被中央领导多次表扬,在网上产生巨大影响的同时,多次被 CCTV 等传统媒体转载,也不断有一些媒体以"国平"是谁为主题发出猜测,有媒体称"'国平'开辟了传统媒体从网络转载评论的时代","实现了网媒与纸媒角色里程碑式的转换,成为引领舆论的主导者"。这大约主要因为四个字:"权威"、"快捷"。

权威性首先基于"国平"评论的管理高度扁平化,领导的想法、要求随时能够传达到作者,领导审稿改稿也常常在手机上完成。而作者接近核心信源,当然就使"国平"评论的权威性能够被敏感的媒体迅速感知。

快捷性体现在,"国平"评论一般在重大新闻发生的两三个小时后就能够在网上推出,这当然是托新媒体的传播速度之福。同时,也靠"国平"评论作者过硬的素质,他们总是得令辄行,不俟经宿,随时拿得出高水准的评论文章。

为了便于工作交流,以利总结提高,这里结集了其中 172 篇,供大家指正。

|2014 年 12 月 24 日|

图书在版编目（CIP）数据

国平论天下 / 国家互联网信息办公室主编.
—北京：中央编译出版社，2015.7
ISBN 978 - 7 - 5117 - 2725 - 1

Ⅰ. ①国…
Ⅱ. ①国…
Ⅲ. ①时事评论 – 中国 – 文集
Ⅳ. ①D609.9 - 53

中国版本图书馆 CIP 数据核字（2015）第 143140 号

国平论天下

出 版 人：刘明清
出版统筹：董　巍
责任编辑：岑　红　侯天保
责任印制：尹　珺
出版发行：中央编译出版社
地　　址：北京西城区车公庄大街乙 5 号鸿儒大厦 B 座（100044）
电　　话：（010）52612345（总编室）　（010）52612339（编辑室）
　　　　　（010）52612316（发行部）　（010）52612317（网络销售）
　　　　　（010）52612346（馆配部）　（010）55626985（读者服务部）
传　　真：（010）66515838
经　　销：全国新华书店
印　　刷：北京华联印刷有限公司
开　　本：787 毫米×1092 毫米　1/16
字　　数：427 千字
印　　张：28.75
版　　次：2015 年 7 月第 1 版第 1 次印刷
定　　价：85.00 元

网　　址：www.cctphome.com　　邮　　箱：cctp@cctphome.com
新浪微博：@ 中央编译出版社　　微　　信：中央编译出版社（ID：cctphome）
淘宝店铺：中央编译出版社直销店（http://shop108367160.taobao.com）
　　　　　（010）52612349

本社常年法律顾问：北京市吴栾赵阎律师事务所律师　闫军　梁勤
凡有印装质量问题，本社负责调换，电话：（010）55626985